KB107776

문재인의 약속

문재인의 약속

베테랑 전문기자 7인의 고강도 검증
새로운 민주 정부 설계를 위한 평가서

— 이필재 외 6인 지음 —

촛불 정신의 계승은 현재 진행형 과제

문재인 대통령은 19대 대통령 취임사에서 "국민과 역사가 평가하는 성공하는 대통령이 되기 위해 최선을 다하겠다"고 다짐했다. 역사는 어떻게 평가할지 모르지만, 퇴임할 때 문 대통령 지지도는 45%였다. 역대 대통령들보다 국민의 평가는 확연히 높았다. 심지어 대통령에 갓 당선된 윤석열 당선인보다도 다소 높았다.

문재인 정부 시절 더불어민주당 대표를 지낸 이해찬 전 국무총리는 민주당 '20년 집권론'을 폈었다. 개혁 정책이 뿌리를 내리려면 그만한 시간이 필요하다고 주장했다. 노무현 정부 시절 여당이었던 열린우리당의 정동영 의장도 20년 집권의 토대를 구축하겠다고 말했었다. 5년 집권에 그친 진보 정부들이, 떡을 든 국민은 생각도 않는데 장기 집권이란 김칫국부터 마신 셈이다.

노무현 전 대통령은 임기 말 지지도가 28%였다. 가히 바닥이었다. 기득권 세력과 충돌한 탓이다. 결국 정권이 바뀌었다. 임기 말까지 지지도가 고공비행을 한 문 대통령은 노 대통령과는 정치적 위상이 달랐다. 레임덕도 없었다. 그랬는데도 정권은 바뀌었다.

2022년 대선은 정책·비전 경쟁보다 네거티브 공방 중심으로 치러진 역대급 비호감 선거였다. 이유는 저마다 달랐지만, 문 정부가 싫어 윤석열 국민의힘 후보를 찍었다는 국민이 적지 않았다. 5년 전 진보 쪽으로 기울었던 민심이 이반한 것이다. 기득권 세력화했으면서도 수구 기득권 세력을 향해 '내로남불' 하는 게 싫었다는 사람들이 다수였다. 촛불 민심을 외면했다고 등 돌린 사람들도 있었다. 문 정부는 사실 촛불 혁명이 없었다면 출현할 수 없는 정부였다.

문재인 정부는 2016년 촛불 항쟁 끝에 성립한 3기 민주당 정권이다. 촛불 정신을 계승하겠다고 천명했지만 그러나 다수 국민이 갈망한 2기 촛불 정부를 창출하는 데 실패했다. 4기 민주당 정권이 출범한다고 저절로 촛불 정부가 되는 건 아니었겠지만, 현실적으로 4기 민주당 정권이 아니면 촛불 정부를 계승하기 어려웠다. 결국 문재인이 이끈 3기 민주당 정권은 막을 내렸고 문 정부 검찰총장 출신 대통령의 보수 정부는 검찰 개혁 등 문 정부의 개혁을 원점으로 되돌리고 있다.

문 정부의 파워 엘리트들은 도덕적 우월감에 빠져 편 가르기를 했다. 정책의 실패를 솔직히 인정하지도 않았다. 그 결과 정국이 경색됐을 때 유연하게 풀지 못했다. 광화문 대통령 시대를 열어 퇴근길에 마주치는 시민들과 격의 없는 대화를 하겠다고 한 대통령은 국민과 소통하지 않았다. 대선 땐 자신이 발탁한 검찰총수가 당선이 유력한 제1야당 대선 후보가 됐는데도 지지자들에게 사과하지 않았다.

윤석열 대통령은 취임 100일의 성과로 문재인 정부의 소득주도 성장과 탈원전 정책 폐기 등을 꼽았다. 심지어 100일 만에 '폭등한 집값과 전셋값을 현 정부가 안정시켰다'고 주장했다.

앞서 2020년 봄 21대 총선에서 민주당은 180석(비례 위성정당 의석 포함)을 차지하는 절대적 압승을 거뒀다. 그러나 이 개혁의 적기에 '제왕적 대통령'과 '절대반지'를 낀 여당은 어찌 된 일인지 촛불 혁명을 완수하기 위한 사회 개혁을 거의 하지 않았다. 검찰 개혁에 동력을 소진해 개헌·선거제도 개혁, 노동 개혁 입법, 재벌 개혁, 부동산 개혁, 구조적 차별 철폐도 못했다. 단적으로 차별금지법 하나 못 만들었다. 차별금지법 제정은 대통령 후보 시절 문재인의 약속이었다. 야당이 국회선진화법으로도 막을 수 없었지만 문 정부와 180석 민주당은 끝내 법 제정을 외면했다.

팩트체크 미디어 '뉴스톱'은 문재인 정부 5년의 공약 이행률을 55%로 평가했다. 경제정의실천시민연합이 평가한 이명박·박근혜 정부의 대선 공약 이행률(집권 4년차 기준으로 각각 39%, 41%)보다는 높은 수준이지만 좋은 점수라고는 할 수 없다.

문 정부의 국정 성과로는 촛불 항쟁으로 탄핵된 전 정권 시절의 적폐 청산, 국가정보원의 정치 개입 차단, 검경 수사권 조정·공수처 신설로 표상되는 검찰 등 권력기관 개혁 등을 꼽을 수 있겠다. 남북관계의 안정적 관리, 코로나 위기에 대한 선방 등도 평가할 만하다.

성공한 진보 정부를 만들고 싶었다면 대통령이 실력 있는 합리적 보수와 손잡았어야 했다. 탕평이든 협치든, '정적'도 기용하고 탄핵에 지분이 있는 야당들과 공동정부를 구성했어야 했다. 삼권분립을 존중하고 당정 분리를 실천하는 동시에 정치력을 발판으로 촛불 정신을 계승해 개혁 입법을 했어야 했다. 김영삼 대통령과 김대중 대통령은 소수파 대통령이었지만 여소야대 국회를 탓하지 않았고, 시대적 과제를 해결했다.

대통령은 행정부의 수반이기도 하지만 정치인으로서 여론을 살펴야 한다. 국민 여론에서 자유로울 수는 없지만 그렇다고 팬덤을 의식할 수밖에 없는 '국대'(국가 대표)는 아니다. 국민과 소통해 사회적 합의를 이뤄야 하지만, 때로는 리더로서 고독한 결단을 내려야 한다. 국가 지도자로서 국민을 반 발짝 앞에서 리드해야 한다.

민주 정부의 역대 대통령 중에서는 김대중 대통령이 그런 리더였다고 할 수 있다. 재임 중에 그는 스스로 만든 대통령 수칙을 지니고 다녔다. '인사 정책이 성공의 길, 아첨하는 자와 무능한 자를 배제', '국민의 애국심과 양심 믿어야, 국민이 이해 안 될 땐 설명방식 재고', '국회와 야당의 비판 경청, 그러나 정부 짓밟는 것 용납 말아야', '청와대 밖 일반 시민과의 접촉에 힘써야' 등이다.

무엇보다, 김대중은 진보 정부를 이끌었지만 정권을 재창출했다. 노무현과 문재인은 못한 일이다. 재임 중 진보에 정권을 다시 맡겨도 되겠다는 믿음을 국민에게 주었기 때문일 것이다.

문재인 정부 임기 말인 지난 4월, 율리시즈 출판사로부터 문 정부의 공과功過를 평가해보자는 제의를 받았다. 우여곡절 끝에 여섯 명의 언론계 전·현직 동료들로 필진을 구성했다. 김유선 전 한국노동사회연구소 이사장도 합류했다. 대표저자로서 공동 저자들과의 온라인 토론을 통해 집필 방향을 이렇게 정했다.

문 정부 공과를 냉정하게 평가하되 되도록 재미있게, 잘 읽히게 그리고 가능하면 이슈 중심으로 두루뭉술하지 않게 기록한다. 인상적인 사례에 대해 스토리텔링을 시도하고 명시적이든 암시적이든, 윤 정부의 과제가 제시되도록 한다. 집필 방향을 정한 후엔 10개의 챕터별로 각자 책임 집필을 했다.

일제 강점기 예술가 단체 카프KAPF의 핵심이던 소설가이자 비평가 회월 박영희는 카프와 결별하면서 '얻은 것은 이데올로기요 잃은 것은 예술이다'란 말을 남겼다. 진보 개혁 세력은 촛불 혁명 끝에 촛불 정신을 국정에 투입할 1기 촛불 정부를 얻었다. 그러나 촛불 정신을 계승할 2기 촛불 정부를 창출하는 데는 실패했다. 진정 진보 정부가 잃은 것은 무엇일까?

문 정부는 나름의 개혁성과를 거뒀다. 굳건한 기득권 동맹의 지속적인 저항에 맞서 선방한 측면도 간과해서는 안 될 것이다. 윤석열 정부 출범 후 감사원을 포함해 검경 등 사정기관들은 문 정부 허물 캐기에 골몰하고 있다. 윤 대통령의 국정 지지도는 30% 선을 맴도는데 긍정적으로 평가한 응답자들 가운데는 대통령을 왜 긍정적으로 평가하는지 나도 모른다는 응답이 가장 많았다(한국갤럽이 2022년 10월 4~6일 전국 성인 유권자 1002명을 대상으로 실시한 여론조사).

책을 마무리할 무렵 이태원에서 있을 수 없는 '참극'이 벌어졌다. 할 수 있는 일을 하지 못한 정부는 전 국민 트라우마가 될 참사를 '사고'라고 우겼다. 국가애도기간 서울 도심에서 열린 추모 촛불집회에 나온 일부 시민은 "이게 나라냐?"라는 손팻말을 다시 들었다. 6년 만이었다. 판박이라고 할 세월호 참사 8년여 만이다. 잊지 않겠다고 다짐한 대한민국은 무엇을 기억하고 있나? 역사의 현장에 알리바이란 없다. 기억하기 위해, 우리는 문 정부 5년을 기록으로 남긴다.

이 책에선 다루지 않았지만 개헌은 한국 정치의 화두다. 87년 체제의 산물인 대통령 단임제는 수명을 다한 것으로 보인다. 잘해도 5년, 못해도 5년인 단임제가 국회는 물론 국민도 두려워하지 않는 제도화된 제왕적 대통령을 만든다. 소선거구제도 고쳐 87년 체제하에 고착화된 사실상의 양당 체제도 종식시켜야 한다. 공천이 절반의 당선인 양대 거대 정당의 적대적 의존관계를 국민이 청산해야 한다. 주권자를 볼모로 만드는 앙시앵 레짐ancien régime은 막을 내려야 한다.

이필재

차례

3. 한반도 정책 : 이제는 징비록을 써야 할 시간 _ 김진호

4. 부동산 정책 : 아파트값 폭등과의 5년 전쟁 _ 안정배

5. 과학기술 거버넌스와 탈원전 정책 _ 홍대길

6. 인사 정책 :
'해임'도 '읍참'도 외면한 참모형 대통령 _ 이필재

7. 교육 개혁 :
국가가 책임지는 교육 _ 홍대길

8. 고용노동 정책 :
고용의 양과 질 개선 _ 김유선

9. 보건복지 정책 : 국민이 행복한 사회로 전진 _ 김규철

10. 지방균형발전 정책 : 지역은 고르게 발전했나 _ 안정배

이
필
재

● 연세대와 동 대학원에서 신문방송학을 전공했다. 《중앙일보》 편집국 기자, 《이코노미스트》 편집장, 《월간중앙》 경제전문기자, 《이코노미스트》, 《포브스코리아》 경영전문기자 겸 부국장, 《더스쿠프》 인터뷰대기자, 《이코노미스트》 인터뷰전문기자로 일했다.
연세대 언론홍보영상학부 언론진흥재단 초빙교수를 지냈고, 연세대·한국잡지교육원·한국언론진흥재단 미디어교육원 등에서 인터뷰 기법 등을 가르친다. 9년 전 정년퇴직한 후 인터뷰 프리랜서로 여전히 기사를 쓰지만, 기고는 부캐, 가르치는 일이 본캐가 됐다.
한국기자협회보 편집인, 한국신문윤리위원회 이사로 있었고 두 차례 한국언론학회 현업이사를 지냈다.
《What's Wrong Korea?》(공저), 《CEO 브랜딩》, 《한국의 CEO는 무엇으로 사는가》(공저), 《CEO를 신화로 만든 운명의 한 문장》, 《최고가 되려면 최고에게 배워라-대한민국 최고경영자들이 말하는 경영 트렌드》, 《너답게 살아갈 너에게-위로 아닌 직설로 응원하는 20대의 홀로서기》, 《진보적 노인》 등 10권의 책을 냈다.

1장

검찰 개혁 : 검찰공화국 공고화한 미완의 개혁

검찰공화국 공고화한
미완의 개혁

'정부 임기가 끝나자 검찰은 마치 검찰 개혁이 없었던 것처럼 신속하게 이전의 검찰로 회귀했다. 정치검찰이 부활했다. ……정치 반대자를 파렴치한 형사범으로 몰아 처벌하는 것은 검찰의 정치적 편향과 권한 남용의 가장 대표적인 사례이다.'

노무현재단 이사장 시절인 2011년 문재인 대통령이 김인회 인하대 법학전문대학원 교수[1]와 공저한 《문재인, 김인회의 검찰을 생각한다》의 한 대목이다. 여기서 정부란 노무현 대통령의 참여정부를 가리킨다. 문재인 정부를 대입해도 어색하지 않을 만큼 기시감이 든다. 이 책 9쇄본 띠지엔 이렇게 적혀 있다. '문재인 대통령의 검찰 개혁 매뉴얼'

우리나라 현대사에서 문재인 정부 초기만큼 검찰 개혁의 적기는 없었다.[2] 무엇보다 국정농단과, 이어진 대통령 탄핵으로 국가 시스템 개혁에 대한 국민적 열망이 드높았다. 국민은 검찰·경찰·국가정보원 등 권력기관 개혁에 대해 절대적인 지지를 보냈다. 문 정부 출범 직전인 2017년 초 《한겨레》가 실시한 여론조사에서 국민은 검찰 개혁을 개혁과제 1순위로 꼽았다. 한국리서치에 의뢰한 이 '새 정부 추진과제' 여론조사에서 '문재인 정부가 가장 시급히 추진해야 할 개혁과제는 무엇인가'라는 질문에 응답자의 31.0%가 검찰 개혁이라고 답했다. 전통적으로 국민의 요구가 높았던 '정치제도 개혁'은 2순위(21.3%)였다. 그 어느 때보다 검찰 개혁에 대한 국민의 요구가 거셌던 것이다. 이런 여론은 연령대 및 지역별로도 고른 분포를 보였다. 60대 이상을 제외하면 20대~50대의 전 연령대가 모두 검찰 개혁을 1순위로 꼽았다. 지역별로도 대구·경북을 제외한 전 지역에서 검찰 개혁을 가장 시급한 과제로 지목했다.

국회가 같은 해 봄 한국리서치에 의뢰한 여론조사에서는 '검찰이 권력으로부터 독립적이지 않다'라고 응답한 비율이 72.2%였다. '검찰은 기소권만 갖고 수사권은 경찰에 넘겨야 한다'는 의견은 67.6%, '고위공직자비리수사처(공수처)'* 설치에 찬성하는 응답은 무려 87%에 달했다. 말하자면 검찰 개혁에 대한 여론이 비등했다고 해석할 수 있다.

앞서 권력기관 개혁을 대선 공약으로 제시한 문재인 대통령 정부는 검찰 개혁 등을 열세 번째 국정과제로 선정했다.

검찰 개혁을 최초로 정부의 정책 의제로 설정한 정부는 김대중 정부다. 김대중 대통령은 1998년 봄 법무부 업무보고를 받는 자리에

* 공수처는 당초 '고위공직자비리수사처'라는 이름으로 불렸다. 문재인 정부 들어 법무·검찰 개혁위원회가 명칭을 '고위공직자범죄수사처'로 고쳐 설치를 권고했고, 그 후 발의된 공수처 법안들이 이 명칭을 채택, '고위공직자범죄수사처'로 굳어졌다.

서 "검찰이 바로 서야 나라가 바로 선다"라는 말을 남겼다.

이어 출범한 노무현 정부는 검찰 개혁을 국가적 과제로 상정하는 한편, 검찰의 정치적 중립성·독립성을 보장하기 위한 제도화를 시도했다. 2003년 봄 노무현 대통령이 검사들과 직접 대면한 '검사와의 대화'는 검찰 개혁을 상징하는 사건이었다. TV로 생중계된 이 토론회에서 노 대통령은 평검사들과 검찰 인사권 등을 놓고 토론을 벌였다. 이 자리에서 노 대통령은 "이쯤 가면 막 하자는 거지요"라는 발언을 해 화제가 됐다. 노 대통령은 자서전《운명이다》에 '나는 검찰의 정치적 중립을 보장한 것에 대해 자부심을 느낀다'라고 썼다. 그러나 이어서 검찰 개혁을 제대로 제도화하지 못한 것에 대한 회한도 남겼다.

'수사권 조정과 공수처(고위공직자범죄수사처) 설치를 밀어붙이지 못한 것이 정말 후회스러웠다. 제도를 개혁하지 않고 정치적 중립을 보장하려 한 것은 미련한 짓이었다.'

이 두 가지, 즉 공수처 설치와 검·경 수사권 조정은 검찰 인사 중립성·독립성 강화와 함께 더불어민주당 19대 대통령 후보 문재인의 검찰 개혁 공약으로 자리 잡았다. 검사 출신인 홍준표 자유한국당 후보를 제외한 주요 대선 후보들 모두 공수처 설치를 공약으로 내세웠다.

문재인 정부의 검찰 개혁 성과

검찰이 정치권력화한 것은 무엇보다 검찰에 너무 많은 권한이 집중된 반면 검찰권을 견제할 마땅한 장치가 없었기 때문이다. 다음에서

각국의 검사 수사권과 기소권 및 수사상 지위 비교[3]

종류	한국	프랑스	영국	미국	독일	일본
수사권	○	△	X	○	○	○
수사지휘권	○	△	X	X	○	△
수사종결권	○	△	X	X	○	△
자체 수사 인력	○	X	X	○	X	○
검찰과 경찰 조서의 증거능력 차이	○	X	-	X	X	X
수사권의 중앙집권 여부	○	○	○	X	X	○
기소권 여부	○	○	○	○	○	○
기소독점주의	○	X	X	X	○	○
기소편의주의	○	○	○	○	X	○
공소유지권	○	○	○	○	○	○

보듯이 한국의 검찰은 주요 선진국 검찰보다 막강하고 수사상의 지위도 높다.

문재인 정부 검찰 개혁의 주요 성과로는 공수처 설치와, 검경수사권 조정을 위한 형사소송법·검찰청법 개정을 꼽을 수 있다.[4] 검경 수사권 조정은 두 단계로 추진됐다. 1차 수사권 조정은 정부가 주도했고, 이른바 '검수완박(검찰 수사권 완전 박탈)'으로 불린 2차 조정은 국회에서 여당인 더불어민주당의 입법 드라이브로 이루어졌다.

윤석열 정부의 한동훈 법무부 장관은 그러나 검사의 직접 수사 범위를 다시 확대하는 대통령령(검사의 수사 개시 범죄 범위에 관한 규정)을 만들어 '검수원복(검찰 수사권 원상 복귀)'을 관철했다. 검찰 권한의 축소를 내용으로 하는 상위법인 검수완박법(개정 검찰청법과 형사소송법)의 입법 취지와 거기에 담긴 국민의 요구를 정면으로 거스른 것이다.

문 정부의 검찰 개혁은 후한 점수를 주더라도 절반의 성공이라고 할 수 있다. 검찰 개혁에 대한 평가의 잣대는 검찰권에 대한 민주적 통제 수준에 있다.* 군에 대한 문민 통제와 원리가 같다. 이렇게 볼 때 윤석열 정부는 문 정부가 실행한 검경 수사권 조정에 역진하고 있다. 문 정부 시절 검찰공화국이 수사적 표현이었다면 윤 정부는 일단의 특수부 검사 출신들이 행정 권력을 장악한 검찰공화국이라고 볼 수 있다.

공수처 출범은 검찰의 기소독점주의에 최초로 균열을 낸 기념비적인 개혁이라고 할 수 있다.[5] 수사권 개혁으로 검사의 수사지휘권은 폐지됐고, 검사와 사법경찰관 간의 관계는 협력적 관계로 전환됐다. 그러나 검찰청에 속한 사법경찰 즉 검찰 수사관과 특별사법경찰관은 여전히 검사의 수사 지휘를 받는다. 경찰에 대한 검사의 수사지휘권은 엄밀히 말하면 부분적으로 폐지된 셈이다.

검사가 담당하는 직접 수사의 범위는 두 차례에 걸쳐 축소됐다. 1차 검찰 개혁으로 6대 중대범죄(부패·경제·공직자·선거·방위사업·대형참사)로 제한됐지만, 그 후 '검수완박' 법안의 통과로 부패범죄와 경제범죄만 담당할 수 있게 됐다. 관련 법조문은 이렇다. '부패범죄, 경제범죄 등 대통령령으로 정하는 중요 범죄'. 두 가지 중요 범죄를 열거

* 지방검찰청 검사장을 도지사처럼 주민이 선출하면 민주적 통제의 수준을 획기적으로 높일 수 있다. '검사장을 주민직선제로 선출하게 되면, 분권으로 작아지면서도 살아 있는 권력의 인사권으로부터 자율성을 획득하여 공직 비리 척결, 사회 비리 견제의 자기 임무에 보다 충실할 수 있을 것이다.' 《검찰 개혁과 촛불시민》 144~145쪽

한 후 '등'이라고 한 이 조문은 해석의 여지가 있었다.

한동훈 장관이 이끄는 윤석열 정부의 법무부는 대통령령이라는 우회로를 통해 검찰의 직접 수사 범위를 다시 확대했다. 이 시행령에 대해서는 검찰 수사권을 축소한 개정 형사소송법·검찰청법에 위배된다는 지적이 제기됐지만, 법령에 대한 해석권을 가진 법제처는 문제가 되지 않는다는 입장이다.[6] 법무부가 주도하는 윤 정부의 '시행령 통치'를 법제처가 유권해석으로 뒷받침하고 있는 것이다. 법무부의 시행령 개정 작업은 법에 정해진 40일 이상의 입법예고 기간도 거치지 않았다. 이런 입법 과속에 대해 이완규 법제처장은 "제때 정비해 사법체계 혼란을 방지할 필요가 있다"라고 법무부를 감쌌다. 한동훈 법무부는 검찰의 지위를 다시 원위치시키려 하고 있다고 해도 과언이 아니다.

문재인 정부 검찰 개혁의 한계와 문제

YTN은 19대 대선 직후 자체 여론조사 결과 문재인 정부가 가장 우선으로 해결해야 할 국정과제로 적폐 청산과 경제 회복이 꼽혔다고 보도했다. 여론조사회사 리얼미터가 CBS '김현정의 뉴스쇼' 의뢰로 2017년 5월 실시한 여론조사에선 문 대통령의 1순위 개혁과제로 '검찰 개혁'(25.1%)이 지목됐다. 이어서 '정치 개혁'(20.1%), '언론 개혁'(13.6%), '노동 개혁'(11.2%), '재벌 개혁'(11.1%) 순이었다.

촛불정부를 자임한 문재인 정부에 검찰 개혁은 시대적 과제였다.

촛불집회를 통해 분출한 국민의 기대 중 하나는 부패 카르텔을 청산하고 사법정의를 제대로 세우라는 것이었다.[7] 문 정부는 이러한 국민의 지지를 업고 검찰 개혁을 추진했다. 그러나 문 정부가 기용한 특별수사부(특수부) 검사 출신 윤석열 검찰총장이 사임 후 야당 후보로 대통령선거에 출마했고, 0.73%p 차로 당선됐다. 여당인 민주당은 윤석열 정부가 출범하기 전 밀린 숙제를 하듯 검수완박 법안을 통과시켰다. 문재인 정부는 마지막 국무회의에서 이 법안을 의결 처리했고 이로써 문 정부의 검찰 개혁은 종결됐다.

문 정부 5년 검찰 개혁에 대한 평가는 크게 엇갈린다. 우선 해방 후 고착된 검찰 우위의 형사사법 체계에 균열을 냈다는 긍정적 평가가 있다. 반면 정치적 이해관계에 매여 준사법기관인 검찰의 독립성을 훼손했다는 부정적 평가도 받는다. 개혁하려다 개악을 했다는 인식이다. 20대 국회에서 민주당 법사위 간사를 지낸 금태섭 변호사는 "문 정부는 검찰 개혁이라는 정책에 대한 철학도, 개혁의 청사진도 없었고 검찰 개혁의 목표조차 불분명했다"라고 평가했다.

"정권 차원에서 정치적 득실을 따져 추진하다 보니 결과적으로 출발선보다 나쁜 지점에 이르렀다고 봅니다."

문재인 정부 검찰 개혁의 한계는 과연 무엇이었으며 어떤 문제를 남겼는가?

문 정부의 검찰 개혁을 주요 성과별로 진단해본다.

공수처

공수처 설치라는 긴 여정의 출발점은 1996년 참여연대의 부패방지법 입법 청원이다. 김영삼 정부 시절인 그해 11월 참여연대는 공수처 신설을 포함하는 부패방지법을 발의했다.

우여곡절 끝에 공수처는 2020년 여름 공수처법 시행으로 검사 25명, 수사관 40명의 작은 기관으로 출범했다. 검찰청의 일개 지청보다도 작은 규모다(검찰청의 검사 수는 2500명에 이른다. 공수처의 100배 규모다). 공수처의 권한 및 관할을 둘러싼 논란은 수그러들지 않지만, 검찰의 기소독점 구조를 무너뜨렸다는 점에서는 의미가 작지 않다. 참여연대 공동대표이자 이 단체의 사법감시센터 실행위원을 맡은 한상희 건국대 법학전문대학원 교수는 "공수처는 설치 그 자체만으로도 의미가 있다"라고 말했다. 검찰의 독점적인 기소권한의 분산이 이뤄졌고 이로써 공수처가 검찰에 대한 통제 장치로 기능하게 됐기 때문이다.

공수처 관계자는 검찰 티타임을 예로 들었다. 2022년 7월, 한동훈 법무부 장관은 조국 전 장관이 없앤 일선 지방검찰청의 티타임을 부활했다. 각 지검의 차장검사가 기자들을 상대로 국민의 관심이 쏠린 사건에 대해 질의응답하는 이 비공개 정례 브리핑은 검찰의 유용한 공보 채널이었다.

"피의사실 공표 혐의로 공수처에 고발당할 수 있다는 생각에 검찰이 브리핑을 신중히 하다 보니 기자들이 답변에 기사로 쓸 만한 내용이 없다고 불만입니다. 공수처 수사로 경력에 흠집이 날까 봐 검사가 몸을 사리는 거죠."

공수처는, 나름의 존재감만으로도 검찰을 어느 정도 견제할 수 있다는 주장이다.

그러나 공수처법은 민주당이 패스트트랙(신속 처리 안건)으로 지정, 졸속으로 처리하다 보니 구멍이 많았다. 그 바람에 공수처는 제도적으로 제대로 기능하지 못하는 조직이 돼버렸다. 일례로 공수처와 경찰 간의 관계도 제대로 정리돼 있지 않다.

신생 공수처를 이끄는 초대 처장 김진욱은 판사 출신으로 수사 경험도, 조직을 이끈 경험도 없다. 한마디로 신설 공수처의 수장으로는 약체였다.

반면 신생 조직이라서 그렇기도 하겠지만 검찰의 검사동일체 같은 자폐적인 조직문화는 없는 것으로 보인다. 단적으로 공수처 검사는 고발인의 진술을 경청한다는 평판이 있다.

공수처는 1호 사건으로, 조희연 서울시 교육감을 직권남용 권리행사방해 등 혐의로 기소했다. 이 사건은 선정도, 처리도 미숙했다는 평가를 받았다.

또 사실상 검사수사처로 통하지만, 검사를 기소한 실적은 미미한 실정이다. 공수처는 검사를 비롯해 고위공직자의 권한 행사를 실시간 및 사후적으로 감시하는 시스템이다. 수사의 경험도, 수사 능력도, 수사 시스템도 갖춰지지 않은 실정에서 이런 실패는 사실상 예고된 것이었다.

공수처 출범 및 활동 일지

1996
- 11. 7. 참여연대 공수처 신설 포함한 부패방지법 발의

1999
- 3. 25. 법무부, 김대중 대통령에 공수처 설립 방안 보고

2002
- 노무현 대선 후보, 공수처 신설 공약

2004
- 11. 2. 노무현 정부, 공직부패수사처 설치 법안 국무회의 의결

2005
- 11. 25. 열린우리당, 공수처-상설특검 절충 방안 검토

2012
- 문재인 대선 후보, 공수처 설치 공약

2017
- 11. 20. 문재인 정부 당정청에서 공수처 설치 의지 확인

2018
- 4. 10. 국회사법개혁특별위원회, 공수처법 논의할 검찰개혁소위 구성 합의

2019
- 4. 22. 자유한국당 제외 여야 4당, 공수처법 등 패스트트랙 추진 검찰개혁 방안 합의
- 12. 3. 공수처법 본회의 자동 부의
- 12. 26. 대검찰청, 공수처법 독소조항 공개 반발
- 12. 30. 공수처법 국회 본회의 통과

2020
- 1. 14. 공수처법 법률안 공포
- 7. 15. 공수처법 시행
- 12. 10. '야당 비토권 무력화' 공수처법 개정안 국회 본회의 통과
- 12. 30. 문재인 대통령, 초대 공수처장 김진욱 지명

2021

1. 19. 김진욱 후보자 인사청문회

1. 21. 김진욱 공수처장 취임, 공수처 공식 출범

2. 1. 여운국 공수처 차장 취임

4. 12. 공수처 자문위원회(위원장 이진성 전 헌법재판소장) 발족

4. 16. 공수처 부장검사 2명, 평검사 11명 등 검사 13명 임명

4. 21. 공수처-국립과학수사연구원, 상호협력 위한 업무협약(MOU) 체결

5. 4. 공수처 사건사무규칙 제정 공포

5. 14. 공수처 수사관 18명 임명

5. 31~6. 25. 공수처 검사 6명 법무연수원 위탁 교육 실시

6. 10. 공수처-한국형사정책연구원, 상호협력 위한 업무협약(MOU) 체결

7. 21. 공수처 사건공보준칙 제정 공포

9. 9. 공수처 사건사무규칙 개정 공포

10. 28. 공수처 검사 8명 임명

10. 29. 공수처 수사관 14명 임명

2022

1. 17. 공수처, 공수처법 주석서 발간

2. 8. 공수처-국민권익위원회, 상호협력 위한 업무협약(MOU) 체결

3. 4. 공수처 1차 수사심의위원회 개최

3. 14. 공수처 사건사무규칙 개정 공포

4. 1. 공수처, 통신자료 조회 통제 방안 시행

4. 13. 공수처, 독립청사 건립 위한 기초조사 연구용역 발주

5. 13. 공수처, 안창호 전 헌재 재판관 자문위원장 위촉

7. 1. 공수처, 형사사법정보시스템(KICS) 구축 완료 및 운영

8. 18. 공수처, 기관 독립 상징물(CI) 및 슬로건 발표

1차 검경수사권 조정

문재인 대통령은 변호사 출신이다. 참여정부 시절엔 민정수석으로 검찰 개혁에 관여했다. 정부를 떠나 있는 동안 검찰 개혁을 주제로 책을 쓰기도 했다. 검찰 개혁에 관한 한, 준비된 대통령이었다고 해도 과언이 아니다.

그러나 검경 수사권 조정 문제는 법조인 이상의 전문성, 예를 들면 수사 검사로서의 직접 경험이 요구되는 영역이다. 조국 법무부 장관을 비롯해 문 정부 청와대와 법무부에서 공수처 설립 등 검찰 개혁을 주도한 인사들은 개혁의 의지는 있었지만 직접 수사 경험도, 검경 이슈에 대한 전문성도 없는 사람들이었다. 그러니 수사권 조정의 여러 측면을 제대로 파악하기 어려웠다.

문 대통령이 검사 출신에게 이 일을 맡기지 않은 데는 검찰에 대한 뿌리 깊은 불신도 작용한 것으로 보인다. 그런 점에서 고 노무현 전 대통령을 사망에 이르게 한 검찰 수사의 트라우마가 검찰 개혁에 걸림돌이 됐다고도 할 수 있을 것이다. 특히 문 정부 검찰 개혁의 주역들에게 공수처 설치는 노 대통령의 유훈과도 같은 것이었다.[8]

'검수완박' 2차 검경수사권 조정

2차 수사권 조정은 1차 때와는 흐름이 완전히 달랐다. 2차 조정을 밀어붙인 민주당은 검찰이 직접 수사하는 것은 어떻게든 막아야 한다는 식이었다. '입법 권력'이 있을 때 검찰로부터 수사권을 빼앗아야 한다는 강박에 빠진 것으로 보인다. 당청 간 조율도, 부처 간 협력도 부족했고 국민의 동의를 얻으려는 노력도 미진했다.

사정이 이렇다 보니 검수완박을 위한 대안이 치밀하지 않았다. 단적으로 검찰 특수부가 하던 수사를 앞으로 누구에게 맡길 것인지도 그림이 나와 있지 않았다. 검찰의 직접 수사권 폐지로 인한 수사 공백이 대책 없이 방치된 것이다. 마치 설계도 없이 추진하는 건설공사 같았다. 설치 전망이 불투명한 중대범죄수사청이 생기면, 검경은 6대 중대범죄 수사를 중수청에 이양해야 한다. 한마디로 과정 관리가 졸속이었다고 할 수 있다.

검수완박은 브랜딩 및 프레이밍부터 문제적이었다. 검찰로부터 수사권을 전면 박탈한 게 아니라는 점에서 명실상부하지 않을뿐더러 뉘앙스 또한 강압적이다.

추미애 법무부 장관과 윤석열 검찰총장 간의 추·윤 갈등으로 표면화된 정·검 갈등에, 대선 직후 검수완박 입법 추진이 불을 댕겼다. 검찰 개혁은 정쟁화되었고 그 바람에 정부는 검경 간 수사협의체 구성, 수사준칙 마련 과정에서 검찰의 의견을 제대로 반영할 수 없었다. 그 결과 미진한 협의 상태에서 나온 방안으로 인해 경찰 수사의 지연, 검경 간 핑퐁식 사건 돌리기 등이 벌어졌다. 이런 시행착오가 국민 생활의 불편으로 이어졌음은 물론이다.

정권 말기라는 타이밍도 부적절했다. 문 정부가 위약한 정부는 아니었지만, '조국 대전'을 겪으면서 검찰 개혁 추진의 동력이 소진돼가고 있었다. 검수완박을 밀어붙이기엔 역부족이었다. 검수완박 자체에 대한 평가를 떠나 어쩌면 위성정당을 만들어 총선에서 승리한 직후가 2단계 검찰 개혁의 마지막 기회였을 수도 있다.

정작 민주당은 그 시절, 총선 압승에 취해 입법 권력에 안주했는지도 모르겠다.

적폐청산이라는 부메랑

문재인 정부 출범과 동시에 추진된 적폐 즉 국정농단·사법농단에 대한 수사는 검찰 개혁의 기본구도에 거의 결정적인 영향을 미쳤다. 문 정부는 적폐 청산에 대한 촛불 민심에 부응하기 위해 검찰을 동원했다. 어느 정도 불가피한 측면도 있었다. 전 정부 시절의 어두운 과거를 청산하는 과정에서 책임자를 찾아내 형사 처벌하는 것이 한국 사회의 오랜 관행이었기 때문이다.

그러나 문 정부가 적폐 수사에 검찰을 활용한 것은 검찰 개혁에 상당한 부작용을 남겼다. 참여연대 사법감시센터 실행위원인 유승익 한동대 연구교수는 이 문제를 이렇게 정리했다.

- 적폐 수사는 검찰 내 특수통의 약진을 초래했고 이것이 마치 검찰의 혁신인 양 비쳤다. 이 과정에서 김기춘-우병우 등의 정치 검사들이 퇴장했고 윤석열-한동훈 등 새로운 정치 검사들이 세력화해 사정 정국을 주도했다. 제도적·구조적으로는 바뀐 게 없었지만 이런 인적 교체가 마치 개혁인 것처럼 부각됐다.

- 셀프 개혁을 통한 검찰의 독립성 강화를 검찰 개혁으로 보는 인식이 확산됐다. 문 정부 초기 서울대 교수 출신인 조국 민정수석과 연세대 교수 출신인 박상기 법무부 장관이 제도 개혁을 주도했다. 이런 제도 개혁은 국회가 의결 처리해야 할 입법 사항으로 아무래도

시간이 오래 걸렸다. 반면에 대검의 셀프 개혁안은 속도감 있게 진행됐다. 당시 검찰은 적폐 수사의 주역인 동시에 개혁의 대상이었다. 검찰의 셀프 개혁은 이런 역설적 성격을 띠고 있었다. 특수통으로 이루어진 검찰 지휘부는 이 국면에서 문 정부의 검찰 개혁에 전략적으로 대응했다. 검찰권의 핵인 특수수사는 필사적으로 보호하는 한편, 지엽적인 이슈들에 대해서는 양보하는 모양새를 취한 것이다.

• 적폐 수사로 인해 검찰 정치가 배태됐다.[9] 검찰 정치의 배태와 관련해 유 교수는 이렇게 설명한다.

"당시 정부·여당이 추진한 검찰 개혁 법안은 검찰권의 핵심을 겨냥하고 있었다. 검찰로서는 정치적 협상력과 더불어 검찰에 우호적인 여론 조성이 필요했다. 구 정권의 적폐에 대한 특수수사는 검찰권 사수극에 대한 최종 리허설의 효과가 있었다. 이른바 조국 사태 국면에서 대통령의 인사권에 대한 도전을 기도한 검찰은 개혁 입법을 저지하는 비토 권력이자 정치적 행위자로 변신했다."

적폐 수사에 정부가 특수통 엘리트 검사들을 투입한 결과, 검찰이 검찰 개혁을 둘러싼 정쟁의 당사자로 스스로 자리매김한 것이다. 정권과 검찰이 대립각을 세우는 역학 구도가 형성된 셈이다.

한상희 교수는 당시 수사를 통해 적폐가 쌓이는 정치 과정, 청와대 참모들의 전횡 등 대통령실의 문제를 드러낼 필요가 있었다고 말했다.

"적폐 청산을 명분으로 사람을 처단하기보다 적폐가 만들어지는 구조, 인적 관계, 기관 간 관계 등 적폐 청산의 전 과정을 적나라하게 드러내는 투명화가 필요했다고 봅니다. 그 과정을 국민에게 보여주고 국민이 판단하도록 해야 했어요."

검찰 개혁, 미완의 과제

문재인 정부는, 역대 정부가 그랬듯이 검찰 개혁의 주도권을 검찰이 행사토록 했다. 일부 제도 개혁을 제외하고는 검찰 수뇌부에 스스로 개혁해 정치적 중립성을 확보하라고 주문했다.

그 결과, 과거 20여 년간 민주 정부가 검찰 개혁을 시도하면서 겪었던 시행착오를 문 정부도 반복했다. 권위주의 정부 시절 행정권에 의해 통제된 검찰은 민주화 후 행정은 물론 입법·사법의 영역까지 국정 전반에 걸쳐 법치와 사법정치를 지렛대로 극강의 권력기관으로 변신했다. 그 과정에서 역대 정부는 검찰을 '합법적인 칼'로 썼다. 결국 정치와 검찰이 서로의 필요에 따라 유착하는 정·검 융화 사태가 지속해서 빚어졌다.

이 점에선 문 정부도 예외가 아니었다. 검사 출신으로 20대 국회에서 민주당 의원을 지낸 금태섭 변호사는 "검찰 특수부가 규모 면에서 가장 커지고 힘도 세진 게 문재인 정부 때"라고 말했다.

"당시 특수부가 확대된 건 박상기·조국·박범계 등 검경 수사권 조정을 주도한 문 정부 법무부 장관들도 인정하는 사실입니다. 직접 수사는 원칙적으로 경찰이 하게 하고, 검찰은 직접 수사를 하지 못하도록 조직을 줄여야 했는데 도리어 특수부를 확대해 수사 조직을 늘린 것이죠. 이들은 적폐 청산을 하느라 어쩔 수 없었다고 설명합니다만."

적폐 수사에 검찰을 활용하려다 보니 수사권 조정의 취지에 반해 검찰 특수부 조직을 정부가 오히려 키운 것이다. 아이러니가 아닐 수 없다. 경찰처럼 직접 수사를 하는 특수부를 줄이는 것이 곧 수사권 조정의 방향성이기 때문이다. 한마디로, 특수부 확대는 검찰 개혁이라는 이상과 부합하지 않는다.

단적으로 서울중앙지검은 세계 최대 규모의 검찰청이다. 더욱이 수사권도 갖고 있다. 어떤 의미에서는 기소권도 쥐고 있는 경찰청이라고도 할 수 있다. 특수부는 더 막강하다. 우리나라 인구의 2.5배에 육박하는 일본은 도쿄·오사카·나고야 3개 지검에만 특수부가 있는데 서울중앙지검에만 10여 개의 특수부가 있다.

금 변호사는 "이른바 조국 사태 이전엔 문 정부가 검찰 특수부에는 손을 안 댄다고 공언했다"고 말했다.

"검찰이 수사권으로 조국 법무부 장관을 수사하니 그제야 수사권을 뺐겠다고 한 겁니다. 정권 초부터 수사권을 경찰에 넘기고 특수부는 줄여 검찰을 통제했어야 해요."

이 때문에 2단계 검찰 개혁의 방향이 검수완박 쪽으로 선회했다고 할 수 있다. 살아 있는 권력의 유불리가 기준이 되다 보니 개혁은 일관성을 잃었다. 만일 검수완박이 검찰 제도 개혁의 목표였다면 1단계 때부터 검찰의 수사권을 축소하고 집권 초 적폐 수사도 검찰이 아니라 경찰에 맡겨야 했다. 그랬다면 1단계 검찰 개혁만큼은 합리성만으로 공정한 평가를 받았을지도 모른다.

문 대통령은 《문재인, 김인회의 검찰을 생각한다》에서 '참여정부 대통령직 인수위원회는 검찰의 권한 분산 과제를 명확하게 인식하고 있지 않았다'라고 지적했다. 대통령 탄핵으로 출범한 문 정부는 인수위를 꾸릴 시간조차 없었다. 그래서 참여정부의 시행착오를 답습한 걸까?

수사권·기소권 완전 분리에 실패

수사권과 기소권을 분리하는 것은 검경의 권한 독점과 남용을 경계해서다. 문 정부 검찰 개혁의 문제는 무엇보다 검찰 권한 분산의 요체인 수사권과 기소권의 분리가 제대로 이뤄지지 않았다는 점이다. 수사의 실행 기관과 지휘감독 기관을 분리하면 살아 있는 권력이 수사에 관여하고 외압을 행사하기가 쉽지 않다. 하나의 사안에 대해 동시에 두 기관에 압력을 넣어 소기의 목적을 달성해야 하기 때문이다.

금태섭 변호사는 결국 문 정부가 검경 수사권 조정이라는 이름으로 사실상 경찰의 수사권 독립을 추진한 결과가 됐다고 지적한다. 수사권 조정과 수사권 독립 사이에서 길을 잃었다는 것이다. 근본적으로 검찰 개혁이라는 정부 정책에 대한 철학이 빈곤했던 탓이라고도 할 수 있다. 검찰 개혁의 요체는 어떤 의미에서는 검경 중 어느 한 기관이 수사 시작부터 종결 결정까지 전속적으로 처리할 수 없게 만드는 것이다.

"경찰의 수사권 독립은 검찰의 통제를 벗어나 검찰처럼 독자적으로 수사권을 행사하는 것을 말합니다. 결국 검찰 개혁 과정에서 경찰이 하는 민생 수사에 대한 검찰의 통제권을 정부가 없애고 만 것이죠. 결과적으로 검경 수사권 조정을 하려다 경찰 수사권 독립을 시켜준 거예요."

경찰은 이제 수사 후 불기소를 할 수 있다. 기소권은 검찰이 쥐고 있지만 경찰이 수사 종결로 사실상 불기소의 효과를 거둘 수 있기 때문이다. 경찰의 수사 종결로 무혐의 처리가 되면, 피해자 처지에서는 검찰이 사건을 한 번 더 검토할 기회가 없어진다. 사후적으로 이의를 제기할 수는 있지만 피해자에게 불리한 제도 변화로 볼 수 있다.

검찰 개혁의 총사령탑으로서 문재인 대통령은 검찰의 수사권을 완전 박탈하는 아이디어에 회의적이었던 것으로 보인다. 어떤 의미에서는 부정적이었다고도 할 수 있다. 어쩌면 정의로운 검찰로 하여금 정의로운 수사를 하게 하는 제도 개혁이 그가 꿈꾼 검찰 개혁의 이상향이었는지도 모른다. 검사 출신의 한 변호사는 검찰이라는 권력기관의 속성을 문 대통령이 제대로 알지 못했던 것 같다고 말했다.

공수처의 권한 남용 가능성

신생 공수처는 출범과정에서 검찰에 대한 권한 확보에 집착하는 경향을 보였다. 반면 이규원 검사에 대해선 수사를 마치고도 사건을 직접 처리하지 않고 기소 의견으로 검찰에 이첩했다. 이 검사는 김학의 전 법무부 차관 별장 성접대 의혹 재조사 과정에서 핵심 인물인

윤중천 씨의 면담 보고서를 허위 또는 왜곡·과장해 작성한 혐의와 이 내용을 특정 언론에 유출한 혐의를 받았다. 공수처는 이 사건을 넘겨받은 지 9개월 만에 검찰에 돌려보냈는데, 이에 대해 이윤제 명지대 법과대 교수는 "대통령이나 여당의 눈치를 보는 정치적 처분을 했다는 것 말곤 설명할 길이 없다"라고 비판했다. 그는 사건 방치, 이첩권의 자의적 행사, 법적 근거 없는 권한 확대 등의 문제를 일으켜도 공수처엔 이를 시정할 수 있는 시스템이 없다고 지적했다.

공수처는, 지금은 약체지만 권력기관으로 폭주할 가능성이 있다. 과거의 검찰처럼 수사·기소권을 독점적으로 행사, 권한을 남용할 위험이 있다는 것이다. 검찰의 권한 독점이 해묵은 문제였듯이 공수처의 권한 독점 가능성 역시 문제다. 역사적으로 정의로운 검찰이 없었듯이, 권한을 독점하면서 동시에 정의로운 공수처는 성립할 수 없다. 수사와 기소를 같이하는 한, 공수처의 정치적 중립은 구두선일 뿐이다. 권한은 분산을 통해 기관끼리 통제할 때만 중립적으로 행사될 수 있다. 검찰의 수사를 축소하는 검경 수사권 조정과, 수사도 하고 기소도 하는 공수처 설립은 상호모순이다. 문 정부 후반 검찰 개혁의 동력이 떨어진 데는 이런 요인도 작용한 것으로 보인다.

법무부 문민화는 낙제점

검찰은 준사법기관을 자처한다. 법원과 대등한 수준의 독립성을 보장받아야 한다고 스스로 주장한다. 그러나 검찰청은 엄연히 행정부의 일원인 법무부의 외청이다.

법무부와 검찰은 분리되어야 한다. 상호 독립적이어야 한다. 어느 한쪽이 다른 쪽의 식민지가 되어서는 안 된다. 그러나 현실은 그렇지 않았다. 우선 역사적으로 검찰 출신 인사가 법무부 장관에 임명되는 일이 잦았다. 법무부에 파견된 검사들은 요직에 앉았다. 이렇다 보니 법무부가 검찰을 견제하는 것이 아니라 도리어 검찰에 장악됐다.

비검찰 출신의 문 정부 법무부 장관과 민정수석은 법무부 탈검찰화를 추진했다. 그 결과 2017년 여름 '법무부와 그 소속기관 직제' 규정을 개정, 복수직제화를 통해 검찰국장을 제외한 실국본부장 직위 7개에 검사뿐 아니라 일반직 공무원을 임명할 수 있게 됐다. 39개 검사 직위도 일반직을 보임할 수 있도록 했다. 그러나 여전히 법무부의 주요 보직은 검사 차지였다. 일반직이 임명된 자리도 복수직제화 탓에 언제든 검사들이 권토중래할 수 있다. 민주사회를위한변호사모임 출신으로 앞서 인권국장을 거친 이상갑 법무실장 등은 한동훈 장관 취임 후 이미 물러났다.

문 정부가 전반기에 법무부 탈검찰화에 나선 건 나름대로 의미가 있다. 하지만 법무부의 왜곡된 구조를 고치려면 더 과감한 정책을 폈어야 했다. 사실 그동안 법무부의 고위직을 일반직 공무원이 맡지 못했던 것은 그 자리에 검사들이 이미 포진하고 있었기 때문이다.

한 장관은 인사청문회 당시 법무부 탈검찰화에 대해 "법무부의 업무 전문성·연속성 저하 등의 문제도 있었다"라고 견해를 밝혔다. 그러나 업무 경험 부족으로 인한 이런 문제는 시스템으로도 커버할 수 있다.

검찰 권력을 민주적으로 통제하려면 검찰 행정을 공개해 검찰이

하는 일을 시민들이 들여다볼 수 있어야 한다. 이런 구조가 만들어짐으로써 시민들이 검찰 개혁에 대해 나름의 생각을 형성하고 이 틀 안에서 의견 개진도 할 수도 있어야 한다.

검찰 조직문화의 개혁

많은 일선 검사들이 생각하는 이상적인 검사상은 어사 박문수다. 이들은 나쁜 놈들을 혼내 사회 정의를 세우고 도탄에 빠진 백성들을 구하겠다고 생각하는 경향이 있다. 검사가 된 동기도 대부분 수사를 통해 이 사회의 거악을 뿌리 뽑기 위해서다.

한동훈 법무부 장관의 인식도 대체로 그렇다. 한 장관은 장관 후보자 시절 윤석열 정부 초대 법무부 장관으로서 실행할 검찰 개혁과제와 관련한 질문을 받고 "검찰은 나쁜 놈들을 잘 잡으면 된다"라며 "법과 상식에 맞게 진영을 가리지 않고 나쁜 놈들을 잘 잡으면 된다"고 답한 적이 있다.

그러나 영미법계 국가든, 대륙법계 국가든 선진국은 경찰이 수사를 한다. 검찰이 하는 직접 수사는 경찰의 수사를 보완하기 위한 것이다. 그런 점에서 특수통 검사 윤석열과 한동훈은 경찰관으로서의 자질이 뛰어난 검사들이다. 대한민국 검찰이 효율적으로 일을 잘하는 건 검사 개개인의 자질을 떠나 힘이 세기 때문이다. 상대적으로 선진국 검찰이 비효율적인 건 힘센 검찰의 부작용을 차단하는 장치가 제대로 작동하기 때문이라고 할 수 있다.

제도가 바뀌었다고 조직문화가 하루아침에 바뀌지는 않는다. 검사의 소임은 본래 공소관이다. 경찰이 법 절차를 지켜 수사하는지,

공소에 필요한 증거 수집을 합법적으로 하는지 관리 감독한 후 기소해 유죄 판결을 받아내는 것이 검사의 고유한 역할이다. 검찰의 조직문화, 검사의 수사 관성, 어쩌면 체질을 바꾸는 것은 어차피 장기적인 과제였다. 검수원복 추세로 이런 개혁은 더 장기화할 것임이 자명하다.

대한민국 검찰이 위험한 건 엘리트주의와 검찰 만능주의에 빠져 있기 때문이기도 하다. 검사는 무슨 업무든 맡기면 할 수 있고 조금만 공부하면 다 알 수 있다고 생각하는 경향이 있다. 사법시험을 거친 법조인 중에서도 검사는 유독 선민의식이 강하다. 검찰 개혁 여론에 상당한 영향을 미치는 변호사도 다수가 검찰에 우호적이라고 할 수 있다.

검찰은 재벌과 퇴임한 대통령에 대한 수사로 살아 있는 권력에 '봉사'하는 한편 그 과정에서 국민의 신뢰를 얻었다. 살아 있는 권력의 사람을 수사하면 다수 국민이 환호했다.

그러나 수사는 검찰의 일이 아니다. 민주주의 요체는 권력은 분산하고 권력기관의 권한 생사는 최소화하는 것이다. 바로 검찰 개혁의 당위성이다.

검찰을 견제해야 할 언론은 검언유착에서 자유롭지 않다. 검언유착은 사실 구조적인 측면이 있다. 확실한 모든 팩트를 검찰이 쥐고 있기 때문이다.

국민도 판검사·변호사라고 하면 한 수 위로 보는 경향이 있다. 검사는 사법연수원 수료 후 임용되면 부이사관 대우를 받는다. 보수 규정이 그럴뿐더러 처우 등 지위도 그렇다. 이런 파격적인 대우가 검사는 자타가 공인하는 엘리트라는 사회 인식의 바탕이 됐다.

검찰의 수직적인 조직문화는 구검찰청법에 명문화된 '검사동일체의 원칙'에 응축돼 있다. '검사는 검찰사무에 관하여 상사의 명령에 복종한다.' 2003년 검찰청법이 개정되면서 이 원칙은 폐기됐지만 그 정신은 검찰 조직문화의 DNA로 남아 있다고 할 수 있다.[10] 검사들은 심지어 상사의 위법한 지시도 따라야 한다.[11]

임은정 대구지검 부장검사는 저서 《계속 가보겠습니다》 중 '검찰 개혁을 위한 고언'(작성은 2018년 2월)에 이렇게 썼다.

'표적 수사를 하라거나, 사건을 덮으라거나, 무죄임에도 무죄를 구형하지 말라는 등의 위법한 업무적 지시에 검사들은 맹목적인 복종을 강요당했습니다.'

검사의 직급은 검찰총장과 검사 둘뿐이다. 그런데도 검사들은 최근까지 불법·탈법인 줄 알면서도 정치 권력의 요구를 따르는 일이 잦았다. 그 과정에서 검사들은 호가호위했다. 직업 공무원으로서 인사권자의 뜻을 거스를 수 없는 나름의 고충도 있을 것이다. 이근우 가천대 법학과 교수는 검찰은 일반 공무원처럼 소극적으로 정치 권력의 지시를 따른 게 아니라고 주장한다.

"오히려 향후 인사에서 기대할 수 있는 이익이 이런 처신에 더 영향을 미치는 것으로 보입니다. 검사는 법적으로 직무 수행의 독립성이 인정되고 부당한 지시를 거부할 권한이 있기 때문이죠."

검찰 개혁의 최종 목표는 검찰 조직문화의 개혁이라고 할 수 있다. 제도를 개혁한다 한들, 구성원의 비민주적 사고, 반인권적 사고는 쉽게 고쳐지지 않기 때문이다. 윤 정부 들어 검찰 제도 개혁의 성과가 퇴색한 만큼 검찰 조직문화의 변화를 기대하기는 상당 기간 난망일 듯하다.

검찰 개혁의 시계는 멈추고 검찰 통치가 시작되다

문재인 정부 집권 3년 차인 2019년 봄까지만 해도 국민은 검찰 개혁의 필요성에 절대적으로 공감했다. 당시 한국사회여론연구소의 여론조사에서 공수처 설치에 찬성하는 응답은 무려 82.9%에 이르렀다. 어쩌면 공수처 신설에 대한 지지라기보다는 검찰이 바뀌어야 한다는 당위에 대한 공감이었을 것이다.

그로부터 2년 후인 2021년 2월 《한겨레21》의 여론조사에서 '검찰 개혁을 잘하고 있다'는 평가(41.8%)와 '잘못하고 있다'는 평가(48.8%)는 거의 비등했다. 이렇듯 문 정부의 검찰 개혁에 대한 국민의 평가는 크게 엇갈렸다. 《한겨레21》은 그 주요 원인으로 검찰 개혁이 인물 간 갈등으로 치환된 것을 꼽았다. 윤석열 검찰총장은 조국 법무부 장관과 '조국 대전'을 치른 후 추미애 법무부 장관과 1년간 추·윤 갈등을 이어갔다. 그 결과 검찰 개혁이 정파적 이슈로 변질됐고 개혁의 동력은 소진돼갔다.

무엇보다 문 정부는 검찰 개혁을 하겠다면서 검찰을 대상화하지 않았다. 적폐수사에 주력한 초기엔 되레 우군화했다. 때로는 검찰 권력을 정치 권력과 동일시하기도 했다. 그 결과 시대적 과제였던 검찰 개혁의 대의를 국민이 회의하게 됐고 상당수는 피로감도 느꼈다.

한상희 교수는 "개혁 의지가 있었고 시도도 좋았지만, 개혁의 과정과 결과는 그렇게 긍정적이지 않았다"라고 말했다. 의지를 뒷받침할 실력이 부족했기 때문이라고 덧붙였다.

"어떤 정부가 들어서느냐에 따라 법무부는 다시 검찰의 식민지가 될 가능성이 있습니다."

문 정부의 법무부 탈검찰화는 결코 불가역적이지 않다는 것이다.

어느 때부터인가 문 정부의 검찰 개혁은 고립된 섬과도 같았다. 이른바 조국백서인 《검찰 개혁과 촛불시민》의 공동저자인 고일석 더브리핑 대표는 "검찰 개혁이 필요하지만, 결과적으로 검수완박은 아니라는 게 국민 뜻인 거 같다"라고 말했다.

"문 정부는 결국 검경 수사권 완전 분리에 실패했습니다. 개혁의 성공은 국민의 동의에 달렸습니다. 사실 정권 교체가 되지 않았다면 그렇게 서둘 일도 아니었죠."

돌이켜보면 이미 실기한 검수완박은, 추진하더라도 민주당이 국민의 동의를 얻어 2027년 21대 대선 공약으로 제시했어야 했다. 정부 여당은 그때까지 여소야대 구도에서 1차 수사권 조정 성과를 안착시키고 공수처를 착근시켰어야 했다.

문 대통령은 민주당의 검수완박법 처리를, 지지해주지 않는 소극적 자세로 막은 듯싶다. 대통령이 나서서 검찰 개혁 속도를 조절했다면 어쩌면 정세가 달라질 수도 있었다.

2022년 8월 여당인 국민의힘 비상대책위원장을 맡았던 주호영 의원은 판사 출신의 5선 의원이다.[12] 현직 원내 대표인 그는 과거 2020

년 말 방송에 출연해 공수처에 대해 "말은 공직자비리수사처라고 하지만 사실은 정권사수처가 될 것이다"라고 말했다. 살아 있는 권력을 수사하는 정권 수사처가 아니다. 당시 그는 "공수처는 기존 수사체계를 흔드는 것으로, 절차와 내용 모두 적법하지 않다"라고 주장했다. 노회한 야당 중진 정치인의 정치 공세라고 볼 수도 있지만, 윤 정부에서 그의 예언은 현실이 될 수도 있다.

공수처장의 임기는 3년으로, 김진욱 초대 처장의 임기는 2024년 1월까지이다.[13] 윤석열 대통령은 당선인 시절 공수처 개혁을 공언했고, 김 처장은 "3년 임기를 채우겠다"라고 밝혔다. 김 처장이 임기를 채우더라도 윤 대통령은 그의 후임으로 특수 수사통 검사를 앉힐 가능성이 있다. 공수처장후보추천위원회가 있지만 얼마든지 가능한 일이다. 시기적으로는 22대 총선을 앞뒀을 때다.

윤 대통령의 검찰 라인이 수장을 맡으면 공수처는 과거 안기부의 사찰 정보 수집 기능도 하는 정보수사기관으로 변질될 수도 있다. 지금은 공수처가 무능하다고 비판받지만 어쩌면 유능할수록 더 위험한 기관이 될 가능성이 있다. 소속 검사의 재임 기간도 길다. 서울중앙지검 특수부 검사 재임 기간은 길어야 2년이지만 공수처 검사는 최장 12년까지 근무할 수 있다.

검사 시절 특수부에 근무한 이력이 있는 금태섭 변호사는 "권력기관은 속성상 권력자인 대통령만 바라볼 수밖에 없다"라고 말했다.

"검찰과 공수처가 자칫 충성 경쟁을 하는 일이 벌어질 수도 있습니다. 권력자로서는 검찰이 말을 안 들으면 공수처에 시키면 돼요."

반대로 공수처를, 윤 정부가 약화시킬 수도 있다. '검찰공화국'이라는 비판을 피하기 위해 권력 견제기구로서의 명맥만 잇게 할 가능성도 있다. 현재도 검찰은 공수처에 이첩할 사건을 잘 통보하지 않는다.

《문재인, 김인회의 검찰을 생각한다》에서 문 대통령은 이렇게 밝혔다.

'정치권력이 검찰을 정치적으로 이용하고 검찰이 이에 부응하여 적극적으로 정치화되면서 자신의 권한을 확대하는 것도, 검찰 권한을 자의적으로 행사하는 것도, 검찰 권한 행사 과정에서 위법이나 권한 남용이 발생하는 것도, 비리가 발생함에도 불구하고 자정 능력이 없는 것도 모두 근원적으로 검찰이 형사절차상, 그리고 한국의 권력 지도에서 너무 많은 권한을 갖고 있기 때문이다. 검찰의 초과권력이 검찰이 갖는 문제의 뿌리인 것이다. 만일 검찰 권한의 분산과 견제라는 검찰 개혁 과제와 함께 진행되지 않을 경우, 검찰의 자율성 증대는 곧 검찰의 권한 확대로 이어질 수 있다. 정치권력에 의한 검찰 권한 견제라는 장치가 하나 없어지기 때문이다. 정치적 중립을 보장해주면 검찰이 저절로 민주화될 것이라는 생각은 환상이었다.'

문 대통령 시절 정부와 민주당이 마련한 검찰 견제 장치는 검경 수사권 조정과 공수처였다. 그런데 1단계 수사권 조정 땐 적폐 수사를 맡기느라 직접 수사를 하는 검찰 특수부를 오히려 강화했고, 2단계 조정 땐 검수완박이라는 명분으로 검찰 수사권을 박탈하려다 '미수'에 그쳤다.

문재인 정부 검찰 개혁의 가장 큰 성과는 어쩌면 중요한 개혁은 반드시 국민의 동의 내지는 이해를 구해야 한다는 교훈을 늦게나마 얻은 것인지도 모른다. 민주국가에서 권력기관의 개혁은 어떤 면에서는 국민을 설득하는 과정이라고 할 수 있다.

문 정부의 검찰 개혁은 윤석열 검찰총장을 빼놓고는 설명할 수 없다. 그는 검찰 개혁의 주역으로 발탁됐지만 검찰 개혁을 실행하려는 문 정부 법무부 장관들과 격렬하게 부딪쳤다. 개혁의 표적으로 지목되자 정권에 대한 저항을 통해 체급을 높였고 정치에 입문, 사임한 지 1년 만에 문재인의 후임 대통령에 당선됐다.

윤석열 대통령과 한동훈 법무부 장관은 검찰권이 강해야 한다고 믿는 '검찰 지상주의자'이다(금태섭 변호사). 이들은 통치 수단으로 검찰권을 활용할 가능성이 다분하다. 검수완박에 대해, 한 장관은 이미 시행령 개정을 통한 '검수원복'을 관철했다. 검찰이 조폭 수사도 직접 하겠다는 건 1차 수사권 조정 전으로의 회귀 기도로 볼 수도 있다. 결국 문 정부 내지는 구 여권의 검수완박 기도는 실패로 돌아간 셈이다.

한 장관은 또 검찰에 대한 법무부 장관의 통제 장치인 수사지휘권, 인사권, 예산권도 무력화하려 하고 있다. 검사 출신 장관이 법무부 외청인 검찰청을 몸통으로 삼아 법무부를 사실상 검찰청의 외부로 만들려 한다고 볼 수 있다.

정부 차원에서는 윤 대통령의 전방위적인 검사 중용으로 검사동일체가 정권 차원으로 확장됐다고 볼 수 있다. 이렇게 볼 때 검찰 통치가 시작됐다고 해도 과언이 아니다. 문 정부의 검찰 개혁에 대한 역풍의 의미도 있을 것이다. 정권 초 문 정부 정책과 인사에 대한 사정의 흐름도 2차 검찰 개혁에 대한 반작용의 성격을 띠고 있다고 볼 수 있다.

윤석열 정부 출범으로 마침내 검찰 개혁의 시계는 멈춰 섰다. 문 정부는 검찰 개혁에 최적화된 정권이었지만, 적폐 수사의 검찰 의존, 검찰 개혁 철학의 빈곤, 조국·윤석열 인사 실패, 무능 탓에 일부 제도를 개혁하는 데 그쳤다. 앞으로 상당 기간 검찰 개혁은 기대하기 어려울 것이다.

《아무도 흔들 수 없는 나라》. 2022년 봄 문재인 대통령 비서실이 엮은 문 대통령 연설문집이다. 그러나 아이러니하게도 그가 퇴임하자마자 정권의 명운을 건 검찰 개혁조차 속절없이 흔들리는 나라가 됐다. 검찰 개혁은 권력기관 개혁의 핵심이었다.

그렇다고 검찰 개혁의 당위성마저 빛바랜 것은 아니다. 정부는 임기가 있지만 개혁엔 시한이 없다. 국민의 자유와 권리를 보호한다는 구실로 국민의 자유와 권리를 침해하는 것이 권력기관의 속성이다. 모든 개혁이 본질적으로 '계속 개혁'일 수밖에 없는 까닭이다.

'검찰공화국'도 시효가 있다. '검찰의 시간'도 흘러가고 있다.

주

1. 김인회 교수는 인하대에 몸담기 전 참여정부 대통령실 비서관을 지냈다.
2. 문재인 정부 5년 검찰보고서 418쪽
3. 《검찰 개혁과 촛불시민》 131쪽
4. 문 정부의 검찰 개혁 성과에 대해서는 정부 백서인 《문재인 정부 5년》, 참여연대 사법감시센터의 《문재인 정부 5년 검찰 개혁 종합평가》를 참조했다.
5. 검찰의 기소독점주의 자체가 문제는 아니라는 시각도 있다. 선진국들은 기소 기관이 검찰밖에 없다.
6. 이완규 법제처장은 윤석열 대통령과 사법연수원 동기이자 서울대 법대 79학번 동기이다. 2003년 노무현 대통령이 시도한 검사와의 대화 당시 평검사 대표로 참석했다.
7. 문재인 정부 5년 검찰보고서 415쪽
8. 문 대통령이 공저자인 《문재인, 김인회의 검찰을 생각한다》엔 이런 구절이 있다. '다음에 들어설 민주정권은 첫 번째 개혁 작업으로 검찰 개혁에 착수해야 한다.'(412쪽) 그 정권의 대통령이 바로 문 대통령 자신이었다.
9. 문재인 정부 5년 검찰보고서
10. 판사는 동일체가 아니다. 그래서 재판 도중 담당 판사가 바뀌면 '변론의 갱신'(민사소송)이나 '공판절차의 갱신'(형사소송)을 해야 한다.
11. 검찰청법 개정으로 다음 조항이 추가됐다. '검사는 구체적 사건과 관련된 제1항의 지휘·감독의 적법성 또는 정당성에 대하여 이견이 있을 때에는 이의를 제기할 수 있다.'
12. 같은 달 법원의 결정으로 비대위원장으로서의 직무집행이 정지됐다.
13. 임기가 2년인 검찰총장보다 길다.

이
명
재

서울대에서 사회학을 전공했다. 《동아일보》 편집국 기자, 뉴스통신진흥회 사무국장 등을 지냈으며 현재는 '시민언론 민들레'의 대표 겸 에디터로 일하고 있다.
자유언론실천재단 기획편집위원, 민주언론시민연합 정책위원 등으로 활동하고 있다.

2장

언론 개혁 :
미완의 개혁인가
시작도 못한 개혁인가

미완의 개혁인가 시작도 못한 개혁인가

미완의 개혁이냐, 실패한 개혁이냐. 아니면 시작도 못한 개혁이냐.

문재인 정부의 언론 정책을 어떻게 평가해야 할까. 문재인 정부 5년을 실망스러운 5년으로 보는 시각이 있다면 특히 두 가지를 이유로 들 수 있을 것이다. 하나는 부동산 정책이고, 다른 하나는 언론 분야—언론 개혁이든 언론의 개선이든—를 꼽을 것이다. 그러나 이 둘은 성격이 다소 다른데, 부동산 정책은 정책의 실패였다면, 언론 개혁은 정부의 의지에서의 실패이자 근본적으로는 한국 언론 자체의 실패, 나아가 한국 사회의 실패이기 때문이다.

무엇보다 한국 언론이 놓여 있는 현실, 한국 언론이 한국 사회에 보이고 있는 모습에서부터 얘기를 시작해보자. 사회과학 용어에 '비동시성의 동시성'이라는 것이 있다. 이를 사회에 적용해보면 상이한 발전단계의 시대들 간의 공존, 즉 탈근대와 근대, 전 근대의 양상이

동시에 나타나는 것으로 설명할 수 있는데, 다름 아닌 한국 사회의 언론의 모습이 가장 그에 맞는 한 단면이다. 그 단면은 영국의 작가 찰스 디킨스의 대표작 중의 하나인《두 도시 이야기》의 유명한 도입부를 연상케 한다.

'최고의 시절이자 최악의 시절이었으며, 지혜의 시대이자 어리석음의 시대였다. 믿음의 세기이자 의심의 세기였으며, 빛의 계절이자 어둠의 계절이었다.'

디킨스가 작품의 배경으로 삼은 두 도시는 런던과 파리로서, 작가는 두 도시 간의 대조를 통해 급속한 산업화를 거치며 모순이 극대화되는 19세기의 풍경을 그리고 있다. 위의 글에서 '두 도시'를 '두 나라'로 바꿔 한국 사회에 대입해보자. 한국에는 두 개의 나라, 두 개의 시대가 있다. 최고의 나라와 최악의 나라이며 최고의 시절이면서 최악의 시절이기도 하다. 한편에는 당당히 선진국으로 진입해 있는 국제적 위상, 세계 최고의 제품들을 생산해내는 경제에서의 도약, 촛불혁명으로 과시한 민주주의의 모범이 있다. 예술과 문화에서의 빛나는 성취는 또 어떤가. 영화와 드라마가 세계를 휩쓰는 한류의 기세는 아시아를 넘어 전 세계로 퍼지고 있다. 세계 유수의 영화제와 기악 콩쿠르에서 한국의 배우와 감독과 연주자들이 우승을 차지했다는 낭보의 연속까지, 이 모든 것은 분명 최고의 나라로서의 한국이다.

그러나 그 최고의 선진과 성취의 이면에는 최악의 나라와 최악의 시절이 있다. 세계 1류 제품을 만들어내는 대기업의 3류적 지배구조, 서로가 서로에게 늑대인 비정의 정글사회, 세계에서 유례를 찾아보기 어려운 기형적 검찰제도가 드러내는 공권력의 부패와 타락상.

현대의 첨단으로 앞서는가 하면 '전前근대'의 후진에 머물러 있는 나라, 그 이중적이고 모순적인 시대의 공존이 지금 한국의 초상이다. 그리고 그 후진과 최악의 단면이 다른 어느 곳보다 집약돼 있는 것이 바로 한국의 언론인 것이다.

한국 언론의 다수가 매일같이 보여주는 모습은 문제해결자, 혹은 문제해결을 조정하고 촉진하는 것이 아니라 문제를 만들어내는, 아니 문제 그 자체가 돼 있는 형상이다. 한국의 다수 언론은 '가끔' 사실을 말하고, '자주' 사실을 제조하며, '거의 언제나' 사실을 가공한다. 언론이라는 이름의 이들 비非언론, 반反언론은 현실을 전달하는 게 아니라 현실을 '생산'하고 '제조'한다. 실재의 현실을 밀어내고, 그 밀려난 현실의 자리를 자신들이 제조한 현실, 가공의 현실, 변형된 현실로 채우려 한다.

'언론자유 조형물'이 던지는 질문

문재인 정부 3년 차였던 2019년 7월, 한국 언론의 중심지인 서울 중구 한국프레스센터 앞에는 특별한 조형물 하나가 들어섰다. 하늘을 향해 꼿꼿하게 뻗은 펜의 모양을 갖춘 '언론자유 조형물'이었다. 언론인과 단체들이 뜻을 모으고 돈을 모아서 세운 '굽히지 않는 펜'이라는 이름의 조형물이다. 70, 80년대 언론의 자유를 위해 싸운 언론인들의 행적을 기리고 그 정신을 오늘에 이어받자는 마음이 세워 올린 기념비다. 진작부터 있었어야 할, 한국 언론의 자랑이며 긍지를 보여주는 조형물이다. 그러나 '언론자유'라는 이름의 이 소형물, 한 일자로 위를 향해 뻗은 그 거대한 펜 앞을 지나가는 시민들은 과연 이를 어떻게 볼까. 한국 언론의 현실에 실망하고 그에 질타를 보내는 적잖은 시민들은 그 조형물을 어떻게 볼 것인가. 아마 이렇게 물을 것이다. 한국의 언론에게 자유는 무엇인가, 한국의 언론은 과연 자유를 감당할 수 있는가, 라고.

무제한의 자유와 무제한의 무책임으로 요약되는 한국의 언론. 언론의 자유는 다른 자유를 자유롭게 하는 자유로서의 언론자유가 아닌, 다른 모든 자유를 억압하고 짓누르는 독선과 전횡의 자유, 반反자유가 되고 있다. 많은 사람들에게 필요한 것은 이제 언론의 자유가 아니라 '언론으로부터의 자유'라고 말해야 하는 현실이다.

문재인 정부의 출범은 이 같은 한국 언론의 현실에서 개혁의 큰 계기, 한국 언론 제자리 잡기의 출발점이 될 것이라는 기대를 모았다. 촛불 시민혁명으로 탄생한 문재인 정부는 촛불광장에서 분출된 국민의 뜻을 받들어 재벌과 검찰, 그리고 언론을 3대 개혁 대상으로 꼽았다.

그러나 지난 5년간은 언론 개혁에 있어서만큼은 그 기대만큼의 실망을, 그 바람만큼의 좌절을 가져왔다.

무엇이 문제였는가. 언론 개혁의 의지가 얼마나 있었는가에서부터 거시적인 청사진, 그 작업을 수행할 적재適材의 사람과 치밀한 프로그램에 이르기까지, 후한 점수를 주기는 어려워 보인다.

그러나 한편 문재인 정부의 언론 개혁, 언론 정책의 실패는 한편으로 한국 언론의 현실의 결과이기도 하다. 자국민으로부터 세계 최저 수준의 신뢰, 최고 수준의 불신을 받는 한국 언론의 현실은 언론 개혁을 요청하는 이유이면서, 반대로 그 개혁을 막는 장애이기도 한 것이다. 그러므로 문재인 정부 5년간의 언론 개혁, 언론 정책을 돌아보는 것은 곧 한국 언론의 현실에 대한 직시와 성찰이 되지 않을 수 없다.

한국의 언론은 '언론'이 될 수 있는가. '언론의 언론화'는 과연 가능한가.

문재인 정부 5년간이 성공의 기록이든, 실패의 기록이든 간에 그 성공 혹은 실패의 비망록을, 징비록懲毖錄을 써야 하는 이유다.

'언론 적폐'의 청산

2017년 5월 10일, 대통령 선거에서의 승리 다음 날 취임한 문재인 대통령은 국회에서 취임선서식을 마친 뒤 청와대에 도착해 이낙연 국무총리 내정자를 비롯한 첫 인선을 직접 발표했다. 청와대 수석들 인선 브리핑에도 직접 나섰다. 중요 사안의 경우 직접 언론에 브리핑하겠다고도 했다. 언론과 적극 소통하겠다는 표시였다. 1년 전 청와대였다면 볼 수 없었던 풍경이었다. 기자들의 사전 질문지까지 청와대에 제공되며 사전 각본설까지 나돌았던 전임 대통령 때와는 사뭇 다른 모습이다.

박근혜 전 대통령의 신년 기자회견 때 '꿀 먹은 벙어리'처럼 질문조차 제대로 하지 못했던 청와대 출입기자들이 이날 브리핑에선 자유롭게 질문을 던졌다. 전임 정부 때 주눅 든 듯 차렷 자세로 '대통령의 말씀'을 경청하며 받아 적던 모습은 찾아볼 수 없었다. 언론의 봄이 온 듯했다. 그러나 이 장면은 문재인 정부의 언론과의 관계를 예고

하는 한 풍경이자, 한국 언론의 현실과 장래를 보여주는 장면이기도 했다.

'이명박근혜' 정부에서 순한 양이 돼 적잖은 '정권 호위' 보도까지 했던 한국 언론은 국민의 힘으로 선물받은 자유를 누리기 전에 했어야 할 반성이나 성찰은 없었다. 문재인 정부의 언론 개혁 앞에 놓인 험로의 한 예고였다.

"정말 긴 침묵과 저항의 시간이었다. 이명박·박근혜 10년간 4대강은 죽어갔고, 언론은 빛을 잃었다. 취재 현장에서 기레기 소리에 고개 숙이고, 촛불 시민 앞에 '언론도 공범자'라며 반성하던 언론노동자들은 삼성 장충기 문자 앞에서 또 다시 좌절해야 했다.

더 이상 고개 숙이지 않겠다. 권력과 자본에 줄을 댄 경영진 앞에 우리는 견고한 연대의 힘으로 맞설 것이다. ……어둠을 걷어내자. 모든 적폐를 청산하고 편집권 독립을 쟁취하자. ……이제 언론노동자들은 연대의 힘으로 우리 안의 어둠을 몰고, 편집권 독립으로 세상의 모든 어둠을 밝히겠다. 권력과 자본의 벽을 넘어 언론의 자유를 되찾고, 세상의 모든 자유를 밝히겠다."

2017년 8월 25일에 나온 전국언론노조의 '언론노동자 선언'이다. 그러나 기득권을 내려놓고. 기득권. 언론 내부의 기득권. 자기 독선과 무지. 외부의 권력과 맞서기 전에 권력이 된 자기 자신과의 싸움, 자기 기득권, 문재인 정부의 언론 개혁에 대한 의지와 함께 언론 스스로 자기개혁에 나설 최소한의 의지가 있었는가를, 취임 첫날의 풍경은 예고하고 있었다.

해직언론인 복직과 공영방송 정상화

전임 박근혜 정부, 그 이전의 이명박 정부는 언론을 통제와 장악 대상으로 보았다. 수많은 공영방송 종사자들이 해직과 징계, 언론 현장으로부터 축출의 수난을 겪었다. 문재인 정부의 언론 개혁 출발점이 해직언론인 복직과 공영방송 정상화가 됐던 것은 당연한 일이다.

이명박 정부에서 권력이 어떻게 공영방송을 장악했는지 그 숨겨진 실상부터가 적나라하게 드러났다. 2017년 9월 국가정보원 개혁위원회가 발표한 '문화·연예계 정부 비판세력 퇴출 관련 조사 결과'는 MB 정부가 MBC와 KBS를 장악하기 위해 청와대와 국정원이 중심이 되어 조직적으로, 구체적으로 움직였다는 것을 드러냈다. 이명박 정부의 국정원은 '불순세력'을 대하듯이 MBC와 KBS의 언론인들을 적대시했다. PD, 기자는 물론 작가, 출연자들의 블랙리스트를 만들었다. 반정부적이거나 정부의 국정철학에 반하는 인사들로 분류된 인물들은 방송에서 퇴출시키고, 프로그램을 폐지하라고 압력을 가했다. 노동조합을 파괴하려고 어용노조를 만들었다. 박근혜 정부에서도 공영방송 사장들의 행태는 마찬가지였다. 오히려 그전보다 더 심한 행태를 보였다. 대통령을 일방적으로 홍보하는 뉴스가 매일같이 방송됐고 불공정 보도에 항의하는 기자, PD들에게는 해고, 징계가 되풀이되었다. 특히 '세월호 참사'에 대한 공영방송의 보도는 공영방송 타락의 결정판이었다. '세월호 특조위'를 무력화하고 진실규명을 방해하는 존재가 공영방송이었다.

이 같은 언론말살의 역사를 청산하는 것은 그러나 결코 쉽지 않은 일이었다. 언론노조의 성명 제목대로 '언론 개혁은 결코 조용하고 품위 있게 이뤄지지 않는(2017년 7월 3일)' 일이었다.

"다시 한 번 청와대와 여당에 당부한다. 적폐세력들이 9년 동안 후퇴시킨 언론의 정상화, 그리고 언론 개혁을 통한 민주주의의 회복은 결코 조용하고 품위 있게 진행될 수 없다."

언론 정책,
언론 개혁의 성적표?

박근혜 퇴진 촛불항쟁 당시 촛불광장에서는 "언론도 공범이다"라는 함성이 울려 퍼졌다. 어느 분야보다도 반성과 개혁이 절실히 요구되는 곳으로 언론이 첫 손가락에 꼽혔다. 이 같은 대중의 노도와 같은 요구를 생각한다면 언론 개혁 정책을 펴는 데 어느 때보다 호조건이었던 셈이다.

그러나 촛불정부를 자임한 문재인 정부 5년간의 언론 개혁 성적표는 초라한 수준이라는 점에 많은 전문가들이 동의한다. 정연우 세명대 교수는 문재인 정부의 언론 정책을 평가하기 이전에 평가할 정책이라고 할 만한 게 없었다고 말한다. "언론 정책이 없었기 때문에 평가할 만한 게 없다. 문재인 정부 종료 뒤 그에 대한 평가 세미나가 이렇다 할 게 없는 것도 그 때문이다"라고 말했다.

19대 대선 당시 문재인 후보 공약집에 명시된 언론 관련 공약들은

△언론 독립성 보장을 위한 공영방송 지배구조 개선 △보도·제작·편성과 경영 분리 △방송광고 판매제도 재정비를 통한 방송의 자본 독립 △지역방송 지원 예산 현실화 등 언론 공공성 및 다양성 강화 등이었다.

팩트체크 미디어 〈뉴스톱〉이 공동으로 운영한 '문재인미터'가 문 대통령 퇴임 뒤 두 달이 채 못 된 2022년 7월 초에 내놓은 보고서는 "결국 이렇다 할 결과물을 내지 못하고 임기를 마무리했다. 특히 언론 공약 가운데 핵심 사안인 공영방송 지배구조 개선은 끝내 이뤄지지 않았다"라고 평가했다. 문재인미터는 문재인 정부 5년간의 공약 이행률이 55%여서 약속의 반밖에 못 지켰다고 했는데, 절반 이상의 공약 이행률을 낮다고 봐야 할지 그 정도면 나쁘지 않다고 봐야 할지는 시각이 갈릴 수 있다. 다만 분명한 것은 이 평가에서 언론은 23%로 평균 공약 이행률의 절반에도 못 미쳤다는 것이다.

(http://www.newstof.com/news/articleView.html?idxno=12582)

이 기사는 지역 언론을 육성하기 위한 노력도 부족했다고 지적했다. "'지역 신문발전기금' 예산과 '지역프로그램 제작 지원' 예산은 삭감됐고, 지역방송 지배구조 개선을 위한 움직임도 보이지 않았다"고 평가했다. 반면 '미디어 교육 활성화 추진'과 '공동체 라디오'를 문 정부 언론 분야 공약의 대표적인 이행사례로 평가했다. "역대 정부 중 처음으로 미디어 교육에 관한 범부처 계획을 마련하고 한국언론진흥재단, 시청자미디어재단, 교육부 미디어센터 확대 등으로 이어졌다. '공동체 라디오'의 경우 활성화 계획 마련에 그치지 않고 방통위가 20개 공동체 라디오에 신규 허가를 내주었다. 문 정부 이전 공동체 라디오는 7개였다."

나름의 성과라고 할 수 있다. 그러나 이들 정책은 언론 개혁의 핵심 분야라고 하기는 힘들다는 점에서 역설적으로 언론 정책이 기대에 크게 못 미쳤다는 것을 거듭 확인하게 된다. "대선 과정에서 약속한 '언론 공약'보다 상대적으로 다루기 쉬운 '미디어 공약'에 집중한 것으로 보인다"는 문재인미터의 지적처럼 줄기를 놓치고 가지를 얻는 데 그쳤다고 볼 수 있는 성적표였던 셈이다.

이 같은 평가를 어떻게 '평가'해야 할지는 다른 여러 평가들과의 비교를 통해 좀 더 세밀하게 들어가볼 수 있다. 그러나 이 같은 낮은 평점에 어떤 반론을 내놓더라도 문재인 정부에 가졌던 높은 기대, 초고공의 지지율, 국회와 지방 권력에서의 우위까지 힘을 몰아준 호조건 등을 생각하면 결코 합격점을 주기엔 미흡한 성적이라고 하지 않을 수 없다.

문재인 정부의 언론 정책 중에서 특히 비판이 높은 것은 공영방송 독립에 대한 공약을 지키지 못했다는 것이다. "정권에 상관없이, 공영방송 또는 공적인 소유구조를 가진 언론의 공공성·공정성을 확보할 수 있는 방안에 대해 어떤 구상을 갖고 계십니까." 2017년 8월 17일 대통령 취임 100일 기자회견에서 나온 질문에 문 대통령은 다음과 같이 말했다. "지난 정부 동안 공영방송을 정권의 목적으로 장악하려는 그런 노력들이 있었고 그게 실제 현실이 되었다. ……적어도 문재인 정부는 언론을 정권의 목적으로 장악하려는 시도는 하지 않겠다 약속드린다. 그러기 위해서 아예 지배구조 개선을, 제도적으로 보장해서 정권이 언론을 장악하지 못하도록 확실한 방안을 입법을 통해 노력하겠다. 국회에 이미 그런 법안들이 계류되고 있는데 그 법안의 통과를 위해 정부도 힘을 모으겠다."

'공영방송 지배구조 개선'은 언론 개혁의 상징쯤으로 여겨졌다. 엄밀히 말하면 정부에 의한 언론 개혁을 얘기할 때 그렇다는 것이다. 정부가 상당 부분 관여할 수 있는 문제이기 때문이다. 그러나 공영방송 사장과 이사 선임 구조는 거의 이명박·박근혜 정부 시절 그대로인 상태다.

그나마 시민·언론단체들이 주도한 '돌마고 투쟁'(돌아오라 마봉춘·고봉순)으로 해직자 복직 등 공영방송 정상화의 계기를 마련했지만, 개혁은 거기까지였다.

미디어 정책 컨트롤타워 부재

미디어 운동단체들은 정부의 미디어 정책 컨트롤타워 부재를 여러 차례 비판했다. "소통수석실은 홍보 외 미디어 정책에 대한 전문성과 비전을 갖추지 못했다는 평가를 받았고, 정부가 길을 잃은 사이 대한민국 미디어 산업은 통신재벌과 대형, 글로벌 미디어 사업자들에 의해 장악됐다."

언론노조는 "언론·미디어의 공공성보다는 재벌과 족벌언론의 이익을 좇는 세력, 공정한 언론보다는 집권 세력에 부역하는 언론을 원했던 과거 정권은 지난 10여 년간 집요하게 미디어 공공영역을 붕괴시켜왔다"면서 "문재인 정부에 거듭 촉구한다. 미디어 산업의 기술적, 외형적 성장에만 주목하지 말고 제발 구조와 실체를 들여다보길 바란다. 복잡하고 빠르게 변화하는 미디어 환경하에서 시민의 권리와 미디어의 공적 책무를 제대로 실현하기 위해 정부가 무엇을 해야 하는지부터 시급히 고민해주길 바란다"라고 촉구했지만 만족스러운 결과를 얻지 못했다.

언론 '정책'을 펴는 것의 한계

'국민의 정부' 시절이던 1999년 5월 기자협회보 지령 1000호를 기념해 김대중 당시 대통령은 "언론 개혁은 정부가 주도해서는 안 된다. 정부가 언론 개혁을 주도할 경우 그 순수성이 훼손되기 때문"이라며 "언론자유를 요구하던 국민들이 왜 지금은 언론 개혁을 말하고 있는지 언론 스스로가 인식하고 개혁이라는 사회적 요구에 부응하는 것"이라고 말했다. 언론에 대한 정책과 언론의 자유 간의 관계에 대한 고심이 느껴지는 대목이다.

김대중 정부와 노무현 정부를 거치면서 시도된 언론 개혁은 시대적 요청과 적잖은 국민적 호응에도 불구하고 성공적이었다고 말하기는 힘들다. 문재인 정부에게 언론 개혁은 역대 '민주정부'를 흔들고 괴롭혔던 과거의 '상처'를 끄집어내는 일일 수 있었다. 문 대통령이 '언론 개혁'이라는 말을 쓰지 않은 것도 이 같은 배경에서였을 것이다. 대통령에게 언론 개혁은 우선순위가 아니었다는 대통령 주변 인사들의 증언도 있다. 코로나19 방역, 남북관계, 부동산 문제 등 잇따른 중대 현안들 앞에서 언론 개혁은 뒤로 밀리게 된 사정도 있다. 그러나 대통령이나 청와대가 공영방송에 개입하지 않는 것이 결과적으로 문재인 정부의 언론 개혁의 처음이자 끝이 돼버렸다.

언론 정책은 정권 초기의 높은 열기와 지지에 힘입어 언론 개혁적 정책을 펼 수 있었던 시기를 놓쳤다. 2019년 초 MBC 기자 출신 윤도한 수석이 임명되고 2월에 대통령이 투병 중이던 이용마 MBC 기자를 만나는 등 공영방송 지배구조 개선 논의가 재개되는 듯했지만 한국 사회는 그해 검찰개혁, 한·일 갈등, 조국 사태에 휩쓸렸고 언론 개혁 정책은 동력을 얻지 못했다.

문재인 대통령이 5년 임기의 절반 반환점을 도는 시점인 2020년 10월, 기자협회보 지령 2000호를 기념해 인터뷰한 내용은 문 대통령의 언론관, 언론 정책에 대한 생각을 보여준다. 기자협회보의 인터뷰니만큼 언론 문제를 집중 질의했는데, 문 대통령 발언의 핵심은 헌법상의 언론자유 보장이라는 원칙을 확인하는 것과 함께 언론 자신에 의한 개혁에의 주문이었다. 문 대통령은 영국 '로이터저널리즘연구소'의 언론 신뢰도 조사에서 한국인들의 뉴스 신뢰도가 40개국 중 최하위였다고 지적하며 "언론이 왜 국민들로부터 신뢰받지 못하는지에 대한 언론 스스로의 성찰이 필요하다"면서 "비판의 자유가 만개한 시대에 거꾸로 신뢰가 떨어진다는 것은 참으로 아이러니한 일이다"라고 말했다.

"가장 바람직한 길은 언론 스스로 자유에 따르는 책임을 성찰하면서 자율적으로 기준을 정하는 것이라고 생각한다."

다만 "국민의 알 권리와 조화시키는 균형 있는 법과 제도가 필요하다고 생각한다"면서 이를 '최소한의 제도적 뒷받침'이라고 표현했다. 집권 후반기 언론 정책을 준비하고 있다는 발언으로 볼 수 있어 주목된다는 관측이 나왔지만 결국 그 같은 전망은 실현되지 못한 기대와 바람으로 끝났다.

한국 언론의 지형을 바꿔버린 종편

문재인 정부 5년간은 종합편성채널이 급성장을 넘어서 지상파를 위협하는 영향력을 확고히 한 시기였다. 종편이 출범 10년을 넘어서면서 한국 사회의 여론지형을 크게 좌우하는, 변수가 아닌 상수常數로 자리잡게 된 번창과 융성의 5년이었다. 그리고 그것은 특히 문재인 정부의 언론 정책에 대한 그물이며 족쇄였다.

이명박 정부 시절 미디어법을 날치기 통과해 탄생한, 시초부터 기형적 출발이었던 종편. 보수신문은 공영방송과 전쟁을 벌이며 이명박 정부의 언론 장악을 도왔고, 그에 따른 포상인 양 정부로부터 종합편성채널을 선물받았다. 2011년 12월 1일에 《동아일보》의 채널A, 《조선일보》의 TV조선, 중앙미디어네트워크 계열의 JTBC, 《매일경제》의 MBN이 개국하게 되면서 본격적인 종편채널의 시대가 시작되었다.

애초부터 잘못된 출발이었던 종편의 탄생은 그러나 초기의 불안한 장래를 정부의 특혜 등 온갖 제도적 뒷받침 속에 헤쳐 나가며 급성장했다. 그 급성장은 한국 사회 여론의 지형도를 바꾸는 과정이기도 했다. 불행히도 좋은 방향으로의 개선과 진전보다는 퇴행과 혼탁으로의 그것이었다는 점에서 한국의 언론, 공론장은 더한층 악화됐다.

종합편성채널에 '종합'은 없었다. 이는 종편 프로그램의 구성에서, 즉 시사와 대담 프로그램의 편중이 극심하다는 점에서도 그렇지만 내용에서도 파편적이며 단선적인 메시지들이었다는 점에서 더욱 그렇다. 오보와 막말, 편파, 과격하고 자극적인 표현, 폭언, 비속어를 남발하는 진행자와 패널들, 이런 것들이 종편을 특징짓는 모습이었다. 더 큰 문제는 그 같은 종편적인 특징이 종편 그 자체로 끝나지 않고 한국 언론 전체로 파급되고 있다는 점에 있다. 김서중 성공회대 교수의 말처럼 "우리 사회의 논의가 합리적인 방향으로 되지 않고 자극적으로 가는 데 종편이 촉발하고 키우는 역할을 한다. 게다가 지상파나 다른 방송에서 종편식 진행이 늘고 사회 전체가 그렇게 가고 있다."

종편 4개사 중 3개는 문재인 정부 시절 승인 취소의 위기를 넘기고 살아남았다. 2020년 4월 TV조선은 3년 조건부 재승인을 받았고 채널A는 4년 재승인을 받았다. 같은 해 11월에는 MBN이 업무정지 6개월을 받았지만 결국 재승인됐다. 각각 공익성 위반 행위의 누적, 검언유착 의혹, 출범 당시 투자 자본금의 편법 충당과 회계 조작 및 은폐에 대해 11개와 13개의 재승인 조건이 부과되거나 역대 방통위 제재 가운데 가장 높은 수위였지만 '승인 취소'를 요구했던 이들로부터는 '방송통과위원회'라는 비판을 받았던 결정이었다.

문재인 정부 때 퇴출 위기를 넘기고 살아남은 종편은 새 정부에서 더욱 날개를 달 것으로 보인다. 윤석열 정부는 지난 4월 대통령직인수위원회 때 일찌감치 종편에 '규제완화' 선물을 안겨줄 방침을 발표했다. 종편을 소유한 신문사의 30% 소유 제한을 풀겠다는 방침을 밝히면서 "종편 승인 기간 3~5년으로는 자체적인 경쟁력 강화 및 서비스 혁신에 역량을 집중하기 어렵고, 종편 승인 조건도 과도하게 많아 방송사업의 자율성을 지나치게 제약한다"고 주장했다. 이 같은 특혜성 정책 지원을 한쪽의 날개로 삼으면서 종편은 한국 언론 시장의 신흥 강자로서의 지위를 더욱 공고히 할 것으로 보인다. 초기 '예능·드라마 없는 유사 보도 채널'이란 비판을 받던 데서 벗어나 오락 연예 프로그램을 통해서도 더욱 대중의 저변으로 파고들고 있다. TV조선의 '미스터 트롯'이 2020년에 시청률 35.7%(이하 닐슨코리아)라는 경이로운 기록을 올린 것이 그 대표적 사례다.

종편과 정권의 밀월

종편과 정권의 끌어주고 밀어주는 밀월 관계는 이미 극명하게 나타나고 있다. 윤석열 대통령이 취임한 2022년 5월 10일을 전후한 종편 시사 대담 프로그램들을 민주언론시민연합이 모니터링한 결과를 보자. 5월 9일부터 13일까지 한 주간 종편 4사 평일 오후 시사 대담 프로그램들을 살펴본 결과, 우연히 나타난 자연현상에 의미를 부여하거나, 대통령 부부 거주지를 필요 이상으로 취재해 과도하게 띄워주는 보도가 넘쳐났다.

취임식 중 우연히 나타난 무지개를 놓고는 "비 온 뒤에 뜨는 무지개가 아니라 구름 사이로 뜨는 무지개, 아주 상서로운 그런 무지개가 떴다", "대한민국에 서광이 비친 것 같다. 상서로운 기운이 윤석열 정부의 첫날을 이렇게 축하했다 그러면 앞으로도 뭔가 국민과 진짜 소통하는 정부 그리고 협치하는 정부 그리고 성공하는 정부가 되지 않을까 그렇게 기대한다", "윤석열, 사우나에서 속옷 입고 사진도 찍어줘" 식의 민망한 발언들이 버젓이 전파를 탔다. 새 대통령 부부가 거주 중인, 삼풍백화점 사고가 일어났던 터에 세워진 주상복합아파트 주민을 취재하면서 아파트 주민이 "여기 집터가 세다고 삼풍(백화점) 무너졌다고 시끄러웠다", "이제는 땅의 기운이 막 돋아난다", "대통령이 나와서 그래서 주민들이 너무 행복해한다"라고 인터뷰한 내용을 내보냈다. 삼풍백화점 붕괴 참사 유족들의 마음은 안중에도 없는 보도였지만 진행자와 출연자 중 그 누구도 이를 지적하지 않았다. 앞으로도 종편 화면에서 내내 많이 보게 될 장면일 듯하다.

반성 능력 없는 종편

2021년 7월 16일 채널A 이동재 전 채널A 기자의 이른바 '검언유착' 사건에 대해 법원 1심은 무죄를 선고했다. 법원의 무죄 판결이 나온 이후 당사자와 소속 회사의 '명예회복' 공세가 거셌다. 부당한 누명과 핍박의 희생자였던 양, 무죄 판결로 모든 혐의에 면죄부를 넘어 상이라도 받은 양 기세를 올렸다. 그러나 이 사건에 대한 법원 판단은 제출된 증거만으로는 주요 혐의인 '강요미수죄'로 처벌할 수 없다는 것이었다. 무죄라기보다는 '유죄라고 확신할 수는 없다'라는 판결이다.

판결의 타당성에 대한 판단은 복잡한 법리적 지식과 그 적용에 대한 것이므로 그런 논의는 따로 필요하다. 다만 무죄 판결에 덧붙인 법관의 훈계는 어떤 중형의 유죄 선고보다도 더 아픈, 언론을 향한

'망치질'이었다. 판사는 "명백히 기자로서 취재윤리를 위반한 것으로써 도덕적으로 비난받아 마땅하다"고 지적하면서 이렇게 얘기했다. "언론자유는 민주주의를 지키는 최후 보루이기에 언론인이 취재 과정에서 저지른 행위를 형벌로 단죄하는 것은 신중하고 엄격해야 한다." 이 말에는 법원을 통한 우리 사회 언론에 대한 한편의 존중과 한편의 바람이 집약돼 있다. 언론의 자유에 대한 천명과 지지이자 그만큼 책임 있는 면모를 보이라는 준열한 요구인 것이다. 자유만큼의 책임을 지고 있느냐는 질타였던 것이다.

이 사건은 그 자체로 문제인 것과 함께 판결을 떠나서 보여주는 것의 문제, 즉 우리 사회 (유력) 언론들이 특히 결여하고 있는 것이 무엇인지를 다시금 확인해줬다. 그것은 반성하는 힘, 반성하는 태도의 부재와 반성하는 능력의 결핍이야말로 우리 언론의 실상이며 주요한 특질임을 새삼 확인케 해줬다. 종편은 그 실상과 특질을 보여주는 한 단면이 되고 있다.

언론중재법 충돌

문재인 정부 때 추진된 언론 정책으로 꼽을 수 있는 가장 대표적인 것은 언론 피해 구제를 위한 언론중재법 개정 작업이다. 문재인 정부와 국회 다수 의석을 점한 민주당은 2021년 초부터 언론중재법 개정에 시동을 걸었다. 국회의 논의, 언론단체들과의 협의를 거치며 많은 수정이 있었으나 골자는 "언론의 허위·조작 보도로 인해 재산상 손해 또는 인격권 침해를 당한 경우, 해당 언론사에 피해 금액의 최대 5배까지 손해배상(징벌적 손해배상) 책임을 부과한다"라는 내용이었다. 이는 가짜뉴스(허위·조작 정보)로 인한 폐해가 심각한 사회문제로 대두되고 있는 상황에서 언론의 책임성을 강화하려는 취지에서 추진된 것이었다.

그러나 이에 대해 야당인 국민의힘과 언론계의 반대는 극심했다. 우리 헌법에서 보장한 언론 및 표현의 자유를 제한할 수 있다면서 거세게 반발했다. 국민의힘 측은 언론장악법, 언론재갈법으로 규정했고, 언론사업자단체와 일부 현업단체들은 '권력 감시 보도가 위축된다', '보도 봉쇄 소송이 늘어난다'는 등의 논리로 법안 반대 투쟁에 나섰다. 징벌적 손해배상의 발동 요건인 언론의 '고의·중과실' 기준이 지나치게 추상적이라는 비판이 컸다. 방송기자연합회는 "언론을 가짜뉴스의 진원지인 것처럼 몰아 지지자를 규합하고, 규제를 강화해 손봐야 한다는 주장은 '가짜뉴스' 장사로 큰 정치적 이득을 보았던 트럼프 전 미국 대통령의 전형적 대언론 책략"이라고 비판해 언론중재법 개정을 추진하는 이들을 트럼프에 빗대기까지 했다.

언론중재법에 반대해온 언론단체들은 통합형 자율규제기구를 대안으로 내세웠다. 그러나 '자율규제'라는 대안이 얼마나 실효성이 있을까에 대해서는 제대로 된 대답을 내놓지 못했다. "한국 언론의 고질적 병폐인 기사형 광고만 해도 한국광고자율심의기구, 신문윤리위원회와 같은 자율규제부터 언론중재위원회 시정권고까지 심의기구 세 곳에서 연간 수백, 수천 건의 '주의', '경고' 등의 제재를 하고 있으나 실효성이 없었다. 대표적인 자율기구인 한국ABC협회가 신문

부수 조작 등 부패의 온상으로 드러났지 않은가"라는 반문 앞에 대답은 궁색할 수밖에 없었다.

중재법 개정안은 어떤 합의도 도출하지 못하고 표류한 채 사실상 문재인 정부의 임기는 끝나고 말았다.

그러나 국회나 언론단체에서의 찬반 간의 팽팽한 대립과는 달리 언론중재법 개정안에 대한 국민의 찬성 여론은 압도적이었다. 한국언론진흥재단 미디어연구센터가 2021년 10월 27일 발행한 〈2021년 미디어 및 언론 관련 논란 이슈들에 대한 국민인식〉 보고서에 따르면 언론중재법 개정안에 대한 찬반 입장을 물은 결과 76.4%가 찬성(매우 찬성 34.9%, 약간 찬성 41.5%) 입장을 보인 것으로 나타났다. 온라인상에서 20~60대 1000명을 대상으로 한 이 조사에서 반대는 23.6%(매우 반대 10.2%, 약간 반대 13.4%)에 그쳤다. 언론중재법 개정안이 국회를 통과해 제도화된다면 '언론 신뢰도 향상 등을 포함한 우리나라 언론 발전에 미칠 영향이 매우 클 것이다'라는 데 동의한 비율은 81.9%에 달했다. 언론계의 강한 반대 여론과는 매우 대조적이었다.

시민들이 높은 지지를 보였다는 것은 법안에 문제가 있긴 하지만 '언론보도 피해가 워낙 크니 뭐라도 당장 하라'는 요구의 표출이었다. 언론계와 시민들 간의 인식 차이가 극명하게 드러난 사안이었다.

이 문제에 대한 다수 언론의 보도는 총력 저지였고 결사반대였다. 이른바 보수언론들은 과거에 좀처럼 인용하지 않던 언론시민단체까지 동원했다. 《조선일보》와 《중앙일보》는 그전에 수년간 단 한 번도

전하지 않았던 '자유언론실천재단'의, 언론중재법에 대해 '필요성에는 찬성이나 신중하게 입법화하자'라는 기자회견을 상세하게 보도했다. 조선·동아 해직언론인이 주축이 된 이 단체가 그간 언론 관련 여러 현안에 대해 적극 발언해온 것에는 전혀 주목하지 않다가 언론중재법 개정 국면에서 처음 이 단체의 주장을 인용한 것이다. 《조선일보》는 "군부 정권 시절 자유언론 수호 투쟁을 벌였던 원로 언론인들이 더불어민주당이 주도하는 언론중재법 개정안에 반대하고 나섰다"라며 '언론자유의 상징'으로 설명하기도 했다. 희화적인 장면이었다.

《서울신문》의 변신과 정부의 공영언론관

2022년 6월 《서울신문》 기자들은 대주주 호반그룹과 경영진 주도로 추진하는 사옥 이전과 지면 사유화를 비판하는 성명을 냈다. 이들은 오랜 보금자리인 서울 중구 프레스센터를 떠나 우면동 호반파크로의 사옥 이전을 결정한 것을 철회할 것과 편집과 경영 분리 원칙을 지킬 방안을 마련할 것을 요구했다. 호반그룹이 2021년 하반기 《서울신문》 대주주가 되면서 시작된 편집권 침해 또는 졸속 경영 등의 문제를 비판하는 세 번째 성명이었다.

《서울신문》에서 벌어지고 있는 일련의 일들은 건설자본이 전국지 언론사를 인수한 이후 벌어지는 사태의 한 요약판이다. 이 신문에서는 과거 자신들을 인수하려던 호반그룹의 시도를 저지하려던 시기에 작성된 '호반건설 대해부 시리즈' 기사가 전격적으로 삭제된 것을 시발로 "경영진에 의한 편집권 침해가 더 교묘하고 광범위하게 이뤄지고 있는" 상황이다.

3년 전이던 2019년 7월 18일 사설에서 "서울신문 115주년, 독립 언론의 길 꿋꿋이 걷겠다"며 "소셜미디어가 정보 유통의 채널로 전환되고 전통적인 언론의 기능이 약화하는 가운데 자본력을 내세운 인수합병은 해당 언론이 공공재로서 저널리즘의 가치를 제대로 구현할지 의문스럽게 하는 현실에서 21세기 대한민국의 나아갈 길을 밝히는 언론의 길을 꿋꿋이 걸어가고자 한다"라고 선언했던 《서울신문》의 3년 만의 '변신'은 그 발단에 문재인 정부의 언론의 공공성에 대한 몰이해가 있었다. 당시 기획재정부는 '정부가 언론사 지분을 가지는 게 정당하지 않다'고 판단했다. 이런 판단에 따라 정부와 포스코의 보유지분을 매각하거나 매각에 관여하지 않는다는 방침이 세워진 것으로 알려졌다. 결국 포스코 지분의 호반건설로의 매각은 '기습적'으로, 《서울신문》 구성원들도 전혀 모르는 상태에서 이뤄졌다.

정부의 언론사 지분 보유가 정당한지 아닌지는 또 다른 검토가 필요한 문제다. 그러나 공공재 성격인 언론사의 대주주 구도에 결정적인 영향을 미칠 사안에 대해 이 같은 일방적인, 밀실에서의 결정은 언론의 공공적 성격에 대한 이해가 결여된 것이며 무책임한 행태라고 하지 않을 수 없다.

어떻든 《서울신문》은 이제 '호반신문'이 돼 가고 있다는 우려를 사고 있다. 호반건설 관련 건설업계 보도, 대주주 동정 보도 등이 지면을 채운다. 2022년 3월 27일자 "'새 먹거리' 영토 확장 진격하는 건설

업계"라는 제목의 기사는 여러 건설사의 신사업 먹거리를 다루고 있지만 사실상 호반건설을 홍보하는 내용이다. 《서울신문》 사옥을 활용한 사업에도 전방위로 손을 뻗치고 있다. 한국 언론의 심장부라고 할 수 있는 프레스센터 건물을 거대단지로 건설한다는, 그렇게 되면 언론은 건물 한 귀퉁이에 얹히는 '손님' 신세가 될지 모른다는 소문도 나돌고 있다.

《서울신문》이 자사 건물인 프레스센터에 오세훈 서울시장 후보의 선거사무실을 내준 일도 많은 이들을 당혹케 했다. '임대사업의 일환'이라고는 하지만 프레스센터의 상징성과 언론단체 다수가 입주해 있는 상황을 생각할 때 있을 수 있는 일인가, 라는 비판이 빗발쳤다.

새 정부를 비호하듯 "'민의의 전당' 용산, 소음으로 얼룩져선 안 돼"라는 제목의 사설은 '소음 유발'을 이유로 무분별한 집회를 자제해야 한다고 촉구했는가 하면 심지어 "사실 집무실 이전보다 시급한 건 대통령이 쉬면서 스트레스를 풀 수 있는 공간을 마련하는 것이다. 대통령은 경호 등의 문제 때문에 일반인처럼 아무 데나 놀러 다닐 수 없는 만큼 별장을 만드는 게 좋은 방법"이라고 쓴 데스크 간부 칼럼까지 버젓이 실렸다.

'미디어오늘'의 보도에 따르면 《서울신문》 외에도 지난 8년간 대주주가 바뀐 언론사 8곳 중 5곳이 건설사로 넘어갔다. 건설사의 언론사 인수, 특히 중앙언론으로의 진출은 전국적으로 사업기반을 넓히기 위한 것이라는 분석이 지배적이다.

호반건설의 인수로 《서울신문》 구성원들의 처우는 대폭 개선되고 있는 듯하다. "성과 상여금을 기본급의 200% 지급하는 내용의 올해 임금 협상안을 노조와 협의 중"이라거나 "호반이 《서울신문》에 공약한 바에 따라 내년 임금을 10% 올릴 예정"이라는 얘기 등이 흘러나오고 있다.

《서울신문》은 현존하는 신문으로는 국내 최고最古의 역사를 자랑하는 언론사다. 118년 전 영국에서 온 벽안의 젊은이, 조선인보다 더 조선을 사랑했던, 영국 브리스톨에서 머나먼 동양의 이역 나라로 와 지순한 정의감과 사해동포의 마음으로 망국 위기 조선인의 입과 귀가 되고자 했던 어네스트 베델이 서른일곱 불꽃같은 삶을 끝내는 마지막 순간에도 "나는 죽지만 신보는 영생케 하여 한국 동포를 구하게 하시오"라고 통절한 유언을 남겼던 바로 그 신문, 《대한매일신보》의 정신과 역사를 면면히 이어받고 있다고 자부하는 신문이다.

베델과 구한말 조선 민중의 뜻을 살려 '진정한 공영언론' '독립언론'을 향해 나아가고자 했던 이 신문의 지금의 현실은 한국 언론, 한국 사회의 손실이다. 그런 손실의 초래가 언론 바로 살리기에 노력하겠다고 공약한 문재인 정부 때 이뤄졌다는 것은 아이러니다. 그 아이러니에 문재인 정부의 언론 개혁이 좌초하고 표류했던 원인과 결과가 있다.

언론 불신과 TBS 사태가 제기하는 언론 현실

2021년 6월에 발표된 영국 '로이터저널리즘연구소'의 〈디지털 뉴스

리포트 2021〉에서는 조사 항목 중 하나인 뉴스 신뢰도에서 한국이 46개국 가운데 38위를 기록했다. 2019~2020년 연속 꼴찌를 기록한 것과 비교하면 다소 상승한 것이다.

이 대목에서 특히 눈에 띄는 것 중 하나는 네이버 같은 포털 검색엔진 및 뉴스 수집 사이트를 통해 주로 온라인 뉴스를 이용한다는 응답 비율(72%)이 46개국 중 가장 높았다는 점이다. 유튜브를 통해 뉴스를 이용하는 비율도 44%로 가장 높았다. 한국은 다른 나라들에서 최근 수년 새에 나타나고 있는, 기성 언론에 대한 신뢰도와 소셜미디어통신SNS에 대한 신뢰도 간의 역전 현상도 뚜렷하지 않다. 즉 기성 미디어에 대한 불신으로 SNS 신뢰도가 더 높아졌으나 SNS의 부실 부정확한 내용들로 인해 다시 기성 미디어에 대한 신뢰도가 우위를 보이는 역전 현상이 다른 나라들과는 달리 한국에서는 안 보이는 것이다. 이는 SNS가 각종 부실 정보, 가짜뉴스의 온상이 되고 있지만 그렇다고 기성 언론에 대한 신뢰가 그걸 넘어설 정도로 인식되지 못한다는 의미다. 그만큼 기성 언론에 대한 신뢰가 매우 낮은 현실이다.

코로나 팬데믹에 대한 기성 언론의 각종 오보와 왜곡 보도 논란은 그 단적인 예였다. 많은 사람들이 'K-방역'을 놓고 국내 보도와 외신 보도를 비교하며 보도의 진위를 따졌다. 국내 언론보도의 사실, 정확성 여부를 외국 신문을 통해 확인 검증하는 것이 일상의 한 풍경이었다.

조국백서추진위원회가 2020년 8월 펴낸 일명 《조국백서》에서 "대부분의 언론이 조국 전 장관과 그의 가족에 대해 검찰이 흘리는 정보를 그대로 받아쓰며 사실 보도, 진실 보도를 외면했다"고 지적한 것은 기성 언론에 대한 질타이고 고발이었다. 같은 달 진중권 씨 등은 일명 《조국흑서》를 펴내고 "뉴스공장·알릴레오는 물론이고 대다수 진보언론까지 (조국 수난극이라는) 거대한 허구를 날조하는 데 적극적으로 가담했다"고 주장했지만 두 책 모두 공통적으로 언론을 문제로 꼽았다는 점에 유의하지 않으면 안 된다.

2022년 지방선거 이후 서울시의회에 제출된 'TBS 설립 및 운영 조례 폐지안'을 계기로 벌어진 'TBS 사태'는 이런저런 갈래로 주장들이 맞서고 있다. 이 사안을 어떻게 봐야 할지, 어떻게 결말이 날지는 미지수다. 'TBS의 공정성, TBS의 개선 과제에 대해 논의해보자'라는 주제가 합당한지, 이 사태의 본질은 TBS'의' 문제가 아니라 TBS에 '대한' 외부의 부당한 공격과 압박에 있다는 관점이 맞는지에 대해서는 따로 따져볼 일이다.

그러나 한 가지, 이 사태에서 문제의 초점인 듯 얘기되는 이 방송의 아침 시사프로그램 '김어준의 뉴스공장'이 공정한지 그렇지 않은지에 대한 논란 이전에, 이 프로그램이 5년째 청취율 1위라는 것이 시사하는 바를 돌아보지 않으면 안 된다. 그걸 단지 진행자의 정치적 성향과 친화적인 정부의 집권 기간에서 얻은 수혜라는 식으로 보는 것은 지극히 피상적이며 한국 언론의 '현실'에 밀착하지 않는 시각이다.

이 방송이 청취율 수위를 수년째 굳건하게 지키고 있는 것을 단지 진행자의 역량과 사람들의 주목을 받는 방송기법 등에 힘입은 바라고만 설명할 수는 없다. 제대로 된 설명은 이른바 '정통 언론인'이 맞느냐는 비아냥 섞인 비판을 받으면서도 왜 이 방송이 많은 시민으로부터 '정통' 언론인이 전하는 사실과 보도보다 많은 주목과 지지를 받는지에 대하여 진지한 성찰이 필요하다는 것이다. 기성의 한국 언론에 없는 것, 없애고 있는 것, 전하지 않는 것, 전하지 않으려 하는 것이 무엇인가에 대한 성찰부터 하지 않으면 안 된다.

언론 개혁,
정부를 넘어선 사회 총체적인 과제

문재인 정부하에서 우리 사회 개혁의 큰 과제 중 하나는 검찰권력의 분산과 견제였다. 그리고 그 진일보의 하나가 이뤄졌다. 바로 고위공직자수사처법의 통과다. 공수처의 지금의 행태가 그 취지에 과연 부응하는지에 대한 강한 의문은 별개로 하더라도 공수처의 출범 자체는 분명한 성과였다. 그 법은 검찰과 기득권 정치세력의 거센 저항을 뚫고 국회에서 통과된 것이다. 그런데 이 법의 통과는 또한 '언론이라는 장애물에도 불구하고 이뤄진' 것이었다. '언론이라는 장애물에도', 이 말에 검찰 개혁뿐만 아니라 우리 사회 발전과 개혁을 위한 여느 과제의 행로에서도 피할 수 없는 역류逆流를 표현하는 현실이 담겨 있다.

민주주의 진전을 위한 공론장 역할을 해야 할 한국 언론은 지금 공기公器 아닌 공기攻器, 이 사회의 미래를 생각하는 양식과 상식을 공격하는 공기가 되고 있다.

더욱 심각한 것은 한국 언론의 일부 문제였던 것이 이제는 대부분 언론, 아니 모든 언론의 문제가 되고 있다는 것이다. 그 단면 중의 하나는 언론 전체의 현상이 돼버린 '지면의 사유화'다. 과거 지면의 사유화 규탄 구호는 일부 유력 신문사에 대한 반대 운동이 분출하면서 시민들이 들고 나온 구호였다. 이른바 족벌 언론사주에 의한 신문사 운영의 전횡과 제왕적 지배에 대한, 공공재의 사유화에 대한 비판이었다.

그러나 문재인 정부 5년간을 포함해 오늘의 언론 보도에 실망하고 분노하는 시민들, 그리고 그런 언론에 던지는 질타에 대한 기자들의 불통과 냉소는 지면의 사유화가 이제는 일부 언론의 사주와 그 일가, 일부 간부에 의한 것이 아니라 그 구성원 모두의 일심동체로서 이뤄지고 있다고 해야 할 듯하다. 게다가 그 같은 유력언론의 족벌 반민주 행태를 비판하며 개혁적 양식 언론의 깃발을 들고 나왔던 신문사들마저 일부 그에 동조화 현상을 보인다. 이제는 언론사 대 언론사의 갈등이 아니라—이른바 진보와 보수를 막론하고—언론 대 시민의 갈등이 벌어지고 있다.

한국 사회가 언론에 대해 던지는 질문은 일부 '문제 언론'을 어떻게 할 것인가가 아니라 '언론 그 자체'를 어떻게 할 것인가가 되고 있다. 한국 사회는 과연 언론을 필요로 하느냐는 의문에까지 이른 것이다.

'전쟁은 너무나 중요하기 때문에 군인들에게만 맡길 수 없다'라는 말이 있다. 어디 전쟁뿐이겠는가. 우리가 올해 생생히 본 것처럼, 교육도 의료도 마찬가지인 것처럼, 언론 또한 언론에게만 맡길 수 없다. 스스로 언론이 되려는 의지와 역량에서 회의를 갖게 하는 사회 '밖'의 언론, 사회 위에 군림하고자 하지만 사회 '밑'으로 내려가 있는 언론, 그런 언론을 끌어올리고 끌어당겨야 한다.

문재인 정부의 언론 개혁 실패와 한계는 곧 언론 자신의 한계이자 실패였다. 언론 자신의 개혁 노력 없이는 언론의 거듭나기, 제자리 찾기는 절대 이뤄질 수 없다. 바로 여기에 언론 개혁의 어려움, 거의 불가능에 가까운 현실이 있다. 스스로의 문제를 보지 않으려는 언론 자신, 그런 언론이 놓인 현실을 스스로 바로 보게 하고, 스스로 개혁의 주체가 되도록 하는 것은 무엇으로 가능한 것인가. 정부도, 언론도 홀로 할 수는 없다. 우리 사회 전 주체의 총체적인 개입과 노력 없이는 안 된다.

문재인 정부의 언론 개혁이 제대로 시작도 못 해보고 끝나버렸던 것, 그것의 전철을 반성적으로 성찰하는 것은 바로 이 점에서 출발해야 한다. 언론 개혁의 동인을 하나의 거스를 수 없는 파도로, 노도로 만들지 못했다는 것, 그 파도를 일으킬 주체들이 힘을 내도록 자극하고 독려하지 못했다는 것, 그것에 실패의 조건과 결과가 있다. 그것이 문재인 정부 5년 언론 개혁 실패의 결산서이자, 그 실패로부터 배워야 할 교훈이다.

김
진
호

● 한국외국어대학 프랑스어과를 졸업하고 파리 8대학과 경남대학교에서 정치학을 공부했다. 1988년 《경향신문》 수습기자로 입사해 워싱턴 특파원, 국제부장, 논설위원을 거쳤다. 마지막 5년여 동안에는 국제전문기자로 한반도와 세계 현안을 다룬 '김진호의 세계읽기'를 경향신문 지면과 온라인에 게재했다.

평양과 개성, 금강산, 백두산 등 10여 차례 방북 취재를 했고, 방북이 불가능할 때는 중국 베이징, 단둥, 러시아 블라디보스토크 등에서 북한을 건너다보기라도 하면서 한반도의 현실과 미래를 사유했다. 멀리 워싱턴에서도 '한반도의 말뚝'에 매여 한 시절을 보냈다. 400개월(33년 4개월) 만근 뒤 2022년 초 첫 직장에서 정년퇴직했다.

다른 분야도 마찬가지겠지만, 특히 한반도 문제와 국제 문제에서는 진영논리가 문제 해결에 족쇄가 된다는 신념을 갖고 있다.

퇴직 후 한반도 문제의 궁극적인 해법을 찾는 방식으로 사회에 기여할 방안을 모색하고 있다. 기획기사와 칼럼, 인터뷰, 르포 등을 중심으로 티스토리 블로그(gino.khan.kr)를 운영 중이다.

3장

한반도 정책 : 이제는 징비록을 써야 할 시간

이제는 징비록을 써야 할 시간

2018년 9월 20일 오후, 나는 서울 동대문 디자인플라자DDP 메인 프레스센터에 앉아 있었다. 평양에서 남북공동선언을 합의하고 귀경한 문재인 대통령이 대국민보고를 위해 연단에 섰다. 북한을 방문했던 며칠 동안 겪었던 상서로운 경험의 감격과 흥분이 채 가시지 않은 얼굴이었다. 왜 안 그랬겠는가. 문 대통령 일행은 귀로에 김정은 북한 국무위원장의 배려로 꿈에 그리던 백두산을 밟을 수 있었다. 천지에 손을 담글 수도 있었다. 채 어둠이 가시지 않은 새벽 삼지연 연도를 가득 메운 북한 주민들은 "조국통일"과 함께 문재인 정부의 화두인 "평화번영"을 외쳤다. 감동의 연속이었다.

그 전날 평양 5.1경기장에서는 "김정은 위원장과 나는 한반도에서 전쟁의 공포와 무력충돌의 위험을 완전히 제거하기 위한 조치들을 구체적으로 합의했다"라고 연설했다. 15만 평양시민들은 박수로 화답했다. 분단 이후 남측 지도자가 북한 주민을 상대로 연설한 것 자체가 전대미문의 사건이었다. 문 대통령의 평양 연설은 '9.19 평양

공동선언'과 '판문점 선언 이행을 위한 군사 분야 합의서'를 발표한 뒤에 이뤄졌다.

대국민 보고에 이어진 기자회견에서 문 대통령은 공동선언 6항에 적힌 김 위원장의 서울 방문 시기와 관련해 "연내 이뤄질 것"이라는 설명을 우정 덧붙였다. 취재진의 질문이 없는 상태에서 밝힌 대목이다. 이 부분은 6.15 남북공동선언에서 약속했지만 끝내 공언이 된, 김정일 국방위원장의 '앞으로 적절한 시기' 서울 답방 약속을 연상시켰다. 하지만 모두발언에서 답방 시기를 강조한 문 대통령의 표정에는 확신이 묻어났다. 그는 "여유를 두기 위해 '가까운 시일 내'라고 표현했지만 가급적 올해 안에 방문하기로 뜻을 모았다"라고 소개했다.

2018년 2월 평창 동계올림픽 참가로부터 평양공동선언까지 220여 일은 남북관계에 기록적인 경사가 집중된 시기였다. 남북관계는 4.27 판문점 선언에서 씨앗을 뿌리고, 9.19 공동선언에서 수확하는 순서로 진행됐다. 남북 간 두 개의 선언문에는 장밋빛 전망이 가득 담겼다. '한반도의 평화와 번영, 통일을 위한 판문점 선언'은 △남북관계의 전면적, 획기적 개선과 발전 △군사적 긴장 완화 및 전쟁위험의 실질적 해소 △항구적인 한반도 평화 체제 구축 적극 협력 등 3개 항의 합의 밑에 13개의 세부 합의를 담았다. 문 대통령의 같은 해 가을 평양방문이 포함됐다.

'9월 평양공동선언'은 △군사적 긴장해소를 위한 '군사 분야 이행 합의서' 채택 및 군사공동위원회 조속히 가동 △민족경제의 균형적 발전을 위한 대책 강구 △이산가족 문제의 근본적 해결 △다양한 분야의 협력과 교류 적극 추진과 함께 세계가 주목할 내용을 담았다.

북측은 동창리 미사일 엔진시험장과 발사대를 유관국 전문가 참관하에 영구 폐기하고, 영변 핵시설의 영구 폐기 및 한반도의 완전한 비핵화를 위한 남북의 긴밀한 협력을 다짐했다. 영변 핵시설 폐기는 '미국이 6.12 북·미 공동성명에 따른 상응조치를 취한다면'이라는 전제가 딸려 있었다. 마지막 6항이 김 위원장의 서울 방문 약속이었다. 불과 1년 전 북·미가 전쟁 일보 직전까지 가면서 상대를 위협하던 상황에선 상상조차 불가능했던 일이었다. 우리만의 평가가 아니었다. 김정은 위원장 역시 "(북남관계에서) 과거에는 상상조차 할 수 없었던 경이적인 성과들이 짧은 기간에 이룩된 데 대하여 대단히 만족하게 생각한다"라고 밝혔다.[1]

그러나 이 모든 성과는 2019년 2월 베트남 하노이에서 열린 2차 북·미 정상회담에서 합의가 결렬되면서 물거품처럼 사라졌다. 과연 한반도 안팎에선 지난 5년 동안 무슨 일이 있었던 걸까. 다른 분야와 달리 한반도 정책은 낱개로 평가하기가 쉽지 않다. 무엇보다 북한이라는 상대가 있는 게임이기 때문이다. 미국은 물론 중국과 러시아, 일본 등 주변국과의 협력도 결과에 영향을 미친다. 하지만 한반도 정책을 추진하는 정권의 의지와 자세 및 역량은 짚고 넘어가지 않을 수 없다.

문재인 정부는 임기를 마치면서 "남북관계 정상화와 되돌릴 수 없는 평화의 길을 모색하고 지속 가능한 평화의 제도화를 위하여 마지막까지 최선을 다했다"라고 강조했다.[2] 그 진정성을 의심할 생각은 없다. 하지만 그 어느 정권보다 현란했던 한반도 정책의 결과가 철저하게 무화無化된 것 역시 부인할 수 없는 사실이다. 임기 마지막 해인 2022년 들어 북한은 다시 대륙간탄도미사일ICBM을 비롯한 미사일 시험발사로 긴장지수를 끌어올렸다. 긴장은 다시 일상이 됐다. 한반도 정책을 중심으로 문재인 정부 5년의 여정을 되짚어본다.

전쟁의 먹구름, 모색

문재인 정부는 사상 처음 전쟁 위기 속에 출범한 정부다. 상황은 최악이었다. 2017년 신년 연설에서 김정은 북한 국무위원장은 두 개의 상반된 메시지를 내놓았다. "대륙간탄도로케트ICBM 시험발사 준비사업이 마감 단계에 이르렀다"라며 핵무력의 완성을 예고했다. 동시에 7.4 공동성명발표 75주년과 10.4 공동선언 발표 10주년을 맞아 "북남관계를 개선하고 북과 남 사이의 첨예한 군사적 충돌과 전쟁위험을 해소하기 위한 적극적인 대책을 세워야 한다"라고 강조했다. 한 해 내내 세계의 이목을 집중시킨 건 첫 번째 항목이었다. 북한은 2월 이후 간단없이 탄도미사일 시험발사를 했다. 특히 7월의 ICBM '화성-14형' 시험발사는 미국 본토 공격 능력이 거의 완성된 것으로 평가되면서 한반도 거주민뿐 아니라 미국민 사이에서도 긴장지수를 높였다.[3] 9월의 6차 핵실험과 11월 29일 '화성-15형' 시험발사 뒤 북한은 공화국 정부 성명으로 핵무력의 완성을 공식 선언했다. 정세는 한 치 앞을 내다보기 힘든 국면으로 치달았다. 도널드 트럼프 미국 행정부와 북한은 험악한 말의 전쟁을 벌였다.

트럼프 대통령이 '세계가 지금까지 보지 못한 화염과 분노(8월 8

일)'를 경고하자, 북한 전략군 총참모부는 몇 시간 뒤 '괌 주변 포위사격' 및 '서울 불바다, 남반부 전 종심 동시타격'을 공언했다. 트럼프는 유엔총회 연설에서 '북한의 완전한 파괴'를 다짐했다. 문 대통령의 능라도 연설이 있기 정확히 1년 전 9월 19일이었다. 김 위원장은 '사상 최고의 초강경대응조치 단행'을 경고하는 것으로 맞대응했다. 미국은 당시 북한을 공격하기 위한 다양한 옵션을 검토했던 것으로 추후 확인됐다.* 1990년대 초 북한의 핵확산금지조약NPT 탈퇴로 불거졌던 북핵 위기와는 질적으로 다른 전쟁 위기였다. 북한의 핵무장 탓에 분쟁이 격화되면 어떤 형식이건 핵무기와 연관될 공산이 컸기 때문이다.** 유엔은 네 차례 안보리 결의를 채택해 대북 제재와 압박을 강화했다.[4]

2017년 5월 10일 출범한 문재인 정부는 완전히 새로운 위기 국면에 지극히 익숙한 제안을 내놓았다. 독일 베를린의 쾨르버재단 초청 연설을 통해 핵과 전쟁 위협 없는 한반도, 북한의 체제 안전을 보장하는 '한반도 비핵화', 항구적 평화 체제 구축, 신한반도 경제 지도, 정치·군사적 상황과 분리한 비정치적 교류협력 추진 등 5대 정책 방향을 제시했다. 이산가족 상봉 확대와 군사분계선 적대행위 중단, 남북대화 재개와 함께 북한의 평창 동계올림픽 참가를 종용했다. 광복

* 주한미국 대사로 내정됐던 빅터 차 조지타운대 교수는 2018년 1월 30일자 《워싱턴포스트》 기고문을 통해 자신이 트럼프 행정부의 대북 제한적 군사행동인 '코피 작전Operation Bloody Nose'에 반대했다는 사실을 털어놓았다. 트럼프 행정부가 실제로 대북 군사행동 옵션을 검토했음을 입증한다. 또 미국 원로언론인 밥 우드워드는 저서 《공포, 백악관의 트럼프(2019)》와 《격노(2020)》에서 북한이 미국 본토에 도달 가능한 ICBM 화성-14형과 화성 15형을 잇달아 발사하자 미국 전략사령부는 북한의 정권 교체를 위해 북한의 핵공격에 대한 대응 방안을 검토했다고 밝혔다.

** 트럼프 행정부가 대북 군사행동에 핵무기 사용을 검토했는지는 확인되지 않는다. 하지만 북한의 '완전한 파괴' 발언과 북한 ICBM이 미국을 사정권에 두었다는 사실은 핵전쟁의 우려를 깊게 했다.

절 경축사에서는 "한반도에서 또다시 전쟁이 있어서는 안 된다"라며 남북 주도의 안보문제 해결 원칙을 강조했다. 몇 차례에 걸친 평화 메시지를 같은 해 11월 '문재인의 한반도 정책'으로 정리했다.* 그러나 이 해가 지나도록 북한으로부터 어떠한 반응도 없었다.

'문재인의 한반도 정책'은 다른 분야와 마찬가지로 노무현 정부 정책의 연장이었다. 그 뿌리는 이명박 정부의 등장으로 미완의 합의문이 된 2007년 10.4 남북정상선언에 두고 있다.** 임기 내내 강조했던 평화번영과 튼튼한 안보 역시 노무현 정부의 정책 기둥이다. 그러나 평화번영이든, 튼튼한 안보든, 노무현 정부가 출범했던 2000년대 초반과는 여건이 달라져 있었다. 10.4 선언 10년 뒤 북한의 핵능력은 물론, 미국, 중국, 일본 및 세계가 달라졌다. 그럼에도 메시지는 본질적으로 같았다. 정책을 추진한 외교안보팀의 면면도 익숙한 인물들이었다. 정의용 국가안보실장과 강경화 외교부 장관 등 새 얼굴도 있었지만, 상당수가 참여정부 당시 관료들이었다. 인물과 정책, 아이디어의 '경로의존성'은 임기 말까지 작동됐다. 창의적인 발상은 찾기 힘들었다.

문재인 정부는 한편으로 미국과 국제사회의 대북 제재 흐름에 동참했다. 취임 첫해 문재인 정부의 평화 어젠다 설정은 불가피했던

* '문재인의 한반도 정책'은 '평화공존'과 '공동번영'을 전략적 비전으로 설정하고 북핵 문제 해결 및 항구적 평화 정착, 지속 가능한 남북관계 발전, 한반도 신경제공동체 구현을 3대 목표로 제시했다. 우리 주도, 강한 안보, 상호 존중, 국민 소통, 국제 협력 등 5가지 원칙도 명시했다.

** 2012년 대선에 출마했던 문재인 대통령의 대북정책 공약 역시 노무현 정부의 '평화번영정책'의 판박이였다. 10.4 공동선언에서 약속한 48개 사업의 이행을 약속했다. 정전협정 이후 처음으로 북한이 남측 민간인 지역에 포격을 가한 연평도 포격사건이 있었지만, 달라진 상황은 크게 반영되지 않았다.

측면이 있다. 북·미 간 전운이 짙어가던 상황에서 긴장을 고조시키지 않음으로써 국면전환에 도움이 됐다. 귀납적 성과였다. 한국이 대북 강경 분위기를 주도함으로써 긴장을 악화시켰던 이명박, 박근혜 정부와는 달랐다.[5] 하지만 한반도 문제의 당사자임에도 아무런 주도권을 행사하지 못했다. 노무현 정부로부터 정책의 일관성을 지켰다고 평가하기엔 상황이 너무 위중했다. 전혀 달라진 상황에서 새로운 돌파구를 마련하지 못했다는 평가가 불가피하다.

'한반도 전쟁 불가론'의 불편한 진실

"대한민국에서 또다시 전쟁이 있어서는 안 된다."(2017년 광복절 경축사)

문재인 대통령이 취임 첫해 광복절 경축사에서 한 말은 긴장이 고조되던 상황을 반영한다. 그러나 엄밀히 말하면 이는 대통령의 언어가 아니다. "전쟁은 안 된다"라는 말은 희망 또는 당위, 아니면 '희망 섞인 당위'를 말한 것에 지나지 않기에 그렇다. 시위에 나선 평화운동가의 언어와 무엇이 다른가. 그런데 왜 동아시아 분단국의 군 통수권자가 이런 언어를 구사할까.

한국민은 20세기 말에도 비슷한 말을 들어야 했다. 1차 북핵 위기가 정점으로 치닫던 1994년 김영삼 당시 대통령은 빌 클린턴 미국 대통령에게 전화를 걸어 "(한반도에서) 절대 전쟁은 안 된다"라고 말했다. 그러면서 "미국이 (북한과) 전쟁을 한다면 나는 대한민국 군 통수권자로서 국군 한 사람도 동원하지 않겠다"라고 강조했다. 빌 클린턴 미국 행정부가 평안북도 영변 일대 북한의 핵시설을 정밀타격하는 군사작전을 검토하던 시점이었다. 다행히 두 번의 위기에서 최소한 미국의 선제공격으로 인한 전쟁은 일어나지 않았다. 하지만 미국의 의사결정 과정에 대한민국 대통령의 '희망 섞인 당위'가 영향을 끼쳤다는 증거는 확인된 적이 없다. 김영삼 대통령은 자신의 반대로 전쟁이 일어나지 않았다는 취지의 발언을 몇 차례 했지만, 윌리엄 페리 당시 미국 국방장관은 미국이 영변에 대한 정밀타격 또는 주한미군 2만 명 증강 결정을 철회한 배경으로 평양에서 걸려 온 지미 카터 전 대통령의 전화와 미군 수뇌부의 결정을 들었을 뿐 김 대통령의 반대는 거론하지 않았다.[6]

북한에 대한 공격은 미군 수뇌부의 검토 및 판단과 미국 대통령의 최종 승인으로 결정된다. 대한민국 대통령의 위치는 미국이 결정한 뒤 동의를 얻어야 할 동맹국 지도자에 머문다. 2017년 전쟁 위기 당시 도널드 트럼프 미국 행정부의 대북 군사행동 보류 역시 문재인 대통령의 '희망'이 반영된 결과는 아니었다.*

대한민국은 합리적인 반전시위가 없는 이상한 나라다. 익숙해진 나머지 이상하다고 느끼지 않을 뿐이다. 주한미군 철수와 한·미 합훈, 사드 배치를 반대하는 반미 시위는 북한의 핵무력 완성 및 보완

* 버락 오바마 행정부에서 국방부 동아태 담당 부차관보를 지낸 에이브러햄 덴마크는 '2017년 미국이 검토했던 대북 군사행동 방안과 관련해 한국과 협의했다고 보는가'라는 질문에 "트럼프 행정부에 몸담지 않아 구체적 내용은 모르지만, 한국 정부와 협의하지 않았을 것"이라고 단언한 바 있다. 부차관보는 결코 고위직이 아니지만 한반도 군사행동과 관련한 미국 행정부 내 논의 내용과 그 문맥은 정확히 파악할 수 있는 위치다. 《경향신문》 인터뷰, 2018. 9. 17.

노력, 말과 행동을 통한 도발에는 침묵한다. 한·미동맹을 지고의 가치로 여기며 북한 인권과 민주화를 강조하는 반북 시위는, 동맹국인 한국의 평화적 통일 노력에 별다른 관심을 기울이지 않아 온 미국에 눈을 감는다. 정녕 평화가 궁극의 지향이라면 북한이건, 미국이건, 남한이건 반평화적 말과 행동을 모두 비난의 대상으로 삼아야 정상적인 반전시위라 할 것이다. 하지만 진영에 따라 비난 대상이 고착된 채 아무런 변화를 꾀하지 않는다. 국가가 전쟁으로 치닫는 화급한 순간에 대통령이 '희망 섞인 당위'나 읊조리는 기막힌 현실은 분단의 세월 속에 이렇게 완성되어왔다. 특정 정권의 한반도 정책은 분단구조에 대한 고민의 정도와 그 구조의 일부나마 풀어내려고 내적, 외적으로 얼마나 노력했느냐에 따라 평가할 필요가 있다.

북한이 다가왔다

2018년 한반도 안팎의 긴장이 일거에 해소되고 평화의 희망이 절정에 달했던 것은 문재인 정부의 기획도, 한반도 정책의 성과도 아니었다. 북한의 기획이었고, 선택이었다. 트럼프 행정부가 이를 극적으로 수용하면서 남북·미는 미답의 영역에 발을 들여놓았다. 김 위원장은 2018년 신년사에서 평창 동계올림픽 대표단 파견 용의를 처음 밝히며 이를 위해 남북 당국이 "시급히 만날 수도 있다"라고 밝혔다. 남북대화가 시작됐고[7] 2월 평창올림픽에선 여자 아이스하키 남북

단일팀이 꾸려졌다. 남북관계는 화해의 급류를 탔다.* 북측 고위 당국자들의 방한이 잇따랐고 정의용 실장은 평양 방문(3월 5일~6일)에서 김 위원장과 만난 뒤 남북이 4월 말 판문점 평화의 집에서 제3차 남북 정상회담을 개최키로 합의했다고 발표했다.

북한이 "북·미관계 정상화를 위해 미국과 허심탄회한 대화를 할 수 있다"는 용의를 표명했다는 사실도 공개됐다. 북측이 대화가 지속되는 동안 추가 핵실험 및 탄도미사일 시험발사를 중단하겠다고 약속함에 따라 남북에 이어 북·미 대화의 여건을 조성했다.[8] 한·미가 평양에 다가간 게 아니라 북한이 다가온 것이다. 북한의 대미 대화 용의는 전혀 새로운 것이 아니었다. 1990년대 이후 핵 문제와 체제안전 문제는 조선·미국 간에 논의할 문제라면서 줄곧 직접 협상을 추구해왔다. 2000년대 6자회담 역시 회담 중 북·미 대화를 병행하는 구조로 진행됐다. 하지만 당시까지 북·미 간 대화의 격은 가장 높을 때도 장관급 특사를 넘지 못했다.**

미국은 대화하는 것 자체가 북한에 보상이라는 사고가 팽배하다. 통상적인 미국 행정부라면 실무단계에서 조율되지 않은 채 맷바람에 북한과 정상회담을 갖는 게 불가능했을 것이다. 하지만 트럼프 대통령은 전통적인 외교 관례의 틀을 넘나든, 예외적 인물이었다.

* '문재인의 한반도 정책'과 이후 추진과정에는 신선한 아이디어가 없었지만, 남북 정상회담의 무대는 예외였다. 판문점 회담에는 킨텍스 프레스센터에 '평화, 새로운 시작'이라는 테마가 걸렸고, 남북 정상의 '도보다리 산책'은 세계의 주목을 받았다. 9월 평양 정상회담에는 '평화, 새로운 미래'가 테마로 걸렸다. 그러나 서사敍事는 적었고, 서정抒情만 넘쳤다. DDP 프레스센터 연단 뒤 벽면에는 '누구도 경험해보지 못한 미래'가 적혀 있었다.

** 조지 W. 부시 행정부에서 있었던 북·미 대화 창구는 주로 김계관 북한 외무성 부상과 크리스토퍼 힐 국무부 차관보였고, 빌 클린턴 행정부 때인 2000년 북한 조명록 차수의 워싱턴 방문과 매들린 올브라이트 국무장관의 평양 방문이 성사됐다.

트럼프는 정의용 실장과 서훈 국정원장이 워싱턴을 찾아와 김 위원장의 뜻을 전하자 이를 즉각 수락했다.[9] 북·미 정상회담 개최 사실을 언론에 공표하는 역할까지 정 실장에게 대행하게 했다. 리얼리티쇼 진행자답게 무대 위에서 스포트라이트를 독점했던 트럼프가 주요 배역을 아웃소싱한 것은 이례적이었다. 파격의 연속이었다. 정 실장은 백악관 현관 앞에서 "트럼프 대통령은 항구적인 비핵화 달성을 위해 김정은 위원장과 금년 5월까지 만날 것"이라고 발표했다. 북·미 정상 간의 메신저 역할을 수행한 것이다.

한 해 동안 세 번의 남북 정상회담과 사상 첫 북·미 정상회담이 열렸다. 문재인 정부는 북한과 미국에 올인하기 시작했다.

메신저 또는 중재자, 그 한계

역대 대한민국 지도자들에게 우리는 한반도 문제의 주도자이자 당사자였다.*** 형식적으로 틀린 말이 아니다. 내용으로 들어가 특히 북핵 문제 해결에 당사자 역할을 했는지는 별개의 문제다.

2018년부터 2019년 2월 하노이 북·미 2차 정상회담까지, 한반도 문제 해결을 위해 유지된 틀은 남북·미 3자 구조였다. 문재인 정부는 그 속에서 이례적으로 북·미 사이의 중재자 역할을 자처했다. 문

*** 노무현 정부는 북핵 6자회담 구도 안에서 한국의 '적극적, 주도적 역할'을 자임했다. 당시 중재자는 6자회담 의장국인 중국이었지만, 한반도 문제를 우리가 주도해 해결한다는 의지가 담긴 말이었다.

대통령은 2018년 9월 남북 정상회담 뒤 김정은 위원장과의 공동기자회견 자리에서 "(북·미) 양국 간 정상회담이 조속히 이뤄지고 양국이 서로 합의할 수 있는 지점을 찾을 수 있도록 우리도 노력을 다해나갈 것"이라고 약속했다. 서울로 귀환해 동대문 디자인플라자 프레스센터 대국민보고 자리에선 '충실한 메신저'이자 '북·미 대화의 촉진자'를 자처했다. 문 대통령은 "아시다시피 미국 측은 우리를 통해서 북한에 메시지를 전달하고 싶어 하는 것이 있고 그에 대한 답을 듣기를 원한다. 반대로 북한 측에서도 우리를 통해 미국 측에 메시지를 전하고자 하는 것들이 있다. 트럼프를 만나면 그런 역할을 충실히 함으로써 북·미 간 대화를 촉진시켜 나가고자 한다"라고 말했다. 물론 문재인 정부가 중재자 역할을 자임한 것은 평가할 대목이 있다.

핵과 전쟁의 공포가 없는 한반도의 항구적인 평화를 위해선 북·미 대화가 필수적이다. 나아가 북·미 관계 정상화가 이뤄진다면 평화체제도 앞당길 수 있다. 대의를 위해 외교적 관례를 벗어난 것을 부정적인 시각으로 볼 필요는 없다. 검은 고양이든, 흰 고양이든 쥐만 잡으면 된다고 하지 않던가. 하지만 중재자와 메신저는 엄연히 역할이 다르다. 중간에서 대치하는 양쪽 모두 설득할 아이디어와 역량이 있어야 가능하다.

문재인 정부는 메시지를 배달하는 임무에만 치중한 것으로 보인다. 그러면서 트럼프 행정부의 정확한 의도를 북한에 제공하는 데는 실패했다. 2월 하노이 정상회담 결렬 뒤 북한의 대남 태도가 180도 변한 까닭으로, 문재인 정부가 북한으로 하여금 과도한 기대를 갖게 했다는 분석이 많았던 연유이다. '정보의 실패'라는 분석까지 나왔다.* 종합하면, 양측의 실제 의도와 기대치를 잘못 읽고 전달해 결과적으로 북한의 셈법과 미국의 셈법이 충돌하게 했다. 의도는 좋았건만 과정이 꼼꼼하지 못했고, 결과는 파국적이었다. 역량의 한계를 뚜렷하게 노출한 '중재자 역할'이었다.

싱가포르에서 하노이까지,
남북·미 3자의 동상이몽

문재인 정부의 중재로 진행된 역사적 장면은 두 차례의 북·미 정상회담이었다. 트럼프는 두 번 모두 정상회담을 취소했다가 번복했다. 그 과정에서 한국은 북·미 사이에서 메시지를 전달하면서 회담 성사를 위해 노력했다. 우여곡절 끝에 열린 2018년 6.12 싱가포르 정상회담의 결과는 나쁘지 않았다. 실무진 간에 충분한 협의와 검토가 없는 상태에서 댓바람에 지도자들이 만나는 톱-다운Top-down 방식이었지만 추후 논의의 발판을 깔았다. 공동성명에서 북·미 간 새로

* 미국에서 오는 신호는 두 갈래였다. 스티븐 비건 대북정책특별대표는 2019년 1월 31일 스탠퍼드대 연설에서 긍정적인 전망을 내놓았다. 하지만 실상 트럼프 행정부에서는 하노이 정상회담 전부터 존 볼턴 백악관 국가안보보좌관을 중심으로 강경한 움직임이 포착됐다는 징후도 나왔다. 문재인 정부는 이중 비건 대표의 입장에 기대를 걸었던 것이 분명하다.
《워싱턴 포스트》는 2월 21일 회담 직전 대북 제재 완화를 주장한 스티븐 비건 대북정책특별대표가 볼턴의 백악관 국가안보회의NSC와 국방부, 재무부, CIA로부터 몰리고 있다고 보도했다. 볼턴 보좌관은 또 하노이 회의를 앞두고 2월 24~25일 예정됐넌 방한을 하루 전에 취소했다. 부산에서 갖기로 했던 한·미·일 안보실장 회의와 3국 사전조율도 무산됐다. 문재인 정부 외교안보팀은 이러한 조짐을 무시했거나, 경시했다. 어떤 경우였건, 하노이 회담 결렬에 아무 대비도 하지 않았다. 정보 실패에 더해 역량의 한계였다고 해도 할 말이 없다.
https://mobile.newsis.com/view_amp.html?ar_id=NISX20190222_0000566493

운 관계 수립과 한반도의 지속적, 안정적 평화 체제를 구축하기로 한 1, 2항은 북한의 바람을 담았다고 볼 수 있다. 4.27 판문점 선언 재확인 및 북한이 한반도의 완전한 비핵화를 위해 노력한다는 3항에 미국의 우선순위가 배치됐다. 4항은 북한 내 미군 전쟁실종자의 유해 송환이었다. 판문점 선언을 재확인한 것은 그 3항 3호에 적시한 연내 종전선언 뒤 3자(남북·미) 또는 4자(남북·미·중)의 평화 체제 협상을 추진한다는 남북 간 합의에 대해 미국의 동의를 받은 데 의미가 있었다. 종전선언*과 평화 체제 협상은 9월 평양공동선언에 다시 등장한다.

평화협상에는 북·미와 함께 정전협정의 당사자인 중국이 포함돼야 한다. 한·미 동맹을 '냉전의 산물'로 보는 중국은 주한미군의 존재에 줄곧 의문을 제기해왔다. 2000년대 6자회담 당시와 달리 남북·미 3자의 해결 틀이 진행되는 동안 트럼프 행정부는 중국의 논의 참여를 꺼렸고, 이는 갈등의 불씨가 됐다.**

싱가포르 협상까지 한국 정부의 중재자 역할은 빛을 발했다. 그러나 싱가포르 이후 2019년 2월 말 하노이 북·미 정상회담까지 시기

* 노무현 정부가 마지막까지 추진했던 종전선언은 문재인 정부 경로의존 성향의 끝판왕이었다. 싱가포르 회담의 실패로 북한은 문재인 정부에 대한 신뢰를 접은 데다 당사국에 따라 종전선언의 해석도 달랐다. 문재인 정부는 임기 마지막 1년여를 온통 종전선언에 매달렸지만 한반도 평화에 긍정적인 영향을 미치기는커녕 불필요한 외교력의 소모로 보였다. 명분도 실리도 얻지 못했다.

** 10.4 공동선언과 마찬가지로 4.27 판문점 선언도 평화협상의 당사국으로 '3자 또는 4자'를 명시했다. 2007년엔 북한이 중국의 참여를 견제했지만, 미·중 갈등이 본격화된 2018년에는 트럼프 행정부가 중국을 배제하려는 의도를 분명히 했다. 트럼프는 싱가포르 회담을 앞둔 2018년 5월 시진핑 주석과 김 위원장 간 두 번째 북·중 정상회담 뒤 "북한이 중국으로부터 강한 압박을 받고 있다. 우리와 중국 간 주요 무역분쟁 때문이다"라며 강한 불쾌감을 표현했다. 싱가포르 이후에도 "우리는 북한의 비핵화에 타협했지만 중국이 다른 한편으로 타협안에 부정적 압력을 행사하고 있는지 모른다. 중국과의 무역에 관한 우리의 태세 때문이다"라는 트위터 메시지(7월 9일)를 날렸다.

는 '거대한 실패'의 배태기였다. 그 사이에 있었던 9월 남북 정상회담은 하노이 회담의 결렬 탓에 남북 군사합의서라는 성과에도 불구하고 비핵화 합의의 진척으로 연결되지 않았다. 북한의 셈법은 새로운 북·미관계와 자신들의 '실천적 조치들'에 대한 미국의 상응조치에 집중됐다. 이미 싱가포르 회담 전달 풍계리 핵실험장을 공개적으로 파괴한 북한은 9월 남북공동선언에서 동창리 미사일 엔진시험장 및 영변 핵시설 폐쇄라는 실천적 조치를 약속했다. 북한이 기대한 상응조치는 대북 제재의 완화 또는 철회가 핵심이었다. 그러나 미국의 셈법은 여전히 북한의 완전한 비핵화 및 이를 입증할 핵시설 신고 및 검증에 머물러 있었다.

문재인 정부가 오독한 것은 미국의 의도였다. 막연한 낙관이 팽배했다. 2차 북·미 정상회담에서 4.27 판문점 선언과 9.19 평양공동선언에 적힌 목표들에 근접할 수 있을 것이라는 희망적 사고였을 것이다. 문재인 정부로부터 미국의 의중*** 을 전달받은 북한 역시 결과가 나쁘지 않을 거라고 예상한 것 같다. 그렇지 않았다면 김 위원장이 전용열차를 타고 60시간 동안 2만 리의 장정을 소화하지는 않았을 것이다. 1958년 김일성 주석의 베트남 방문길을 연상시키려는 상징적 의도도 있었겠지만, 그만큼 회담 결과를 긍정적으로 보았다는 증거다. 하지만 막상 뚜껑이 열리고 미국과 북한이 서로 내놓은 카드는 전혀 달랐다. 우선 '영변'의 지리적 범위에 대한 인식부터 달랐다.

*** 문재인 정부는 국무부와 스티븐 비건 대표의 설득에 어느 정도 성공했다고 판단한 것으로 보인다. 비건은 뒤에 국무부 부장관으로 승진했다. 그러나 NSC와 CIA, 재무부 등 다른 부처는 강경 기류를 보이기 시작했다. 2019년 1월 21일 백악관 회의 뒤 트럼프 행정부의 기류는 변하고 있었다.

2019년 2월 하노이
'거대한 실패'

북한은 폐연료봉을 재처리해 플루토늄을 추출해온 '영변 핵시설'을 생각했지만, 미국은 '3평방마일 내 300여 개 시설'의 폐기를 요구한 '영변+α' 안을 내밀었다. 우라늄 농축시설을 비롯해 미국이 정보자산으로 파악한 영변 일대의 비밀 핵시설을 모두 포함한 것이다. 미국은 '최종적이고 완전하게 검증된 비핵화FFVD' 이전까지 대북 제재를 유지하겠다는 셈법을 바꾸지 않았다. 존 볼턴 백악관 국가안보보좌관은 여기에 핵·미사일·생화학무기 등 모든 대량살상무기WMD 폐기 요구를 얹었다. 북한 리용호 외무상은 유엔 대북 제재 11건 가운데 2016~2017년에 부과된 5건의 제재 철회를 요구했다. 양측은 차이를 끝내 좁히지 못하고 회담을 결렬시켰다.

하노이발 낭보를 기다리고 있었을 문재인 정부 역시 당황하긴 마찬가지였을 것이다. 문재인 정부가 결과를 낙관했었다는 또 다른 증좌는 '하노이 노딜No Deal'을 가정한 어떠한 플랜B도 없었다는 점이다. 2018년 1월 김 위원장의 신년사를 시작으로 2차례 북·미 정상회담과 3차례 남북 정상회담이 이어졌지만, 13개월 동안의 한반도 평화 프로세스는 내리막길을 걷기 시작했다. 북한과 미국의 기대를 각각 조절하면서, 시간이 걸리더라도 북·미 간 대화가 이어지도록 하지 못한 문재인 정부의 실패이기도 했다. 북한은 남측 탈북민단체의 대북전단 살포를 빌미로 개성 남북공동연락사무소 건물을 폭파했고 (2020년 6월 16일) 문재인 정부는 대북전단 금지를 담은 남북관계발전법 개정안을 밀어붙였지만, 남북관계를 다시 잇지 못했다.

안보를 미국에 의존하는 분단체제에서 한국이 움직일 여지는 많지 않다. 북한과 미국을 동시에 설득해 각각의 입장을 조금이라도 뒤로 물리게 해야 간신히 한국의 활동공간이 생긴다. 트럼프는 하노이 결렬 뒤 귀국길에 문재인 대통령에게 전화를 걸어 중재자 역할을 당부했다. 하지만 양측 모두에게 공평한 중재자를 의미한 것은 아니었을 것이다. 북한을 상대로 미국의 논리를 설득, 관철해달라는 말을 '중재'라는 말로 두루뭉술하게 표현했을 것이다. 문재인 정부에 대한 북한의 언어가 바뀐 것도 하노이 이후다. 김 위원장은 2019년 1월 신년사에서 "미국이 약속을 지키지 않는다면 우리로서는 어쩔 수 없이, 부득불, 나라의 자주권과 국가의 최고 이익을 수호하기 위한 '새로운 길'을 모색하지 않을 수 없게 될 수도 있다"라면서 미국에 대해 미련을 버리지 못했다. 하지만 같은 달 최고인민회의 시정연설에서 문 대통령을 겨냥해 "추세를 보아가며 좌고우면하고 분주다사한 행각을 재촉하며 오지랖 넓은 '중재자' '촉진자' 행세를 하고 있다"라는 독설을 날렸다.

취임과 동시에 미국의 가장 화급한 외교안보 사안으로 북핵 문제를 꼽았던 트럼프는 2020년 11월 대선에서 패배했다. 조 바이든 행정부가 들어서면서 국제정세는 또다시 변했다. 미·중 갈등에 더해 미·러 관계가 악화됐고, 2022년 2월부터 러시아의 우크라이나 침공이 세계의 주목을 받게 됐다.

주변국 외교,
'조력자'를 만들지 못했다

문재인 정부는 최악의 주변국 관계를 물려받았다. 중국과 일본, 러시아가 각각 조력자 역할을 했던 노무현 정부 당시와는 판이한 상황이었다. 그러나 조력자를 만들어내는 역량은 마지막까지 발휘하지 못했다. 북핵 위기가 고조되던 2017년 7월 러시아와 중국은 최악의 상황을 피하기 위한 공동 방안을 내놓았다. 중국이 제안했던 쌍중단(한·미 합훈과 북한의 핵·미사일 실험 유예) 및 쌍궤병행(비핵화 협상과 평화 체제 협상 병행)에 순서를 부여했다. 1단계 쌍중단은 그대로지만 2단계 평화협정 체결, 3단계 다자간 협의를 통한 지역안보 체제 확립 및 비핵화 협상의 병행 방안이었다. 비핵화를 한 단계 더 뒤로 미뤘다.

문재인 정부는 남북·미 3자 해결 틀에 매달리면서 이견을 좁힐 노력을 크게 기울이지 않았다. 2000년대 중반 6자회담 무렵만 해도 적극적인 중재 노력을 벌였던 중국이 미국과의 전략적 경쟁을 벌이면서 강대국 정치에 몰입했던 정황은 감안해야 한다. 한·중 간에는 사드 배치를 둘러싼 앙금도 있었다. 그러나 노무현 정부 당시 수준의 한·중 간 긴밀한 협의까지는 아니더라도, 따로 움직이는 중국을 끌어들이려는 노력이 필요했다. 코로나19 탓이 컸지만, 시진핑 중국 국가주석의 방한 약속은 문재인 정부 임기 중 성사되지 않았다.

러시아는 2014년 크림반도 병합 뒤 국제사회의 제재를 받고 있었지만, 한·러 관계에서는 사드 문제와 같은 악재가 없었다. 러시아는 주변국 가운데 한반도 평화와 통일에 가장 우호적인 나라다. 극동개발이라는 자국의 이익에 도움이 되기 때문이다. 6자회담 합의가 미국 재무부의 방코델타아시아BDA의 북한계좌 동결로 난관에 부딪히자 자국 은행 이용을 권한 적극적 조력자이기도 하다. 그러나 문재인 정부는 러시아를 우군으로 만들지 못했다. '블라디보스토크 동방경제포럼'은 블라디미르 푸틴 러시아 대통령이 극동개발을 위해 역점을 두는 외교무대다. 문 대통령은 2017년 9월 포럼에 참가해 북극항로와 조선, 항만, 가스, 철도, 전력, 일자리, 농업, 수산 등 9개의 다리를 놓아 한·러 간 '동시다발적인 협력'을 이뤄나가자고 제안했다. 제안은 넘쳤지만 실제로 진행된 것은 거의 없었다. 당시만 해도 대북 제재 강화에 역점을 두던 문 대통령은 되레 대북 원유 차단과 북한 노동자 송출 등의 압박을 주문했다가 부정적 반응을 받았다.* 일본과 인도를 비롯한 주요 참가국 지도자들은 코로나19의 대확산 이전까지만 해도 동방경제포럼 참석을 거르지 않았다. 유독 한국만 취임 첫해 대통령, 이듬해 총리, 그다음 해 경제부총리가 참석해 계속

* 푸틴 대통령은 동방경제포럼 직전 중국 샤먼에서 열린 브릭스BRICS 정상회의 기자회견에서 대북제재와 관련, "북한은 안전하다고 느끼지 않는 한, 풀을 뜯어먹더라도 핵프로그램을 포기하지 않을 것"이라는 발언을 내놓았다. 문재인 대통령은 1년 뒤인 2018년 10월 프랑스 국빈방문 때는 반대로 에마뉘엘 마크롱 프랑스 대통령에게 대북 제재 완화로 북한의 비핵화를 촉진할 수 있게 역할을 해달라고 주문했다가 싸늘한 반응을 받았다. 마크롱 대통령은 "프랑스는 (북한의) 비핵화가 완전하고 불가역적으로 검증 가능해야 한다는 데 관심이 있다"라고 말했다. 문재인 정부 외교안보팀이 정상회담에 앞서 상대국 지도자의 기본 입장을 살피는 데 미숙했음을 보여준 대표적 사례들이다. 외교적 수사, 특히 지도자의 수사는 '여지'를 둬야 한다. 문재인 대통령 또는 문재인 정부 외교안보팀은 그러한 여지를 없앰으로써 지극히 비외교적인 장면의 주인공이 됐다.

격을 낮췄다. 러시아의 실망을 자초한 꼴이다.*

가장 관계가 틀어진 나라는 일본이다. 평창 동계올림픽 개막식 참석차 서울에 온 아베 신조 총리는 문재인 대통령과의 한·일 정상회담 자리에서 한반도의 평화 분위기에 찬물을 끼얹었다. 올림픽 동안 한·미 합동군사훈련을 중단하기로 한 결정에 반대 의사를 밝혀 '매'를 벌었다. 문 대통령은 "주권 문제이자, 내정의 문제"라며 일침을 놓았다.** 아베 총리는 단순한 반대자가 아니라 적극적인 훼방꾼이었다. 트럼프 행정부를 상대로 기회 있을 때마다 북·미 회담의 진전에 우려를 표하면서 제동을 걸려 했다.*** 그럼에도 일본은 미워도 설득하고 끌어들여야 하는 파트너다. 한반도 평화 프로세스를 주도할 능력은 없지만, 최소한 방해할 능력이 있기 때문이다. 한국과 함께 북한 단거리 미사일의 사정권 안에 놓여 있는 '운명 공동체'이기도 하

* 러시아산 석탄을 열차 편으로 북한의 나진항으로 옮겨와 한국이 수입하는 합작회사 나선 콘트라스는 대북 제재로 활동에 제동이 걸리자 유엔 북한 제재위원회를 상대로 적극적인 설득을 벌여 2019년 3월 공식적으로 대북 제재 예외를 인정받았다. 하지만 180일 이내 북한을 기항한 제3국 선박의 국내 입항을 금지한 한국 정부의 독자 제재 탓에 수년에 걸친 러시아 외교부의 노력은 공염불이 됐다. 싱가포르 회담 이후 청와대는 유엔 대북 제재의 완화를 위해 백방으로 뛰었지만, 해당 부처는 겉돌았다. 필자는 나선 콘트라스 사업 재개에 관해 외교부와 통일부의 입장을 물었지만 "미국이 전면 압박하듯 대북 제재를 하는데 어떻게 우리만 빠지겠는가"라는 말만 돌려받았다. 깊이 검토하지 않았다는 인상을 받았다.

** 아베는 2017년 전쟁 위기 속에서도 불난 집에 부채질을 했다. 4월 '한반도 유사시'와 관련한 일본 중의원 공개 발언에서 "상륙 절차와 수용시설 설치 및 운영에 관해서는 일본 정부가 보호해야 할 사람에 해당하는지 스크리닝(심사)하는 등의 대응을 생각하고 있다"고 밝혔다. 유사시 대한해협을 넘어 일본으로 넘어올 한국민에 대한 난민심사를 준비하고 있다는 말이었다. 당시 이해하기 어려웠던 것은 대한민국 외교부의 침묵이었다. 제 나라 국민이 졸지에 '가상 난민'으로 전락했음에도 아무런 대응도 하지 않았다. 필자는 당시 외교부에 아베 발언에 대한 공식 입장을 문의했지만, 어떤 답변도 받지 못했다. 박근혜 대통령의 탄핵과 정권 말기라고 해도 도를 넘은 직무 유기였다.

*** 트럼프는 2018년 9월 26일 뉴욕 미·일 정상회담 뒤 공동기자회견 중 아베 면전에서 김정은 위원장으로부터 받았다는 편지를 갑자기 꺼내 보였다. 대놓고 말하지는 않았지만, 북·미 접근을 한사코 경계하던 아베에게 공개 무안을 준 것으로 읽혔다.

다. 김대중 정부와 노무현 정부가 대북 대화를 전후해 일본의 협조를 끌어냈던 것도 그 때문이었다. 우리의 대일 설득 노력이 충분했다고 볼 근거는 없다.[10]

대북 포용 정책을 승계한 문재인 정부가 앞선 두 정부와 가장 달랐던 점이 바로 주변국과의 관계였다. 각각 양자관계가 녹록지 않았지만, 이를 극복할 역량 또한 부족했다는 평가가 불가피하다.

대북 포용 정책의 종말

어느 정부건 한반도 정책의 가장 큰 걸림돌은 우리 내부에 있다. '닥치고 반미'와 '무조건 반북'의 프레임에 갇혀 상대를 비난하는 것으로 존재의 의미를 찾는 행태는, 공동체의 역량을 갉아먹을 뿐이다. 분단의 족쇄 역시 구조적인 제약이다. 문재인 정부 임기 중에는 2018년 한·미 간 차관급 워킹그룹이 그 한계를 명확하게 보여주었다. 한국이 대북 제재의 궤도에서 이탈하지 않도록 감시하는 역할을 한 것이다. 남북이 타미플루의 인도적 지원에 합의했건만, 약품을 운송할 트럭이 북쪽에 넘어가는 게 제재 위반이라는 논란을 거쳐 결국 지원 자체가 무산됐다. '운전대'를 잡을 권한은 있지만, 통행권을 허락받아야 하는 아이러니가 새삼 관심을 받은 사건이었다. 문재인 정부가 한·미 합훈을 연기하면서도 임기 내내 국방예산을 늘린 모순은 이러한 배경에서 나왔다.**** 군사분계선 통행조차 유엔사의 모자를 쓴 미군 당국의 허락을 받아야 하는 현실의 일각을 무너뜨리려면 전시작전통제권 반환 조건을 맞추기 위한 노력이 불가피했기 때문이다. 평화 분위기와 코로나19 대유행 탓에 임기 중 반환받지 못했지만 평가받아 마땅한 노력이었다.

대북 화해협력을 추구하면서도 튼튼한 안보를 추구하는 것은 김대중 정부 이후 대북 포용 정책의 골간이었다. 문재인 정부는 김대중, 노무현 정부에 이은 세 번째 주자로, 일촉즉발의 전쟁 위기에 출범해 숱한 기념비적인 장면을 만들었다. 그럼에도 임기 종료와 함께 남북 간 모든 합의가 백지화된 경험은 대북 포용 정책의 시효가 끝났음을 말해준다. 같은 정책으로 같은 인물들이 두 번, 세 번 '링'에 올랐지만, 변화를 만들어내지 못했다.

김대중 대통령의 햇볕정책은 진정 '컬럼버스의 달걀'이었다. 북한에 쌀과 비료 등을 지원하고 경제협력을 약속함으로써 한반도의 군사적 긴장을 완화하고 평화로운 협력 시대를 열었다. 정책은 시대를 반영해야 한다. 탈냉전과 김일성 주석 사후 에너지와 식량난은 물론 전반적인 경제난을 겪던 북한을 상대로 고안한 정책이었다. 쌀과 비료 등 북한이 필요한 경제적, 인도적 지원을 하고, 그 대가로 평화를 벌자는 구상이었다. 당시에도 재래식 군사적 긴장은 있었지만, 초기 단계의 북핵 문제는 북·미 제네바 합의로 봉합됐다. 임기 중 2차 북핵 위기를 맞은 노무현 정부는 햇볕정책의 기조를 이어받는 동시에

**** 문재인 정부의 국방예산 평균 증가율(6.27%)은 이명박 정부(5.3%)와 박근혜 정부(3.98%)에 비해 높았다. 2020년부터 사상 처음으로 50조 원을 돌파한 뒤 상승곡선을 그렸다. 제5세대 전투기인 F-35를 40대 추가 도입했다. 윤석열 정부의 2023년 첫 국방예산안(57조 1268억 원)은 전년 대비 4.6% 늘었지만, 21세기 들어 문재인 정부까지는 국방예산에 관한 한 진보 정부가 늘리고 보수 정부가 줄이는 모순이 반복됐다.

남북 간 회의 탁자에서 북핵 문제 해결을 시도했다. 베이징 6자회담을 통해 미국, 중국, 일본, 러시아와 공조 노력도 기울였다. 대북 경제 지원의 틀은 이때까지 유효했다.

그러나 한반도 문제는 이제 그 단계를 지나온 지 오래다. '평화번영정책II'가 아닌, 문재인 정부의 한반도 정책이 있어야 했다. 새로운 길을 열기는커녕 과거의 다른 상황, 다른 조건에서 만든 '지도'를 들고 완전히 새로운 지형을 탐사했다. 우리 사회의 고질적인 진영논리와 문재인 정부의 경로의존성의 조합은, 최악은 아니었을지언정 의미 있는 결과를 내놓지 못했다.

핵무장을 완성한 북한과 자유주의 국제질서를 비자유주의 다극질서로 만들려는 중국, 한국과 담을 쌓은 일본, 우크라이나 전쟁 탓에 서구에서 격리되고 있는 러시아, 자기 몫 챙기기에 여념이 없는 미국. 전혀 달라진 상황에서 전혀 새로운 아이디어를 짜내야 한다. 한반도와 주변 4강에 집중했던 패러다임은 한계에 부딪혔다. 북극성만 바라본다고 행로를 찾을 수 있는 건 아니다. 지도를 넓게 읽을 필요가 있다. 햇볕정책의 추진부처로 탄생한 통일부와 정부 조직 역시 점검할 필요가 있다. 정책기능과 운영기능이 적절히 안배됐는지, 더 많은 예산과 인력을 갖춘 국가정보원 내 '그림자 통일부'와 이원체제를 유지하면서 책임과 권한을 분리하는 것이 좋은지 따져봐야 한다. 민간단체에 맡겨도 좋을 '통일의 치어리더' 역할*을 정부 부처가 계속 수행하는 것이 좋은지도 톺아봐야 한다. 부처 이름을 어떻게 하건, 대민행정은 과감히 줄이고 전략기능을 늘려야 할 것이다.

외교적 노력만으로 북핵 문제와 평화 체제 문제를 해결할 가능성은 더 희박해졌다. 우리의 안보와 북한의 체제 안전 보장의 견고한 제도를 설계해야 한다. 통일도 평화도 쉽지 않다. 그렇기에 총체적인 점검이 필요하다.

진영논리는 기실, 아주 편리하고 안락한 논리다. 자기 성찰이 필요 없기 때문이다. 국내에서 반대진영 탓만 하던 관성은 국외에서도 대상을 찾는 데 능했다. 2차 북핵 위기를 극복하려던 노력이 좌절된 까닭을 북한 탓 또는 미국 탓으로 돌리고 덮었다. 하지만 북한과 미국은 탓할 대상이 아니라 늘 직면해야 할 '현실'이다. 현실을 탓한다고 무엇이 달라지겠는가. 해결을 지향했다면 악재를 감안한 복안을 짜야 했다. 그렇지 못했다면 다른 대안이라도 준비해야 했다. 분단 한반도 남측에서는 진영과 상관없이 새로운 아이디어는 없으면서 남 탓만 하는 사람은 일단 의심할 일이다.[11]

대북 포용 정책의 그늘 중 하나는 지난 20여 년 동안 통렬한 자기 성찰이 없었다는 점이다. 북한의 핵 및 ICBM 실험이 대화용이었다고 주장해온 사람들은 2006년 10월 9일 북한의 1차 핵실험 이후에 발언을 철회한 적이 없다.** 그러다가 정권이 바뀌면 어슷비슷한 정책과 논리를 휴대하고 회전문을 오갔다. '한반도의 봄'이 하노이에서 좌초된 뒤 판단 착오를 시인하는 사람도 없었다. 정치인·당국자·전

* 이인영 장관의 통일부가 남북대화 재개에 연연한 나머지 국민에 그릇된 메시지를 준 사례를 거론하지 않을 수 없다. 통일부는 2020년 12월 18일 이 장관과 윌리엄 페리 전 미국 대북정책조정관, 정세현 민주평통 수석부의장의 3자 화상대화를 소개한 보도자료에서 페리 전 조정관이 한반도 비핵화를 위한 외교적 해법은 여전히 가능하다고 말했다고 전했다. 인용부호는 없었다. 페리는 1990년대 말에는 외교적 해결이 가능했지만, 북한이 핵개발에 성공한 지금은 불가능하다는 주장을 최근 몇 년간 일관되게 펼치고 있다. 통일부는 대화록을 공개해달라는 요청을 거절했다.

문가 집단 모두가 마찬가지다(언론도 공적영역의 간접적인 참가자로서 책임에서 자유롭지 않다). 지금은 징비록懲毖錄을 써야 할 시간이다. 문재인 정부가 남긴 숙제다.

** 워싱턴의 동향과 가장 대비되는 지점이다. 1차 핵실험 뒤 미국 내에선 대북 대화론자가 거의 사라졌고, 우선적인 비핵화를 주장하는 사람들이 수류였다. 이 같은 기류는 하노이 회담 결렬 뒤 트럼프의 공화당은 물론, 낸시 펠로시 하원의장과 척 슈머 상원 원내대표 등 민주당 지도자들까지 "나쁜 합의bad deal보다 노 딜no deal이 낫다"라면서 초당적인 지지를 보낸 것으로도 확인할 수 있다. 그럼에도 한국 내에서 하노이 결렬의 원인으로 존 볼턴 보좌관을 특정해 간주하는 것은 문제다.

……

핵무장을 완성한 북한과
자유주의 국제질서를 비자유주의 다극 질서로 만들려는 중국
한국과 담을 쌓은 일본
우크라이나 전쟁 탓에 서구에서 격리되고 있는 러시아
자기 몫 챙기기에 여념이 없는 미국.

전혀 달라진 상황에서 전혀 새로운 아이디어를 짜내야 한다.
한반도와 주변 4강에 집중했던 패러다임은 한계에 부딪혔다.
지도를 넓게 읽을 필요가 있다.

외교적 노력만으로 북핵 문제와 평화 체제 문제를 해결할 가능성은
더 희박해졌다.
우리의 안보와 북한의 체제 안전 보장의 견고한 제도를 설계해야 한다.
통일도 평화도 쉽지 않다. 총체적인 점검이 필요하다.

주

1. 북한 2019년 신년사
2. 문화체육관광부, 〈문재인 정부 국정백서〉 16권, 25쪽, 2022. 5. 4.
3. 2018년 1월 하와이에서는 '탄도미사일이 하와이로 향한다. 즉각 대피하라. 훈련이 아니다'라는 주정부의 잘못된 손전화 메시지로 주민들이 38분 동안 핵전쟁의 공포에 떠는 소동이 벌어졌다. '김진호의 세계읽기', 2018. 1. 19. https://gino.khan.kr/849
4. 유엔 안보리는 2017년 6월 12일~12월 22일 사이, 대북 제재 결의 2356, 2371, 2375, 2397호를 채택했다.
5. 2010년 천안함 폭침에 이어 연평도 포격사건, 2015년 목함지뢰사건에 이은 북한의 준전시상태 선포 등으로 남북 간 군사적 긴장이 악화됐던 것을 기억할 필요가 있다.
6. 윌리엄 J. 페리, 《핵벼랑을 걷다》, 190~196쪽
7. 1월 9일 판문점 평화의 집에서는 2015년 차관급회담 이후 25개월 만에 남북 고위급회담이 열렸다.
8. 트럼프는 6.12 싱가포르 북·미 정상회담 뒤 기자회견에서 "북한과의 협상이 진행되는 동안 한·미 합훈을 중단하겠다"라고 발표했다. 북한은 2018년 5월 24일 풍계리 핵실험장을 폐기했다.
9. 미국은 폼페이오 CIA 국장을 파견해 북한과 조율했다. 폼페이오는 이후 국무부 장관에 임명돼 대북 공식창구 역할을 했다.
10. 한·일 관계는 일본의 반도체, 디스플레이 주요 소재 수출 통제라는 새로운 악재를 맞았다. 문 대통령은 2019년 8월 초 일본의 수출 통제에 대해 "남북경협으로 평화경제를 실현해 단숨에 일본을 따라잡겠다"고 역설했지만, 반일 의식이 뿌리 깊은 북한의 반응조차 냉소적이었다.
11. 윤석열 정부의 외교안보팀은 전임 정부의 대북정책을 비난하고, 흠집 내는 데 많은 열정을 기울이고 있다. 새로운 아이디어를 내놓지 않으면서 남 탓만 한다는 점에서 기대를 갖기 어렵다.

안정배

중앙대 경제학과, 한양대언론정보대학원(신문출판 전공 석사), 방송통신대 중문과일본학과법학과를 졸업하고 1981년부터 《매일경제》, 《조선일보》 기자로 일했다. 중국 《인민일보》 해외판 한국대표처 편집위원, 《금융소비자뉴스》 편집위원 등을 역임했다.

한국기자협회 편집위원, 남북기자교류특위 위원장, 언론3단체 남북언론인교류추진협 공동의장으로 1995년 언론3단체 '평화통일과 남북화해협력을 위한 보도제작 준칙' 제정과 '통일언론상' 신설을 주도했다. 한국기자협회 강령에 '우리는 조국의 평화통일과 민족동질성회복을 위해 노력한다'라는 조항을 발의하여 채택됐다. 한국편집기자협회 부회장, 한국어문기자협회장을 역임했다.

1989년 1월 6일 밤 《조선일보》 편집기자로 야근 중 "히로히토 위독" 급보에 '천황' 용어를 '日王'으로 바꿔 "日王 위독" 기사가 나간 후 모든 언론이 天皇 용어를 버리고 日王으로 표기하게 됐다. 2003년 《조선일보》에서 쫓겨나 지노위·중노위·행정법원 부당해고 결정으로 복직했다가 2006년 자의반타의반 퇴직했다. 중국 옌타이에서 미국계 회사 부사장·총경리를, '박정희기념관도서관 명칭변경과 공공성회복을 위한 시민모임' 공동대표를 역임했다.

현재 'GK부동산경제연구소' 대표로 '아파트값 연간 상승률 한도 국가공시제'를 제안했다. 한국공인중개사협회 부동산정책연구원 회원연구위원이다. 지방균형발전 국민운동 활동 중이며, 저서로 《가압류·가처분·가등기의 법률포인트》(공저) 등이 있다.

4장

부동산 정책 : 아파트값 폭등과의 5년 전쟁

아파트값 폭등과의 5년 전쟁

다수의 언론과 국민은 문재인 정부의 대표적인 실정失政으로 서울수도권·대도시 아파트값 폭등을 막지 못한 부동산 정책을 꼽는다. 2021년 서울·부산시장 보선과 2022년 대선·지방선거의 민주당 주요 패인으로도 문 정부 5년간의 부동산 실정을 지적한다.

부동산 정책은 매우 어렵다. 아파트값 등 부동산값이 폭등하는데 정부가 시장 기능에 맡기고 가만히 있을 수만은 없다. 부동산 시장이 침체됐을 때도 마찬가지다. 그러나 잘못 개입하면 가만히 있는 것만도 못한 결과를 가져올 수도 있다.

아파트값이 폭등한다고 서울수도권 그린벨트를 마구 풀어서 아파트 숲으로 만드는 게 정답이 될 수는 없다. 서울수도권 주택공급의 대폭 확대는 남한 국토의 11.8%에 불과한 서울·경기·인천 수도권에 전체 주민등록 인구의 50.46%[1]가 거주하는 서울수도권 인구집중을 더 가속화시킬 수 있다. 아파트 신규 공급~입주가 이뤄지는 기간에는 아파트값이 잠시 하향 안정될 수 있겠지만, 서울수도권 인구집중이 가속되어 머지않아 다시 서울수도권 지역에 주택 부족과 아파트 값 폭등으로 이어지는 악순환이 재연될 수도 있다.

부동산 세제도 마찬가지다. 아파트 등 집값·땅값·상업용 건물값이 폭등한다고 양도세를 들입다 올리면 부동산 소유인들은 양도세를 낸 뒤 비슷한 규모의 다른 부동산을 살 수가 없어 매물이 잠기게 된다. 종합부동산세·재산세 등 보유세를 마구 올리면 주택 임대료와 집값이 더 뛸 수도 있다.

건물 상태가 튼튼해 더 쓸 수 있는 아파트의 재건축 허가를 함부로 내주면 재건축 아파트 조합원 지분값 상승과 함께 인근지역 다른 아파트값도 오를 수 있고, 재건축 완공까지 멸실된 아파트 숫자만큼 일시적인 주택 부족으로 인근지역 주택 전세·월세가 오를 수 있다.

부동산 대출규제는 이른바 갭투자 가수요를 막는 데 필요하지만, 과도한 규제는 현금 동원 능력을 갖춘 사람만 아파트를 살 수 있게 해 불공평할 수 있다.

아파트 등 부동산 가격은 시중금리와 시중에 떠도는 자금 규모에 큰 영향을 받는다. 저금리로 갈 곳이 없어진 시중자금이 아파트 매수 등 부동산으로 몰려 부동산값이 폭등한다고 미국 등 주요 선진국보다 국내 금리를 크게 올리는 것은 다른 산업 분야에 주름살이 된다. 거꾸로 미국 금리가 오르는 데 국내 금리를 미국 금리보다 계속 낮게 유지한다면 증시 등 외국인 자금은 금리가 높은 미국 등으로 빠져나갈 수도 있다.

이렇게 부동산 정책은 매우 복잡하고 어렵다는 것을 감안하면서, 온갖 정책이 백화점식으로 쏟아진 부동산 정책을 중심으로 문재인 정부 5년의 부동산 상황을 살펴본다.

부동산 정책, 대표적 실정이 되다

문재인 정부 5년간 대한민국이 선진국으로 확실하게 진입한 것은 일정 부분 사실이다. 선진국이 되면 아파트값·집값도 선진국 수준에 맞게 오르는 것이 당연할 수 있다. 하지만 서울수도권과 대도시의 아파트 가격은 문 정부 내내 치솟았다.

문재인 정부의 부동산 정책은 서울수도권 아파트값 폭등과의 전쟁이었다. 물론 아파트 가격을 올린 주체는 아파트를 매매한 국민이고, 특히 오른 가격에 계속 사들인 매입자다.

문 정부 동안 아파트·주택가격 폭등은 장기간 계속된 저금리와 코로나 사태 여파로 시중에 떠도는 자금 증가 등의 시기적 요인이 가세한 것도 맞고, 이 시기에 세계 주요국의 집값 또한 함께 오른 것도 사실이다. 하지만 문 정부와 다수 의석을 차지한 민주당은 아파트·집값 폭등을 제대로 제어하지 못했다.

김현미 국토교통부 장관이 취임사에서 "부동산 정책은 투기를 조장하는 사람들이 아니라 정부가 결정해야 한다는 점을 반드시 기억해주시기 바랍니다"라고 밝혔듯이, 문 정부의 부동산 정책은 실패였다. 야당이던 국힘당도 의석 비율 정도만큼의 책임이 있겠지만, 문 정부 5년간 서울수도권은 물론 전국 아파트·집값이 크게 올랐고, 아파트·집 소유자와 무주택 국민 간의 주택자산 보유 빈부격차는 확대되었다.

특히 서울수도권에서 무주택 젊은이가 부모 도움 없이 월급을 아껴 쓰고 저축해 방 3개 국민평형의 아파트를 자력으로 마련하기란 점점 '꿈속에서나 가능한 세상'으로 변했다. '촛불시민혁명으로 탄생한 정부'라며 개혁과 정의를 강조했던 문 정부는 수많은 부동산 대책을 쏟아냈지만 서울수도권 및 대도시 '아파트값 폭등'이란 복병을 잡지 못했다.

주택가격 안정에 실패한 문 정부의 부동산 정책은 어떤 변화를 거쳤는지, 통계수치와 실제 부동산 시장 상황을 중심으로, 임대차3법과 종합부동산세 강화 등 부동산 정책 전반을 연도별로 정리하면서 살펴본다.

주거 안정 분야에 대한 설계

문 정부 초기 2017년 7월에 발표된 〈문재인 정부 국정운영 5개년 계획〉과 〈100대 국정과제 목록〉을 보면 '아파트값 안정에 대한 국정목표'는 보이지 않는다. 이는 문재인 정부가 출범 때부터 아파트값 폭등을 예상하지 못했다는 방증이기도 하다. 이 중 국민의 주거 안정 등 부동산 분야[2]를 보면 '공공임대주택·주거급여'가 대부분이다.

서민이 안심하고 사는 주거환경 조성(국토부)

▷(공적임대주택 공급) 공공임대주택 연평균 13만 호 공급 및 공공지원 임대주택 연평균 4만 호 공급 등 공적임대주택 연평균 17만 호 공급 ▷(공공임대주택 운영·관리 개선) 임대주택 입주 시기 예측을 위해 대기자 명부제도를 도입하고, 복잡한 임대주택 유형을 통합하여 관리 효율성 제고 ▷(주거복지 사각지대 해소) 주거급여 지원 대상 지속 확대 및 지원금액 단계적 현실화, 주거약자용 주택 입주자 선정 시 중증장애인 우선 공급 ▷(사회통합형 주택정책) 자발적 임대주택의 등록 확대를 위한 인센티브 강화, 임대차계약갱신청구권 등의 단계적 제도화 추진 ▷2022년까지 장기 공적임대주택 재고율 9% 달성(2016년 6.3%) 및 서민이 안심하고 사는 주거환경 조성

청년과 신혼부부 주거 부담 경감(국토부)

▷(신혼부부 공공임대주택 지원 확대) 2022년까지 20만 호(전체의 30%) 임대주택 신혼부부 공급(준공 기준) ▷신혼부부 특화주택 건설 및 공공임대주택 입주자 선정 시 신혼부부 특별공급 비율 상향 ▷(주거비용 지원 강화) 2018년에 신혼부부 전용 전세자금 및 구입자금 대출상품 출시 및 저소득 신혼부부 대상 주거비 경감 지원 실시 ▷(청년 임대주택 약 30만 실 공급) 임대료가 저렴한 셰어형 임대주택(5만 실) 및 역세권 등 주변 청년주택(20만 실) 공급, 기숙사 확대(5만 명) 등

미래세대 투자를 통한 저출산 극복(복지부)

▷(결혼·출산 친화환경 조성) 2022년까지 공공임대주택의 30% 신혼부

부 우선 공급

4개 복합·혁신 과제 중
'결혼·출산을 꿈꿀 수 있는 성평등 사회로의 전환'

▷청년 임대주택 5년간 30만 실 공급 ▷공공임대주택 5년간 20만 호 신혼부부 우선 공급 ▷신혼부부 전용 주택자금 대출제도 신설(2018년) ▷공공지원 미수혜 저소득 신혼부부 주거지원금(2년간 월 최대 10만 원) 신설(2018년) ▷다자녀 가구 비례분양제·융자 우대 등 지원 강화(2017년)

문 정부의 '주거문제 해소 분야 공약에는 28개 세부 공약이 있었는데 이 중 14개가 파기됐다'는 분석[3]도 있다.

문재인 정부 5년간 부동산 정책의 변화

문재인 정부 5년은 아파트값 폭등과의 전쟁으로 시작해서 패배로 끝났다고 해도 과언이 아니다. 2022년 3월 9일 대선에서 국민의힘(국힘당) 집권에 첫째로 기여한 것은 문 정부의 부동산 정책 실정이라는 분석·평가가 많다.

문 정부는 "주택공급 확대, 투기근절을 통한 실수요 보호, 주거복지를 강화하는 3대 정책기조로 주택시장 정상화와 서민 주거복지

[표1] 문재인 정부 5년간 발표된 주요 부동산 정책 횟수

문 정부 5년	2017년	2018년	2019년	2020년	2021년
총 26회	6회	7회	6회	6회	1회

확충을 위해 노력했다"고 스스로 밝혔다. 그리고 "주택시장의 안정적 관리와 주택공급의 빠른 확대 측면에서는 국민의 눈높이에 크게 미치지 못하였다. 코로나19 위기 대응과정에서 비롯된 유례없는 유동성과 초저금리 등에 따른 자산가격의 폭등에 대응하는 데 한계"가 있었다고 실토하면서 "미국·독일 등 해외 주요국과 마찬가지로 우리나라도 집값이 급등하는 자산인플레이션 현상을 피할 수 없었다"[4]고 외부요인을 핑계로 들었다.

문 정부 5년간 쏟아진 부동산 정책은 주요 정책만 꼽아도 26회에 이르는데, 각각의 내용은 어떤 것이었는지 들여다볼 필요가 있다. 국토교통부·대한민국 정책브리핑 보도자료 등을 중심으로 하되, 부동산 관련법·시행령 개정 등 부동산 정책 관련 일부 중요한 발표도 포함해 살펴본다.

문 정부 첫해인 2017년에는 8·2 대책 등 주요 부동산 정책이 총 6회 발표됐다(이하 주요 부동산 정책은 '●'으로 구분해 표시함).

6월 19일 〈주택시장의 안정적 관리를 위한 선별적·맞춤형 대응 방안〉

경기 광명시, 부산 기장군 및 부산진구를 조정대상지역으로 추가 선정하여 1·13 대책[5]의 37개 지역에서 총 40개 지역으로 확대. 강남 4개 구 외 21개 구 민간택지 전매제한 기간을 소유권이전등기 시까지로 강화하여 서울 전 지역의 공공·민간 택지 모두 소유권이전등기 시까지로 전매제한.

조정대상지역의 LTV(담보인정비율)[6] 10%p 낮춤. 잔금대출 DTI(총부채상환비율)[7] 신규 적용을 10%p씩 강화.

재건축 규제를 강화하여 재건축조합원 주택 공급수를 최대 3주택에서 2주택으로 축소. 주택시장 질서 확립 차원에서 관계기관 합동 불법행위 점검을 무제한 실시. 실거래가 허위신고에 대한 신고제도 활성화. 시스템을 활용한 불법행위 모니터링 강화.

8월 2일 〈실수요 보호와 단기 투기수요 억제를 통한 주택시장 안정화 방안〉

양도세 강화, 금융·청약제도, 주택공급 불법행위 엄정 단속 등 방대한 내용의 종합대책. 서울 25개 구 전 지역과 경기도 과천시, 세종시를 '투기과열지구'로 지정. 강남 4구, 용산, 성동, 노원, 영등포 등 서울 11개 구와 세종시를 '투기지역' 지정. 투기지역에는 3주택 이상 보유 세대의 양도소득세를 10%p 가산. 3억 이상의 주택을 거래할 때 자금조달계획서·입주계획서 제출 의무화. 2주택 이상 다주택자가 조정대상지역 내 주택 매도 때 양도소득세 중과. 다주택자의 장기보유특별공제 적용(최대 15년, 30%)을 배제. 조정대상지역 내 1세대 1주택자가 해당 주택을 양도 시 2년 이상 주택을 보유하고 양도가액 9억 원 이하일 경우 양도세 비과세 대상이었으나 비과세 요건을 2년 이상 거주로 강화.

투기지역 내 주택담보대출을 세대당 1건으로 제한. 투기과열지구·투기지역의 LTV·DTI를 각각 40% 수준으로 강화. 중도금 대출요건도 인별에서 세대별로 강화. 분양권 전매제한을 서울 전 지역 1.5년에서 소유권이전등기 시까지로 강화. 2018년 1월 1일 이후 양도하는 분양권부터 조정대상지역에서 분양권 전매 시 보유기간에 관계없이 양도소득세율 50%를 적용. 다주택자의 임대주택 등록 유도. 주택시장 질서 확립을 위해

특별사법경찰제도 도입.

재건축 초과이익환수제는 추가유예 없이 2018년 1월부터 예정대로 시행. 투기과열지구 내에서 정비사업의 일반분양 및 조합원 분양에 당첨된 세대는 5년간 재당첨을 제한하고, 재개발사업 시 의무적으로 공급해야 하는 임대주택 비율도 높였다. 실수요·서민을 위한 주택공급 확대책도 발표하여, 공적 임대주택을 연간 17만 호 공급하고 그중 수도권에 연간 10만 호를 공급한다.

9월 5일 〈8·2 대책 후속 조치 시행〉

성남시 분당구, 대구시 수성구 투기과열지구 9월 6일부터 추가지정. 민간택지 분양가 상한제 적용요건 개선 추진. 김현미 국토교통부 장관은 이날 '주거복지로드맵 시민단체 연석회의'를 열어 "정부는 집 걱정, 전·월세 걱정, 이사 걱정 없는 환경을 만들기 위해 서민 주거 안정에 정책역량을 집중하고 있다"라고 강조했다.

9월 12일 〈민간임대주택에 관한 특별법 시행령〉 일부 개정

국무회의에서 민간임대주택 공급 확대를 위해 단기임대주택을 장기임대주택(준공공·기업형)으로 변경이 가능하도록 기준을 마련하고, 주택임대관리업 등록기준을 완화하는 내용의 〈민간임대주택에 관한 특별법 시행령〉 일부개정안을 의결.

9월 22일 단기 투자수요 억제 및 무주택 실수요자를 위한 주택청약제도 시행

8·2 대책에 따른 주택공급규칙 개정·시행. 주택청약제도 투자수요 억제, 1순위 자격요건 강화, 가점제 적용비율 확대, 가점제 당첨자 재당첨 제한.

10월 24일 〈가계부채 종합대책〉

김동연 부총리 겸 기획재정부 장관 주재로 국토부 장관, 금융위원장, 금감원장, 한은 부총재가 참석하여 〈가계부채 종합대책〉을 발표. 2015~2016년 2년간 가계부채가 과거 추세보다 2배 이상 빠르게 증가하여 대책을 발표. 가계부채 연착륙 유도. 과도한 대출금리 인상을 자제하도록 유도. 주택담보대출을 2건 이상 보유한 차주의 경우, DTI 산정 시 기존 주담대 원리금 상환 부담 전액을 반영. 공적 임대주택 공급을 확대하여 2022년까지 OECD 평균 이상의 공적임대주택 비율 달성(6.3%→9%). 공공임대주택 연 13만 호+공공지원주택 연 4만 호 공급. 도심 내 공적임대주택 5만 호 이상 확충.

11월 29일 <사회통합형 주거 사다리 국축을 위한 주거복지로드맵>

청년주택 30만 호, 신혼부부 공공임대 20만 호, 저소득 취약계층 공적 임대주택 41만 호 공급 등 생애 단계별 소득수준별 맞춤형 주거지원. 법·제도 정비 및 협력적 주거복지 거버넌스 구축.

12월 13일 <집주인과 세입자가 상생하는 임대주택등록 활성화 방안>

사적 전월세 주택 세입자(임차가구의 70%)의 주거 불안 해소를 위해 사실상 전월세상한제가 적용되는 등록 민간임대주택 확충 방안을 마련. 민간임대주택 등록 활성화를 위해 취득세·재산세 감면기한 연장, 재산세·양도세 감면 확대, 건강보험료 부담 완화. 임대차 시장 정보인프라 구축. 임차인 보호 강화.

2018년에는 주요 부동산 정책이 총 7회 발표됐다.

정부의 강력한 주택가격 안정대책에도 서울지역의 주택가격은 2018년 7월경부터 상승 폭이 확대됐고, 갭투자 비중이 증가하는 등 투기수요로 추격매수 심리가 확산됐다.

6월 28일 <제2차 장기 주거종합계획(2013~2022) 수정 계획> 및 <2018년 주거종합계획> 발표

'국민 누구나 집 걱정 없는 더 나은 주거생활' 실현 추진, 맞춤형 주거지원 강화로 저출산·고령화 등 사회문제에 적극 대응, 주택시장의 안정적 관리 및 안전하고 쾌적한 주거환경 조성, 후분양 활성화를 주 내용으로 하는 <제2차 장기 주거종합계획 수정계획>을 발표. 2022년까지 공공분양주택(신혼희망타운 등 제외)의 70%를 후분양으로 공급.

2022년 전국 주택보급률 110%, 수도권 주택보급률 107%를 목표로 한 장밋빛 청사진을 발표(그림1). <2018년 주거종합계획>에서는 LH 2018년 하반기 착공 물량 중 2개 단지(시흥 장현 등) 2019년 후분양 실시.

(그림1) 2018년 6월28일 발표 〈2018년 주거종합계획〉 주거 미래상

주택보급률	('16년)	전국 102.6% 수도권 98.2%	('22년)	전국 110% 수도권 107%
천인당 주택수		전국 387.7호 수도권 350.8호		전국 427호 수도권 411호
공적 임대주택 재고		126만 호		200만 호
등록 임대주택 재고		98만 호		200만 호
최저주거기준 미달가구	('17년)	5.9%		5%
주거급여 수급가구		82만 가구		136만 가구

7월 5일 〈행복한 결혼과 육아를 위한 신혼부부, 청년 주거지원 방안〉

공공주택 공급 규모를 신혼부부는 2022년까지 88만 가구로, 청년은 75만 가구로 확대. 신혼부부 생애최초 주택 구입 시에는 취득세 50% 감면. 청년 임대주택 27만 실, 대학생 기숙사 6만 명 입주 등 청년가구 주거지원. 문 대통령은 "내 집 마련 짐을 국가가 나누어지겠다"라고 밝혔다.

8월 27일 〈수도권 주택공급 확대 추진 및 투기지역 지정 등을 통한 시장안정 기조 강화〉

수도권 30만 호 이상 추가공급 가능한 공공택지 추가개발. 투기지역·투기과열지구·조정대상지역 지정. 수도권 공공택지 개발 적극 추진.

9월 13일 〈9·13 주택시장 안정 대책〉 정부 부처 합동 발표

김동연 부총리가 직접 발표하며 투기 억제, 실수요자 보호, 맞춤형 대책 3대 원칙 아래 다주택자에 대한 규제를 강화. 주택청약 시 분양권·입주권 소유자를 무주택자에서 제외. 종합부동산세 공정시장가액비율 강화와 조정대상지역 2주택 이상 보유자와 전국 3주택 이상 보유자에 대한 종부세 최고세율 인상.

2주택 이상 보유 다주택(부부 합산) 세대에는 규제지역 내 주택담보대출 및 전세대출 공적 보증을 금지. 고가 1주택자 장기보유특별공제 요건 강화. 일시적 2주택자는 신규

주택 취득 후 3년 이내에 종전 주택을 양도하면 양도세 비과세였으나, 앞으로는 조정대상지역 내 일시적 2주택자는 신규주택 취득 후 2년 이내에 종전 주택을 양도해야 양도세 비과세.

주택임대사업자 등록 혜택 대폭 축소. 1주택 이상자가 조정대상지역에 새로 취득한 주택은 주택임대사업자 등록 시에도 양도세 중과제외 혜택을 폐지하고, 종부세 계산에 합산 과세. 투기지역·투기과열지구 내 주택을 담보로 하는 주택임대사업자에 대한 대출에 LTV 40%를 적용하여 대출규제 강화.

1주택자 특례를 실수요자 중심으로 강화해 실거래가 9억 원을 초과하는 1주택자에 거주기간 요건 없이 보유기간에 따라 최대 80% 장기보유특별공제를 적용하던 것을, 2년 이상 거주한 경우에 한해서 장기보유특별공제(10년, 최대 80%)를 적용하기로.

9월 21일 〈수도권 주택공급 확대 방안〉

수도권 내 입지 좋은 곳에 30만 호 규모 수도권 공공택지를 2019년 상반기까지 확보. 서울과 인접한 서울~1기 신도기 사이 지역에 100만 평 이상 대규모 택지 4~5개소를 조성하며 이 중 1~2개소는 2018년 내에 발표. 1차로 3만 5천 호 신축할 서울 11곳, 경기 5곳, 인천 1곳 신규택지 공급계획 수립을 발표. 개발 예정 지역 일대 지가변동, 토지거래량 모니터링.

전국 신혼희망타운 10만 호를 조기 공급하며 이 중 수도권에 7만 호를 공급한다. 도시규제 완화로 도심 내 중소규모 택지를 조성하여 6만 5천 호 주택공급 확대. 서울 모든 준주거지역의 용적률을 500%로 상향하여 임대주택 공급 촉진.

10월 30일 경기·인천 등 총 6곳 공공주택지구 및 인근지역 토지거래허가구역 지정

9. 21. 〈수도권 주택공급 확대방안〉에서 확정 발표한 광명 하안동·의왕 포일동 등 지역.

12월 10일 〈부동산 거래신고 등에 관한 법률 시행규칙〉 개정·시행

2018년 12월 10일부터는 투기과열지구 내 3억 이상의 주택 실거래 신고할 때 자금조달 및 입주계획서에 증여·상속금액을 기재하고, 주택담보대출 여부 및 기존 주택보유 여부를 포함하여 신고.

12월 19일 〈2차 공공택지 발표지역 7곳 토지거래허가구역 지정〉

경기 남양주 왕숙, 하남 교산, 과천 과천, 부천 까치울, 성남 낙생, 고양 탄현, 인천 계양

등 총 7곳 및 인근지역 토지거래허가구역 지정(12월 26일 발효).

12월 19일 〈2차 수도권 주택공급 계획 및 수도권 광역교통망 개선 방안〉

GTX 등으로 서울 접근성 용이한 남양주 왕숙, 하남 교산, 인천 계양 테크노밸리, 과천 등 수도권 택지조성 계획을 마련. 41곳에 15만 5천 호 공급계획 수립.

12월 28일 〈조정대상지역 조정을 통한 시장안정 기조 강화〉

수원시 팔달구, 용인시 수지구·기흥구 조정대상지역 신규 지정. 해당 지역에는 세제 강화(다주택자 양도세 중과와 장기보유특별공제 배제, 조정대상지역 내 2주택 이상 보유자 종부세 추가 과세 적용 등), 금융규제 강화(LTV 60%·DTI 50% 적용, 1주택 이상 세대의 주택 신규 구입을 위한 주담대 원칙적 금지), 청약규제 강화. 부산진구 등은 해제.

2019년에도 주요 부동산 정책이 총 6회 발표됐다.

1월 9일 임차인 거주 안정성 제고를 위한 〈등록임대주택 관리강화 방안〉 발표

세제 감면 시 임대료 증액 제한 등 의무준수 검증 강화. 임차인 권리 강화를 위한 등록 임대주택 부기등기제 도입. 의무 임대기간 내 양도금지 위반 등에 대한 제재 강화.

4월 23일 '포용적 주거복지, 실수요 중심의 안정적 시장관리'를 위한 〈2019년 주거종합계획〉

공적임대 17.6만 호, 주거급여 110만 가구, 저리의 구입·전월세 자금 26만 가구 지원.

5월 7일 수도권 주택 30만 호 공급방안에 따른 〈제3차 신규택지 추진계획〉

고양 창릉 3만 8천 호, 부천 대장 2만 호 등 서울·경기 지역 28곳에 11만 호 입지 확정 발표. 안산 장상 1.3만 호, 용인 구성역 1.1만 호, 안산신길2, 수원당수2 지역에 중규모 택지 조성. 지하철역 복합개발 등 도심주택공급 방안 마련. 공공택지 지역 투기 방지 및 원주민 재정착 방안도 마련.

8월 12일 민간택지 분양가상한제 적용기준 개선 추진

2019년 10월 초까지 〈주택법 시행령〉을 개정하여 민간택지에 분양가상한제 적용 준비를 완료. 소비자 보호를 위한 분양가상한제 실효성 강화 및 후분양 기준 강화.

10월 1일 〈최근 부동산 시장 점검 결과 및 보완 방안〉 발표

시장 안정 대책 보완 방안, 대출규제 보완 방안, 분양가상한제 시행령 개정안 보완 방안을 관계부처 합동으로 발표. 전세자금 대출규제 강화. 민간택지 상한제 주택은 5년 범위에서 거주의무기간 부과하는 주택법 개정 추진.

11월 6일 〈민간택지 분양가상한제 서울 27개 동 지정, 조정대상지역 부산 3개 구 전부 해제, 고양·남양주 부분 해제〉

11월 19일 문재인 대통령 2019년 11월 19일 국민과의 대화

문 대통령은 "부동산 문제와 관련해서는 우리 정부에서는 자신 있다고 장담하고 싶다. 현재 방법으로 부동산 가격을 잡지 못하면 보다 강력한 여러 방안을 계속 강구해서라도 반드시 잡겠다"라고 밝혔다.

12월 16일 〈주택시장 안정화 방안〉

2019년 12월 16일 국무총리 주재로 발표된 긴급 부동산 대책. 앞서 나온 17번의 부동산 정책을 집대성한 것이란 평가를 받았다.

투기수요 차단 및 실수요 중심의 시장 유도와 실수요자 공급 확대를 통한 주택시장 안정화. 투기지역·투기과열지구 주택담보대출 관리 강화[시가 9억 원 초과 주택에 대한 담보대출 LTV 추가 강화, 초고가아파트(시가 15억 원 초과)에 대한 주택 구입용 주담대 금지, DSR(총부채원리금상환비율)[8] 관리 강화, 주택담보대출의 실수요 요건 강화, 주택 구입 목적 사업자 대출에 대한 관리 강화, 주택임대업 개인사업자에 대한 RTI[9] 강화, 새마을 금고 등 상호금융권 주택담보대출 모니터링 및 관리감독 강화].

전세대출을 이용한 갭투자 방지(사적 보증의 전세대출 보증 규제를 공적 보증 수준으로 강화, 전세 자금 대출 후 신규주택 매입 제한).

주택 보유 부담 강화(종합부동산세 세율 상향조정, 조정대상지역 2주택자 종합부동산세 세 부담 상한 상향조정, 종합부동산세 1주택 보유 고령자 세액공제율 및

합산공제율 확대, 공시가격 현실화율 제고).

실수요자 중심의 양도소득세 제도 보완(1세대 1주택자 장기보유특별공제에 거주 기간 요건 추가, 2년 이상 거주자에 한해 1세대 1주택자 장기보유특별공제 적용 2020년 1월 1일 시행, 조정대상지역 일시적 2주택자 전입요건 추가 및 중복보유 허용기한 단축, 등록 임대주택에 대한 양도소득세 비과세 요건에 거주요건 추가, 조정대상지역 다주택자 양도소득세 중과 시 주택 수에 분양권도 포함, 2년 미만 보유 주택에 대한 양도소득세율 인상, 조정대상지역 내 다주택자 양도소득세 중과 한시적 배제).

민간택지 분양가 상한제 적용지역 확대. 시장 거래 질서 조사체계 강화(고가주택에 대한 자금출처 전수 분석 및 법인 탈루 혐의 정밀 검증, 실거래 조사 및 정비사업 합동점검 상시화, 자금조달계획서 제출 대상 확대 및 신고 항목 구체화, 자금조달계획서 증빙자료 제출). 공정한 청약 질서 확립(공급 질서 교란·불법 전매 시 청약 제한 강화, 청약 당첨 요건 강화, 청약 재당첨 제한 강화). 임대등록제도 보완(임대등록 시 취득세·재산세 혜택 축소, 등록임대사업자 의무 위반사례에 대한 합동점검 추진, 등록임대사업자 책임 강화를 위한 등록요건 강화, 임차인 보증금 피해 방지를 위한 사업자 의무 강화).

실수요자를 위한 공급 확대(서울 도심 내 공급의 차질 없는 추진, 수도권 30만 호 계획의 조속한 추진, 관리처분 인가 이후 단계 정비사업 추진 지원). 가로주택정비사업 활성화를 위한 제도 개선.

12월 17일 투기지역·투기과열지구 소재 초고가(시가 15억 원 초과) 아파트에 대한 임차보증금 반환 목적 주택담보대출 금지

19년 12월 18일 이후 신규로 구입하는 투기지역·투기과열지구 소재 초고가아파트에 대해 적용. 시장 상황을 엄중히 모니터링하면서 대출규제 우회·회피에 대해 즉각 대응 밝힘

12월 23일 〈주택시장 안정화 방안〉 금융 부문 후속조치 시행

이러한 강력하고 집대성된 아파트값 폭등 저지 대책으로 2019년 전국 주택가격은 일시 안정되는 조짐을 보였다. '2019년 전국 주택 가격지수 상승률은 -0.36%를 기록하고, 서울 아파트값도 2019년 상반기에는 -1.79% 하락'[10]하기도 했다.

2020년에는 주요 부동산 정책을 총 6회 발표했다.

문재인 대통령은 2020년 1월 7일 신년사에서 부동산 시장의 안정, 실수요자 보호, 투기 억제에 대한 정부의 의지를 재차 강조하며 "부동산 투기와의 전쟁에서 결코 지지 않을 것"이라고 밝혔다.

2019년 12·16 대책 효과로 '2020년 상반기에는 전국 주택가격이 전반적인 안정세를 유지하였다. 서울은 3월 5주부터 9주간 연속 하락하는 모습을 보였다. 반면에 경기권에서는 개발 호재 등으로 상승폭이 확대'[11]되어 '풍선효과'를 넘어서는 대세 상승세가 나타났다.

1월 16일 〈19. 12. 16. 주택시장안정화 방안〉 중 전세대출 관련 조치

시가 9억 원 초과 주택 SGI 전세대출보증 제한. 보증부 전세대출 후 고가주택 매입 또는 다주택 보유 시 전세대출 회수.

2월 20일 〈투기수요 차단을 통한 주택시장 안정적 관리 기조 강화〉

조정대상지역 내 부동산 대출규제 강화. 실거주 요건, 조정대상지역 내 주택담보 대출 LTV 규제 강화. 조정대상지역 추가 지정.

4월 17일 〈수도권 투기과열지구 우선공급 거주기간 강화〉

수도권 투기과열지구 청약 시, 해당 지역 우선 공급 대상자의 거주기간은 종전 1년에서 2년으로 강화. 분양가상한제 주택 등에 당첨 시 10년간 재당첨 제한.

5월 6일 〈수도권 주택공급 기반 강화〉

2022년까지 서울 도심에 7만 호 부지를 추가 확보, 2023년 이후 수도권에 연평균 25만 호+α 수준의 주택공급 가능. 기존 수도권 공급계획을 조기 이행하여 수도권 공공택지에서 향후 공급할 아파트 77만 호 중 50% 이상을 2023년까지 입주자 모집 착수.

5월 12일 〈실수요자 중심의 주택공급을 위해 주택 전매행위 제한 기간 강화〉

수도권·지방광역시, 소유권이전등기 시까지 분양권 전매행위 제한.

5월 21일 '집 걱정 없는 삶, 공정한 시장질서, 편안한 주거환경'을 위한 〈2020년 주거종합계획〉

공공주택 21만 호(공공임대 14.1만, 공공지원 4만, 공공분양 2.9만), 주거급여 113만 가구, 구입·전월세자금 29만 가구 등 총 163만 가구 지원.

6월 17일 〈주택시장 안정을 위한 관리 방안〉

법인을 활용한 투기수요 근절을 위해 모든 지역 법인·개인사업자(주택매매·임대사업자)에 대해 주택담보대출 금지. 법인 보유주택에 대한 종부세율 인상. 규제지역 내 주택담보대출 시 전입·처분요건 강화. 전세자금 대출규제 강화. 보금자리론 대상 실거주 요건 부과. 조정대상지역·투기과열지구 추가지정. 토지거래허가구역 지정. 투기적 수요에 대한 조사체계 강화. 정비사업 규제 정비.

7월 10일 〈주택시장 안정 보완대책〉

홍남기 부총리 주재로 제10차 비상경제대책본부 회의를 열고 〈주택시장 안정 보완대책〉을 발표. 다주택자·법인 등에 대한 주택 취득세율을 인상해 조정대상지역 2주택의 경우 8%, 3주택 이상 개인과 법인은 12%를 적용[표2].

[표2] 2020년 7월 10일 〈주택시장 안정 보완대책〉

주택 취득세율 인상[12]			
개인	1주택	주택 가액에 따라 1~3%	
		조정대상지역	非조정대상지역
	2주택	8%	1~3%
	3주택	12%	8%
	4주택 이상	12%	12%
법인		12%	

다주택자 종부세·양도소득세·취득세 인상. 등록임대사업자 제도 중 단기임대(4년) 및 아파트 장기 일반 매입임대(8년) 신규등록 폐지. 서민·실수요자 부담을 줄이기 위해 생애최초 특별공급 확대. 신혼부부 특별공급 소득 기준 완화. 생애최초 주택 취득세 감면. 서민·실수요자 주택담보대출 소득 기준 완화. 실소유자 주택공급 확대.

7월 30일 〈주택임대차보호법 개정〉

계약갱신청구권과 전월세상한제 도입을 담은 〈주택임대차보호법〉 개정안 국회 본회의 통과. 계약갱신청구권은 임차인이 희망하는 경우 1회 계약 갱신을 청구할 수 있는 권리로, 갱신되는 임대차 존속기간은 2년. 계약 갱신 시 임대료 상한도 5% 범위 내로 제한.

8월 4일 〈서울권역 등 수도권 주택공급 확대 방안〉

서울권역을 중심으로 총 26만 호+α 수준의 대규모 주택공급 집중 추진을 관계기관(홍남기 부총리, 국토부장관, 서울시장 권한대행) 합동으로 발표. 수급균형을 통한 시장안정 도모 필요성에 따라 기존 추진 중인 수도권 주택공급 7만 호에 추가로 13만 호+α를 신규 공급하는 8·4 대책 마련. 신규택지 발굴 핵심입지에 3.3만 호 주택 신규 공급. 3기 신도시 등에 용적률 상향과 기존 택지 고밀화 2.4만 호. 재건축·재개발 등 정비사업의 공공성을 강화하여 7만 호 이상 주택공급. 도시규제 완화 등 5,000호+α. 기존 공공분양 물량 중 6만 호 2021~2022년으로 앞당겨 사전청약. 관계부처 합동 부동산 신속대응팀 구성해 부동산 시장 동향 일일 모니터링.

국토부는 〈서울권역 등 수도권 주택공급 확대 방안〉에 따른 '13.2만 호+α' 등을 포함한 수도권 127만 호 주택 공급계획을 설명.

11월 19일 〈서민·중산층 주거 안정 지원 방안〉

2021~2022년 총 11만 4,000호 전세형 주택 추가공급 계획. 신축 위주 단기+질 좋은 평생주택 등 중장기 공급 병행. '질 좋은 평생주택' 공급계획 발표.

11월 19일 〈조정대상지역 지정을 통한 시장안정 기조 강화〉

경기 김포시(일부 읍·면 제외), 부산 해운대·수영·동래·남·연제구, 대구 수성구 7개 지역을 조정대상지역으로 지정.

12월 17일 〈규제지역 지정 및 실거래 조사·현장단속 강화〉

부산 9곳, 대구 7곳, 광주 5곳, 울산 2곳 및 파주·천안·전주·창원·포항 등 총 36곳 조정대상지역 신규 지정. 창원 의창은 투기과열지구 신규 지정. 인천 중구·양주시·안성시 일부 읍면은 조정대상지역 해제.

2021년에는 주요 부동산 정책을 1회 발표했다.

문재인 정부의 국정백서는 '지속적인 세제, 대출규제 강화 등 강도 높은 수요관리를 통하여 서울 주택매수 중 다주택자 비중이 2020년 1분기 9.2%, 2분기 8.5%, 3분기 6.9%, 4분기 5.0%로 감소하였다. 그러나 유례없는 초저금리와 가구 수 급증 등으로 주택시장은 여전히 불안한 양상'[13]이라고 진단했다. 특히 '서울 아파트 매수자 중 30대 비중이 2019년 33%, 2020년 상반기 36%, 2020년 하반기 45%'[14]로 높아져, 직장생활을 하는 30대 젊은 층의 영끌(영혼까지 끌어모아)로 서울아파트를 매입하는 경향이 두드러졌다.

1월 15일 〈도심 주택공급의 활력소, 공공재개발 후보지 첫 선정〉

국토부·서울시, 정체된 정비구역 8곳을 공공재개발 후보지로, 약 4700호 공급 기대… 해제·신규구역도 3월 말 후보지 선정.

공공재개발을 추진하는 구역에서는 용적률 상향(법적 상한의 120% 허용) 등 도시규제 완화, 분양가상한제 적용 제외 등 사업성 개선, 사업비 융자, 인허가 절차 간소화 등 공적 지원.

2월 4일 〈공공주도 3080+, 대도시권 주택공급 획기적 확대 방안〉

문 정부의 사실상 마지막 해인 2021년 2월 4일 2·4 대책을 마련. 획기적인 주택

공급 확대로 시장 안정 추진. 2025년까지 서울수도권 약 61만 6000호, 5대 광역시 등 지방 약 22만 호 등 총 83만 6000호의 신규 부지를 확보하기로. 주민이 희망할 경우 재개발·재건축을 LH·SH 등 공기업이 직접 사업·분양계획을 수립해 신속 추진. 용도지역 1단계 종상향 또는 법적 상한 용적률의 120% 상향 적용. 재건축 초과이익 부담금 미부과. 재건축 조합원 2년 거주의무 미적용. '도심 공공주택 복합사업'을 도입.

2월 24일 〈대도시권 주택공급 확대를 위한 신규 공공택지 추진계획〉

광명 시흥, 부산 대저, 광주 산정 추가신도시 지정. 서울과 접한 광명시흥 신도시 1,271만㎡에 7만 호, 부산대저 243만㎡에 1만 8000호, 광주산정 168만㎡에 1만 3000호 등 약 10만 호 신규 공공택지를 발표.

3월 29일 국토부·서울시 〈공공재개발 2차 후보지 16곳 선정〉

역세권 등에 2만 호 공급 기대, 연내 정비계획 수립 착수… 투기 방지 대책도 철저히 추진.

4월 7일 〈공공재건축 선도사업 후보지 5곳 선정〉

주민 동의 10% 충족 지역 선정. 공공 직접 정비, 소규모 정비사업 후보지 제안 총 101곳 접수.

4월 14일 〈3080+주택공급 방안 2차 선도사업 후보지 선정〉

서울시 2개 구 총 13개 구역 선정, 약 1.3만 호 공급 가능.

4월 29일 〈도시재생 선도사업 후보지(2.1만 호), 행정중심복합도시 추가공급(1.3만 호), 지방 신규 공공택지(1.8만 호) 등 5.2만 호 공개〉

소규모 주택정비 관리지역 20곳, 주거재생혁신지구 7곳 선정. 행정중심복합도시 내 용도변경 등을 통한 1.3만 호 추가공급. 울산 선바위, 대전 상서 등 지방 신규 공공택지 1.8만 호 공급.

8월 30일 〈대도시권 주택공급 확대를 위한 제3차 신규 공공택지 추진계획〉

(수도권) 의왕군포안산, 화성 진안 신도시 규모 2곳. 인천 구월2, 화성 봉담3, 남양주 진건 등 중소규모 택지 5곳에 총 12만 호 공급.

(지방권) 대전 죽동2, 세종 조치원, 세종 연기 소규모 택지 3곳에 총 2만 호 공급.

8월 31일 종부세 기준 상향 〈종부세법 개정안〉 국회본회의 통과

종합부동산세 부과 기준을 공시가격 9억 원에서 11억 원으로 상향하는 내용의 종부세법 일부 개정법률안이 국회본회의 통과.

9월 15일 〈도시형 생활주택·오피스텔 면적은 커지고 공급은 늘어난다…도심 주거 수요 등을 반영한 제도 개선 착수〉

도시형 생활주택과 주거용 오피스텔 등 건축규제 완화와 세제·자금지원 확대. '원룸형' 도시형 생활주택을 '소형'으로 개편하여 허용면적을 가족형 평형인 전용 60㎡까지 확대하고, 공간 구성도 당초 2개에서 최대 4개(침실3 + 거실1 등)까지 완화(주택법 시행령 개정, ~'21. 12) 추진.

11월 11일 공시가격 1억 원 이하 '저가아파트' 거래 집중 조사

국토부는 법인·외지인이 공시가격 1억 원 이하의 저가아파트를 집중 매수하는 사례를 대상으로 실거래 기획조사에 착수. 2020년 7월부터 2021년 9월까지 약 1년 2개월간 저가아파트의 전체 거래량은 24.6만 건으로, 이 중 법인 6700여 개가 2.1만 건(8.7%)을 매수하였고 외지인 5.9만여 명이 8만 건(32.7%)을 매수(법인 1개당 평균 3.2건 매수, 외지인 1인당 평균 1.3건 매수). 법인의 매수 비율이 급격히 증가(저가아파트 거래량 중 법인이 차지하는 비중 추이: '21. 4월 5%→'21. 5월 7%→'21. 6월 13%→'21. 7월 14%→'21. 8월 22%→'21. 9월 17%).[15]

2022년

1월 30일 〈정부는 확고한 주택시장 안정을 위해 주택 공급대책을 흔들림 없이 추진해나가겠습니다〉

〈3080+ 공급대책 발표〉 1주년을 맞아 사업별 추진현황 및 대책, 주요 성과를 소개. 일산·분당을 합친 수준의 17만 호 도심 후보지 발굴, 1만 호 지구 지정. 도심복합사업은 전체(2021~2025년) 공급 목표(19.6만 호)의 51%인 10만 호 후보지 확보, 그중 55.6%가 서울지역에 분포. 도심 공급정책 패러다임 전환과 공급 조기화로 시장 안정 견인.

문 정부 부동산 정책은 후반 들어서 아파트용 신규택지 공급 확대에 집중되었다. 문 정부 국정백서는 '3080+대책 발표 1년 만에 목표 83만 호(2021~2025)의 60%인 50만 3000호의 후보지를 확보했다'[16]고 평가했다.

멀어진 '내 아파트 마련의 꿈'

문재인 정부 5년간 서울수도권 아파트값 등 주택가격은 얼마나 올랐을까.

문 정부의 주장을 보면, '문재인 정부 전반기(2017. 5~2019. 5)에는 전국 집값이 실거래가 기준 26개월 누적 0.9% 상승하는 등 주택시장이 안정적으로 관리'되었고, '후반기(2019. 7~2021. 10)에는 28개월간 전국 실거래가격이 43.3% 상승했다'[17]고 밝혔다.

과연 국민이 피부로 느끼는 문 정부 5년간 집값 상승이 이 수준일까? 경실련 등 민간 주요기관의 조사결과를 살펴볼 필요가 있다[표3]. 문 정부의 집값 상승 통계는 전국의 집값(아파트, 빌라, 단독주택 등) 기준이고, 경실련 등의 통계는 서울수도권 등 아파트값 상승 위주지만, 정부 주장의 집값 상승률 수치와 경실련 등 민간기관의 통계 수치와는 괴리가 상당하다.

경실련은 2021년 6월 23일 서울지역 30평형 평균 아파트값이 문 정부 4년간 93%가 올랐다고 발표했다(그림2). 경실련이 문 정부 4년간 서울 25개 구별로 3개 단지씩, 총 75개 단지 11만 5천 가구를 대

[표3] 경실련 등 민간 주요기관의 문 정부 기간 서울지역 등 아파트값 상승 추이 조사

Chosun Biz	'2019년 하반기 서울 아파트 실거래가격 평균값이 2017년 상반기보다 40.8% 올랐다. 지역별로는 강남구가 53.3% 올라 상승률 1위' ▶부동산 정보업체 부동산114가 서울 아파트 매매내역 24만 건을 전수조사한 결과라고 《Chosun Biz》가 2019년 12월 11일 보도	19.12.11
경실련	강남 30평형 아파트값 21억 원… 문 정부 3년간 7억 6천만 원 올라. 강남권 14개 단지, 비강남권 16개 단지 조사… 강남 전세 1억 올라.	20.10.14
경실련	문 정부 3년간 서울 25평 평균 아파트값 4억 5천만 원 폭등 ▶서울 34개 단지 8만여 세대 조사 (국민은행 부동산 시세 자료 활용)	20.7.21
경실련	문 정부 3년간 서울아파트값 52% 상승… 서울 전체 집값 34% 올라. ▶KB 중위매매가격을 기초자료로 서울 아파트·단독·연립 등 조사	20.8.3
경실련	서울 25평 아파트 17년 5월 6억 5천만 원서 10억 3900만 원으로 올라. ▶서울 22개 단지 6만3천 가구 조사… 문 정권 들어 58% 올라.	20.11.11
KB국민은행 월간 동향	21년 9월 서울 강북 14개 구 아파트 3.3㎡당 평균 매매가 3926만 원 한강 이남 11개 구 3.3㎡당 평균 아파트값은 5276만 원	21.10.
한국 부동산원	문 정부 출범 이후 3년 5개월간 서울 아파트 실거래가격이 약 63% 올랐다. 공동주택 실거래가격 지수는 58.4%포인트 상승했다.	20.12.18
경실련	문 정부 4년간 서울 아파트값 93% 올라… 2017년 5월 평당 2061만 원에서 2021년 5월 3971만 원으로 1910만 원이나 폭등. 서울에 30평형 아파트 사려면 연간 4800만 원씩 25년 모아야.	21.6.23.
KB국민은행 월간 동향	21년 10월 서울 아파트 평균 매매가격 12억 1639만 원. 문 정부 취임한 17년 5월, 6억 708만 원과 비교하면 6억 931만 원 올라.	21.10.25
경실련	서울 시내 75개 아파트단지 11만 5천 세대 시세 변동 분석 결과 17년 5월 평당 2061만 원에서 21년 11월 4309만 원으로 109% 폭등	21.12.8.
집값정상화 시민행동	서울 아파트 평균값 2017년 6억 원에서 5년 만에 13억 원으로 폭등. 용산부지 10만 호 공공임대주택 공급 등 요구 LED 트럭 시위.	22.2.9

(그림2) 경실련 21년 6월 23일 발표. 서울 30평형 아파트값 상승추이

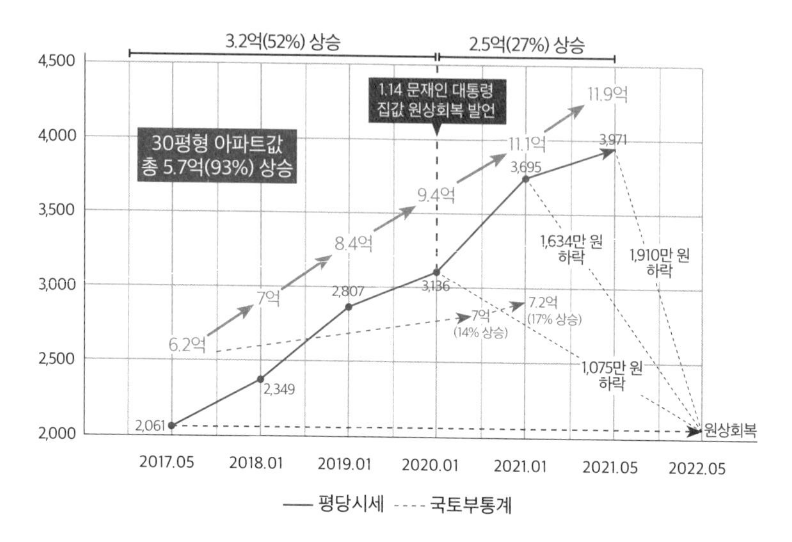

상으로 조사한 것으로 KB국민은행 시세정보도 참고했다.

서울 강남권 등 '똘똘한 1채'는 더 올랐다. 개별주택공시가격 1억 원 이하 주택에 대한 취득세 1% 정책(지방교육세 0.1% 포함해 1.1%)으로 저가아파트 매매가격도 폭등했다.

'아파트값 폭등저지 대책'이 완패한 이유

대한민국 헌법 중 주택·주거에 관한 부분을 보면 제34조는 '모든 국민은 인간다운 생활을 할 권리를 가진다' 제35조는 '국가는 주택개발정책을 통하여 모든 국민이 쾌적한 주거생활을 할 수 있도록 노력하

여야 한다'라고 규정하고 있다. 즉 모든 국민은 '주거는 인권'이란 차원에 주거기본권을 누려야 한다.

문 정부 5년간 아파트값 폭등 저지 대책으로 수요 억제, 공급 확대 등을 포함하여 정책이란 정책은 모두 선보인 듯한데, 왜 목표했던 성과를 제대로 못 내고 계속 올랐을까.

주된 원인은 장기간의 저금리와 그에 따른 과잉유동성이다. 박근혜 정부 때에 건설경기를 살리기 위해 '빚내서 집 사라'며 각종 규제와 금융접근을 완화했던 것과 비교하면, 문 정부 동안 국제적인 저금리 지속과 집권 중후반 코로나19 사태까지 겹쳐 시중 유동자금 과잉 등 외부적·시기적 요인이 컸다. 문 정부로서는 시기적으로 억울한 측면도 있는 셈이다.

아파트값·집값 등락의 주요인은 금리, 시중 유동자금 규모, 인구 증감, 가구 수 변화, 소득수준, 신규주택 공급량, 주택담보대출, '주택가격전망지수'[18]등 미래의 등락 예상에 대한 주택수요자의 심리, 부동산세제다. 이들 중 인구 증감을 제외하면 정부 정책에 가장 큰 영향을 받는다. 저금리와 시중 유동자금 과잉이 문제라면 정부가 대책을 마련해야 했다.

저금리 시대의 장기화

한국은행은 2015년 3월 기준금리를 연 1.75%로 인하하여 사상 처음으로 기준금리 1% 시대가 시작되었다.

문 정부 시절 아파트값 폭등의 첫째 원인은 저금리다. 이는 그동안 폭등한 서울수도권 아파트값이 금리가 오르기 시작한 2022년 윤석열 정부 들어 강남권 등 일부 '똘똘한 1채' 지역을 제외하고 계속 하락하고 있음으로도 증명된다.

한국은행은 기준금리를 2019년 7월 1.75%에서 1.50%로, 2019년 10월 1.50%에서 1.25%로 추가 인하했다. 2020년 3월과 5월, 2차례에 걸쳐 기준금리를 또 내려 1.25%에서 0.5%로 최초의 제로금리 시대를 맞았다[표4]. 이러한 저금리 장기화로 시중 유동성 자금이 주택·주식 등 자산시장으로 몰려들었다.

가계부채 규모도 급증했다. '2019년 4.1%를 기록한 가계부채 증가율은 2020년 8.0%로 상승했다. 2020년 들어서는 가계부채 규모가 GDP를 초과하는 상황'[19]을 맞았다.

시중 유동자금 과잉

2018년 무렵부터 시중 떠도는 M2 자금이 크게 증가했다. 코로나19 위기를 맞아 시중 유동자금은 더 가파르게 늘어 2020년 말에는

[표4] 한국은행 기준금리 추이

단위	연/분기	Q1	Q2	Q3	Q4
연%	2015	1.75	1.50	1.50	1.50
	2016	1.50	1.25	1.25	1.25
	2017	1.25	1.25	1.25	1.50
	2018	1.50	1.50	1.50	1.75
	2019	1.75	1.75	1.50	1.25
	2020	0.75	0.50	0.50	0.50
	2021	0.50	0.50	0.75	1.00
	2022	1.25	1.75	2.50	3.00 (11월 현재)

출처: ECOS 한국은행 경제통계시스템 자료

3000조 원을 훌쩍 넘어섰다.

문 정부도 시중 유동성 과잉에 따른 문제점을 알고 있었지만 초기부터 제대로 대응하지 못했다. 2018년 9월 7일 당시 김동연 경제부총리 겸 기획재정부 장관도 "유동성 문제는 면밀히 보고 있다. 정부 입장에서는 유동성이 건전한 투자 쪽으로 갈 수 있도록 하는 정책을 내놓겠다. 규제개혁이라든지 해서 혁신성장 등 건전한 투자처에 갈 수 있도록 하겠다"[20]라고도 언급했지만, 결국 시중 과잉유동성 관리에 성과를 내지 못했다. 오히려 2017년 〈10·24 가계부채 종합대책〉 발표 때는 "과도한 대출금리 인상을 자제하도록 유도"[21]를 언급했다.

통계청 국가통계포털 KOSIS 자료로 시중 통화량을 나타내는 광의통화 M2[22]지표를 살펴보면 M2 자금은 2017년 말 2530조 원에서 2018년 말 2700조 원, 2019년 말 2913조 원, 2020년 말 3199조 원, 2021년 말 3613조 원으로 폭증했다(그림3). 2016년 말 2407조 원에서 문 정부 4년여를 거치며 1206조 원이 늘었다. 50%나 증가한 것이다. 코로나19 사태 등의 영향으로 2020~2021년 만 2년 동안 700조 원이 늘었다.

저금리 속 시중 유동성이 풍부한 상황에서 서울수도권 아파트값의 상승이 계속되니 투기수요가 몰려 문 정부 동안 집값 상승을 더 부채질했다.

신규 택지·아파트 공급 지연

택지·집 공급도 집값 안정의 중요한 요소다. 1980년대 말 1기 신도시 정책으로 수도권에 새로운 택지가 공급되어 서울수도권의 집값 급등을 제어할 수 있었다.

문재인 정부 기간 서울수도권에 일자리와 인구는 계속 늘어나[표5] 서울수도권 인구 비중이 2019년 말에 50%를 돌파했는데, 서울지역 재개발·재건축 사업 부진과 함께 서울수도권 택지공급은 크게 증가하지 못했다.

문 정부가 아파트값 폭등 초기부터 서울수도권의 주택공급 확대 정책을 발표하고 신속 공급에 나섰더라면 폭등사태를 초기에 어느 정도 진정시킬 수도 있었을 것이다. 아울러 서울수도권 일자리·인구 집중을 차단하는 정책을 병행해야 하는데, 반도체공장 경기도 지역 신설·증설 등 서울수도권 신규 일자리 집중이 오히려 가속화되었다.

서울수도권 지역의 가구 수 및 주민등록세대수 증가

서울의 경우는 주민등록인구가 2016년부터 1천만 명 이하로 떨어져 매년 감소추세인데[표5], 가구 수와 주민등록세대 수는 늘어났다[표7, 8]. 문 정부 5년간 서울·경기·인천 모두 가구 수와 주민등록세대 수가 매년 증가했다. 전국의 총가구수와 주민등록세대수도 증가했다[표7, 8].

그 원인은 1인 가구의 증가, 핵가족화, 1세대 1주택 양도세 면제·감면을 겨냥한 절세 목적의 세대 분화 증가로 볼 수 있다. 아파트 청약을 위해 세대 분화가 늘 수도 있다. 문 정부 초기 서울수도권 아파트값 폭등이 시작되기 직전인 2015~2017년에도 서울수도권의 1인 가구 수는 증가했다[표6].

(그림3) 2016년~2021년 M2 자금 증가 추이

M2 상품별 구성내역(말잔, 원계열) (단위: 십억 원)						
계정항목별 / 연도별	2016	2017	2018	2019	2020	2021
M2 (말잔, 원계열)	2,407,459.1	2,530,353.6	2,700,362.4	2,913,609.6	3,199,835.7	3,613,687.6
현금통화	86,829.5	96,842.8	103,994.8	114,523.9	136,152.6	156,264.2
요구불예금	210,876.4	227,771.3	234,173.0	260,962.1	345,555.0	409,524.9
수시입출식 저축성예금	497,825.2	525,248.3	527,684.0	577,436.8	716,121.3	806,547.5
MMF	61,341.0	48,987.1	46,090.7	40,715.2	58,370.5	56,116.5
만기2년 미만 정기예적금	930,507.6	975,913.8	1,090,844.2	1,188,571.9	1,191,837.0	1,283,287.5
양도성 예금증서	21,090.9	24,270.4	26,246.0	14,247.3	8,707.2	24,397.7
매출어음	321.0	323.8	334.2	273.9	221.0	227.3
CMA	45,708.2	50,273.2	43,248.5	44,212.6	54,827.4	59,182.4
수익증권	181,023.3	182,474.9	207,263.0	230,649.2	225,969.7	274,300.3
만기2년 미만 금전신탁	205,623.2	203,179.8	229,693.9	255,705.4	258,779.7	308,870.7
발행어음	7,041.6	6,625.1	6,231.8	6,161.2	7,271.7	7,756.7
신탁형 증권저축	0.0	0.0	0.0	0.0	0.0	0.0
만기2년 미만 외화예수금	71,670.6	88,801.7	83,541.8	93,288.7	104,616.5	116,335.4
만기2년 미만 금융채	82,924.8	93,707.3	96,261.2	82,393.0	87,460.1	107,036.3
환매조건부채권매도	4,675.8	5,934.2	4,755.3	4,468.4	3,946.1	3,840.2

[표5] 2012년~2021년 서울수도권 주민등록인구 추이

행정구역(시군구)별	2012.12	2013.12	2014.12	2015.12	2016.12
	총인구수 (명)	총인구수 (명)	총인구수 (명)	총인구수 (명)	총인구수 (명)
전국	50,948,272	51,141,463	51,327,916	51,529,338	51,696,216
서울특별시	10,195,318	10,143,645	10,103,233	10,022,181	9,930,616
인천광역시	2,843,981	2,879,782	2,902,608	2,925,815	2,943,069
경기도	12,093,299	12,234,630	12,357,830	12,522,606	12,716,780
서울수도권 합계	25,132,598	25,258,057	25,363,671	25,470,602	25,590,465
비수도권 합계	25,815,674	25,883,406	25,964,245	26,058,736	26,105,751
서울수도권 인구비중	49.33%	49.39%	49.41%	49.43%	49.50%
행정구역(시군구)별	2017.12	2018.12	2019.12	2020.12	2021.12
	(시군구)별	총인구수 (명)	총인구수 (명)	총인구수 (명)	총인구수 (명)
전국	51,778,544	51,826,059	51,849,861	51,829,023	51,638,809
서울특별시	9,857,426	9,765,623	9,729,107	9,668,465	9,509,458
인천광역시	2,948,542	2,954,642	2,957,026	2,942,828	2,948,375
경기도	12,873,895	13,077,153	13,239,666	13,427,014	13,565,450
서울수도권 합계	25,679,863	25,797,418	25,925,799	26,038,307	26,023,283
비수도권 합계	26,098,681	26,028,641	25,924,062	25,790,716	25,615,526
서울수도권 인구비중	49.60%	49.78%	50.00%	50.24%	50.39%

자료 기준: 주민등록 인구, 매월 말일, 외국인 제외(통계청 인구센서스 통계와는 조사방법이 다름)

출처: 국가통계포털 KOSIS

통계에서 사용되는 '가구'는 1인 또는 2인 이상이 모여서 취사, 취침 등 생계를 같이하는 생활 단위를 말한다. 혈연관계 가족이 아니더라도 한 집에 같이 살고 있으면 그 사람은 한 가구의 구성원인 셈이다.

'세대'란 혈연인 가족 단위 개념으로 결혼·입양 등을 통해 이뤄진 가족 구성원(부모, 배우자, 자녀, 형제자매 등)을 말한다. 배우자와 30세 미만의 자녀는 세대를 분리하여 거주지를 따로 하고 있더라도(같은 세대별 주민등록표에 기재되어 있지 않더라도) 1세대 1주택 양도세 면제·감면 적용 시에는 각각의 독립된 세대로 보지 않고 동일한 1세대로 본다. 30세 이상 자녀와, 30세 미만 자녀가 결혼하거나 중위소득 40% 이상 소득이 있으면 세대 분리가 가능하다.

보통 인구주택총조사 가구 수보다 주민등록세대 수가 6~7% 정도 많게 나타난다. 통상 '1가구 1주택' 양도세 면제·감면이라고 할 때 '1가구'의 의미는 주민등록 '1세대'를 말한다.

2020년부터 전국 총인구가 줄기 시작했는데도[표5] 전국 가구 수[표8]와 주민등록세대수[표7] 모두 계속 늘어났다. 다주택자에 대한 보유세·취득세·양도세 증세 등 규제가 강화되면 세대분리를 통해 '1세대 1주택자'로 만들려는 수요가 늘어날 수 있다.

2주택 이상 다주택자에 대한 양도세가 중과되자 매도하느니 자녀에게 주택을 증여하고, 1세대 1주택 양도세 면제·감면 대상이 되도록 자녀를 세대 분리하여 주민등록세대수가 늘어났을 가능성도 있다. 서울수도권의 가구 수·주민등록세대수 증가는 문 정부 기간 서

[표6] 2015년 대비 2017년 가구수 추이(단위: 만 호) 및 연평균 증감률

	수도권			서울		
	총가구수	1인	2인 이상	총가구수	1인	2인 이상
2015년	921.5	238.6	682.9	378.4	111.6	266.9
2017년	949.6 (+28.2)	257.2 (+18.6)	692.5 (+9.6)	381.3 (+2.9)	118.1 (+6.5)	263.3 (-3.6)
年증감율	1.5%	3.9%	0.7%	0.4%	2.9%	-0.7%

출처: 국토교통부 2018. 9. 21. 〈수도권 주택공급 확대 방안〉 발표자료 1쪽

[표7] 2015~2021년 서울시 인천시 경기도 전국 주민등록세대수

	전국 주민등록세대수		서울시 주민등록세대수		인천시 주민등록세대수	
시점	세대	증감	세대	증감	세대	증감
2015	21,011,152		4,189,948		1,154,004	
2016	21,294,009	282,857	4,189,839	-109	1,171,399	17,395
2017	21,632,851	338,842	4,220,082	30,243	1,188,917	17,518
2018	22,042,947	410,096	4,263,868	43,786	1,213,201	24,284
2019	22,481,466	438,519	4,327,605	63,737	1,238,641	25,440
2020	23,093,108	611,642	4,417,954	90,349	1,267,956	29,315
2021	23,472,895	379,787	4,426,007	8,053	1,298,647	30,691

	경기도 주민등록세대수		서울수도권 합계 주민등록세대수	
시점	세대	증감	세대	증감
2015	4,885,012		10,228,964	
2016	5,003,406	118,394	10,364,644	135,680
2017	5,131,379	127,973	10,540,378	175,734
2018	5,306,214	174,835	10,783,283	242,905
2019	5,468,920	162,706	11,035,166	251,883
2020	5,676,401	207,481	11,362,311	327,145
2021	5,841,995	165,594	11,566,649	204,338

[통계기준] 주민등록표 기재 기준. 거주불명자 및 재외국민 포함(외국인은 제외)
12월말 기준 보고통계(인구센서스통계와는 조사방법이 다름)

출처: 국가통계포털 KOSIS / 자료 갱신일: 2022년 8월 3일

[표8] 2015~2022년 전국 및 서울수도권 가구 수 변화

시점	전국	서울특별시	인천광역시	경기도
2015	19,560,603	3,914,820	1,066,297	4,537,581
2016	19,837,665	3,915,023	1,085,407	4,647,205
2017	20,167,922	3,948,850	1,105,006	4,773,632
2018	20,499,543	3,981,741	1,122,041	4,934,208
2019	20,891,348	4,043,957	1,150,455	5,097,857
2020	21,484,785	4,126,524	1,178,564	5,294,836
2021	22,022,753	4,191,171	1,216,719	5,492,783

가구 : 1인 또는 2인 이상이 모여서 취사, 취침 등 생계를 같이하는 생활 단위.
매년 11월1일 기준. 통계청 인구총조사 자료 기준.

출처: 국가통계포털 KOSIS

울수도권 아파트 매입·임차 수요 증가로 이어졌다.

2022년 7월 28일 통계청이 발표한 〈2021년 인구주택총조사 결과〉에 따르면 2021년 전국 총 가구는 2202만 가구로[표8] 2020년보다 53만 7968가구가 늘어났는데 2021년 총 주택 수는 1881만 2천 채(호)로 2020년 대비 28만 6천 채(호) 증가에 그쳤다.[23]

가구 수와 주민등록세대수 증가가 아파트 등 주택 매입수요로 100% 연결되는 것은 아니고, 주택 임차수요와 주택 매수수요로 분산 작용한다. 주택 수 증가가 가구 수·주민등록세대수 증가보다 적어서 집값 상승요인으로 일부분 작용한 셈이다.

풍선효과 핀셋 폭등 자초한 '핀셋규제'

문 정부 초기의 아파트값 폭등대책은 이른바 핀셋규제였다. 선별적·

맞춤형 조치를 내세워 아파트 거래가격이 급등하는 지역을 골라 조정대상지역, 투기과열지구, 투기지역으로 지정해서 각종 규제와 세금을 통해 투기수요를 억제하는 전략이었다. 2017년 6·17 대책과 8·2 대책이 그 시작이다.

그러나 저금리 속 풍부한 시중 유동자금이 핀셋규제 지역을 피해 인근지역이나 추가상승이 기대되는 다른 지역으로 몰려다니는 풍선효과를 가져왔다. 한 쪽을 누르면 다른 곳이 터지고 다른 곳을 누르면 또 다른 쪽이 터지게 하는 두더지잡기식의 아파트값 대책이었다.

잇단 핀셋규제에 따른 풍선효과는 오히려 아파트 투기수요를 부추겨 서울 강남권에서 서울 전역으로, 서울에서 인천경기 수도권으로, 수도권에서 광역시 등 대도시로, 국민평형 방 3개 아파트에서 중대형아파트와 소형아파트로 번져 '핀셋규제'가 오히려 '핀셋 폭등'을 불렀다.

이렇듯 서울수도권에서 시작된 아파트값 폭등은 전 방위로 확산되어 문 정부 5년 내내 '전국 아파트값 키맞추기 상승' 양상으로 진행되었다. 문 정부 기간 "아파트값·집값은 계속 오른다"라는 잘못된 학습효과가 퍼진 셈이다.

부동산 정책 혼선과 정부 정책 신뢰도 하락

부동산 시장은 일반적인 수요공급의 시장원리가 잘 적용되지 않는 특징이 있다. 일반 재화와 달리 부동산은 가격이 오를 때 수요가 줄어들지만은 않는다. 아파트 매수를 준비하던 소비자는 아파트값 상승 초기에는 지켜보다가 상승세가 뚜렷해지면 '계속 오르려나?' 하는 초조함에 가격을 높여서라도 매입에 나서게 된다. 매도자는 아파트 값이 더 오를 것으로 예상하여 매물을 거둬들이거나 매도 희망가격을 높인다.

반대로 부동산 가격이 하락할 때에는 매입 수요가 증가만 하는 것은 아니다. 아파트 가격이 하락하기 시작하면 매수세력은 '더 내리려나' 하는 기대감으로 매매시세를 관망하며 매입을 보류한다. 꼭 팔아야 하는 매도인은 더 내리기 전에 매도하려고 매도 희망가격을 낮추고 매물도 늘어난다. 이어 일정 수준까지 매매가격이 내려갈 때까지 거래가 격감한다.

이러한 아파트·집 등 부동산 매매인의 심리를 안정시키려면 정부 부동산 정책에 대한 국민의 신뢰가 중요하다. 그러나 문 정부의 부동산 정책은 갈수록 시장에서 신뢰를 잃어 영끌 매입(무리한 대출 등 영혼까지 총동원해서 집 매입) 등 부작용을 초래했다.

정부가 아파트값 안정대책을 발표하면 얼마간 잠시 머뭇거리다가 다시 폭등하는 악순환이 이어졌다.

아파트값이 안정될 거라는 정부의 말을 믿고 매수를 늦췄던 무주택자는 오히려 폭등이 거듭되는 현실에 마음 상해 '벼락거지'라는 신조어 속에 "정부 발표와 반대로 행동하면 된다"는 자조현상까지 나타났다.

2022년 여름 상황을 보면 문 정부의 집값이 안정될 거라는 예측은 정권이 바뀐 뒤 적중해가는 기이한 모습이다. '벼락거지' 공포감으로 '영끌'까지 해서 폭등 꼭짓점에서 아파트를 샀던 젊은 층 등은 역설적으로 '하우스 푸어'(집값이 오를 때 저금리 상황을 이용해 과도한 대출로 집을 마련했지만 금리인상과 집값 하락으로 실질적으로 소득이 줄어 빈곤하게 사는 사람들) 위기에 직면했다.

국토교통부 등 정부 부처에서 쏟아낸 부동산 정책과 관련 보도 및 각종 설명·홍보 자료는 차고 넘칠 정도로 많았지만 서울수도권 아파트값은 계속 올라, 국민 다수는 문 정부의 집값 안정 노력 자체는 인정하면서도 부동산 정책에 대한 신뢰는 추락했다. "아파트값·집값이 곧 안정될 것"이라는 정부 고위당국자의 말을 믿고 매입을 늦추면 오히려 더 오르고, 다시 '추격매수→재상승'하는 형국이 반복됐다.

민간주택 임대사업자 등록자에 대한 혜택도 확대하다 축소하는 등 '냉탕~온탕'을 오가는 정책 혼선도 가세했다. 2017년 9월 12일과 12월 13일에는 민간임대주택 등록을 적극 장려하다가, 이듬해인 2018년 9·13 대책 때는 주택임대사업자 등록 혜택을 대폭 축소하고 2020년 7·10 대책에서는 단기임대와 아파트 장기일반 매입임대 신규 등록을 폐지했다.

부동산 정책의 발표 효과도 덩달아 약해졌다. 잦은 부동산 대책 남발로 정책 변경내용도 다양하고 복잡해져 세무사도 양도세 계산업무 수임을 꺼린다는 분위기까지 생길 정도였다.

문 대통령의 상황인식 부족과 관련 발언

재임기간 중 부동산 관련 발언[24]으로 문 대통령의 아파트값 폭등에 대한 인식의 변화를 살펴본다.

[2017. 6. 28. 경제인단 차담회] "새 정부 들어서 우리 경제에 희망이 보이는 것 같습니다. 수출도 늘고, 부동산 경기도 좋아지고 있습니다."

[2017. 7. 27. 경제인과의 간담회] (김동연 당시 경제부총리에게) "부동산 가격 잡아주면 제가 피자 한 판씩 쏘겠습니다."

[2017. 8. 17. 취임 100일 기자회견] "8·2 대책은 역대 가장 강력한 부동산 대책이다. 더 강력한 (부동산) 대책도 주머니 속에 많이 넣어두고 있다."

[2019. 11. 19. 국민과의 대화] "부동산 문제는 우리 정부에서는 자신 있다고 장담하고 싶다. 우리 정부는 성장률에 어려움을 겪더라도 부동산을 경기부양 수단으로 사용하지 않겠다는 결의를 갖고 있다. 대부분의 기간에 부동산 가격을 잡아왔고 전국적으로 부동산 가격이 오히려 하락했을 정도로 안정화되고 있다."

[2020. 1. 7. 신년사] "부동산 투기와의 전쟁에서 결코 지지 않을 것입니다."

[2020. 1. 14. 신년 기자회견] "지난번 부동산 대책으로 지금 부동산 시장은 상당히 안정이 되는 것 같습니다. 그냥 단순히 더 이상 가격이 인상되지 않도록 하는 것만 목적이 아니라 일부 지역은 정말 우리 서민들이 납득하기 어려울 만큼, 그리고 위화감을 느낄 만큼 그런 급격한 가격 상승이 있었는데, 그런 급격한 가격 상승들은 원상회복되어야 한다고 생각합니다."

[2020. 2. 27. 국토교통부 업무보고] "주택 공급에서도 눈에 띄는 성과가 있어야 실수요자들이 안심할 것입니다. 특히 서울과 수도권 지역의 공급 확대에 속도를 내주기 바랍니다."

[2020. 7. 6. 수석보좌관회의] "지금 최고의 민생 과제는 부동산 대책입니다."

[2020. 8. 10. 수석보좌관회의] "과열현상을 빚던 주택 시장이 안정화되고, 집값 상승세가 진정되는 양상을 보이기 시작했다. 앞으로 대책의 효과가 본격화되면 이런 추세가 더욱 가속화 되리라 기대한다."

[2021년 1월11일 신년사] "주거 문제의 어려움으로 낙심이 큰 국민들께는 매우 송구한 마음입니다."

아파트값·집값 안정정책의 주무부처인 국토부의 '역대 최장수 장관'인 김현미 장관의 발언도 화제가 됐다.

[2017. 6. 23. 국토부장관 취임식] "(시장과열이) 공급부족 때문이라면 실수요자들이 많이 몰렸을 것이다. 하지만 올해 5월, 무주택자가 집을 산 비율은 전년 동월 대비 오히려 마이너스를 기록했다. 1주택자들도 마찬가지다. (주택 구매율 상승폭이) 가장 두드러진 사람들은 5주택 이상 보유자였다."

[2017. 8. 청와대 인터뷰 영상] "자기가 꼭 필요해서 사는 것 아니라면 집을 파는 게 좋겠다. 내년(2018년) 4월까지 우리가 시간을 드렸거든요. 자기가 사는 집들이 아닌 집은 좀 파시고, 파는 길을 열어드린 거고."

[2018. 10. 2. 국회 답변] "지난 정부에서부터 지속된 저금리가 문재인 정부에서도 변화가 이뤄지지 않는 것이 유동성 과잉의 근본적 원인… 넘쳐나는 유동성을 정상화하는 것이 주택 정상화의 중요한 요인 중 하나라고 생각한다."

[2020. 7. 23. 국회 답변] "집값이 오름으로 인해 젊은 세대와 시장의 많은 분들에게 걱정을 끼쳐드려 죄송스럽게 생각한다."

[2020. 8. 25. 국회 국토교통위 전체회의] "앞으로 집값이 하락할 것."

[2020. 8. 26. 국회 국토교통위 전체회의] "법인 등이 내놓은 것을 30대가 영끌해서 샀다는 데 대해 안타까움을 느낀다."

[2020. 8. 31. 국회 예산결산특위] "8·4 대책 발표 이후 부동산 상승세가 상당 부분 축소됐다. 시간이 조금 더 지나면 부동산 가격이 상당히 안정될 수 있을 것이라고 보고 있다. '영끌'해서 집을 사는 게 장기적으로 도움이 되는지, 아니면 앞으로 서울과 신도시 공급 물량을 생각할 때 기다렸다가 합리적 가격에 분양받는 게 좋을지 생각해봐야 한다."

[2020. 9. 9. TBS 김어준의 뉴스공장 출연] "7·10 대책 발표 이후 서울 싱승세가 0.01%로 거의 상승세를 멈췄다. 강남 4구도 상승을 멈췄다. 실거래가격 기준으

로 고점 대비 하락하는 단지가 있어 안정되는 것 같다."
[2020. 10. 23. 국회 국토교통위 국정감사] "9·13 대책 이후 2019년 초반까지 하락하는 경향을 보였는데 2019년 다시 금리가 인하되면서 (부동산 시장이) 상승 전환되는 게 있었다."
[2020. 11. 30. 국회 국토교통위 전체회의] "아파트가 빵이라면 제가 밤을 새워서라도 만들겠다."

주무장관이던 김현미 장관이 저금리와 시중유동성 과잉을 아파트값 폭등의 주요 요인으로 본 것은 정확한 상황인식이었고, 아파트값 폭등을 막는 데 애썼지만 결국 실패했다.

2020년 12월 4일 문재인 대통령은 김현미 국토부 장관 등 4개 부처 개각을 단행했다. 김 장관은 3년 5개월여 만에 물러났다. 그러나 이날 청와대 고위 관계자는 "국토부장관 교체가 경질성이 아니다. 그동안 성과를 많이 냈다"라고 두둔했다. 임기기간 문 대통령의 아파트값 폭등 등 부동산 현실에 대한 상황인식을 추측해볼 수 있는 대목이다.

시장현실과 안 맞는 탁상정책의 부작용

개별주택공시가격 1억 원 이하 주택에 대한 취득세중과 배제로 저가아파트 폭등을 촉발한 것이 시장현실을 무시한 정책 실패의 대표적 사례다. 2020년 7·10 대책은 다주택자에 대한 취득세·양도세 중과를 포함했다.

세법개정에 따라 조정대상지역 3주택, 비조정대상지역 4주택부터 취득세율이 12%로 높아졌다. 법인의 경우 기존 보유주택 수와 상관없이 어느 지역이든 12%가 적용됐다[표2]. 그러나 개별주택공시가격 1억 원 이하 주택은 이 같은 취득세 중과 대상에 포함되지 않게 했다.

2020년 8월 12일 이후 주택 취득분부터 적용된 다주택자 취득세 중과조치에서 제외된 개별주택공시가격 1억 원 이하 주택은 취득세 1%와 지방교육세 0.1%만 납부하면 됐다.[25]

7·10 대책 이후 경기·경북·충남·충북·경남권을 중심으로 공시가격 1억 원 이하 아파트 거래가 크게 늘고 값이 치솟았다. 지방의 오래된 주공아파트 등 저가주택에 갭투자 등 투기수요가 몰려 짧은 기간에 100% 안팎까지 올랐다[표9]. 무주택 취약계층의 내 집 마련 마지막 보루라 할 수 있는 소형주택마저 잘못된 정책으로 폭등대열에 뒤늦게 합류한 것이다.

무주택자가 공시가격 1억 원 이하 저가주택을 살 때 취득세를 낮춰주는 것은 당연하지만, 다주택자에게도 똑같은 혜택을 준 것은 이해하기 어려웠다. 저가아파트 소유자들이 느꼈을 '주택자산가액 폭증에서 제외된 소외감'을 줄여주자는 목적도 아니었을 테고.

다주택 취득을 막아 아파트 투기수요를 억제한다면서 정부가 나서서 저가아파트 매입 투기를 조장한 꼴이다. 공시가격 1억 원 이하 주택은 자금력 약한 무주택서민이 '내 집 마련'하는 주 대상임에도, 다주택자에게도 취득세 1.1%를 적용한 것은 전국 곳곳의 저가아파트 매매가격을 인위적으로 올리는 정책이 된 셈이다.

다주택자 양도세 중과도 오히려 매물이 잠기게 하는 부작용을 낳

[표9] 개별주택가격 1억 원 이하 전국 주요 아파트 실거래가
2020년 7·10 대책 이후 폭등사례

개별주택가격 1억 원 이하 전국 주요 아파트 매매 실거래가 추이								
아파트 단지	소재지	전용면적(㎡)	20년 6~7월 최저가 거래액		21년 11~12월 최고가 거래액		22년 3~4월 최고가 거래액	
			(만원)	층	(만원)	층	(만원)	층
청주시 신봉동 주공	신봉동	39.72㎡	6,600	4층	12,000	3층	16,000	1층
안성시 금산주공	금산동	38.52㎡	5,250	4층	13,300	4층	15,000	4층
안성시 옥산주공	옥산동	38.52㎡	5,400	4층	15,000	2층	14,700	5층
안성시 주은청설	공도읍	49.53㎡	8,800	19층	18,500	16층	17,900	17층
		39.75㎡	6,900	3층	15,000	7층	15,400	14층
안성시 주은풍림	공도읍	39.36㎡	7,300	15층	14,000	20층	14,000	15층
안성시 대우1	당왕동	70.69㎡	11,100	8층	20,500	10층	20,700	3층
평택시 안정리주공	안정리	39.27㎡	5,930	5층	7,300	1층	8,500	5층
아산시 용화동주공2	용화동	39.69㎡	5,500	1층	10,600	2층	9,200	1층
		39.30㎡	4,700	4층	10월 9300만원		9,700	2층
아산시 방축동주공	방축동	39.30㎡	5,400	2층	9,600	2층	5월 8000만원	
김해시 내동 홍익	내동	59.78㎡	7,500	5층	18,300	4층	14,700	6층
부산시 동삼동 절영	동삼11	46.27㎡	9,350	7층	20,000	17층	18,000	20층
창원시 가음동 은아	가음동	49.83㎡	14,900	5층	29,000	4층	27,800	3층
강릉시 입암 6주공	입암동	59.99㎡	8,000	4층	18,100	7층	20,400	14층
원주시 청솔8차	관설동	59.85㎡	7,500	7층	14,300	15층	14,550	10층
원주시 단구1단지	명륜동	39.63㎡	5,800	5층	14,000	2층	14,400	4층
동해시 천곡주공1차	천곡동	43.97㎡	3,400	3층	7,500	4층	7,900	4층
대구시 주공달성현풍	현풍읍	39.72㎡	3,550	4층	6,900	1층	6,900	5층
목포시 용해2	용해동	54.67㎡	6,400	5층	12,300	5층	5월 1억2300만원	
목포시 용해3	용해동	59.30㎡	8,100	3층	12,500	2층	14,000	5층

출처: 국토교통부 실거래가 공개시스템 아파트 실거래가 검색

았다. 주택의 공급에는 아파트 신축과 같은 신규공급 확대와 기존주택을 매물로 내놓는 매물공급이 있다.

투기수요를 억제한다고 다주택자 양도세를 중과하면 기존주택 매물은 줄어들 수밖에 없다. 다주택자가 보유세 부담으로 1채만 남기고 매도하려 해도, 매도 후 중과된 양도세를 물고 나면 같은 가격대 규모의 다른 부동산을 도저히 재구입할 수가 없기에 보유세 부담이 커져도 매도를 않고 버티게 된다. 기존주택 매물이 줄어드는 것이다. 양도세로 매매차익의 대부분을 세금으로 내느니 차라리 증여세를 물고 자녀에게 증여하겠다는 이들도 많아졌다.

종합부동산세 강화는 '똘똘한 1채' 선호현상을 심화시켰고 월세를 인상해 세입자에게 종부세 부담을 전가시키기도 했다.

30~40대 젊은 층의 갭투자 성행

한국 주택임차시장의 특징인 전세제도는 무주택자가 '월세→전세→주택 매입' 순서로 내 집을 마련하는 긍정적인 측면도 있다. 하지만 아파트값·집값이 폭등하는 시기에는 전세를 안고 대출을 받아 집을 매입하면 적은 자금으로 아파트 등 집을 살 수 있고, 매입 후 집값이 계속 치솟으면 순수 자기자본 투자액 대비 투자수익이 크기에 '갭투자'가 성행하게 된다.

문 정부 기간 내내 아파트값이 치솟자 '갭투자'가 성행했다. 부동산 투기를 규탄하면서도 밥상머리 화제는 '집값 폭등' '갭투자' '영끌 매입'이었다. '갭투자'에 의한 아파트·집 매입 수요 증가는 다시 아파트값·집값 상승을 부채질하는 악순환으로 작용했다.

높아진 전셋값(전세보증금)은 아파트값 급락을 막아주는 버팀목 역할도 하지만, 금리인상 등 외부적 요인으로 아파트값이 크게 내리면 '깡통 전세(담보 대출금과 전세보증금이 매매가를 웃돌게 돼 전세입자가 전세금을 돌려받기 어렵게 되는 상황)'의 급증으로 이어질 수 있다.

아파트값 폭등이 불러온 피해자-수혜자 '희비쌍곡선'

문 정부 5년간 부동산 시장에서 아파트값을 폭등시킨 주역은 아파트값이 더 오를 것으로 판단하고 '영끌'까지 해서 충동매입에 나섰던 매수자인 국민이다. 그렇다면 정부의 책임은 없는 걸까? 국민 주거생활 안정에 책임 있는 정부는 정책 지혜를 짜내서 아파트값 폭등을 막아야 했다.

아파트값 폭등으로 가장 피해를 본 국민은 '박근혜 정부 말기~문 정부 초기에 아파트를 팔고 전·월세로 살고 있는 분, 집값이 하향 안정된다는 정부의 말을 믿고 집을 사지 않은 채로 계속 전·월세로 살고 있는 분'들이며, 혜택은 본 국민은 그 반대의 경우다.

아파트값 폭등으로 혜택을 본 사람은 누구이고 피해를 본 사람은 누굴까? 실제 사례를 들여다본다.

| 서울 K동 중형아파트를 매도하고 크게 후회를 한 실제 사례

서울 한강 남서쪽 중형아파트에 살던 N씨는 IMF 금융 위기 직후 대기업을 조기퇴직하고 음식점업을 하며 자기 소유의 D아파트를 담보로 대출을 받았다. 자영업을 하며 대출금을 늘렸던 그는 자영업을 정리하고 승용차 대리운전을 하고 있었다. 60대에 접어들어 D아파트를 팔아 대출을 갚으려고 박근혜 정부 말에 6억 5천만 원에 아파트를 내놓았는데 쉽게 팔리지 않았다.

총 660세대인 D아파트는 1993년 신축된 전용면적 134.88㎡ 방 4개짜리로 총 15층 중 2층이었는데 문 정부가 출범한 2017년 3월엔 같은 평형이 6억 원(4층, 13층)에 거래 계약됐다. 이후 D아파트값도 폭등했고 N씨는 2020년 7월, 당시로서는 최고가인 10억 6000만 원에 매도 계약에 성공했다. 이후 대출 빚을 갚고 남을 자금으로 소형아파트를 사려고 서울 외곽과 경기도 지역을 발품을 팔며 돌아봤으나, 경기도 지역도 국민평형 방 3개 아파트가 이미 오를 대로 오른 상태여서 매입을 포기하고, D중형아파트를 매수한 계약자에게 요청해 매도된 D중형아파트에 전세로 눌러앉게 되었다.

N씨가 매도한 D아파트는 이듬해인 21년 1월 12억 3700만 원(11층), 3월 12억 9천만 원(6층), 4월 13억 원(13층), 8월 15억 5천만 원(9층), 9월 16억 5천만 원(13층)까지 폭등했다. 문 정부 초기 2017년 6억 원대에서 4년여 만에 10억여 원이 오른 것이다. 같은 평형의 D아파트는 21년 9월 16억 5천만 원 매매계약 이후 2022년 8월 현재 16억~18억 원대 매도호가만 있고 거래 사례가 없다.

N씨로서는 '아파트값 폭등을 잡겠다'라는 문 정부의 말을 반신반의하며 '지금이 최고가로 팔 기회'라고 판단해 매도한 것이 일생 최대의 실수가 된 것이다. N씨 가족은 로또 당첨금 정도의 손해를 보게 된 현실에 엄청

난 스트레스로 시달려야 했다.

반면 전세를 살면서 내 집 마련에 나서 아파트값이 더 오를 것으로 판단해 서울 K동 D아파트를 갭투자 방식으로 매수한 분은 1년여 사이에 6억 원 가까이 아파트값이 폭등했고, 2022년 8월 현재 D아파트 매도인 N씨가 전세 2년 기간이 끝나 이사 나간 D아파트에 입주해 살고 있다.

| 충남 A시 공시가격 1억 원 이하 저가아파트 매입 1년 만에 85% 폭등

경기도 평택시와 접한 충남 북부 A시의 수도권 전철역 역세권에 소형 Y아파트를 갖고 있던 K씨는 2021년 초에 매도해서 큰 손해를 봤다. K씨는 전철역 직선거리 900m 지점 역세권에 방 2개짜리 전용면적 39.3㎡, 1989년에 준공된 5층짜리 주공아파트(총 370세대) 중 5층 1개를 2014년에 6천만 원에 매입해서 4천만 원 전세를 주고 있었다.

K씨가 2021년 1월 5300만 원(5층)에 매도 계약한 Y아파트는 2월에 6900만 원(2층), 3월에 7000만 원(3층, 5층), 4월에 7900만 원(3층), 5월에 8500만 원(1층, 3층), 7월에 9300만 원(1층), 10월에 9300만 원(3층), 2022년 1월에 9850만 원(3층)까지 폭등하며 거래 계약됐다. 1년 사이에 최고 85.84%가 오른 것이다. 2022년 6~7월 현재, 같은 평형 규모 Y아파트는 9500만 원~9950만 원에 거래되고 있다.

이 아파트를 매수한 사람은 외지인으로 해당 아파트를 월세 주고 있는데, 취득세(매입가격의 1.1%) 58만 3천 원을 포함해 5400만 원을 투자한 Y주공아파트가 4450만 원이나 오른 것이다.

K씨는 매도해서 큰 손해를 봤지만, 팔지 않고 갖고 있거나 〈공시가격 1억 이하 아파트 취득세 1.1% 정책〉을 아파트값이 오를 호재로 보고 사들

인 분은 짧은 기간에 투자 대박이 난 셈이다.

주택소유 통계로 본,
아파트·주택자산 빈부격차 확대

문 정부 들어 주택자산 보유 빈부격차가 커진 것은 통계청의 주택소유 통계로도 입증된다.

2021년 11월 17일 통계청이 발표한 〈2020년 주택소유 통계〉에 따르면 2020년 11월 1일 기준, 주택을 소유한 가구의 공시가격 기준 평균 주택자산 가액은 3억 2400만 원으로 1년 전보다 4900만 원(17.8%) 올랐다.

분위별로 보면 2020년 10분위(상위 10%) 가구의 평균 주택자산 가액은 13억 900만 원으로 1년 전보다 2억 600만 원(18.7%) 비싸졌다. 문 정부가 출범한 2017년에는 10분위 가구 평균 주택자산 가액은 8억 8100만 원이었으나 이후 4년간 주택 자산가 상위 10%가 보유한 주택 가치는 4억 2800만 원이 증가하여 48.58%나 늘었다.

반면 1분위(하위 10%) 가구의 2020년 평균 주택자산 가액은 2800만 원으로 1년 동안 100만 원 올랐다. 출범 당시 2017년 2500만 원에서 4년 동안 오른 주택 가치는 300만 원으로 12%가 증가했다. 즉 문 정부 4년간 똘똘한 고가주택 1채 또는 다주택을 보유한 상위 10%의 주택자산 가액이 48% 늘어날 때, 주택가격 하위 10% 가구의 주택자산 가액은 12%가 증가했을 뿐이다. 4년간 오른 금액으로 비교하면 4억 2800만 원 대 300만 원으로 격차가 크다.

다만, 2020년 최저주거기준 미달가구 비중은 다소 감소했다는 자료도 있다. 국토교통부는 국토연구원에 의뢰하여 2020년 7~12월 표본 5.1만 가구를 대상으로 실시한 〈2020년도 주거실태조사 결과〉를 발표했다. 이에 따르면, 최저주거기준 미달가구의 비중이 2019년 5.3%에서 2020년 4.6%로 감소하고, 1인당 주거면적은 2019년 32.9㎡에서 20년 33.9㎡로 약간 증가했다.[26]

임대사업자 등록제도 임대차3법의 실수

문 정부 출범 첫해인 2017년 12월 13일에는 등록임대사업자에게 취득세·재산세·양도세·금융 혜택을 확대하고 건강보험료 부담을 완화하는 등 민간임대주택 등록을 적극 장려했다. 그러나 아파트값 폭등사태가 계속되고 민간주택 임대사업자 등록제도가 다주택자의 투기를 조장하는 부작용이 드러나자 세제 혜택을 축소했고(2018년 9월 13일, 2019년 12월 16일), 2020년 7·10 대책으로 단기 임대(4년) 및 아파트 장기 일반 매입임대(8년) 신규등록을 폐지했다. 나무만 보고 숲은 못 보는 부동산 정책 사례 중 하나였다.

이른바 임대차3법도 마찬가지다. 문 정부는 2020년 7월 사적 임대차 시장에서 임차인을 보호한다는 긍정적 취지로 임대차3법을 전격 시행했다. 주요 내용은 계약갱신청구권, 전월세상한제, 임대차신고제로, 계약갱신청구권과 전월세상한제는 2020년 7월 31일부터 시행됐다. 전월세상한제는 임대차계약 갱신 시 증액 상한을 기존 임대료의 5% 이내로 제한하고, 계약갱신청구권은 세입자가 원하면 2년 거주 후 1회에 한해 2년 더 거주할 수 있는 권리다.

전월세신고제는 보증금 6천만 원, 월세 30만 원을 초과하는 경우 계약 30일 이내에 임대인과 임차인이 의무 신고해야 하는 제도로 2021년 6월 1일부터 시행됐으나, 과태료를 부과하지 않는 계도기간을 2022년 5월 31일까지에서 윤석열 정부 들어 2023년 5월 말까지로 1년 연장했다.

임대차3법은 세입자 보호라는 취지는 좋았지만, 부동산 시장 현실과는 부합하지 않는 부작용이 나타났다. 전월세신고제를 피하려고 소규모 월세를 30만 원 미만으로 낮추는 사례도 극히 일부 발생했고, 서울은 물론 지방도 아파트 전셋값이 크게 올랐다.

이종배 국민의힘 의원이 공개한 한국부동산원 자료에 따르면 임대차3법 개정안이 시행된 2020년 7월 서울지역 아파트 전셋값은 3.3㎡당 1490만 원에서 2021년 7월 1910만 원으로 28.2% 상승했다. 법 시행 이전인 2020년 7월 전셋값이 2019년 7월(1362만 원)보다 9.4% 올랐던 것과 비교하면 상승률이 3배에 달했다. 아파트 매매가격 상승에 따라 전세가격이 상승하는 것은 일면 타당하나, 임대차3법 시행 이후의 상승은 가팔랐다. 임차인 보호를 목적으로 한 제도가 오히려 전세난민의 고통을 가중시킨다는 비판을 받았다.

오른 전셋값은 아파트 매매가격의 하락을 막아주는 버팀목 역할도 하기에 부동산 시장 현실을 제대로 따져보지 않은 탁상정책 성격이 짙었다. 임대차3법 시행으로 전셋값은 급등하고, 오른 전세보증금 대신 월세로 내는 사례도 늘었다. 또 같은 단지 같은 평형의 아파트 전셋값도 계약갱신청구권 사용 가능 여부에 따라 크게 차이 나는 현상도 나타났다.

임대차3법 이후 전세매물이 감소하고 전셋값이 폭등하자 전세 살던 젊은 층이 전세 대신 주택을 매수하는 사례도 증가했다. 임대차3법이 오히려 집 매입 수요를 유발하고 집값 상승으로 이어진 셈이다.

징벌적 증세 단행
'똘똘한 1채' 우대

헌법 제34조는 '모든 국민은 인간다운 생활을 할 권리를 가진다'라고 규정하고 있다. 인간다운 생활에는 주거가 포함된다. 주거 안정을 위해서도 1인이 수십 채씩 투기 목적으로 주택을 보유하는 것에는 적절한 규제가 필요하다. 하지만 헌법은 '1가구 1주택 보유'만 허용하고 있지는 않다. 결국은 정부가 부동산 세금 등 '과도하지 않은 적절한 수준'의 정책수단을 동원해 다주택 투기를 억제해야 한다.

문 정부는 서울수도권과 대도시 아파트값 폭등이 계속되자 다주택자의 종합부동산세·양도세를 대폭 올리는 '징벌적 증세'를 단행했다.

2020년 7·10 대책에 따라 2021년 6월부터 조정대상지역 내 2주

(그림4) 양도소득세 법령 적용 가이드맵

기본세율(소법§55)		
과세표준	세율	누진공제
1,200만원 이하	6%	-
4,600만원 이하	15%	108만원
8,800만원 이하	24%	522만원
1.5억원 이하	35%	1,490만원
3억원 이하	38%	1,940만원
5억원 이하	40%	2,540만원
10억원 이하	42%	3,540만원
10억원 초과	45%	6,540만원

<table>
<tr><th colspan="3" rowspan="2">구분</th><th colspan="3">세율</th></tr>
<tr><th>'18. 1. 1. ~ '18. 3. 31.</th><th>'18. 4. 1. ~ '21. 5. 31.</th><th>'21. 6. 1. 이후</th></tr>
<tr><td rowspan="2">조정대상지역 내 주택</td><td colspan="2">2주택자</td><td>기본세율</td><td>기본세율+10%</td><td>기본세율+20%</td></tr>
<tr><td colspan="2">3주택자 이상자</td><td>기본세율+10%*</td><td>기본세율+20%</td><td>기본세율+30%</td></tr>
<tr><td rowspan="2">분양권</td><td colspan="2">조정지역</td><td colspan="2">50%</td><td rowspan="2">1년 미만→70%
1년 이상→60%</td></tr>
<tr><td colspan="2">비조정지역</td><td colspan="2">기본세율
(1년 미만: 50%, 2년 미만: 40%)</td></tr>
<tr><td rowspan="4">단기보유 주택 등</td><td rowspan="2">1년 미만 보유</td><td>주택·입주권 외</td><td colspan="2">50%</td><td>50%</td></tr>
<tr><td>주택·입주권</td><td colspan="2">40%</td><td>70%</td></tr>
<tr><td rowspan="2">2년 미만 보유</td><td>주택·입주권 외</td><td colspan="2">40%</td><td>40%</td></tr>
<tr><td>주택·입주권</td><td colspan="2">기본세율</td><td>60%</td></tr>
</table>

출처: 국세청

택자에 대해선 양도세 기본세율(6~45%)에 추가세율을 20%p, 3주택 이상 보유자에 대해선 추가세율 30%p를 적용하여(그림4), 2주택자에게는 최고 65%, 3주택 이상 보유자는 최고 75%까지 '징벌적 중과'의 양도소득세율이 적용됐다.

국회는 2021년 12월 2일 1세대 1주택자가 집을 팔 때 실거래 양도가격이 12억 원 이하면 비과세 혜택을 주는 소득세법 개정안을 통과시켰다. 아파트값 폭등에 따라 종전 9억 원 이하에서 12억 이하로 상향한 것으로 2021년 12월 8일 공포되어 시행됐다.

이에 따르면, 매도가격 12억 이하 1세대 1주택 소유자가 비과세 조건을 채우면 양도세를 한 푼도 안 내고, 2주택 이상 소유자는 최종 1채를 제외한 나머지 주택을 매도할 때 최고 65%~75% 수준의 양도세를 내게 된다. 다주택자에 대한 과도한 양도세 중과는 집 매물을 잠기게 하는 역효과를 가져왔다. 늘어난 양도세 부담 때문에 집을 팔기보다는 자녀에게 증여하는 사례도 증가했다.

2021년 8월 국회는 1주택자의 종부세 비과세 기준을 종전 공시가격 9억 원 이하에서 주택 보유자의 상위 2% 수준에 해당하는 11억 원으로 높이는 종부세법을 통과시켰다. 21년도분 종부세부터 적용됐다. 반면에 집이 2채 이상인 다주택자는 개인별 공시가격 합산액이 6억 원이 넘으면 종합부동산세 과세대상이 됐다. 1주택자 종부세 비과세 기준이 시가 기준으로 대략 15억~16억 원까지 높아지면서 '똘똘한 1채' 선호현상은 더 강해졌다.

1세대 1주택자면 시장가격 15억~16억 원까지는 종부세에서 자유롭고, 1세대 2주택 이상 다주택자는 개인별 공시가격 합산액이 6

억 원을 넘으면 종부세를 내야 하는 불합리한 제도가 실시됐다. 강남지역 등에 아파트·주택을 보유한 다주택자에게는 '종부세 폭탄'이 투하됐다.

이러한 2주택 이상자에 대한 종부세·양도세의 '징벌적 중과'는 서울 강남권 등 고가아파트 지역 유권자들의 증세 반발과 민심 이반을 가져왔다. 종부세가 급등한 서울 강남권 등 고가아파트촌에서는 2022년 3·9 대선에서 국힘당 윤석열 후보의 몰표가 나와 전국득표수 0.73%p 차로 당선됐다. 2위 후보와 전국 합계 24만 7077표 차이였는데 강남 3구(강남·서초·송파)에서만 29만 4493표 차이가 났다. 문 정부 기간 아파트값 상승률이 높았던 용산·성동·강동·동작·양천구 등에서도 큰 표 차가 나 서울 전체에서 윤 후보가 2위 후보보다 31만 표를 앞섰다.

아파트값 폭등으로 강남 3구에 거주하는 무주택자도 윤석열 후보를 더 지지했을 수 있다는 추론이 가능하고, 대선 1년을 앞두고 종부세 중과가 없었다면 대선 결과가 달라졌을 수도 있다는 분석도 나왔다. 이러한 흐름은 22년 6·1 지방선거에도 계속돼 서울시의원 112명 중 국민의힘 76명, 더불어민주당 36명, 25개 서울시 구청장 중 국민의힘 17명, 더불어민주당 8명 당선으로 이어졌다.

일부 불합리한 문제를 노출한 종부세·양도세 중과제도는 2022년 윤석열 정부 들어서 시정되기 시작했다.

2022년 봄 아파트값 하락 시작
새 정부의 과제

문 정부 5년 내내 서울수도권과 대도시 아파트값·집값 폭등을 막기 위한 온갖 부동산 정책이 쏟아졌다. 특히 주택담보대출규제와 다주택자 보유세·취득세 중과 등 역대 최고 수준의 수요억제정책이 선보였다. 민주당은 국회 다수 의석을 갖고도 서울수도권·대도시 아파트값·집값 폭등을 막지 못한 부동산 정책 실패가 주요인이 되어 정권을 넘겨줬다.

2022년 봄 윤석열 정부가 들어선 직후 미국 등의 국제금리 인상과 함께 국내 금리도 올랐다.

서울수도권·대도시 아파트값은 금리 인상 등의 여파로 하락국면에 들어섰다. 문 정부 후반기 서울수도권에 대규모 신규택지·아파트 공급계획 발표가 효과를 나타내기 시작하는 측면도 있다. 국제금리 오름세 등 아파트값 안정의 '시기적 행운'이 굴러온 셈이다.

윤석열 정부는 문 정권 시절 아파트값·집값 폭등사태로 무주택서민의 '내 집 마련'이 꿈속에서나 가능한 세상이 되어가는 등 많은 국민이 비싼 대가를 치른 것을 교훈 삼아야 한다.

서울수도권 일자리·인구 집중을 완화하여 서울수도권 거주수요를 근본적으로 줄이는 노력과 함께 너무 올라버린 집값을 하향 안정시켜 국민의 주거 안정에 힘써야 할 것이다. 2021년 한국의 합계출산율은 0.81명[27]으로 '3년 연속 세계 꼴찌'이고, 통계청의 2022년 6월 인구 동향에 따르면 2022년 2분기는 0.75명으로 더 낮아졌다. 인구

붕괴 위기를 극복하기 위해서도 주거 안정이 가장 중요하다.

결혼을 앞둔 청년층과 신혼부부층 등 무주택 국민에게 공공임대 주택을 포함한 주거복지를 강화하고, '내 집 마련 실현'의 희망을 줘야 한다.

주

1. 국가통계포털 KOSIS 2022년 4월 말 행정구역별 총인구수
2. 2017년 7월 발표 〈문재인 정부 국정운영 5개년 계획〉 78쪽, 79쪽, 81쪽, 155쪽
3. NEWSTOF(newstof.com) 2022. 7. 4. 〈[문재인미터 최종] ⑥민생·복지공약-부동산이 모든 걸 삼켰다〉
4. 문재인 정부 국정백서 제13권 《주택공급 확대와 집값 안정화를 위한 노력》 8쪽, 9쪽
5. 2011년 1월 13일 정부는 공공 소형·임대 주택 13만 호를 공급하고, 주택기금에서 전세 자금 지원을 확대하는 등의 〈1·13 전·월세 안정방안〉 대책을 발표했다. 물가안정 대책에는 '전월세 시장 안정화'를 포함시켰다.
6. LTV(Loan to value raio): 주택담보대출비율, 담보인정비율, 즉 주택을 담보로 금융기관에서 대출받을 때 인정되는 비율을 말한다.
7. DTI(Debt To Income)=(해당 주택담보대출 연간 원리금 상환액+기타부채의 연간 이자 상환액)÷연소득
8. DSR(Debt Service Ratio): 모든 가계대출 원리금 상환액/연간소득
9. RTI(Rent to Interest, 임대업 이자상환비율): 연간임대소득/(해당 임대업 대출의 연간이자비용+해당 임대물건에 대한 기존 대출의 연간 이자 비용)
10. 문재인 정부 국정백서 제13권 《주택공급 확대와 집값 안정화를 위한 노력》 35쪽
11. 문재인 정부 국정백서 제13권 《주택공급 확대와 집값 안정화를 위한 노력》 119쪽
12. 2020. 7. 31. 〈부동산 대책 관련 지방세법 시행령 개정안 입법예고〉 보도자료 3쪽
13. 문재인 정부 국정백서 제13권 《주택공급 확대와 집값 안정화를 위한 노력》 152쪽
14. 문재인 정부 국정백서 제13권 《주택공급 확대와 집값 안정화를 위한 노력》 152쪽
15. 2021. 11. 11. 국토부 보도자료 〈공시가격 1억 원 이하 '저가 아파트' 거래 집중 조사〉
16. 문재인 정부 국정백서 제13권 《주택공급 확대와 집값 안정화를 위한 노력》 9쪽

    2022. 1. 30. 국토부 보도자료 〈정부는 확고한 주택시장 안정을 위해 주택 공급대책을 흔들림 없이 추진해나가겠습니다〉
17. 문재인 정부 국정백서 제13권 《주택공급 확대와 집값 안정화를 위한 노력》 244쪽

18. 주택가격전망지수: 한국은행이 매월 조사해서 발표하며, 지수가 100보다 높을수록 조사 대상자 중 1년 뒤 주택 가격이 오를 것으로 전망하는 사람이 많음을 의미한다. 100보다 낮을수록 집값이 내려갈 것으로 예상하는 사람이 더 많다는 의미다.
19. 문재인 정부 국정백서 제13권《주택공급 확대와 집값 안정화를 위한 노력》40쪽
20. NEWSIS, 2018. 9. 7. 〈김동연 "부동산 대책, 쫓기듯 내놓는 건 바람직하지 않아"〉 기사
21. 2017. 10. 24. 관계기관 합동 〈가계부채 종합대책〉 보도자료 23쪽
22. M1=현금통화+요구불예금+수시입출식 저축성예금
M2=M1+만기 2년 미만 정기예·적금+시장형 상품(CD 등)+만기 2년 미만 실적배당형 상품+만기 2년 미만 금융채+기타(CMA, 신탁형증권저축, 종금사 발행어음, 2년 미만 외화예수금)
23. 2022. 7. 28. 통계청 발표 〈2021년 인구주택총조사 결과〉 보도자료 1~3쪽
24. 국민일보, 2020. 7. 6. 〈"자신 있다"→"최고과제"…달라진 문대통령 부동산 발언 보니〉
25. 지방세법 시행령: 제28조의 2(주택 유상거래 취득 중과세의 예외) 법 제13조의 2 제1항을 적용할 때 같은 항 각 호 외의 부분에 따른 주택으로서 다음 각 호의 어느 하나에 해당하는 주택은 중과세 대상으로 보지 않는다. 〈개정 2020. 12. 31., 2021. 4. 27., 2021. 12. 31., 2022. 2. 28.〉
1. 법 제4조에 따른 시가표준액(지분이나 부속토지만을 취득한 경우에는 전체 주택의 시가표준액을 말한다)이 1억 원 이하인 주택
26. 2021. 8. 14. 국토부 보도자료 〈2020년도 주거실태조사 결과〉
27. 2022. 2. 23. 〈2021년 인구 동향 조사 출생·사망통계(잠정)〉 보도자료 3쪽

홍
대
길

서울대 천문학과를 졸업하고 서강대에서 인터넷과 과학언론으로 석사학위를, 서울과학기술대에서 과학관과 위험소통으로 박사학위를 받았다.
《동아일보(과학동아)》와 《디지털타임스》에서 과학기술과 경제 산업 분야를 취재했다.
과학 소통과 청소년 교육에 관심이 많아 다수의 정책 연구보고서와 논문을 작성하고 다양한 현장에 들어가 땀을 흘리고 결실을 맺어왔다. 이 일을 계속하는 것이 즐거움이고 꿈이다.
저서, 역서로 《과학관의 탄생》, 《꿈틀대는 11억 인도의 경제》, 《아마추어천문가 길라잡이》 등이 있다.

5장

과학기술 거버넌스와 탈원전 정책

과학기술 거버넌스와 탈원전 정책

정권이 바뀔 때마다 임명되는 과학기술부 장관을 보면서 프로야구 경기의 투수를 떠올린다. 야구 감독은 선발 투수가 완투 능력이 없을 때 중간 투수와 마무리 투수를 내세운다. 그런데 역대 대통령들은 과학기술부 장관을 능력과 성과와 관계없이 선발, 중간, 마무리로 교체해왔다. 과학기술 정책은 5년마다 기본계획을 수립하는데, 계획을 수립하고 수행하고 마무리하는 장관이 각각 달라야 할 이유가 있을까? 더구나 지난 4번의 정권은 과학기술 부처를 이리저리 붙이며 계속 이름을 바꾸어왔다.

대통령은 과학기술부 장관을 지명하면서 전문성과 인품을 판단해 최적임자라고 추켜세웠다. 어려운 청문회를 거쳐 임명된 그는 소신껏 정책을 펼치기도 전에 다른 이에게 장관 자리를 내주어야 했다. 대통령과 임기가 같은 장관이 없음을 어떻게 봐야 할까? 장관 자리가 보은 인사와 지지자들의 경력 만들기는 아니었는지 되돌아보게 한다.

장관의 짧은 임기로 인해 보이지 않는 폐해가 있음을 대통령은 알까 싶다. 장관이 바뀌면 공무원과 산하기관은 그의 생각이라고 할지, 정책이라고 할지를 따르기 위해 취임사부터 꼼꼼히 분석한다. 얼마 후 떠나면 정책이 바뀔 것을 경험적으로 알면서 말이다. 문재인 대통령의 최측근이라 할 수 있는 유영민[1]은 문 정권의 1기 장관으로 오자마자 과학기술정보통신부(과기정통부)의 역할과 책임(R&R)을 강조했다. 기관마다 R&R 체계의 모범답안을 찾고자 호들갑을 떨었고, 과기정통부는 산하기관을 모아 협약을 체결하는 특별한 이벤트를 벌였다. 그러나 그가 21대 총선 출마를 위해 자리를 털고 나가자 과기정통부 내에서 R&R을 챙기는 곳은 더 이상 없었다. R&R은 문 대통령의 공약인 '자율과 책임[2]의 과학기술 혁신 생태계 조성'의 일환이었겠지만, 애초 각 기관의 임무였던 것을 새롭게 포장한 수사는 아니었는지 되돌아본다.

유영민이 총선을 향해 떠난 뒤 최기영 서울대 전기공학과 교수와 임혜숙 이화여대 전자공학과 교수가 장관에 임명됐다. 최기영은 20개월의 중간 투수, 임혜숙은 1년간의 마무리 투수였다. 과학기술계의 관록으로 중량감이 있었던 최기영은 디지털 뉴딜 정책을 힘 있게 펼치는가 싶더니, 무슨 이유인지 모르게 물러났다. 이어 국가과학기술연구회 이사장에 임명된 지 3개월밖에 되지 않은 임혜숙이 장관을 해보겠다고 청문회장에 들어섰다. 12개월 뒤 장관직을 물러나면서 읽었던 그의 이임사는 긴 여운을 남긴다.

"너무나 다양한 기술 분야에 대한 현안을 이해하여 핵심을 뽑아내야 하고, 언론 인터뷰나 방송 출연을 통해 정책에 대해 설명해야 하고, 현장의 의견을 잘 듣고 반영하여 정책으로 연결시켜야 하고, 중요한 의사결정을 내려야 하고, 다양한 이해관계를 조정해야 하고, 민간의 협조와 협력을 이끌어내야 하고, 외국 대표들과 만나 국제협력을 논의해야 하고, 시험을 앞둔 학생의 심정으로 준비하던 국정감사까지."

그동안 장관들이 하는 일이 이러했을까? 큰 뜻이 있었던들, 짧은 임기 동안 이런저런 일에 불려 다녔으니 무슨 일을 할 수 있었을까, 위로하고픈 생각마저 든다. 과학기술 정책이란 짧은 기간에 이해하고 성과를 낼 수 있는 분야가 아니기 때문이다. 다행스럽게도 역대 정권에서 과학기술은 크게 성장해왔다. 튼튼한 관료조직, 전문성을 갖춘 연구 집단, 막대한 예산 덕분이다. 장관과 기관장 자리는 누가 앉더라도 큰 문제가 되지 않았다. 오히려 관료 조직은 정치인 출신 장관이 오면 업무 이해도가 낮아 잔소리가 적고, 예산을 확실하게 챙긴다는 점에서 환영하는 분위기다. 정치에 과학기술 거버넌스 governance(관리체제, 민관협치 등을 뜻한다)가 묻어가는 분위기가 지속되는 것은 정권의 안일함이요, 과학기술의 중요성을 간과했기 때문

[표1] 과학기술부 장관 인사 내역

정권	노무현	이명박	박근혜	문재인
부처명	과학기술부	교육과학기술부	미래창조과학부	과학기술정보통신부
장관 / 부총리	박호군 오명(부총리) 김우식(부총리)	김도연 안병만 이주호	최문기 최양희	유영민 최기영 임혜숙

역대 장관의 임기는 평균 20개월로, 복잡한 과학기술 정책을 펼치기에는 짧았다.

이다.

우리는 글로벌 과학기술 경쟁 시대에 살고 있다. 밖으로는 기후변화와 4차 산업혁명에 대응하면서 미래 일자리와 먹거리를 만들어야 하고, 안으로는 인구감소와 노령화 같은 사회경제적 문제를 해결해야 한다. 과학기술 혁신이 더욱 요구되는 시대다. 과학기술 연구개발의 방향을 설정하고 적절한 예산 배분과 효율성을 이끌어야 할 과학기술 거버넌스가 더욱 중요해지는 이유이다.

과학기술 거버넌스

일반 국민은 과기정통부 장관이 과학기술 정책의 중심에 있으리라고 생각한다. 하지만 문 정권 시절 청와대에는 국가과학기술자문회의와 과학기술보좌관이 있었고, 국무총리 산하에는 과학기술관계장관회의가 있어 과기정통부 과학기술혁신본부장이 간사 역할을 했다. 모두 과학기술 정책과 예산을 다루고 있다. 컨트롤타워[3]는 어디였을까?

우리나라 과학기술 거버넌스의 중심에는 대통령이 있다. 대통령은 국가과학기술자문회의의 의장이다. 대통령이 자신을 자문하는 조직의 의장이라는 점은 납득하기 어렵지만, 자문회의에 힘을 실어주기 위해 그리 정했다고 치자. 살펴볼 점은 자문 기능 외에 심의 기능이 있다는 사실이다. 박근혜 정권 시절 국무총리가 주재하던 국가과학기술심의회를 통합했기 때문이다. 그러므로 국가과학기술자문회의는 과학기술 정책, 과학기술 혁신 및 산업화 관련 인력 정책, 연구개발 계획 및 사업, 연구개발 예산 운영 등에 관한 사항을 심의한다는 점에서 매우 중요한 정책기구다.

문 정권 말인 2022년 1월이다. 전체 4기에 걸쳐 부의장을 맡았던 염한웅 포스텍 물리학과 교수가 작심한 듯 자문회의의 문제점을 꼬집었다.

"중요한 과학기술 어젠다와 현안에서 자문회의에 자문을 구하는 적극적인 액션이 정부에서 나와 줘야 하는데 실제로 자문회의에 의견을 구하는 적이 거의 없었다."

자문회의의 역할과 기능에 대한 회의적인 발언이었다. 자문회의 민간위원의 힘과 역량이 부족한 것도 이유겠지만, 정권 중반에 부활한 과학기술관계장관회의에 더 힘이 실렸기 때문이다. 여기에 또 다른 이유로는 문 대통령의 과학기술에 대한 무관심을 꼽기도 한다. 매년 1월 역대 대통령이 참석해오던 과학기술인·정보방송통신인 신년 인사회가 있는데, 문 대통령은 취임 이후 한 번도 참석한 적이 없었다.

청와대에서 과학기술정책의 컨트롤타워는 국가과학기술자문회의의 간사를 맡고 있는 과학기술보좌관이다. 그 힘은 실로 막강한데, 대통령을 배경으로 부처의 과학기술 관련 사업과 예산에 관여할 수 있기 때문이다. 문 정권 시절 과학기술보좌관에는 문미옥 국회의원[4], 이공주 이화여대 약학대 석좌교수, 박수경 한국과학기술원 기계공학과 교수 등 3명의 여성 과학기술인이 임명됐다. 문 정권의 정책 키워드인 '여성'을 과학기술정책에 녹이기 위해 여성 보좌관을 임명한 것으로 보이나, 잦은 인사로 여성 과학기술인에게 경력 만들어 주기를 한 느낌이다.

대통령 직속 국가과학기술자문회의가 제 역할을 못 한 가운데 2018년 10월 과학기술관계장관회의가 부활했다. 노무현 정권 시절 범부처 협의체인 과학기술장관회의가 이명박·박근혜 정권 때 폐지됐다가 문 대통령의 지시로 11년 만에 부활한 것이다. 차이점은 노 정권 시절에는 과학기술부총리[5]가 의장이었으나 문 정권에서는 국무총리로 바뀌었다는 것이다. 두 번 모두 간사는 과기정통부 내 과학기술혁신본부장이 맡았다.

문재인 정권의 과학기술 정책은 노무현 정권을 모델로 삼았다. 과학기술혁신본부도 노 정권 시절에 있던 것을 부활시킨 것이다. 차관급 정무직인 본부장에는 노 정권 시절 청와대 정보과학기술보좌관을 지낸 박기영이 임명됐으나 4일 만에 물러나고, 이어 임대식 KAIST 교수, 김성수 한국화학연구원 원장, 이경수 전 국가핵융합연구소장 등이 거쳐 갔다. 장관만큼이나 자주 바뀐 과학기술혁신본부장은 국가 연구개발 예산을 심의·조정하고 성과 평가를 하는 역할까지 맡은 중요한 자리였다. 선수가 심판까지 겸해 타 부처와의 갈등과 반발이 예상될 수밖에 없던 자리이기도 했다.

문 정권의 과학기술 거버넌스는 결국 행정부서인 과학기술정보통신부와 장관, 국가과학기술자문회의와 과학기술보좌관, 과학기술관계장관회의와 과학기술혁신본부장 등이 어지럽게 운영되는 시스템이 되고 말았다. 무려 9명이 등장하면서 말이다. 또 과학기술자문회의와 과학기술관계장관회의의 이중적인 정책 심의구조 속에서 대통령의 역할과 책임은 보이지 않았다.

대한민국 과학기술 정책이 어떻게 결정되든지, 이에 대해 비판적인 이야기를 내놓을 과학기술인은 많지 않다. 풍부한 예산은 과학기술 동업인 집단의 내적 단결을 강화하고, 풍부한 자리는 정치 성향이 강한 과학기술자를 키워내며 끝없이 제왕적 대통령을 향하게 했기 때문이다.

우리나라에 정부 주도의 과학기술 거버넌스가 시작된 것은 60년이 되어간다. 1967년 과학기술진흥법이 제정되고 과학기술처가 설립되면서다. 역대 정권은 과학기술 연구개발의 중요성을 공감하고 꾸준히 투자를 늘려왔다. 2022년 현재 우리나라 연구개발비가 총액 기준으로 미국·중국·일본·독일 다음으로 많은 세계 5위인 것은 역대 정권의 일관된 투자 덕분이다.

문재인 정권은 5년 동안 국가 연구개발 예산을 19.5조 원에서 29.8조 원[6]으로 크게 키웠다. 국내총생산GDP 대비 정부 연구개발 투자는 세계 1위다. GDP 대비 총연구개발비(정부+민간) 비율도 4.29%에서 4.64%로 늘어났는데, 박근혜 정권 시절 3.85%에서 3.99%로 늘렸던 것과 비교하면 얼마나 많이 늘렸는지 알 수 있다. 과학기술계는 끊임없이 늘어나는 정부 연구개발 예산에 즐거운 비명을 지를 수밖에 없었다. 다툼이 있다면 예산의 분배일 것이고, 이는 정권에 과학기술자가 더욱 줄을 서게 되는 이유다.

문재인 정권에서 민간의 연구개발 투자가 크게 늘었다는 사실은 좋은 평가를 받을 수 있다. 2017~2020년 GDP 대비 민간 연구개발 예산은 3.41%에서 3.79%로 늘었다. 박근혜 정권인 2012~2016년 3.0%에서 3.1%로 늘었던 것과 비교된다.

박 정권 시절 스위스 국제경영개발대학원IMD이 평가한 국가경쟁력 순위는 22위에서 29위로 7단계 떨어져 있었다. 과학 인프라는 7위에서 8위로, 기술 인프라는 11위에서 15위로 떨어졌다. 그러나 문 정권이 들어서면서 국가경쟁력은 29위에서 23위로 4단계 상승했다. 과학 인프라는 8위에서 2위로 크게 올라섰고 기술 인프라는 17위*를 유지했다. 문 정권 시절 과학 인프라 순위가 역대 가장 높은 2위를 차지한 것은 연구개발 투자, 연구개발 인력, 특허 수, 첨단산업의 부가가치 비중 등이 높은 순위를 차지했기 때문이다. 인구 1천 명당 연구개발 연구자 수는 1위, 인구 10만 명당 특허출원 수는 2위를 기록했다.

IMD 평가에 목맬 일은 아니지만, 과학 경쟁력이 높아진 것(보건 및 환경, 교육 인프라는 30위 권으로 상대적으로 낮음)은 냉혹한 국제 경쟁 속에서 한국의 미래를 밝게 한다. 2021년 국제통화기금IMF이 발표하는 GDP에서 한국은 세계 10위를 차지했다. 또 1인당 GDP가 3만 달러를 넘어섰다. 이 같은 위상은 정부와 기업이 끊임없이 연구개발에 투자해온 결과일 것이다. 정치권에서 장관과 기관장 자리를 노리며 선거놀이를 즐길 때, 기업에서는 지속적으로 리스크를 안고 연구

* 평균 인터넷 대역폭 속도, 모바일 브로드밴드 가입자 수에서 높은 순위에 올라 한때 8위까지 올랐던 한국의 기술 인프라 경쟁력이 계속 낮아진 이유는 지표의 변화 때문이다. GDP 대비 통신 분야 투자 비중, 1인당 월평균 이동전화 요금, 공공 및 민간 부문의 벤처 기술개발 지원 정도 등에서 낮은 평가를 받았다.

개발 투자를 늘렸다. 공공부문 연구개발도 전문가들의 중장기적인 계획에 따라 탄탄하게 꾸려왔다. 문 정권 시절 과학기술 경쟁력이 높아진 것은 일시적 정책 효과로 보기 힘들지만, 그 과실을 맺은 것은 성과라고 아니할 수 없다.

문 정권이 내세운 과학기술 정책은 두 가지에 불과하다. 100대 과제 중 '자율과 책임의 과학기술 혁신 생태계 조성'(35번)과 '청년 과학자와 기초연구 지원으로 과학기술 미래역량 확충'(36번)이 그것이다. 넓게는 '교통·통신비 절감으로 국민 생활비 경감'(31번), '소프트웨어 강국, ICT 르네상스로 4차 산업혁명 선도 기반 구축'(33번), '고부가가치 창출 미래형 신산업 발굴·육성'(34번), '친환경 미래 에너지 발굴·육성'(35번), '주력산업 경쟁력 제고로 산업경제의 활력 회복'(37번), '탈원전 정책으로 안전하고 깨끗한 에너지로 전환'(60번)까지 과학기술과 연계된 정책으로 볼 수 있겠다.

IMF를 거치며 과학 입국을 위해 제도를 정비하고 과학기술자의 정책 참여를 높였던 김대중 정권, 새로운 혁신체계를 만들고 과학기술 중심사회를 만들려고 시도했던 노무현 정권과 비교해볼 때 두 정권을 계승한 문 정권의 과학기술 정책은 빈약해 보인다.

문 정권이 '자율과 책임의 과학기술 혁신 생태계 조성'을 위해 가장 중요하게 펼친 전략은 과학기술 컨트롤타워 강화다. 기술 패권 시대에 거대해진 연구개발 예산을 효율적으로 집행하고, 다양한 부처에 흩어져 있는 연구개발을 통합하고 연계해낸다는 점에서 중요한 일이다. 문 정권은 박 정권 시절의 국가과학기술자문회의(의장 대통령)

와 국가과학기술심의회(공동위원장 국무총리, 민간위원)를 과학기술자문회의(의장 대통령)로 통합하고, 국가과학기술심의회와 중복 논란이 있었던 과학기술전략회의(의장 대통령)*를 없애고 과학기술관계장관회의(위원장 국무총리)를 신설했다. 또 과학기술 총괄부처의 연구개발 예산 권한을 강화하고 정책·예산·평가의 연계를 강조해서 과기정통부 산하에 과학기술혁신본부를 만들었다. 이명박·박근혜 정권이 바꾸어놓은 컨트롤타워를 노무현 정권 시절로 되돌려놓은 것이다.

국가과학기술자문회의가 하는 일은 국익을 위한 과학기술 정책, 과학기술 발전을 위한 정책, 시민·사회를 위한 과학기술 정책의 우선

* 박 정권의 과학기술전략회의에는 과학기술 관계 장관뿐 아니라, 국가과학기술심의회 민간위원장, 국가과학기술자문회의 부의장 등 산·학·연 과학기술 전문가가 참여했다.

[표2] 과학기술 행정체계의 변화

<table>
<tr><th>정권</th><th>김대중</th><th>노무현</th><th>이명박</th></tr>
<tr><td>청와대
과학기술
조직</td><td>교육문화수석</td><td>정보과학기술보좌관</td><td>미래전략기획관
(과학기술비서관)</td></tr>
<tr><td>행정기관</td><td>과학기술처→
과학기술부</td><td>과학기술부
(과학기술혁신본부)</td><td>교육과학기술부</td></tr>
<tr><td>대통령
자문기구
(의장)</td><td>국가과학기술
자문회의
(대통령 임명)</td><td colspan="2">국가과학기술자문회의
(대통령)</td></tr>
<tr><td>심의기구
(위원장)</td><td colspan="2">국가과학기술위원회(대통령)</td><td>국가과학
기술위원회
(상설, 장관급)</td></tr>
<tr><td>부처
협의기구
(위원장·의장)</td><td>폐지</td><td>과학기술장관회의
(과학기술부총리)</td><td>폐지</td></tr>
</table>

순위를 정하고 예산의 배분을 위해 자문하는 것이다. 과학기술 전문가와 비과학기술 전문가가 함께 참여하는 이유이다. 문 정권 시절 자문회의는 앞서 염한웅 부의장의 말처럼 그 역할을 제대로 수행하지 못했다. 자문회의를 구성하는 민간 자문위원이 매년 절반 이상이 바뀌었으니, 정책을 제대로 이해하고 일관성 있게 자문할 수 있었을까 의문이다.

국가과학기술자문회의의 심의 기능도 국무총리가 주재하는 과학기술관계장관회의가 생기면서 중복되는 문제가 생겼다. 1972년 국무총리 직속의 종합과학기술심의회가 처음 만들어졌을 때는 관계장관과 민간위원(한국과학기술단체총연합회장, 서울대 총장, 한국과학기술연구소장)이 참여했다. 국가과학기술자문회의의 심의위원에는 민

박근혜	문재인
미래전략수석 (과학기술비서관)	과학기술보좌관
미래창조과학부	과학기술정보통신부 (과학기술혁신본부)
국가과학기술자문회의 (대통령)	국가과학기술 자문회의 (대통령)
국가과학기술심의회 (국무총리, 민간위원장)	
폐지→과학기술전략회의 (대통령)	과학기술관계장관회의 (국무총리)

문재인 정권은 노무현 정권을 롤 모델로 거버넌스를 구축했으나 컨트롤타워의 혼선을 초래했다.

간이 참여하는데, 관계장관회의는 그야말로 관계 부처의 장관만 위원으로 참가한다. 결국 문 정권이 시도한 과학기술 컨트롤타워 강화는 차기 정부가 정리해야 할 과제가 되고 말았다.

일부에서는 과학기술부총리제가 필요하다는 주장과 과학기술보좌관을 비서관으로 승격해야 한다는 주장이 나오지만, 정치적 성향이 강한 과학기술자들의 주장이고 혼란을 자초하는 이야기다. 오히려 전문성과 경험이 풍부한 연구재단, 대학, 출연기관, 과학기술단체의 목소리를 경청하는 시스템을 강화하는 것이 중요할 것이다. 궁극적으로는 정부와 민간이 협치하고, 과학기술 전문가와 비과학기술 분야 전문가가 참여해 바람직한 거버넌스를 만드는 것이 목표가 되어야 한다.

과학기술 정책의 중심에는 과학기술정보통신부 장관이 있어야 하고 긴 임기가 보장되어야 한다. 그게 아니라면 과기정통부는 정보통신부로 바꾸고(과학기술부를 없애고), 미국처럼 대통령실에 과학정책국을 두거나 일본처럼 총리실에 과학기술혁신본부를 두어야 할 것이다.*

일본은 총리가 이끄는 내각부 산하에 종합과학기술혁신회의가 있으며, 의장인 총리가 과학기술 정책 수립과 예산을 모두 거머쥐고 컨트롤타워 역할을 수행한다. 노무현 정권은 이를 본떠 과학기술혁신본부를 만들었다.

* 과학기술부가 없는 미국은 대통령 산하 국가과학기술위원회(NSTC), 과학기술정책국(OSTP), 대통령과학기술자문위원회(PCAST)가 있다. 국가과학기술위원회 위원장은 대통령이고, 자문회의 위원장은 과학기술정책실장과 민간위원이 공동의장을 맡고 있다.

문 정권이 자율과 책임의 과학기술 혁신 생태계를 조성하기 위해 세운 세부 계획은 다음과 같다. R&D 책임성 강화 및 행정 효율성 제고, 출연연의 전문성 및 자율성 제고, 연구관리 전문기관 및 공공연구기반 운영 효율화, 과학기술 공동체와 국민 간 소통 강화 등이다. 모두 역대 정권에서 계속 반복된 정책이다. 과거 정권이 이루려 했던 혁신 정책을 이어받아 더욱 발전시키고자 한 공약은 높게 평가할 만하다. 그러나 지속적인 정책의 특성상 성과를 내기 어려운 만큼 평가도 쉽지 않은 분야이다.

문 정권의 두 번째 과학기술 정책인 '청년 과학자와 기초연구 지원으로 과학기술 미래역량 확충'은 예산의 대폭 확대로 환영을 받았다. 연구자 주도 기초연구 예산은 2017년 1조 2,661억 원에서 2020년 2조 5,500억 원으로 2배가량 늘었다. 신진연구자 지원 예산도 2017년 525억 원에서 2022년 3,109억 원으로 크게 늘었다. 청년 문제와 과학기술 기초연구의 중요성은 여야를 막론하고 중요하게 생각한 만큼 예산을 심의·의결하는 국회의 지원도 쉽게 받았을 것이라고 짐작할 수 있다. 그러나 청년 과학기술인을 포함한 모든 단계 연구자의 적정 임금체계를 마련하겠다는 공약은 지켜지지 않았다.

문 정권은 청년 정책과 더불어 여성과학기술인 정책에 특별한 신경을 썼다. 여성 과학기술인의 경력 단절을 방지하기 위한 노력으로, 여성과학기술인 R&D 경력 복귀 지원사업을 시행했고, 출산 및 육아휴직자의 직무에 적합한 대체인력 풀을 확보하고 일자리 매칭을 지원하는 사업도 꾸준히 추진했다. 이공계 여학생 맞춤형 취업역량 강화 프로그램도 제공했다. 여성 과학기술인에 대한 지원은 선진국에서 다양하게 볼 수 있는 정책으로 더 많아져야 할 것이다. 이는 여성의 처우 개선을 넘어 여성의 이공계 진출을 촉진하는 역할을 할 것이다.

새로운 정권이 들어설 때마다 국민은 기대감에 충만하다. 지난 정책 중에서 잘된 것을 지속하고, 못 된 것을 혁신하리라는 기대다. 문 정권은 자율과 책임의 과학기술 혁신 생태계 조성을 위해 과학기술 컨트롤타워 강화를 외쳤지만 혼란스럽기만 했다. 청년 과학기술자와 여성 과학기술자에 대한 지원을 크게 늘린 점은 과학기술계에서 환영할 만하지만, 30조 원에 가까운 국가 연구개발비를 어떻게 효율적으로 운용할 것인가는 차기 정부의 과제로 남겼다.

세계는 문 정권이 강조했던 제4차 산업혁명의 소용돌이 속에 더욱 휘말리고 있다. 여기에 감염병, 탄소중립과 같은 국제적인 이슈들이 산재해 있다. 국가마다 과학기술 정책을 강조하고 거버넌스를 중요하게 생각하는 이유이다. 산업간 협력, 대학과 산업의 협력, 공공과 민간의 협력 등이 더욱 필요한 시점이다. 또한 공공부문 혁신을 통해 성과에 기반한 예산 책정 시스템을 만들어야 한다. 이는 자율성, 고위험 연구개발 투자와는 다른 문제다. 사회경제적 효과를 따지지 않고서는 막대한 예산의 효율성은 기대할 수 없다. 과학기술 동업자 집단의 자율성과 내부 통제 시스템도 연구윤리와 더불어 꾸준히 개선해야 한다. 정권이 시작되고 끝날 때마다 과학기술 정책과 공약을 평가해 타당성·합리성·지속성·혁신성 등을 따져봐야 하는 이유다.

탈원전 정책

문재인 정권이 내세운 정책 중 가장 놀라운 것은 탈원전 정책이다. 탈원전은 전기 에너지를 생산하는 수단으로 이용해온 원자력발전소(원전)를 없애는 것이다. 문재인은 대통령에 당선되자 100대 국정과제 중 60번째 정책으로 탈원전을 추진했다. 신규 원전 건설을 백지화하고 노후 원전의 수명 연장을 금지했다. 궁극적으로 모든 원전을 없애겠다는 강한 의지였다. 그러나 탈원전 정책은 임기 초부터 많은 논쟁과 갈등을 일으켰다. 무엇이 문제였으며, 어떤 교훈을 남긴 것일까?

임기가 시작된 지 40일이 되는 2017년 6월 19일, 문재인 대통령은 고리원자력발전소 1호기 영구 정지 선포식에 참석했고, "고리 1호기*의 가동 영구 정지는 탈핵 국가로 가는 출발"이라고 선언했다. 그는 수명을 연장해 가동 중인 월성 1호기도 가급적 빨리 폐쇄하겠다며, 건설 중인 신고리 5·6호기도 사회적 합의를 도출하겠다고 말했다. 그가 말한 사회적 합의란 건설 중지를 위한 것이었다.

문재인이 탈원전을 생각한 것은 2011년 일본 후쿠시마 원전 사고의 영향이 크다. 이듬해 제18대 대통령 선거가 있었고, 민주통합당 후보로 나선 그는 신규 원전 건설 금지와 노후 원전 폐쇄를 공약으로 내세우며 박근혜 새누리당 후보와의 차별화를 시도했다. 박근혜 후

* 고리 1호기는 1978년 핵연료를 이용해 전기를 생산한 우리나라 최초의 원자로다. 2007년 30년의 수명이 다했지만, 10년간 수명이 연장돼 2017년 영구 정지됐다. 2032년까지 해체하는 것이 목표이나 아직은 완벽한 해체기술을 확보하지 못한 상태다. 사용후핵연료를 옮겨야 하는 문제와 기존 2호기와 연계된 부분의 처리 과제가 남아 있다.

보 역시 후쿠시마 원전 사고를 의식해 원전 안전관리를 최우선에 두고 다른 에너지원을 확보한다는 전제 아래 추가 원전 계획을 재검토하겠다고 말했다. 대통령에 당선된 박근혜는 몇 년 뒤 고리 1호기의 수명을 더 이상 연장하지 않고 영구 정지하기로 결정했다. 문 정권이 고리 1호기 영구 정지를 탈원전의 시작으로 삼았지만, 그 결정은 박 정권 때 이뤄진 것이다.

제19대 대통령 선거는 탈원전 공약이 대세였다. 문재인은 더불어민주당 후보로 나서 다시 신규 원전 백지화와 노후 원전 수명 연장 금지 공약을 내세웠다. 경쟁자였던 안철수 국민의당 후보, 유승민 바른정당 후보도 동조했다. 심상정 정의당 후보는 2040년까지 모든 원전을 폐쇄하겠다는 강력한 탈원전 공약을 제시했다. 유일하게 탈원전에 미온적인 태도를 보였던 홍준표 자유한국당 후보는 원전 비중을 축소하고 신규 원전 건설을 지양하겠다는 의견을 선거 운동 막바지에 내놓았다. 후쿠시마 원전 사고의 충격이 채 가시지 않아 세계 각국에서 탈원전과 원전 유지를 두고 심사숙고할 때였다. 결과적으로 제19대 대선주자 5명이 모두 탈원전 정책을 추진하거나 원전 축소를 외쳤는데, 문 정권이 임기를 시작하자마자 탈원전 정책은 꼬이기 시작했다.

고리 1호기 영구 정지 선포식으로부터 1주일 뒤, 문 대통령은 당선 후 첫 국무회의에서 신고리 원전 5·6호기 건설을 일시 중단하고 공론화를 추진하라고 지시했다. 대선공약을 실천에 옮긴 것이다. 곧바로 시민 417명이 참여했던 공론화위원회가 꾸려졌다. 하지만 문 정권의 의도와 달리 건설 재개 59.5%, 건설 반대 40.5%로 건설 재개 쪽의 의견이 더 많았다. 탈원전 정책은 이때부터 흔들리기 시작한다. 공론화위원회가 문 정권에게 조금이나마 위안을 준 것은 에너지 정책의 방향에 대해서는 원전 축소를 선택한 비율이 높았다는 점(축소 53.2%, 유지 35.5%, 확대 9.7%)이다.

그해 12월, 정부는 〈제8차 전력수급 기본계획(2017~2031년)〉을 확정했다. 신규 원전 6기(신한울 3·4호기, 천지 1·2호기, 건설 장소와 이름을 정하지 않은 2기) 건설을 백지화하는 내용을 담고 있었다. 아울러 2015년 수명 연장이 결정돼 2022년까지 가동이 가능한 월성 1호기를 전력공급 계획에서 제외하고, 여론을 의식했는지 월성 1호기의 조기 폐쇄는 경제성과 지역 수용성 등을 평가해 결정하겠다고 밝혔다. 2018년 6월 열린 한국수력원자력(한수원) 이사회는 예상했던 대로 월성 1호기의 조기 폐쇄를 결정하고, 신규 원전 4기(경북 영덕 천지 1·2호기, 강원 삼척 대진 1·2호기)의 건설을 영구 중단시켰다. 울진에 건설 예정이던 신한울 3·4호기는 취소도 진행도 아닌 어정쩡한 상태로 놔두었다.

문 정권이 주창한 탈원전 정책의 1호 사업은 월성 1호기의 조기 폐쇄였다. 그런데 감사원은 감사 결과를 내놓으면서 월성 1호기의 경제성 평가가 너무 낮게 평가됐다고 밝혔다. 월성 1호기 조기 폐쇄의 근거가 잘못됐다고 지적한 것이다. 탈원전 단체와 운동가들은 안전성·환경친화성·지속가능성, 지역수용성 등을 고려하지 않고 경제성만 따졌다는 반론을 제기했지만, 감사원의 감사 결과는 월성 1호기 조기 폐쇄의 결정이 조작됐을지 모른다는 의심을 자아낼 만했다.

탈원전을 반대하는 세력의 목소리는 더욱 커지기 시작했다.

월성 1호기는 1983년 상업 운전을 시작한 우리나라 두 번째 원자로이다. 2012년 30년 설계수명이 끝나 가동이 중단됐다. 2015년 원자력안전위원회(원안위)로부터 계속운전 허가를 받았지만, 시민단체의 소송으로 2017년 2월 서울행정법원이 수명연장처분 취소 판결을 내렸던 원자로였다. 그런데 감사원의 감사 결과가 나오면서 월성 1호기의 폐쇄를 결정했던 산업자원부, 청와대, 한수원 관계자들이 직권남용과 업무방해 등의 혐의로 줄줄이 고발됐다. 안전성 문제가 없다며 월성 1호기의 계속운전을 허가해준 원안위도 함께 상처를 입었다. 이것은 정부의 원자력 안전관리에 대한 불신을 더해준 사건이 되고 말았다. 무엇보다 문 정권의 탈원전 정책에 부도덕성 프레임이 씌워졌다.

문 정권의 탈원전 정책에서 이해하기 힘든 미스터리가 있다. 바로 원전 수출 정책이다. 2021년 문 대통령은 백악관에서 조 바이든 미국 대통령을 만나 원전 수출 협력을 약속했다. 문 정권은 임기 초부터 원전 수출을 위해 뛰었다. 한무경 국민의힘 의원이 산업자원부로부터 받은 자료에 따르면, 문 대통령은 2017년 9월부터 2021년 11월까지 체코·영국·폴란드·터키·인도·UAE·카자흐스탄·사우디·미국·슬로베니아 등 10개국을 대상으로 총 13차례 원전 영업에 나섰다. 산업자원부 장관도 8개국을 대상으로 14차례 원전 수출[7] 영업에 나섰다. 이는 뒤에 실패 원인에서 보듯, 탈원전 정책을 펼치되 원전 시장을 포기할 수 없었던 한계를 드러낸 것이다. 국내에선 탈원전을, 해외에선 원전을 건설하겠다는 문 정권의 행보에 환경단체들은 이율배반적이라며 비판을 쏟아냈다.

문 대통령은 무슨 생각이었는지 임기 말에 탈원전 정책을 포기하는 듯한 발언을 내놓았다. 2022년 2월 25일 제20대 대선을 2주 앞둔 시점이었다. 그는 청와대에서의 글로벌 에너지 공급망 현안 점검회의에서 "향후 60년 동안은 원전을 주력 기저 전원으로 충분히 활용해야 한다"라며, 건설이 지연되고 있는 신한울 1·2호기와 신고리 5·6호기를 가능한 빠른 시간 내에 정상 가동할 수 있도록 점검해달라고 주문했다. 자신이 주창한 탈원전 정책을 스스로 무너뜨린 것이다. 탐사보도매체인 〈뉴스타파〉는 "문재인 정부 5년, 탈원전은 없었다"라는 제목 아래 '신규 원전 건설을 중단하고 노후 원전의 수명 연장을 하지 않겠다는 약속은 지켜지지 않았다'라며 '그나마 월성 1호기가 조기에 폐쇄됐지만 탈원전의 명분도 실리도 모두 잃은 실패'라고 평가했다.

[표3] 원전 본부별 사용후핵연료 예상 포화시점

	고리 (기장군)	한빛 (영광군)	한울 (울진군)	새울 (울주군)	신월성 (경주시)	월성 (경주시)
포화율	83.80%	74.20%	80.80%	19.00%	62.90%	98.80%
포화시점	2031년	2031년	2032년	2066년	2044년	

출처: 산업통상자원부, 2021. 12. 제2차 고준위 방사성폐기물 관리 기본계획안

사용후 핵연료는 발전소 임시저장소에 쌓여가고, 전용 폐기장을 마련하지 못하면 영구보관소가 될 수밖에 없다.

사실 문 정권의 탈원전 정책에서 가장 기대한 것은 그동안 공전해 온 고준위 방사성 폐기물(방폐물) 처리 문제의 해결이었다. 고준위 방폐물은 원자력 발전을 마친 사용후핵연료 등으로, 원자력 발전에 사용하기 전의 핵연료보다 훨씬 강한 방사능을 갖고 있다. 문 정권이 강조한 국민의 안전을 챙기려고 했다면, 탈원전보다 고준위 방폐물의 처리가 더 시급한 과제였다. 탈원전이든 친원전이든 반드시 해결해야 할 과제이기도 하다. 이를 마련하지 않으면 원전 내 임시 보관소는 지역 주민이 우려하는 영구 보관소가 될 수밖에 없다. 고리 1호기와 월성 1호기를 해체하기 위해서도 꼭 필요한 시설인데, 문 대통령은 임기를 마칠 때까지 어떤 방안도 마련하지 않았다.

고준위 방폐물보다 위험성이 낮은 것을 중·저준위 방폐물이라고 한다. 원전에서 방사능에 오염된 의복, 집기 같은 것들로 이뤄져 있다. 중·저준위 방사성 폐기물 처리시설(방폐장) 부지로 경주를 선정한 것은 노무현 정권 시절인 2006년이다. 1986년 전두환 정권에서 후보 부지를 찾기 시작한 뒤로 20년이 걸렸다. 이후 처분시설을 지어 실제로 방폐물을 처분하기 시작한 데는 또 10년이 걸렸다. 사회적 논란에도 불구하고 역대 대통령들이 입지 선정에 많은 관심을 가졌다는 사실은 주목해야 한다. 안타까운 것은 고준위를 중·저준위와 분리해 처분하기로 한 뒤 아직까지 그 부지를 선정하지 못했다는 사실이다.

고준위 방폐장 건설에 대한 공론화는 박근혜 정권 시절에 시작됐다. 공론화 과정[8]을 거쳐 원자력진흥위원회가 의결한 방안이 2016년 7월에 발표된 〈고준위 방사성 폐기물 관리 기본계획〉이다. 최초의 중장기 안전관리 로드맵으로, 고준위 방폐장 부지를 선정하는 투명한 절차와 방식을 단계별로 제시하고 있다. 핵심은 방폐장을 마련하기 전까지 원전 내에 단기 저장시설을 운영하고, 부지가 선정되면 지하연구시설과 처분 전 보관시설을 마련하겠다는 것이다. 방폐장 건설 목표는 2051년으로 잡았다. 단기저장시설을 설치할 때는 지역에 보관비용을 지불하는 것과 처분시설 부지에 주민이 참여하는 환경감시센터를 설치하겠다는 계획도 포함됐다.

그러나 문 정권은 박 정권이 만든 기본계획을 재검토하는 공론화 위원회[9]를 구성했다. 지역주민 등 이해관계자와 충분한 협의가 이뤄지지 않아 반쪽 계획안이라는 이유였다. 새 정부의 에너지 전환 정책과 탈원전 정책을 반영하려는 의도였다. 2021년 12월, 임기가 끝나는 시점에 이르러 〈2차 고준위 방사성 폐기물 관리 기본계획〉이 나왔다. 핵심은 고준위 방폐장을 만들기 전까지 원전 안에 '부지 내 저장시설'이라는 이름으로 고준위 방폐물 건식저장시설을 건설한다는 것으로, 1차 계획과 다를 바 없었다. 탈원전 시민단체들은 반발했다.

탈원전 정책을 공약으로 내세워 집권한 문 정권은 5년 뒤 정권을 재창출하지 못하고 물러났다. 탈원전을 바라던 사람들에게는 안타까운 부분이지만, 탈원전 정책에 대한 평가는 따가웠다. 이헌석 정의당 녹색정의위원장은 "준비 없는 선언이 얼마나 허무한가"라고 논평했다.

세계 주요국의 에너지 상황과 원전 정책

현재 원자력 발전소를 운영하는 나라는 32개국이다. 1986년 체르노빌 원전 사고, 2011년 후쿠시마 원전사고의 영향으로 원전을 포기한 나라도 있고, 그에 아랑곳하지 않고 원전을 짓는 나라도 있다. 무엇이 그들의 의사결정을 가르는 것일까? 이를 이해하기 위해서는 원전의 장단점이 무엇인지, 각국 에너지 상황과 원전 정책을 살펴볼 필요가 있다.

원전은 방사성 물질이 붕괴하면서 내는 열을 이용해 증기 터빈을 돌려 전기를 얻는다. 열을 내는 방사성 물질을 핵연료라고 하고, 보통 우라늄을 사용한다. 핵무기 재료와 원자력 발전의 원료로 쓰이는 우라늄은 중성자를 흡수하면 붕괴하면서 많은 열을 내는데, 우라늄 1g이 핵분열해 내는 에너지는 석유 1,800L, 석탄 3t이 완전 연소할 때 생기는 열과 맞먹는다. 석탄보다 300만 배의 에너지를 제공한다는 점에서 원전은 많은 국가를 유혹한다.

원전의 문제는 발전 과정에서 위험한 방사선을 쏟아낸다는 점이다. 알파선, 베타선, 감마선이라고 불리는 것들이다. 또한 핵분열로 새롭게 만들어진 물질도 상태가 불안전해 계속 붕괴하는데, 안정된 상태가 될 때까지 방사선을 쏟아낸다. 방사선은 세포를 파괴하고 유전자를 변형하면서 생명체를 위협한다. 핵연료로 쓰이는 우라늄은 방사선량이 절반으로 줄어드는 반감기가 매우 긴데 그 기간 동안 잘 보관하지 않으면 많은 피해를 줄 수 있다. 원전이 안전하게 유지된다면 문제없겠지만, 관리 실수, 지진과 같은 자연재해, 테러, 전쟁에서도 안전하다고 누가 장담할 수 있겠는가? 일단 사고가 나 방사능이 누출되면 넓은 지역에 큰 피해를 입히고 오랫동안 사람들이 거주할 수 없게 된다. 1986년의 체르노빌 원전 사고가 대표적인 사례이다.

원전의 위험성 때문에 탈원전 정책을 택한 나라는 이탈리아·독일·벨기에·스위스·대만 등이다. 특히 독일은 문 정권이 탈원전 정책의 모델로 삼은 나라다. 독일의 탈원전 운동은 원자력 발전을 핵무기와 같다고 생각하는 사람들에 의해 추진돼왔다. 1970년대 오일쇼크로 전 세계에 원전 건설 바람이 불 때 독일에서는 반원전 운동이 시작됐다. 독일 내 핵무기 배치를 반대하는 시민운동이 반원전으로 확대된 것이다. 녹색당이 창설된 이유 중 하나도 반원전 때문이다. 그들은 재생가능한 에너지를 보급하는 것을 대안으로 제시했다. 뒤이어 사회민주당도 강령에 원전은 단계적으로 정지하고, 신규 원전 건설을 더 이상 인정하지 않는다고 못박았다. 체르노빌 원전 사고는 결정적으로 에너지 정책의 대전환을 가져왔다. 1998년 사회민주당과 녹색당은 연립정권을 만들고, 2021년까지 전체 원전을 폐지하기로 결정했다. 한편 원전 에너지를 대체할 재생에너지의 보급을 확대하기 위해 재생에너지법을 제정했다.

2009년 기독교민주사회동맹과 자유민주당의 보수중도우파 연립정권이 들어서면서 독일은 원전 사용 연수를 평균 12년 연장하는 탈원전 기한연장정책을 썼다. 하지만 2011년 후쿠시마 원전사고가 발생하자 물리학자 출신인 메르켈 총리는 다시 탈원전 정책으로 전환했다. 그는 원자력 에너지를 기술경제적 관점이 아닌 윤리적 관점에서 받아들였다. 다른 어떤 에너지원보다 위험하고, 다음 세대에게 폐기물 처리 등의 문제를 남기는 것을 비윤리적으로 보았다. 원자력보다 안전한 에너지원이 존재하고, 재생가능에너지의 보급이 미래의 경제를 위해서도 큰 기회가 된다고 보았다. 2022년 4월 독일은 재생에너지법 등을 개정하면서 2030년까지 전력 수요의 80%를 재생에너지로 충당하고, 2035년까지 전력 수요를 재생에너지로 완전 전환할 계획이다. 2021년 기준 독일 전력 생산량 중 재생에너지(풍력·태양광·바이오메스·수력 등) 비율은 40.9%인데, 10년 뒤 2배로 늘리겠다는 것이다.

탈원전을 선언한 독일은 3기의 원자로를 통해 국가 전력의 11.9%를 생산하고 있다(영구정지는 30기). 운영 중인 3기는 1988~1989년 가동을 시작한 것으로 2022년 폐로 예정이다. 그러나 러시아의 우크라이나 침공으로 상승한 천연가스의 가격이 탈원전 정책의 변수로 작용하고 있다.

1970년대 오일 쇼크로 급격하게 성장해온 세계 원전 시장은 1986년 체르노빌 원전 사고를 변곡점으로 정체 상태였다. 가파르게 성장하던 원전 수가 1987년 400기를 넘어선 이후 30여 년 동안 40여 기밖에 늘지 않았다. 그러나 원전을 꾸준히 유지하거나 확대하는 나라들도 있다. 나라마다 에너지 자원, 에너지 산업에 대한 이해관계가 다르기 때문이다. 2021년 원전 발전량을 보면 미국, 중국, 프랑스, 러시아 다음으로 한국이 많고, 그 뒤를 캐나다, 우크라이나, 독일, 일본이 따르고 있다.

미국은 1958년에 원자력 발전을 시작한 세계 최대의 원전국가다. 2021년 55곳에서 93기의 원자로가 가동 중인데(영구정지 41기) 평균 수명이 40년이다. 미국은 원자로 수를 늘리는 대신, 원자로의 수명과 용량을 늘리고 원료 보급 시 가동 중단시간을 줄여 발전량을 늘려왔다. 덕분에 1990년부터 2021년까지 30년 넘도록 20%에 가까운 전력을 꾸준히 생산했다. 1979년 펜실베이니아 주 스리마일섬 원전 사고 이후 새롭게 허가된 원전은 거의 없지만, 그 이전에 허가된 원전들은 계속 지어졌다는 사실을 눈여겨볼 필요가 있다.[10] 이를 두고 탈원전 측은 원자로 수가 줄었다는 점을, 친원전 측은 발전량이 늘고 수명을 늘렸다는 점을 아전인수식으로 인용한다. 미국 전력의 에너지원은 원자력 19.6%, 재생에너지 20%, 석탄 22%, 천연가스 38%이다. 재생에너지와 천연가스의 비중이 꾸준히 늘고 석탄 비중은 줄고 있다. 천연가스의 가격이 저렴하고, 풍력과 태양광 시설비가 줄고 있기 때문으로 풀이된다. 그럼에도 원전은 계속 유지되고 있다.

프랑스는 2022년 현재 56기의 원자로를 가동 중이며, 전체 전력의 69%를 얻고 있다(영구정지 14기). 원전 의존도가 세계에서 가장 높은 나라다. 원전에서 생산된 전기는 원전을 포기한 이탈리아에 수출하기도 한다. 1968년 소위 68운동이라는 반전·반핵 시민운동이 있었고, 1970년대 오일쇼크로 정부가 원전 건설에 나서자 반원전 운동이 일어났지만, 시민단체와 지역주민이 참여하는 국가공동토론위원회를 통해 프랑스 정부는 원전을 계속 늘렸다. 후쿠시마 원전 사고의 영향으로 프랑수아 올랑드 전 대통령(사회당)이 2025년까지 원자력 비중을 50% 수준으로 줄이려고 했으나, 뒤를 이은 중도우파

성향의 에마뉘엘 마크롱 대통령이 2035년으로 연장했다. 2022년 재선에 성공한 마크롱은 2050년까지 최대 14기의 신규 원전을 건설하겠다는 계획을 발표했다. 2050년 탄소중립 목표를 달성하기 위해 탄소 배출이 적은 원전을 선택한 것이다. 원전 르네상스를 꿈꾸는 마크롱의 정책으로 프랑스의 원전 비중은 작아질 것 같지 않다.

신규 원전을 건설하고 있는 나라는 18개국이고 예상 원전의 수는 56기이다. 중국이 가장 많은 17기를 건설하고 있다. 세계 최대의 전력 소비국가 중국의 소비량은 2위인 미국의 2배다. 중국은 전력난을 해소하기 위해 석탄을 수입하고 급격하게 원전을 늘리고 있다. 중국은 55기의 원자로를 보유한 세계 2위의 원자력 발전 국가이지만(정지 0기), 원자력 비중은 4.9%로 높지 않기 때문에 원전을 계속 건설할 것으로 예상된다. 국제적인 탄소 감축 요구가 거센 데다 대기오염 문제를 해결해야 하는 과제도 있다. 원전 기술을 수출하려는 야망 또한 크다.

일본은 1945년 2개 도시에 원자폭탄이 떨어져 많은 시민이 목숨을 잃었고, 2011년에는 동일본 대지진으로 인한 지진해일로 후쿠시마 원전 사고가 일어났던 나라다. 대지진 이전 일본에는 54기의 원전이 전력의 약 30%를 담당하고 있었다. 대지진 이후 한동안 전체 원전의 가동을 중단했던 일본은 2022년 현재 6개 발전소에서 10기의 원자로를 다시 가동 중이다(영구정지 27기). 원전의 전력 생산량은 전체의 6.6%이다. 2011년 이후 급격하게 늘었던 화석연료의 비중은 최근 줄어들고, 원자력과 태양광이 다시 증가하는 추세이다. 풍력과 지열의 증가세는 크지 않다. 2021년 제6차 에너지기본계획에 따르면 일본은 2030년까지 원전 발전 비중을 20~22%로 다시 높일 계획이다. 2050년 탄소중립을 위해 원자력을 선택지 중 하나로 생각한다. 원전에 대한 국민 신뢰를 회복하겠다는 전략도 함께 만들고 있다.

마지막으로 탈원전 정책을 펼친 문 정권 시절 한국의 상황을 살펴본다. 문 정권 5년간 원전 비중은 그다지 줄지 않았다. 문 대통령이 취임한 2017년의 원전 발전량은 26.8%였다. 2018년 23.4%로 줄었지만, 2019년 25.9%, 2020년 29.0%로 늘어났다. 2021년에는 27.4%로 다시 줄었지만 취임 첫해인 2017년보다 높다. 박근혜 정권 말인 2016년 30.0%에 비해 별로 낮아지지 않았다. 신재생에너지는 2017년 4.4%에서 2021년 7.3%로 2.9%p 높아졌다. 그러나 박 정권 시절 1.7%에서 3.6%로 1.9%p 높아진 것을 보면 크게 높아진 추세라고는 할 수 없다.

문재인 정권이 탈원전 정책에 실패한 이유

그렇다면 문 정권이 탈원전 정책을 제대로 펼칠 수 없었던 이유는 무엇일까?

가장 큰 원인은 국민의 동의를 얻지 못한 데 있다. 국민은 안전한 전력을 원할까, 안정적인 전력을 원할까? 원전 사업자와 종사자, 지역주민, 시민단체 등 복잡한 이해관계가 얽힌 탈원전 정책은 국가적 중대사안인 만큼 국민이 결정했어야 했다. 국민투표가 필요했다는 뜻이다. 유럽에서 처음으로 원전을 가동하고 세계 4위의 원전 대국으로 성장했던 이탈리아는 체르노빌 원전 사고가 발생하자 1987년 원전 4기의 가동 중단을 위해 국민투표를 실시했다. 스위스는 2017년 탈원전 국민투표를 실시해 찬성 58%, 반대 42%의 결과로 2034년까지 모든 원전의 가동을 중지하기로 결정했다. 오스트리아는 1978년 츠벤텐도르프 원전을 완공해놓고 가동도 해보지 않고 국민투표로 폐쇄했다. 투표 결과 약 2만 표(0.9%) 차이로 반대 여론이 앞섰기 때문이다. 그러나 문재인 정권은 국민투표 없이 선거공약만 밀어붙였다. 월성 1호기 공론화 과정에서 탈원전을 반대하는 목소리가 더 높았던 것은 결국 탈원전의 원동력을 잃는 계기가 됐다. 국민의 동의*를 얻고자 한 노력이 부족했던 결과다.

두 번째 실패 원인은 탈원전(반원전) 세력의 취약성이라고 할 수 있다. 독일·스위스·이탈리아와 같은 탈원전 국가를 보면 탈원전 운동이 환경 운동과 함께 오랜 기간 지속적으로 펼쳐졌음을 알 수 있다. 운동가들은 여론을 조성하기 위해 노력하고 정치에 참여해 입법화를 추진했다. 한국의 경우 탈원전 정책을 펼친 더불어민주당의 강령(2022년 7월)을 보면 '에너지 전환을 지속적으로 추진'하기 위해 '원자력 에너지와 화석연료의 사용을 줄이며'라고 표현돼 있다. 이는 단계적인 원전 감축 정책이지 탈원전 정책이라고 볼 수 없다. 이에 비해 녹색당은 '핵에너지 사용을 중단하고, 재생가능에너지 이용을 확대

* 국민 여론은 원전 사고가 나면 탈원전에 우호적이었다가 에너지 위기가 오면 돌아선다. 최근에는 기후변화 위기 속에 국제적인 탄소중립 방안으로 원전의 필요성이 다시 제기되고 있다. 정책의 방향을 결정하고 변경하는 것 또한 국민의 몫이다.

해 지속가능한 에너지 체제로 전환'해야 한다며, 탈원전을 명확히 하고 있다. 정의당 강령에는 '원전은 핵폐기물을 비롯한 감당 불가능한 환경적 부담을 증대시키고 나아가 수습하기 어려운 재앙을 예고하고 있다'고 적혀 있다. 탈원전 정책을 성공시키려면 세 정당이 공론화를 통해 적극적으로 탈원전 입법을 만들어야 했다.

탈원전 시민단체는 어떨까? 2017년 신고리 5·6호기 공론화위원회가 건설 재개를 결정했을 때 탈핵부산시민연대 등은 반대했지만, 환경운동연합·경제정의실천시민연합 등은 공론화위원회의 결정을 수용했다. 결정을 수용한 측은 공론화위원회의 무게와 여론을 의식했을 것이다.

세 번째 실패 원인은 에너지 자원 부족과 신재생에너지 산업의 준비 부족이다. 미국이 원전을 늘리지 않은 이유는 언제 어디서나 전력을 생산할 수 있는 풍부한 화석 에너지 자원뿐 아니라 풍력과 태양광 분야의 선도적인 기술과 좋은 입지 조건을 갖고 있기 때문이다. 독일이 탈원전을 선언할 수 있었던 자신감은 풍부한 석탄 자원과 북쪽에 좋은 풍력단지 입지 조건이 확보되었기 때문이다.** 두 나라는 원자력 시장·기술·인력을 포기하더라도 새로운 시장과 새로운 에너지 기술이 보상해줄 것이라고 판단했다. 안타깝게도 한국은 원전을 포기할 만큼 에너지 자원이 풍부하지 않고, 풍력과 태양광과 같은 신

** 독일이 재생에너지의 비율을 높인 것은 풍력 산업의 미래를 높게 본 까닭이다. 이를 위해 전문인력을 양성하고 기술력을 높여왔다. 독일에는 지멘스에너지의 자회사인 지멘스가메사(2위), 노르덱스(8위)와 같은 세계적인 풍력 터빈 회사들이 있다. 이들은 튼튼한 내수시장을 바탕으로 해외시장에 진출했다.

재생에너지 기술에서 미국·독일·중국에 비해 경쟁력이 높지 않다. 세계 5위의 원자력 국가로 성장하면서 축적한 원전 기술과 전문인력을 포기할 정도로 새로운 에너지 산업이 경쟁력을 갖추지 못한 상황에서 탈원전은 시기상조였던 것이다.

한편, 국민은 탈원전이 진행되면 전기세가 오르지 않을까 걱정하기도 한다. 전기세는 에너지별 발전원가에 따라 달라질 수밖에 없다. 2020년 국회예산처 자료를 보면 1kWh를 생산하는 데 드는 비용은 신재생에너지 264원, LNG 126원, 무연탄 118원, 유연탄 83원, 원자력 54원이다. 원자력 원가에 방폐물 처리비용, 원전 해체비용까지 들어간다면 달라질 수 있겠지만, 현재의 계산방식에 따르면 원자력은 발전원가를 낮게 잡음으로써 전기세를 눌러 왔다.

네 번째 탈원전이 쉽지 않았던 이유는 에너지 안보 때문이다. 1970년대 오일쇼크가 덮치자 전 세계는 에너지 안보의 중요성을 깨달았다. 지금은 석탄과 천연가스마저 에너지 안보를 위협하고 있다. 중국은 2020년 말 호주산 석탄 수입을 금지하면서 전력 위기를 자초했다. 독일은 러시아의 우크라이나 침공에 대한 경제 제재로 천연가스 수입이 어렵게 되자 전력 생산에 큰 차질이 생겼다. 석유·석탄·천연가스와 같은 에너지 자원을 적절한 물량과 합리적인 가격으로 확보하지 못할 경우, 전력 생산은 위험해지고 전기 요금은 크게 오를 수밖에 없다.

2021년 한국은 1차 에너지 소비가 세계 7위이다. 에너지 수입 의존도는 92.8%에 달하며, 대부분이 석유·석탄·액화천연가스 등 화석연료다. 에너지 안보는 탄소중립보다 앞선 과제일 수밖에 없다. 원자력과 재생에너지를 통해 에너지의 다양성을 갖추는 것은 에너지 안보 전략이지만, 재생에너지가 원자력을 대체하기에는 아직 매력적이지 않다. 원전은 좁은 공간에서 24시간 전력을 생산할 수 있지만, 태양광과 풍력은 넓은 공간을 차지하고 시간과 날씨의 영향을 크게 받기 때문이다. 예측할 수 없고 필요할 때 에너지를 생산할 수 없다. 태양광과 풍력을 믿었던 독일은 기후변화로 전력 생산에 차질이 생기자 고민에 빠졌다. 생태계를 파괴한다며 환경단체와 지역주민이 반대하는 것도 확대의 걸림돌이다.

다섯 번째는 탄소중립의 압박이다. 일본은 1911년 동일본 대지진 이후 원전 가동을 중지하면서 화석연료 발전량을 크게 높여야 했다. 그 결과 탄소중립 로드맵에 차질이 생겼다. 다시 원전을 가동했던 것도 그래서다. 국제사회가 탄소중립 수단으로 원자력을 인정하는 이유는 에너지 안보가 강화되면서 탄소 배출이 많은 석탄 발전이 늘어나기 때문이다. 문 정권 이후의 일이지만, 유럽연합의회는 2022년 7월 원자력과 천연가스를 지속가능한 활동을 위한 그린 택소노미(녹색분류체계)에 포함하는 방안을 의결했다. 택소노미는 기후변화 완화, 오염 방지, 생물 다양성과 생태계 복원 등 환경적으로 지속가능한 경제 활동을 정의한 분류체계다. 여기에 탄소를 배출하는 천연가스가 포함됐다는 사실에 의아해할 것이다. 독일로 대표되는 원자력 반대파와 프랑스가 이끄는 원자력 찬성파가 대립해온 가운데, 독일이 자국에 유리한 천연가스를 넣는 조건으로 원자력 찬성파와 타협한 것이다.* 그린 택소노미에 원자력이 들어가긴 했지만 조건은 매우 까다롭다. 그중 하나가 고준위 방폐물 처분시설을 2050년까지 운영하기 위한 문서화된 계획을 보유(폐기물 발생국 내에서 처분하는 것이 원칙이나 제3국과의 협의를 통한 인도 허용)해야 하는 것이다.

탄소중립은 기후변화 위기에 대한 장기간의 홍보와 교육 덕분에 국민의 수용도가 매우 높고, 경제에 미치는 영향이 크기 때문에 탈원전 정책보다 우선한다고 할 수 있다. 문 정권의 기후정책은 이명박 정권의 저탄소 녹색성장 정책과 큰 차이가 없었다. 예산 중 상당 부분이 전기차·수소차 보급 예산으로 채워지면서, 온실가스 감축 계획이 아니라 대기업 특혜 주기라는 지적도 있다.

여섯 번째는 늘어나는 전력 수요다. 문재인 정권이 강조했던 4차 산업혁명은 전력이 중요 에너지원이며, 반도체와 전기차는 전기를 먹는 하마다. 제9차 전력수급기본계획에 따르면 2020~2034년 동안 전력 소비량은 경제성장률·산업구조·인구·기후변화 등을 고려했을 때 연평균 1.6% 증가할 것으로 보인다. 이는 전력 효율을 높이는 기술의 발전을 고려한 것이다. 원전을 줄이는 만큼 친환경 자연 에너지원으로 대체한다면 탄소를 배출하는 석탄과 천연가스의 비중을 줄이는 것이 쉽지 않다.

문 정권의 탈원전 정책은 실패했다. 1978년 처음으로 원자력 발전

* 원자력 포함 반대 국가: 독일, 오스트리아, 룩셈부르크, 덴마크, 스페인, 포르투갈
원자력 포함 지지 국가: 프랑스, 핀란드, 체코, 슬로바키아, 헝가리, 폴란드, 불가리아, 크로아티아, 루마니아, 슬로베니아, 스웨덴, 네덜란드

을 시작한 이후 역대 정권은 원자력 진흥 정책을 펼쳐왔다. 원전을 국가 발전의 원동력, 에너지 안보, 고유가 시대 대응, 환경보전, 국제적인 온실가스 감축 수단으로 생각했던 것이다. 원전 독자기술 개발과 인력 양성에도 힘썼다. 김대중·노무현 정권에서 원전의 자립기술이 완성되었고, 이명박 정권에서 원전 수출국이 되었다. 탈원전 정책은 문 정권이 처음 시도한 정책이었다. 1980년대 말 민주화운동의 일환으로 시작된 반핵 시민운동이 1990년대 김대중·노무현 정권 시절 방폐장 건설 문제가 생기면서 반원전으로 확대됐는데, 문 정권이 탈원전 정책으로 화답했다고 할 수 있다. 그러나 탈원전 정책은 국민을 충분히 이해시키지 못했고, 외부 요인에 대응하는 것도 미숙했다.

(그림1) 전체 에너지원 중 원전 발전량 비중

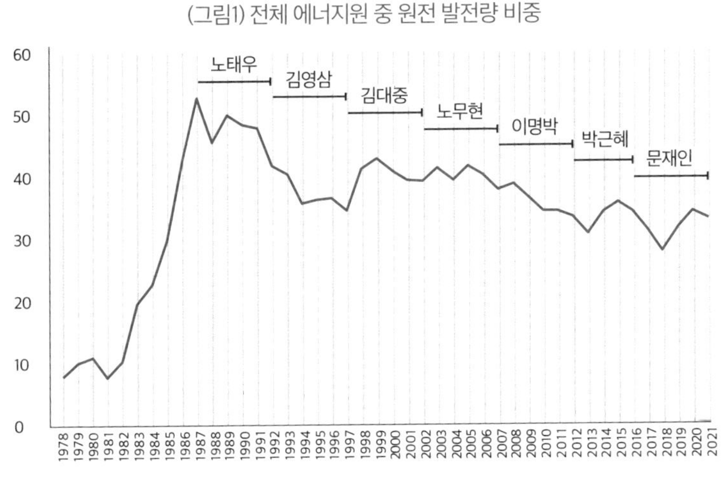

원전 발전량 비중은 1987년 이후 꾸준히 감소했다. 이는 역대 정권이 여러 가지 이유로 원자력 자연 감축 내지 적정수준 유지 정책을 펼쳤음을 보여준다.

우리나라 원전 비중은 1987년 53.1%의 최고점을 찍었다. 그 후 노태우·김영삼·김대중·노무현 정권을 거치며 원전 발전량은 지속적으로 늘었지만 비중은 조금씩 감소했다. 박근혜 정권에 들어서서는 25~30% 수준을 유지했는데, 문재인 정권에서도 마찬가지였다. 세계 8위의 전력 소비국인 한국이 대체 에너지 자원이 부족한 상황에서 탈원전 정책을 펼치기에는 아직 버거웠던 것이다.

탈원전 정책에 성공하기 위해서는 전문가·시민·이해관계자가 참여하는 공론화 과정을 지속적으로 개최할 토대를 만들었어야 했다. 또한 원전 정책의 방향을 국민에게 물어야 했다. 무엇보다 원전 문제의 핵심인 고준위 방폐장 문제부터 챙겼어야 했다.

문재인 정권이 남긴 것들

문 정권의 과학기술 정책의 성과를 들자면 정부와 민간의 연구개발 투자가 크게 늘어난 점이다. 국내총생산GDP 대비 정부의 연구개발 투자의 경우 세계 1위였다. 정부와 민간이 미래에 대한 과학기술 투자를 아끼지 않은 것이다. IMD 평가에서 한국의 과학 인프라가 8위에서 2위로 크게 올라선 것은 중요한 성과지표라고 할 수 있다.

국민은 체감할 수 없겠지만, 2018년 〈공공기관운영법〉을 개정해 기타공공기관으로 분류됐던 과학기술 공공연구기관을 '연구개발목적기관'으로 분류해 연구개발의 자율성과 책임성을 강화한 문 정권의 성과다. 거대과학 연구개발에 실명이력제를 도입하고, 연구과제의 평가 결과를 공개하는 등의 투명화 공약도 완수했다.

청년을 위한 신진연구자 지원 예산을 늘리고, 여성 과학기술인을 위해 R&D 경력복귀 지원사업을 시행한 것도 높이 평가할 만하다. 그러나 청년을 포함한 모든 연구개발자의 적정임금 마련, 중소기업에 취업한 과학기술인을 대상으로 한 연금제도 마련 등의 공약은 이행하지 못했다.

문 정권은 '자율과 책임의 과학기술 혁신 생태계 조성'과 '청년 과학자와 기초연구 지원으로 과학기술 미래역량 확충' 등 2가지 과학기술 정책과제를 제시하고 이를 이행하기 위해 많은 노력을 기울였다. 그러나 가장 신경 썼던 과학기술 컨트롤타워의 강화는 혼란만 가중시켰다. 컨트롤타워를 이끌 책임자를 자주 교체했던 것도 좋게 보이지 않았다.

역대 정권의 공약은 수행능력에 비해 늘 과다하다. 문 정권의 공약도 마찬가지였다. 공약에 대한 검증은 공약의 의미와 이행률을 모두 따져야 하는데, 필자의 능력으로는 역부족이다. 이는 세부공약에 대한 전문적인 연구를 통해 다시 평가해야 할 부분이다. 의미 있는 공약은 이행하지 못했더라도 살려야 하고, 예산 낭비를 초래하거나 비효율적인 공약의 이행은 개선해야 할 것이다. 차기 정권하에 정책연구자와 국책연구기관이 할 일이다.

문재인 정권의 탈원전 정책은 실패로 끝났지만 더 큰 문제는 원전이 안고 있는 기본 문제를 해결하지 못한 데 있다. 원전에서 양산되는 사용후핵연료 문제는 공론화 과정을 통해 빨리 해결해야 하고, 영구정지한 원전의 해체기술도 확보해야 한다. 이는 탈원전과 친원전의 논쟁과는 무관한 문제이며, 모두 차기 정권의 숙제다. 날로 커지는 재생에너지 시장을 선도할 기술을 개발하는 것도 과제다. 이는 국내 재생에너지 시장이 뒷받침되어야 가능한 일이다. 재생에너지는 원자력의 대체 에너지가 아니라 미래를 이끌 또 다른 에너지원이다.

주

1. LG 계열사 부사장을 지냈던 유영민은 노무현 대통령 아들의 직장 상사였던 인연으로, 노 정권 시절 소프트웨어진흥원 원장 등을 지냈다. 문 정권이 들어서자 1기 과학기술부 장관에 임명됐다. 총선에 나섰다가 떨어진 뒤 문 대통령의 마지막 비서실장으로 곁을 지켰다.
2. 과학기술 분야는 전문성(정보의 비대칭성)으로 인해 내부 동업자 평가를 할 수밖에 없는데, 상호 우호적인 측면이 있어 부조리가 생길 수 있다. 책임을 강조한 것은 막대한 예산을 투입하는 과학기술 분야의 투명성과 자율성을 개선하기 위한 것으로 보인다.
3. 컨트롤타워는 중심을 잡아주는 중요한 역할을 하는 사람이나 조직·기구를 가리킬 때 쓰인다.
4. 문미옥은 문 정권의 과학기술계 신데렐라였다. 물리학 박사학위를 받은 뒤 여성단체에서 근무하다 더불어민주당 대표였던 문재인의 추천으로 제20대 총선에서 비례대표 7번으로 국회의원이 됐다. 1기 과학기술보좌관으로 청와대에 들어갔고, 2기 과기정통부 제1차관에 임명됐다. 문 정권 말기에는 과학기술정책연구원 원장을 역임했다.
5. 과학기술부총리는 국가 연구개발 예산의 1차 편성권을 행사하고, 19개 부처 및 외청의 과학기술정책도 총괄했다.
6. 국가 연구개발 예산은 교육 예산 89조 6천억 원의 3분의 1, 국방예산 54조 6천억 원의 절반 이상이다.
7. 지금까지 한국형 원전 수출은 2009년 이명박 정권이 아랍에미리트(UAE)에 수출한 것이 유일하다.
8. 공론화위원회는 민간위원 7명(인문사회 2명, 기술공학 1명, 시민환경단체 4명), 원전지역 5명, 시민사회단체 3인 등 15명으로 구성했으나, 민간위원 중 3명, 시민사회단체 중 2명, 원전지역 대표 1명이 사퇴해 9명으로 운영됐다.
9. 재검토위원회는 원자력계 5인, 환경단체 3인, 5개 원전지역 주민대표 5인, 정부 추천 4명 등 15인으로 구성했으며, 마지막에 정부 추천 1인(위원장)이 사퇴했고, 중간에 사퇴한 지자체 추천 1명은 다른 이로 대체됐다.
10. 1996년 이후 늘어난 미국의 원자로는 3개다. 2016년 1기의 원자로가 테네시 주에 건설됐고, 2012년 조지아 주에서 2기의 원자로를 승인받았다.

- 경향신문, (2022. 1. 5) "EU가 원자력 발전으로 돌아섰다?…돌아선 유럽 국가는 없다", khan.co.kr
- 김우재, (2022. 5. 13) "사회혁신에 끌려 다닌 文정부 과학기술", thecolumnist.kr
- 사토 요시유키·다구치 다쿠미, (2021) 《탈원전의 철학》, 도서출판 b. pp. 397-411.
- 산업통상자원부, (2021. 12) 〈제2차 고준위 방사성폐기물 관리 기본계획(안)〉
- 세계 에너지 및 기후 통계, yearbook.enerdata.co.kr (검색일: 2022. 8. 25)
- 에너지온실가스 종합정보 플랫폼, tips.energy.or.kr/statistics/statistics_view0308.do (검색일: 2022. 8. 25)
- 이삼열, (2021) 〈우리나라 과학기술행정체제 이력 분석연구〉, KISTEP
- 이정재, (2021) 〈과학기술행정체계의 현황 진단과 발전방안 연구〉, KISTEP
- 정정화, (2021) 《사용후핵연료 갈등: 불편한 진실과 해법》, 파람북. pp. 462-480
- 주성돈, (2011) 〈원자력정책의 변동에 관한 연구: 역사적 제도와 행위자를 중심으로〉, 가톨릭대학교 대학원 박사학위 논문
- 한겨레21, (2022. 6. 24) "원전 비중 그대로인데 '바보 같은 짓?", h21.hani.co.kr
- 한국전력통계
- Clean Energy Wire, (03 Aug 2022) "Germany's energy consumption and power mix in charts", cleanenergywire.org
- Nuclear Power in the World Today, (Updated Aug 2022) world-nuclear.org (검색일: 2022. 8. 25)
- Nuclear Share of Electricity Generation in 2021, pris.iaea.org/pris/worldstatistics/nuclearshareofelectricitygeneration.aspx (검색일: 2022. 8. 25)
- U.S. nuclear industry, eia.gov/energyexplained/nuclear/us-nuclear-industry.php (검색일: 2022. 8. 25)
- 自然エネルギー白書, isep.or.jp/archives/library/category/japan-renewables-status-report (검색일: 2022. 8. 25)
- 2021年电力统计基本数据一览表, chinaenergyportal.org/en/2021-electricity-other-energy-statistics-preliminary (검색일: 2022. 8. 25)

6장

인사 정책 : ‘해임’도 ‘읍참’도 외면한 참모형 대통령

이필재

'해임'도 '읍참'도 외면한 참모형 대통령

"전국적으로 고르게 인사를 등용하겠습니다. 능력과 적재적소를 인사의 대원칙으로 삼겠습니다. 저에 대한 지지 여부와 상관없이 유능한 인재를 삼고초려해서 일을 맡기겠습니다."

문재인 대통령의 19대 대통령 취임사의 한 대목이다. 그는 "문재인과 더불어민주당 정부에서 기회는 평등하고, 과정은 공정하고, 결과는 정의로울 것"이라고 선언했다. '공정한 대통령'이 되겠다며 "상식대로 해야 이득을 보는 세상을 만들겠다"고 다짐했다. 그는 이날 "한 번도 경험하지 못한 나라를 만들겠다는 열정으로 제 가슴은 뜨겁다"고 고백했다.

기회는 평등하고 과정은 공정하고 결과는 정의로울 것이라는 대통령의 약속에 다수 국민은 열광했다. 모든 레토릭의 목적은 청자에 대한 설득이다.[1] 국정 농단 사태를 겪으면서 서로 얼굴을 마주보고 "이게 나라냐"고 묻던 시민들은 대통령의 레토릭에 환호했다. 일부 시민들은 팬덤을 형성했다. '문꿀오소리' 같은 그룹은 문 대통령에게

반기를 드는 사람들을 공격했다. 문꿀오소리는 자신보다 덩치가 큰 하이에나와 사자에게도 마구 덤벼 기네스북에 세상에서 가장 겁 없는 동물로 등재된 벌꿀오소리를 패러디한 것이다.

문 정부 시절인 2020년 말 《교수신문》은 올해의 사자성어로 '내로남불'의 한자식 사자성어인 아시타비我是他非를 선정했다. '내가 하면 로맨스, 남이 하면 불륜'을 줄인 내로남불은 문 정부 내내 국민들 사이에 회자됐다. 인사가 특히 그 풍자의 대상이었다.

한마디로, 문재인 정부는 인사에 실패한 정부였다. 인사 성공의 사례를 꼽기가 쉽지 않을 정도다. 그 대표적인 사례가 윤석열 검찰총장의 발탁이다. 35일 만에 자진사퇴로 막을 내린 조국 민정수석의 법무부 장관 기용도 무리한 인사였다. 그와 그의 가족을 겨냥한 검찰의 집중적인 수사가 사임을 촉발했지만, 이 과정에서 대통령은 침묵을 지켰다.

박근혜 정부 시절 초대 인사혁신처장을 지낸 이근면 성균관대 특임교수는 문 정부의 인사에 대해 낙제점이라고 평가했다.

"축구팀에 비유하면 축구를 잘하는 선수가 아니라 감독과 호흡이 잘 맞을 사람을 썼기 때문이죠. 실은 역대 정권이 대부분 그랬습니다."

정작 문 대통령은 2019년 봄 취임 2주년 인터뷰 당시 "인사 실패·참사 주장에 동의하지 않는다"라고 입장을 밝힌 바 있다.

"상식대로 처신해야 이득 보는 세상을 만들겠다"라던 '공정한 대통령'은 자신이 발탁해 고속 승진시킨 검찰총장에게 정권을 넘겼다. 그는 대선 기간 내내 '공정과 상식'의 가치를 내걸었고 '불임 정당'화한 제1야당은 그를 영입해 5년 만에 정권을 되찾았다.

문재인 대통령의 인사 스타일

'정치인 문재인'. 정치는 과거 그의 정치적 파트너이자 친구였던 고 노무현 전 대통령이 거듭 권유했지만 한사코 거부했던, 그로서는 '가지 않은 길'이었다. 그는 《문재인의 운명》에 이렇게 썼다.

'나야말로 운명이다. 당신(노무현)은 이제 운명에서 해방됐지만, 나는 당신이 남긴 숙제에서 꼼짝하지 못하게 됐다.'

문재인 대통령은 어쩌면 밀린 숙제 하듯 더불어민주당 정권을 떠안았는지도 모른다. 그는 《문재인, 김인회의 검찰을 생각한다》에는 이렇게 썼다.

'노무현 대통령에 대한 검찰 수사는 본질적으로 정치권력과 검찰의 복수극이었다.'[2]

문 대통령은 19대 대선 전 한 잡지와의 인터뷰에서 "리더로서 참모형인가, 장수형인가"라는 질문을 받고서 "참모와 장수가 따로 있겠느냐"고 반문한 후 "대통령 비서실장은 600여 명이 일하는 비서실이라는 기관의 장이기도 하다"라고 말한 적이 있다. 그러면서 이렇게 덧붙였다.

"사람은, 어느 일을 잘하면 뭐든지 잘하는 것입니다."

그럴까? 만일 그가 스스로 지휘관형이라고 생각한다면 선선히 "나는 장수형 리더"라고 답하지 않았을까? 문 대통령은 주도형 리더는 아니었다. 19대 대선 당시 문재인 후보 중앙선대위에서 공익제보지원위원장을 지낸 신평 변호사는 문 대통령을, 박근혜 대통령과 더불어 참모형으로 분류한다.* 역대 대통령 중 지도자형으로는 박정희, 김영삼, 김대중, 노무현을 꼽았고, 이들 지도자형 대통령 중에선 김대중을 가장 높이 평가했다.

이근면 교수는 인사에 관한 한 문 대통령이 "대단히 우유부단했다"라고 평가했다. 해임해야 할 임명직 고위공직자를 제때 내치지 않았다는 것이다. 조국 법무부 장관, 윤석열 검찰총장, 홍남기 경제부총리 겸 기획재정부 장관 등이 도드라진 사례다.

윤석열 총장의 2년 임기를 존중한 것은 이상주의자로서의 문재인의 면모다. 그의 고지식한 면이자 동시에 고집스러운 면이라고도 할 수 있을 것이다. 원칙주의자로서 인사도 나름의 원칙에 충실하려다 보니 유연하지 않았다. 결과적으로 자기 원칙에 갇히는 경우가 적지 않았다. 위임형 리더로서 검찰총장에게 검찰 개혁의 미션을 위임했지만, 윤 총장은 결국 임기를 채우지 않고 자진사퇴해 야당 정치인으로 변신했다. 위임은 피위임자를 제대로 쓸 때만 소기의 성과를 거둘 수 있다.

문 대통령은 또 이 잡지와의 인터뷰에서 우리 국민이 요구하는 리더십에 대해 "성숙한 사회가 된 만큼 소통하고 함께 나아가는 민주적인 리더십이 필요하다"고 밝혔다. 그러나 모든 리더는 말 그대로 리더이다. 대통령으로서 국민과 소통도 해야 하지만 리더로서 국정을 이끌어야 한다. 국민과 약속한 국정 과제를 완수하려면 과제의

* 신평 변호사는 윤석열 대통령의 멘토로 알려져 있다. 그는 윤 대통령과 이재명 의원을 지도자형으로 분류한다. 윤 대통령이 당선된 2022년 대선 전 그는 새 대통령으로 지도자형을 뽑아야 한다고 주장했다.

우선순위를 정하는 한편, 일이 되도록 사람을 써야 한다.

문 대통령이 취임사에서 다짐한 대로, 대통령은 인사권자로서 필요한 인재를 등용하기 위해 삼고초려를 해야 한다. 때로는 읍참마속하는 악역도 마다하지 말아야 한다. 소통의 리더십과 더불어 결단의 리더십이 필요하다는 것이다. 그런 점에서 문 대통령은 대국민 소통의 노력도 부족했지만 결단의 순간을 수시로 외면한 회피형 리더였다.

예산통으로 곳간지기에 충실하려 한 홍남기 경제부총리에 대한 의존은 코로나19 위기에 정부의 적극적인 재정 운용을 주저하게 만들었다.** 모피아에 포획되어 부동산 정책을 사실상 경기 부양용으로 쓴 결과 집값은 폭등했다. 결국 문 대통령은 자신이 발탁했지만 야당 정치인으로 변신한 '검피아' 윤석열에게 정권을 넘기고 말았다.***

문 대통령이 과연 인사를 중시했는지도 의문이다. 문재인 청와대의 두 인사수석비서관 조현옥·김외숙은 인사 전문가가 아니었다. 조현옥은 문재인 대통령비서실장 시절 1년여 인사수석실 균형인사비서관을 지냈지만, 서울시 여성가족정책실장이 주요 이력이다. 김외숙은 노무현 전 대통령과 문재인 대통령이 몸담았던 '법무법인 부산' 출신으로 문 정부에서 법제처장을 지냈다. 두 사람 모두 여성으로

** 홍남기 부총리는 문재인 정부의 경제 정책을 상징하는 인물이다. 대통령 임기 5년의 68.3%에 해당하는 3년 6개월간 경제사령탑을 맡았다.

*** 모피아는 기획재정부MOSF(Ministry of Strategy and Finance) 출신 관료들을 마피아에 빗대어 이르는 말이다. 검피아는 검찰과 마피아의 합성어다.

문 정부 여성 고위직의 구성 비율을 높이는 데는 기여했다.

19대 대통령 선거를 앞두고 문 대통령이 민주당 대선 후보로 선출됐을 때의 일이다. 경선 과정에서 그의 지지자들이 경쟁 후보에게 문자 폭탄을 보내고 비방 댓글을 단 것을 어떻게 생각하느냐는 질문에 문 후보는 이렇게 말했다.

"경쟁을 더 흥미롭게 만들어주는 양념 같은 것이죠."

이 답변이 파문을 일으키자 다음 날 열린 의원총회에서 이렇게 해명했다.

"저를 지지하지 않는다는 이유로 문자 폭탄을 받은 의원님들이 있다고 들었습니다. 제가 알았든 몰랐든, 저에게 책임이 있든 없든, 깊은 유감을 표하고 위로를 드립니다."

그는 문자 폭탄을 보낸 자신의 지지자들을 비판하지도, 이들에게 자제를 호소하지도 않았다. 도리어 자신의 책임 문제에 대해 선을 그었다. 그때 그가 "저를 지지하지 않는 사람들에게 그런 문자 폭탄을 보내면 제 책임이 된다"라고 했다면 어땠을까?

문 대통령은 임기 내내 팬덤 정치(극렬한 지지자들의 의견과 이해관계만 반영하는 정치)에 갇혀 있었다. 법률가 출신으로 당정 분리를 중시하고 삼권 분립을 존중한 대통령이지만 통합의 리더십을 발휘하지는 못했다. 어쩌면 끝내 정치인은 되지 못한 대통령이었는지도 모른다.

김현미는 죄가 없다?

문재인 대통령은 재임 중 국회의 동의 없이 34명의 장관급 이상 인사를 임명했다. 역대 최다이다. 노무현 대통령은 3명, 이명박 대통령은 17명, 박근혜 대통령은 10명의 장관급 이상 고위직을 이렇게 야당의 동의를 받지 못한 사람으로 임명했다. 탄핵으로 재임기간이 단축된 박근혜 정부의 3배가 넘는 규모다.

문 대통령은 또 내각에 정치인 출신을 많이 포진시켰다. 첫 조각 당시 이낙연 국무총리를 포함해 여덟 명의 국무위원이 전현직 국회의원이었다. 국무위원 19명 중 42%다. 경기도 교육감 출신인 김상곤 사회부총리 겸 교육부 장관, 노원구의원·서울시의원을 지낸 김은경 환경부 장관을 포함하면 정치인 출신이 과반수(53%)다. 이에 대해서는 박근혜 대통령 탄핵 후 대통령직인수위 없이 출범하다 보니 선거를 통해 검증을 거친 정치인을 대거 기용했다는 분석이 가능하다.

정치인 출신 장관을 다수 기용한 것에 대해서는 삼권분립의 원칙을 훼손했다는 비판을 받았다. 안정적인 국정 운영, 인사청문회 돌파엔 유리했겠지만, 행정부를 견제하는 입법부의 기능을 약화시켰다는 것이다. 이개호 농림축산식품부 장관과 도종환 문화체육관광부 장관의 경우, 물러난 뒤 각각 소관 상임위의 위원장을 지냈는데 이로써 이해충돌 상황을 초래했다는 비판에 직면했다.

문 정부 첫 조각엔 역대 최장기간인 195일이 걸렸다. 그때까지 가장 길었던 건 175일이 걸린 김대중 정부였다.

지역 안배는 잘된 편이었다. 국무위원 중 영남 출신이 6명, 수도권

문재인 정부 5년의 국무총리 및 장관

직위	성명	재임기간	비고
국무총리	이낙연(李洛淵)	2017.5.31~2020.1.13	
	정세균(丁世均)	2020.1.14~2021.4.16	
	김부겸(金富謙)	2021.5.14~2022.5.11	
부총리 겸 기획재정부 장관	김동연(金東兗)	2017.6.9~2018.12.9	
	홍남기(洪楠基)	2018.12.10~2022.5.9	
부총리 겸 교육부 장관	김상곤(金相坤)	2017.7.4~2018.10.1	
	유은혜(兪銀惠)	2018.10.2~2022.5.9	
미래창조과학부 장관	유영민(兪英民)	2017.7.11~2017.7.25	정부조직법 개정 (2017.7.26)
과학기술정보통신부 장관	유영민(兪英民)	2017.7.26~2019.9.8	
	최기영(崔起榮)	2019.9.9~2021.5.13	
	임혜숙(林惠淑)	2021.5.14~2022.5.9	
외교부 장관	강경화(康京和)	2017.6.18~2021.2.8	
	정의용(鄭義溶)	2021.2.9~2022.5.11	
통일부 장관	조명균(趙明均)	2017.7.3~2019.4.7	
	김연철(金錬鐵)	2019.4.8~2020.6.19	
	이인영(李仁榮)	2020.7.27~2022.5.9	
법무부 장관	박상기(朴相基)	2017.7.19~2019.9.8	
	조국(曹國)	2019.9.9~2019.10.14	
	추미애(秋美愛)	2020.1.2~2021.1.27	
	박범계(朴範界)	2021.1.28~2022.5.9	
국방부 장관	송영무(宋永武)	2017.7.13~2018.9.20	
	정경두(鄭景斗)	2018.9.21~2020.9.17	
	서욱(徐旭)	2020.9.18~2022.5.11	
행정자치부 장관	김부겸(金富謙)	2017.6.16~2017.7.25	정부조직법 개정 (2017.7.26)
행정안전부 장관	김부겸(金富謙)	2017.7.26~2019.4.5	
	진영(陳永)	2019.4.6~2020.12.23	
	전해철(全海澈)	2020.12.24~2022.5.11	
문화체육관광부 장관	도종환(都鍾煥)	2017.6.16~2019.4.2	
	박양우(朴良雨)	2019.4.3~2021.2.10	
	황희(黃熙)	2021.2.11~2022.5.13	

직위	성명	재임기간	비고
농림축산식품부 장관	김영록(金瑛錄)	2017.7.3~2018.3.4	
	이개호(李介昊)	2018.8.10~2019.8.30	
	김현수(金炫秀)	2019.8.31~2022.5.10	
산업통상자원부 장관	백운규(白雲揆)	2017.7.21~2018.9.20	
	성윤모(成允模)	2018.9.21~2021.5.5	
	문승욱(文勝煜)	2021.5.6~2022.5.12	
보건복지부 장관	박능후(朴凌厚)	2017.7.21~2020.12.23	
	권덕철(權德喆)	2020.12.24~2022.5.25	
환경부 장관	김은경(金恩京)	2017.7.4~2018.11.8	
	조명래(趙明來)	2018.11.9~2021.1.21	
	한정애(韓貞愛)	2021.1.22~2022.5.10	
고용노동부 장관	김영주(金榮珠)	2017.8.14~2018.9.20	
	이재갑(李載甲)	2018.9.21~2021.5.6	
	안경덕(安庚德)	2021.5.7~2022.5.10	
여성가족부 장관	정현백(鄭鉉柏)	2017.7.7~2018.9.20	
	진선미(陣善美)	2018.9.21~2019.9.8	
	이정옥(李貞玉)	2019.9.9~2020.12.28	
	정영애(鄭英愛)	2020.12.29~2022.5.16	
국토교통부 장관	김현미(金賢美)	2017.6.21~2020.12.28	
	변창흠(卞彰欽)	2020.12.29~2021.4.16	
	노형욱(盧炯旭)	2021.5.14~2022.5.13	
해양수산부 장관	김영춘(金榮春)	2017.6.16~2019.4.2	
	문성혁(文成赫)	2019.4.3~2022.5.9	
중소벤처기업부 장관	홍종학(洪鐘學)	2017.11.21~2019.4.7	
	박영선(朴映宣)	2019.4.8~2021.1.20	
	권칠승(權七勝)	2021.2.5~2022.5.12	

과 호남이 각각 5명, 충청이 3명이었다.

문 정부 첫 내각의 여성 장관은 다섯 명으로, 구성비는 28%였다. '여성 장관 30%' 공약엔 못 미쳤지만 거의 육박하는 수치다. 무엇보다 과거 남성의 전유물처럼 여겨졌던 외교부(강경화)와 국토교통부(김현미)에 헌정사상 최초로 여성 장관을 임명했다. 2019년 출범한 2기 내각의 경우 국가보훈처를 포함해 19개 부처 중 6개 부처(31.6%) 수장을 여성이 맡아, 30%를 채웠다. 2021년 3차 개각 당시 문 대통령은 문화체육관광부 장관직을 여성에게 맡기고 싶어 했지만 뜻을 이루지 못했다.

문 정부 내각에 대해선 '캠코더'(대선캠프 출신, 코드인사, 더불어민주당) 출신이 장악했다는 비판이 제기된다. 청와대엔 임종석 비서실장을 비롯해 전국대학생대표자협의회 출신 86세대 운동권 인사들이 여럿 포진했다. 박근혜 정부의 장관을 지낸 한 정통 관료는 코드인사가 문 정부의 정책 실패를 초래했다고 지적했다.[3] 그는 또 청와대에 권한이 집중된 것이 공직사회가 자율적으로 일하는 분위기를 저해했다고 비판했다.

"역대 정부와 마찬가지로 문 정부는 인재를 널리 구하지 않았고, 자신들의 이념에 충실한 사람들만 써 정책 실패를 초래했습니다. 대통령비서실은 이 과정에서 공공기관 비상임 이사 인선 등 사소한 인사에까지 관여해 해당 조직의 자율성을 해쳤고 비전문가들이 판치는 상황을 만들었죠. 인사를 비롯한 모든 권한이 대통령비서실에 집중됨으로써 결국 공직자들이 솔선해 자율적으로 문제를 파악하고 해결하는 노력을 포기하게 만들었습니다."

이근면 교수도 코드인사는 내 편을 기용하는 것이기에 잘못이라고 말했다.

"청와대 스태프라면 몰라도 장관 등 행정부 고위직엔 내 편보다 베스트 플레이어를 앉혀야죠. 내 편만 쓰면 그 나물에 그 밥이 돼 다양한 시각이 공존하기 어렵습니다."

코드인사는 결과적으로 국정의 폭을 협소하게 만든다는 지적이다.

"인사권자는 보통 판단과 오기 사이에서 인사 결정을 합니다. 부동산 정책에 실패한 김현미 국토교통부 장관을 교체하지 않은 건 문 대통령이 '김현미는 죄가 없다'고 생각했기 때문인 듯싶어요. 그러나 인사는 결과론입니다. 설사 적임자를 임명했다고 하더라도 결과가 나쁘면 결국 나쁜 인사가 되어버리죠."

그러나 코드인사 자체가 문제라기보다 코드가 맞을뿐더러 능력도 있는 적재適材를 적소에 쓰지 않은 것이 문제였다. 취임사에서 능력과 적재적소를 인사의 대원칙으로 삼겠다고 했지만 문 대통령이 그런 인사를 했다고는 보기 어렵다.

국정의 첫 단추라고 할 수 있는 첫 인사는 계파주의에서 벗어났다는 평가를 받을 만했다. 임종석 청와대 비서실장은 박원순 시장 정무부시장 출신이다. 정책실장엔 '안철수의 사람'이었던 장하성 고려대 교수를 임명했다. 이낙연 총리는 친문 패권주의에서 자유로운, 비문으로 분류되던 인사다. 정치인 출신 장관인 김부겸·도종환·김영록·김영춘·김현미·김영주 등도 친문이라고 규정할 만한 사람들이 아니다.

장하성 전 정책실장과 조현옥 전 인사수석의 주중 대사 및 주 독일

대사 임명은 낙하산 인사라는 비판을 받았다. 두 사람 다 주재국과 관련한 외교 경력이 없어 '회전문 인사' 소리도 들었다.

문 대통령은 노무현 정부 시절 민정수석을 지냈다. 2006년 여름 그가 법무부 장관 후보로 거론되자 당시 야당이던 한나라당은 물론 여당인 열린우리당도 반대했다. 결국 그는 임명을 받지 못했다. 2011년 이명박 정부의 권재진 민정수석이 법무부 장관에 기용됐을 때* 야권의 가장 강력한 차기 대권 주자였던 문재인 노무현재단 이사장은 반대 입장을 밝혔다. 법무부 장관의 가장 중요한 책무가 검찰의 정치적 중립성을 보장하고 확장하는 것인데, 권 수석은 참여정부가 이룬 검찰의 정치적 중립성 강화를 퇴행시킨 장본인이라는 것이 반대의 근거였다. 말하자면 검찰의 정치적 중립을 보장할 사람이 아니라는 점에서 법무장관 자격이 없다는 주장이었다. 그는 청와대 민정수석의 법무장관 기용 자체는 가능하지만, 권 수석은 부적합하다는 입장이었다. 이 같은 주장은 민정수석의 법무부 장관 행은 전례가 없다며 반대한 민주당의 입장과는 결이 다른 것이었다. 어쨌거나 그는 자신이 앞서 반대했던, 민정수석의 법무장관 임명을 재임 중 강행했다. 검찰 개혁을 명분으로 조국 민정수석을 법무장관으로 기용한 것이다.

조국 수석의 법무부 장관 임명에 대해 19대 국회에서 민주당 의원을 지낸 한 정치인은 "민주 정부가 해서는 안 되는 일이었다"라고 말

* 권재진 법무장관은 검사 출신으로 청와대 입성 전 대검찰청 차장검사와 서울고검 검사장을 지냈다. 민정수석으로 있는 동안 이명박 정부와 김준규 검찰총장 간의 소통을 주도했다는 평가를 받았다.

했다. 그는 "문 정부가 인사에 실패하지 않았다면 20대 대선 결과도 달라졌을지 모른다"고 덧붙였다. 말 그대로 인사가 만사가 되어버린 사례라 하겠다.

문재인 정부가 잘한 인사

문재인 정부의 국무위원들은 재임 기간이 비교적 길었다. 홍남기 경제부총리는 3년 6개월(1247일)간 재임했다. 역대 경제부총리 중 최장수다. 강경화 외교부 장관(3년 8개월), 김현미 국토교통부 장관(3년 6개월), 박능후 보건복지부 장관(3년 5개월) 등도 3년 반 안팎 재임했다. 성윤모 산업통상자원부 장관(2년 8개월), 이재갑 고용노동부 장관(2년 8개월), 정경두 국방부 장관(2년) 등도 2년 이상 근무한 장수 장관들이다. 2년 8개월 재임한 이낙연 국무총리는 민주화 이후 최장수 총리이다.

초대 인사혁신처장을 지낸 이근면 교수는 장관을 자주 교체하지 않은 건 문 대통령이 잘한 일이라고 평가했다. 문 정부 장관들의 평균 재임 기간이 길었던 것은 범정부적으로 코로나19에 대처하는 과정에서 개각을 최소화할 필요가 있었기 때문이기도 하다. 한편으로는 국정 운영이 청와대 중심으로 이뤄지면서 장관들의 존재감이 옅어져 누가 장관 자리를 지키든 큰 차이가 없었기 때문이라는 분석도 있다. 김만흠 한국정치아카데미 원장은 "개각으로 인사청문회를 하면 대통령과 여당의 지지도가 떨어져 그 리스크를 감수하지 않으려

한 탓도 있다"고 지적했다.

문재인 정부가 잘한 인사로는 정은경 질병관리청장의 발탁을 들 수 있다. 정 청장은 박근혜 정부 출신 인사로 꼽히기도 한다. 질병관리본부 긴급상황센터장으로 있던 그는 문 정부 출범 초 질병관리본부장으로 발탁됐다. 2020년 9월 질병관리본부가 질병관리청으로 승격되면서 초대 질병관리청장 및 중앙방역대책본부장을 맡았다. 문 대통령은 충북 청주시 오송읍에 있는 질병관리본부 긴급상황센터를 찾아 임명장을 줬다. 정 청장이 센터장을 했던 곳이다. 문 대통령이 장·차관급에게 청와대 밖에서 임명장을 수여한 건 이때가 처음이다.

정 청장은 대국민 브리핑 때마다 차분하고 정돈된 말투로 신뢰를 얻었고 확진자와 사망자가 급증했을 땐 고개를 숙였다. 문 정부 첫 총리를 지낸 이낙연 전 민주당 대표는 정 청장에 대해 이렇게 평가했다.

"정부 안팎에서 이견이 적지 않았지만 흔들리지 않고 신념을 지킨 것은 신뢰받는 의료인의 자세로 두고두고 평가될 것이다."

정 청장은 대한민국 K 방역의 얼굴이었다. 차관급인 질병관리청장이 된 2020년 그는 《타임》이 선정하는 세계에서 가장 영향력 있는 100인과 BBC 선정 올해의 여성 100인에 뽑혔다.[4] 2021년 1월 정 청장으로부터 백신 접종 준비 계획에 대한 보고를 받은 대통령은 "질병관리청장이 전권을 갖고 전 부처를 지휘하라"고 지시했다.

문 대통령이 정 청장과 첫 인연을 맺은 건 2015년의 일이다. 그해 5월 메르스 사태 때 야당인 새정치민주연합 대표로 있던 그는 질병관리본부를 찾았고 당시 질병예방센터장이었던 정 청장의 보고를 받았다. 문 대통령은 이때 정 청장의 업무 능력과 특유의 차분한 전달력에 깊은 인상을 받은 것으로 알려졌다. 대통령 취임 후 그는 정 청장을 질병관리본부장으로 전격 발탁했다. 국장급에서 차관급으로 두 단계를 승진시킨 파격 인사였다. 정 청장은 질병관리본부 16년 역사상 첫 여성 본부장이기도 하다.

첫 여성 국가보훈처장인 피우진 전 육군 중령의 임명도 평가가 좋았던 인사다. 피 처장은 군 복무 중 유방암 수술을 받았는데 이로 인해 장애 판정을 받은 후 전역을 당했다. 그 후 부당 전역 명령에 맞서 복직 소송을 제기해 군에 복귀하여 만기 전역했다. 고 노회찬 정의당 의원은 "피우진의 보훈처장 임명은 단순한 인사 조치를 넘어서는 정의의 실현이다"라고 평가했다.

공교롭게도 문 대통령이 잘한 인사 사례들은 여성을 고위공무원에 기용한 것이었다.

문재인 정부가 잘못한 인사

탕평 인사에 실패한 촛불 정부

문 정부는 촛불 혁명으로 탄생한 정부였다. 나중엔 보수성향의 기성세대도 박근혜 대통령 퇴진 시위에 가담했다. 국정농단·사법농단을 단죄한 촛불 혁명에 정치권에선 민주당·정의당·국민의당 등 야당은 물론 당시 여당인 새누리당 의원들도 다수 참여했다. 그런 점에서 안철수·유승민 등 문 대통령의 정적들에게도 나름의 '지분'이 있었다.

단적으로 당시 국회의 탄핵 소추위원은 법제사법위원장을 맡고 있던 권성동 전 국민의힘 원내대표다. 검사 역할을 하는 소추위원은 헌법재판소법에 따라 법사위원장이 맡게 돼 있다. 민주당 의원들이 법사위원장 자리를 내놓으라고 하자 그는 "제대로 하겠다"라며 "여당인 새누리당 의원으로서 소추위원을 맡는 건 정치 생명을 거는 것이다"라고 말했다. 국민의힘의 전신인 새누리당도 탈당했다. 또 혼자 처리해도 되는 것을, 법에도 없는 소추위원단을 꾸려 단장을 맡았다. 소추위원단엔 민주당 박범계·박주민 의원도 포함됐다(소추위원은 권성동 단장·장제원·윤한홍·이춘석·박범계·박주민·김관영·손금주·이정미 등이었다). 민주당의 한 전직 의원은 권성동 의원이 당시 탄핵 심판 과정에서 편파적이지 않았고 소추위원 역할에 충실했다고 말했다.

그러나 문재인 대통령은 집권 후 여권 인사들만으로 정부를 구성했다. 야당 소속 인사들은 국정에 참여시키지 않았다. 탕평과는 거리가 있는 인사였다. 그 바람에 한국 정치사에서 더없이 좋았던 국민 통합의 기회를 결국 무산시키고 말았다. 이런 분위기에서 집권측은 상대 진영 사람과는 토론도 하려 들지 않았다. 심지어 정치적 반대자들에게 '친일파', '토착왜구'의 낙인을 찍어 상종 못 할 세력으로 매도했다. 이런 분위기에서 상대 진영의 실력파를 등용한다는 건 불가능에 가까웠다.

성공한 정부를 만들려고 했다면 그때 진영을 가리지 않고 실력파를 기용해 합리적 보수로 외연을 넓혔어야 했다. 그런데 문 대통령은 그러지 않았다. 도리어 문 대통령이 잘해줬으면 좋겠다고 생각한 보수층도 정부 편을 들 수 없는 정치 환경을 만들었다. 민주당 출신의 전직 의원은 "정권 차원의 제1의 과제가 노무현 대통령에 대한 복수라고 생각한 듯하다"라고 말했다.

"어느 정권이나 집권 초 2년 동안 정책적 과제 두 가지 정도는 합니다. 그 시간을 문 정부는 이명박 전 대통령 사법처리하고 진영논리를 강화하는 데 소진했어요."

그러면서 그는 문 대통령 당선 후 다른 민주당 의원들과 청와대 만찬에 갔을 때의 일을 털어놓았다. 그때 참석자는 열 명쯤 됐는데 돌아가면서 한마디씩을 하면 대통령이 코멘트를 했다. 그는 야당의 평의원도 불러 같이 식사하시라고 말했다 한다.

"야당 의원들이 청와대에 갔다 왔다고 자랑도 하지 않겠느냐고 했어요. 대통령은 아무 대답도 하지 않고 '다음'이라고 하더군요. 터무니없다고 받아들였는지도 모르죠. 어쨌거나 한번 생각해보겠다고도 하지 않았습니다."

그는 문 대통령이 청와대에 들어간 후 더 경직된 것 같다고 말했다. 어쩌면 운명적으로 정치판에 강제 등판 당한 문재인의 한계였는지도 모른다. 그가 팬덤 정치에 매몰된 것도 정치적 리더십의 한계로 볼 수 있을 것이다.

윤석열·조국·김수현

최동석 최동석인사조직연구소장은 저서 《성취예측모형》에서 대통령은 임명직 고위공직자를 임명할 때 성과계약서를 만들어 당사자와 계약을 맺어야 한다고 주장했다. 성과계약의 내용으로는 세 가지를 꼽는다. 첫째, 꼭 이루어야 할 사회적 성취, 둘째 절대로 해서는 안 되는 일, 셋째 자율적으로 처리해도 괜찮은 일.[5]

윤석열 검찰총장의 가장 중요한 과제는 검찰 개혁의 이행이었다고 할 수 있다. 윤 총장이, 인사권자인 대통령이 요구한 기대 성과를 저버리고 문 정부의 검찰 개혁에 저항한 것은 과제 이행 계약을 위반한 것으로 볼 수 있지 않을까?

최 소장은 계약 위반일뿐더러 그런 만큼 임기제 임명직 총장이지만 대통령이 해임할 수도 있었다고 말했다.

"임명직 고위공직자가 꼭 이루어야 할 사회적 성취는 그 자리에 있으면서 완수해야 하는 전략적 과제입니다. 윤 총장은 그 과제를 방기한 것이죠."

최동석 소장은 또 "행정부의 모든 임명직 고위공직자의 임기를 법률에 규정한 것은 개선해야 한다"라고 주장한다. 국회의원 같은 선출직 공직자가 아닌 행정부 임명직 공무원의 임기를 정하는 것은 잘못이라는 것이다.

"정치적 중립, 독립성을 보장하기 위해서라고 하는데 인간사에 정치적 중립이란 있을 수 없습니다. 단적으로 행정관료 조직의 장인 장관도 임기가 없는데 검찰총장직에 왜 임기를 둡니까?" 그러면서 "과문하지만 검찰총장의 임기를 보장하는 나라가 있다는 이야기는 들어보지 못했다"고 덧붙였다.

그는 또 《성취예측모형》에서 '행정부는 정치적으로 독립되는 것이 아니라 행정부를 구성한 정치집단의 지배를 받는 조직이어야 한다'라면서 '특히 검찰청이나 공수처와 같은 사정기관은 더욱 그렇다'고

부연했다.

이근면 교수도 2년 임기제의 적용을 받는 검찰총장의 임기는 지켜져야 하지만 윤석열 총장의 경우엔 문 대통령이 해임했어야 한다고 말했다.

"문 정부에서 가장 논란이 많았던 인사였습니다. 임명할 땐 서로 틈이 없었는데 검찰 개혁을 놓고 인사권자와 의견이 대립했죠. 다수당인 민주당이 국회에서 탄핵한다든지, 음성적이지 않은 방법을 찾아 윤 총장을 퇴진시켰어야 합니다."

검찰총장은 임기가 2년이고, 중임할 수 없다(검찰청법 12조 3항). 과거엔 임명제였으나 검찰에 대한 정권 차원의 정치적 영향을 차단하기 위해 1988년 임기제를 도입했다. 그렇게 임기가 법으로 정해진 검찰총장을 대통령이 하차시킬 수 있을까? 한상희 건국대 법학전문대학원 교수는 "임기제 총장은 사실상 해임할 방법이 없지만, 인사권자인 대통령이 신임을 거두면 버티기 어렵다"고 말했다. 자진사퇴하게 만들 수는 있다는 것이다. 실제로 윤석열 총장은 임기를 4개월여 남겨두고 자진사퇴했다.

검사 출신으로 민주당 의원을 지낸 금태섭 변호사는 "대통령이 서로 생각이 달라 안 되겠으니 사표를 내달라고 하면 검찰총장으로서는 물러나지 않을 수 없다"고 말했다. 그는 자신이 검사 시절 겪은 전례를 소개했다.

노무현 대통령 취임 직후인 2003년 3월 9일 노 대통령은 '검사와의 대화'라는 타이틀로 평검사들과 토론을 벌였다. 이날 대통령은 "현 검찰 수뇌부를 믿을 수 없다"라고 공개적으로 발언했다. 대검찰청 정책기획과장으로 있던 부장검사는 방송으로 이 장면을 본 후 슬리퍼 바람으로 뛰어나갔다. 그러고는 퇴근하려 차에 오르는 김각영 검찰총장에게 “사표를 내셔야 한다”고 말했다. 김 총장은 곧바로 사표를 냈다.*

“인사권자가 신뢰하지 않는다고 공언했는데 기관장이 어떻게 직무를 수행하겠습니까? 문 대통령이 윤석열 총장에게 물러나달라고 했다면 모든 역대 총장이 그에게 나오라고 했을 거예요. 검찰 개혁을 둘러싼 갈등으로 추미애 법무장관과 1년 남짓 공개적으로 다툼을 벌였는데도, 퇴진시키는 역할을 대통령이 하지 않은 거죠. 법적인 문제를 떠나 정치적으로 입을 타격을 감수하고 내가 책임지겠다고 해야 했습니다.”

한마디로, 인사권자로서 잘못된 인사에 대해 책임지지 않으려 했다는 것이다. 자신이 임명한 검찰총장과 법무장관이, 자신의 핵심 공약인 검찰 개혁 문제를 놓고 극한 대립하고 있는데도 대통령은 중립을 지켰다. 직접 나서서 다툼을 잠재우지도, 어느 한쪽의 손을 들어주지도 않았다. 판을 정리했어야 하는데 하지 않았다. 대통령으로서의 지도력이 요구될 때 수수방관한 셈이다.

이근면 교수는 공무원이 공무원 개혁을 하는 건 불가능에 가깝다고 덧붙였다. 직업공무원으로서의 이해관계와 충돌하기 때문이다. 검찰 개혁을 예로 들면, 검찰총장이 검사 출신일 때 검찰 개혁은 더

* 김각영 총장은 노무현 대통령이 취임한 지 12일 만에 “새 정부가 파격인사라는 이름 아래 서둘러 기준 없는 인사를 벌이고 있다”라는 가시 돋친 퇴임사를 남기고 물러났다. 앞서 참여정부 출범 후 그는 노 대통령에게서 ‘임기 보장’을 약속받은 것으로 알려졌다.

욱 어렵다.** 검찰 개혁은 검사로서 평생 복무한 검찰을 배신하는 것이자 검사 인생을 부정하는 것이기 때문이다. 한상희 교수는 "한번 해병이면 영원한 해병은 해병대의 슬로건일 뿐이지만 대한민국 검사는 죽어도 검사"라고 말했다.

문 대통령은 왜 윤 총장을 퇴진시키지 않았을까? 우선 그는 자신이 앉힌 사람을 좀처럼 바꾸지 않았다. 이전 정부처럼 여론에 밀려 국면 전환용 인사는 하지 않겠다는 의지가 강했다.[6] 김현미 국토교통부 장관이 대표적이다. 부동산 정책 실패에 대한 비판의 연장선에서 경질 여론이 높았지만 3년 6개월간 재임했다. 홍남기 경제부총리는 2017년 5월 11일 문 정부 국무조정실장에 임명됐다. 국무조정실장은 인사청문회를 거치지 않기에 장관급으로는 가장 먼저 발표됐고, 부총리로 영전한 후 대통령과 임기를 같이했다.

문 대통령은 자신이 '시스템에 의한 인사'를 했기에 인치人治는 하지 않았고, 하지도 않는다는 자부심도 강했던 듯싶다. 문 정부에서 장수 장관이 여럿 나온 데는 인사권자인 대통령의 이런 자의식도 작용한 것으로 보인다.

검사 출신이라는 한계를 떠나, 윤석열 총장은 과연 검찰 개혁의 적임자였을까? 윤석열은 표면적으로 검찰 개혁에 동의했지만 실질적

** 검사 출신이라 더 잘할 수 있는 검찰 개혁도 있을 것이다. 검사 출신인 금태섭 변호사는 부패·경제·공직자·선거·방위사업·대형참사 범죄 등 이른바 6대 범죄는 현장 상황을 감안할 때 이런 식의 범주화 자체가 타당치 않다고 지적한다. 예를 들어 선거법 위반 사건을 수사하다 보면 부패, 공직자 비리 사건과 연결될 수도 있다는 것이다. 2022년 봄 국무회의를 통과한 검찰청법·형사소송법 개정안은 검찰의 직접 수사 범위를 6대 범죄에서 부패·경제 범죄 등 2대 범죄로 축소했다. 그런데 2대 범죄를 수사하다 이들 범죄가 다른 범죄와 얽혀 있는 경우, 뻔히 보이는 혐의에 대해 수사를 못 하겠다 할 수는 없다는 것이다.

으로도 그러했는지는 의문이다. 2019년 조국 전 법무부 장관 관련 수사 당시 그는 "나는 검찰주의자가 아닌 헌법주의자"라고 주장했다. "헌법정신에 따른 공정성과 균형성에 근거해 수사하고 있다"라고도 했다. 그가 말한 헌법에 대한 충성의 의미와 행간을 집권 측은 과연 제대로 가늠해봤을까?

한상희 교수는 "검찰 개혁이라는 정권 차원의 중대 과제를 떠맡을 사람인데 과연 이 과제를 충분히 이해하고 수용할 의사가 있는 사람인지 정밀 검증했어야 했다"고 말했다.

"검찰 개혁에 찬동한다고 했지만, 결과적으로 윤 총장에게 그런 의지가 있었는지는 의문입니다. 인사청문회에서 청문위원을 맡은 의원들은 그가 검찰 개혁이라는 과제를 과연 어떻게 인식하고 앞으로 어떻게 수행하려 하는지 검증했어야 하는데, 그럴 능력이 없었죠."

윤 총장은 앞서 2013년 국정감사장에서 "나는 사람에게 충성하지 않는다"라고 말했다. 그가 정말 그 원칙을 지켰다면 검찰총장 시절 인사권자로서 자신에게 충성하는 사람만 중용하지는 않았을 것이다. 검찰의 요직을 차지한 이른바 윤석열 사단은 그 후 윤석열 정부의 인재풀이 되어 정부 곳곳에 포진하고 있다.*

조국 서울대 법학전문대학원 교수를 민정수석으로 기용한 데 이어 법무부 장관으로 입각시킨 것도 문 정부 인사의 패착이다. 이 인

* 윤 정부 출범 후 7기수를 뛰어넘어 법무부 장관을 맡은 한동훈은 윤석열 사단의 2인자다. 이 밖에 이노공 법무부 차관, 조상준 전 국정원 기획조정실장, 이시원 초대 대통령실 공직기강비서관, 이복현 금융감독원장 등이 있다. 윤석열 사단은 윤 대통령도 속했던, 특수통 카르텔이라 불리는 특수통 검사들이 주축이다.

사는 검찰 개혁의 동력을 떨어뜨렸고 검찰 개혁에 대한 역풍을 불러 결국 윤석열 정부의 출범으로 귀결됐다. 말하자면 자녀 문제가 있는 조국을 기용했기에 검찰 개혁에 저항하는 검찰에 반격을 당했다고 볼 수 있다.

조 장관은 형사법을 전공한 뛰어난 학자이지만 검찰 개혁의 적임자는 아니었다(그가 민정수석 시절 호흡을 맞춘 박상기 법무장관도 형사법 전공 학자다). 검찰 개혁 문제를 떠나, 법무부 장관은 검사 출신은 아니라 하더라도 법조 경험이 있는 사람이 맡는 게 바람직하다. 민주당 의원을 지낸 한 정치권 인사는 이른바 '조국 대전'이 벌어지는 동안 교육의 공정성 문제가 제기되면서 검찰 개혁에 대한 전 국민적 지지 여론이 식었다고 말했다.

민주당 출신의 한 전직 의원은 김수현 청와대 정책실장의 기용이야말로 납득하기 어려운 인사였다고 말했다.

"참여정부 시절 집값 급등 정책의 책임자가 김 전 실장입니다. 당시 왜 그런 사람을 정책실장으로 발탁하느냐고 했을 때 친문 의원도 제대로 답을 못했습니다."

그는 문 대통령이 노무현 대통령에 대한 부채감이 있었던 듯하다고 말했다.

"부동산 정책을 잘 펴는 게 핵심이었다기보다 노 정부 때 책임자가 다시 맡아 성공하면 노 대통령이 사람을 잘못 쓰거나 정책이 잘못된 게 아니라는 인식이 생겨날 거로 생각한 것 같습니다."

문 정부 청와대 사회수석 시절 부동산 정책을 관장한 김수현 실장은 앞서 노무현 정부 청와대에서 국민경제비서관, 사회정책비서관 등을 맡아 부동산 정책을 담당했다.

경제정의실천시민연합(경실련)은 김수현 정책실장, 홍남기 경제부총리 겸 기재부 장관으로 문 정부 2기 경제팀이 꾸려졌을 때 "관리형 관료 출신인 홍남기와 경제 전문가가 아닌 부동산 전문가로 부동산 가격폭등의 주역인 김수현 정책실장으로 이뤄진 새 경제팀 구성은 경제 개혁 정책을 포기한 것이다"라고 비판했다. 박원순 서울시장 시절 서울의 싱크탱크인 서울연구원 원장을 지낸 김 실장은 서울대 도시공학과 출신으로 이 대학 환경대학원에서 석·박사학위를 받았다. 참여정부 시절 정책실장을 지낸 이정우 경북대 명예교수도 김수현 정책실장 내정설이 나왔을 때 "정책실의 핵심 업무가 경제인데, 경제학을 전공하지 않아 경제를 모르는 사람은 곤란하다"고 말했다.

문 대통령은 적재적소 인사를 하기보다 때로 보수 언론에 폄훼 당한 참여정부의 억울함을 풀어주는 신원 인사를 했다고 볼 수 있다. 그 결과 참여정부 출신을 재기용하는 경향을 보였다. 인재풀도 크지 않았지만, 그 바람에 회전문 인사가 될 수밖에 없었다.

경제를 아는 홍남기 부총리는 예산통이었다. 이 때문에 거시경제를 종합적으로 조망하면서 거시경제 정책을 관리하는 한편 경제구조를 개혁해야 하는 경제 사령탑으로서는 한계가 있다는 지적이 있었다. 그는 전 국민 재난지원금 지급을 둘러싸고 여당과 대립했고, 심지어 문 대통령과도 엇박자를 냈다. 재임 중 재정 건전성을 내세워 소상공인 손실 보상에 반대했지만, 윤석열 정부는 출범하자마자 초과 세수로 33조 원 규모의 소상공인 보상 추가 경정 예산을 편성, 이들을 지원하기로 했다. 기재부는 국채 발행도 최소화하겠다고 밝혔다.*

문재인 정부도 모피아에 휘둘린 정권이었다. 문 대통령이 왜 홍남기에게 그토록 의존했는지는 미스터리다. 심지어 경제 정책 실패에 대한 책임을 돌릴 방패막이로 홍남기가 필요했다는 말까지 나왔다.

문 대통령은 이명박·박근혜 정부 때 정권에 맞서다 불이익을 당한 사람도 중용했다. 검찰총장으로 직행한 윤석열의 서울중앙지검장 발탁이 대표적인 사례다. 이런 인사 스타일은 코드인사와도 다르다. 보수 정부 때 탄압당했다고 해서 문 정부와 국정 철학이 일치하는 것은 아닌데, 노 정부에 대한 이런 경사가 문 대통령으로 하여금 정교한 인사를 하지 못하게 만들었다. 인사 판단에도 '노무현 트라우마'가 작용했다는 것이다.** 오기라는 인사권자의 사적 감정이 인사에 작용했다고도 볼 수 있다.

문 대통령은 윤석열 전 검찰총장이 대통령 후보 시절인 2022년 2월 "집권 시 문 정권의 적폐를 수사하겠다"고 하자 청와대 참모회의 발언을 통해 "여야를 막론하고 당선되면 대대적으로 정치 보복을 하겠다고 공언한 후보는 처음 본다"고 비판했다. 대선 국면에서 침묵을 지키면서 극도로 발언을 자제한 그로서는 매우 이례적인 반응이

* 용혜인 기본소득당 의원은 홍남기의 기재부는 손실 보상을 할 수 있었고 초과 세수에 대해서도 알고 있었다는 취지로 '홍남기의 재정 쿠데타'라고 규정했다.

** 김종민 민주당 의원은 2022년 6·1 지방선거 후 "민주당은 '노무현 정부가 MB 정권에 희생당했다'는 트라우마를 갖고 있다"고 말했다. 그래서 문재인 정부가 잘못했을 때도 무조건 보호하려 했다는 것이다.

었다. 네 문장으로 구성된 이날 참모회의 발언은 대통령이 직접 작성한 것이라는데, 이렇게 끝맺고 있다.

"현 정부를 근거 없이 적폐 수사의 대상으로 몬 것에 대해 강력한 분노를 표하며 사과를 요구한다."

문 정권 적폐 운운한 윤 후보의 발언은 집권을 전제로 '기획 사정'을 예고한 것으로 해석될 수 있었다. 아무래도 문 대통령의 노무현 트라우마를 자극했을 것이다. 그는 이날 연합뉴스 및 세계 7대 통신사와의 합동 서면 인터뷰에서도 이렇게 밝혔다.

'과거 노무현 전 대통령의 재임 중 탄핵 후폭풍과 퇴임 후의 비극적인 일을 겪고서도 정치문화는 근본적으로 달라지지 않았다. 지금도 극단적으로 증오하고 대립하며 분열하는 양상이 크게 우려된다. 아무리 선거 시기라 하더라도 정치권에서 갈등과 분열을 부추겨서는 통합의 정치로 갈 수가 없다.'

노무현 전 대통령이 퇴임 후 비극적 선택을 한 배경엔 이명박 정부 검찰의 보복성 정치 수사가 있었다는 집권 측의 인식은 문 정부 인사에 부정적 영향을 끼쳤다.

문 대통령은 취임사에서 "지금 제 머리는 통합과 공존의 새로운 세상을 열어갈 청사진으로 가득 차 있다"라고 말했다. 그럼 문재인 정부는 통합의 정치를 했을까? 단적으로 문 대통령은 김경수 전 경남지사도, 이재용 삼성전자 부회장도 사면하지 않았다. 후임 정부의 정치적 부담을 덜어준다는 명분도 있었지만 하지 않았다.

왜 퇴진시키지 않았을까?

문재인 정부 인사의 최대 아이러니는 윤석열 고검 검사를 검찰 최대 규모인 서울중앙지검 검사장으로 발탁하고, 2년 후 5기수를 뛰어넘는 장관급의 검찰총장으로 임명한 것이다. 그는 문 정부 최대의 인사 수혜자다. 문 정부의 최대 과제인 검찰 개혁의 주역으로 선발된 그는 정권 차원의 개혁에 저항하다 자진해 도중하차한 후 2022년 대선에 야당 후보로 출마, 대통령이 됐다. 한때 그의 인사권자였던 문 대통령은 정권 차원의 사정에 직면했다.

최동석 소장은 임명직 고위공직자를 채용할 땐 성과계약서를 만들어 임용계약을 맺어야 한다고 주장한다. 계약서엔 계약대로 업무를 추진하지 못하거나 직무 범위에서 탈선했을 때, 그리고 주권자인 국민의 신뢰를 얻지 못하는 경우엔 언제든 해임한다는 내용이 포함돼야 한다고 말한다.* 문 대통령은 윤석열 검찰총장을 늦지 않게 퇴진시켰어야 했다.

판사 출신인 최재형 감사원장은 2021년 7월 감사원장직을 사퇴한 지 9일 만에 정치 참여를 선언했고 야권 후보로 대선에 출마했다. 헌법기관인 감사원의 수장이 그 경력을 발판으로 정치에 뛰어든 것은 논란의 대상이 아닐 수 없다. 최재형도 임명권자인 대통령과 국민에게 송구하다는 말을 남겼다.

* 그는 역대 정부에 역량진단시스템도, 성과계약시스템도 없었다고 지적한다. 직무의 존재 목적을 정의하지 않은 채 주먹구구식으로 인사를 했고, 인사청문회를 의식해 '칠거지악'(성 관련 범죄, 음주운전 등 문재인 정부의 공직 배제 7대 기준)을 기준으로 검증했을 것이라고 비판한다. 《성취예측모형》, 194쪽

최 소장은 또 문재인 정부가 모피아를 제압하지 못했다고 주장한다. 모피아에 포획되어 소득주도성장이라는 핵심 공약의 아킬레스건이 끊어졌다고 본다.* 이 핵심 공약이 무너지는 바람에 다른 공약들도 도미노처럼 무너지고 말았다는 게 그의 인식이다. 문 대통령은 소상공인 손실 지원을 거부했고 세수 예측엔 실패한 홍남기 경제부총리를 해임했어야 했다. 대선을 앞둔 시점에 후임자의 인사청문회가 부담됐다면 기재부 차관 체제로 정권을 마무리할 수도 있었다.

조국 법무장관과 윤석열 검찰총장이 격돌하고 미증유의 조국 대전이 벌어졌을 때, 대통령은 조국을 '읍참泣斬'하지도, 윤석열의 폭주를 막지도 않았다.

문 정부의 잘못된 인사는 결국 윤석열 정부 출범에 순풍으로 작용했다.

문 정부는 문 대통령이 천명한 공직 배제 5대 기준에 성 관련 범죄와 음주운전을 추가해 7대 기준을 발표했다. 이때 이들 기준을 명확히 했는데, 새 기준을 적용하면 앞서 문제가 된 국무위원들이 인사부적격 대상에서 제외됐다.

인사청문회는 여전히 논란거리다. 문 정부 인사수석실에 근무한 한 인사는 사생활과 능력, 전문성의 검증을 시스템적으로 구분할 필요가 있다고 말했다. 사생활 검증은 비공개로 해 일할 사람이 공직을 맡을 기회를 넓혀야 한다는 것이다. 이근면 교수는 공직 후보자

* 소득주도성장은 문재인 정부의 핵심 경제 정책으로, 정책 성과에 대해서는 부정적인 평가가 많다. 윤석열 대통령은 취임 100일의 성과로 문재인 정부의 소득주도성장과 탈원전 정책 폐기 등을 꼽았다.

의 도덕성·사생활은 인사청문회의 검증 대상이 아니라고 말했다. 검증은 필요하지만, 사전에 비공개로 해야 한다는 것이다.

문 정부 인사수석실 출신 인사는 추천은 인사수석실이, 검증은 민정수석실이 하는 인사 프로세스는 적절했다고 말했다.

문 대통령이 내각 중심의 국정 운영을 하지 않은 것은 인사 실패의 문제를 가중했다. 대통령비서실 중심의 정부였지만 관료에게 휘둘려 비서실이 국정의 조정자 역할을 제대로 수행하지 못했다. 한상희 참여연대 공동대표는 개인정보보호법이 관련법 입법 움직임으로 무력화될 것을 우려해 청와대를 찾아갔는데 청와대 참모진은 사안의 중요성도 몰랐고 창구 담당자가 누군지도 알 수 없었다고 말했다.

"대통령비서실이 강한 정부였지만 비서실 안에선 의사결정의 주체도, 책임 소재도 불분명했습니다."

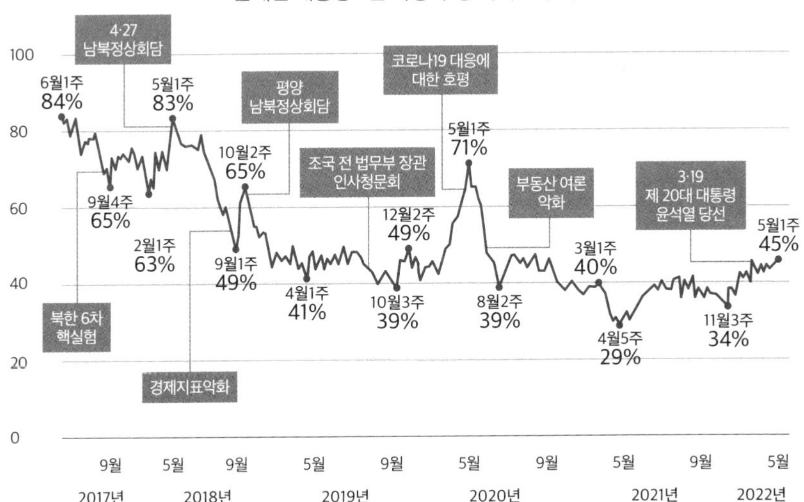

문 대통령은 임기 말 국정 지지율이 45%에 달했다. 역대 대통령 중 최고치다. 그 덕에 이렇다 할 레임덕도 없었다. 그러고도 정권은 교체됐다. 재임 중 집값이 폭등하고 양극화가 깊어진 탓도 있지만 집권 측의 내로남불에 민심이 등을 돌린 탓이다. 코로나 위기로 벼랑 끝에 몰린 자영업자들을 제대로 보듬지도 못했다. 정책 실종에 거듭된 인사 실패 등으로 국론이 분열했지만, 대통령은 침묵을 지켰다. 협치도 난망이었지만 정작 대통령은 보이지 않았다.

차별금지법 제정은 대통령 후보 시절 문재인의 약속이었다. 과반의 의석을 차지하고 있는 집권 민주당은 그러나 법 제정을 끝내 외면했다.

막스 베버는《소명으로서 정치》에 이렇게 썼다. "신념 윤리를 따르는 것이 옳은지 아니면 책임 윤리를 따르는 것이 옳은지의 여부, 그리고 언제 신념 윤리를 따라 행동해야 하고 또 언제 책임 윤리를 따라 행동해야 하는지에 대해서는 어느 누구도 분명히 가려서 지시할 수 없다."

문 대통령은 엄연한 현실 정치인으로서 책임 윤리를 따라 행동해야 할 때 침묵하면서 '나의 신념 윤리는 옳다'고 되뇌지 않았을까? 때때로 신념 윤리에 매몰된 채 책임 윤리를 방기한 것은 아니었는지 되돌아볼 시점이다.

……

김대중 대통령은 재임 중에 스스로 만든 대통령 수칙을 지니고 다녔다.

'인사 정책이 성공의 길, 아첨하는 자와 무능한 자를 배제'

'국민의 애국심과 양심 믿어야, 국민이 이해 안 될 땐 설명방식 재고'

'국회와 야당의 비판 경청, 그러나 정부 짓밟는 것 용납 말아야'

'청와대 밖 일반 시민과의 접촉에 힘써야' 등이다.

무엇보다, 김대중은 진보 정부를 이끌었지만 정권을 재창출했다.

재임 중 진보에 정권을 다시 맡겨도 되겠다는 믿음을

국민에게 주었기 때문일 것이다.

주

1. 2500여 년 전 그리스 학자들부터 20세기 후반의 레토릭 이론가들까지 연구자들은 "레토릭의 목적은 설득이다"라고 말한다. 《레토릭의 역사와 이론》, 48쪽
2. 《문재인, 김인회의 검찰을 생각한다》, 393쪽
3. 정작 문재인 대통령은 코드인사를 했다는 지적에 개의치 않은 것으로 보인다.
4. 《타임》 지가 정 청장을 세계에서 가장 영향력 있는 100인으로 선정할 때 문 대통령은 직접 추천사를 썼다.
5. 《성취예측모형》, 189쪽
6. 윤석열 대통령도 취임 100일 기자회견에서 "인사쇄신은 국면전환이나 지지율 반등 같은 정치적 목적으로 해서는 안 된다고 생각한다"고 말했다.
7. 김영민의 생각의 공화국 '좋은 의도의 정치', 《중앙일보》, 2022년 5월 26일

7장

교육 개혁 :
국가가 책임지는 교육

홍대길

국가가 책임지는 교육

5년 단임제 대통령제에서 새로운 교육 정책을 마련하는 일은 쉽지 않다. 6년·3년·3년으로 이뤄진 교육과정을 바꾸는 일, 이에 맞춰 입시제도를 바꾸는 일은 늘 학생과 학부모에게 혼란을 안겨준다. 장기적인 개혁안을 마련하지만, 차기 정권[1]이 수용하지 않으면 중도에 멈추고 학생과 학부모의 혼란은 더욱 가중된다. 전문가와 이해관계자가 참여해 신중하게 교육 정책을 수립하고 국민 공감대를 형성하기 위한 노력이 필요한 이유이다. 더구나 교육 부담이 저출산의 원인 중 하나로 지목되면서 국민의 관심도는 더욱 커지고 있다.

문재인 정권은 '교육의 국가책임 강화'를 슬로건으로 56개 공약을 내세웠다. 크게 보면 어린이집과 유치원의 국가지원 확대, 초등학교 온종일돌봄교실, 공교육 혁신과 사교육비 경감, 고교학점제, 교사 전문성 증대, 안전한 학교, 대입제도 단순화, 특성화고 학점제와 고졸 취업자 지원 확대, 4차 산업혁명 대비 교육체계 조성, 교육 공정성 확보와 계층 사다리 복원으로 요약할 수 있다.

문 정권은 5년 임기를 마치고 물러나면서 성과 보고서를 내놓았지만, 이를 본 시민단체의 평가는 냉정하다. 10여 개의 시민단체와 함께 대선공약을 점검했던 '문재인미터'에 따르면, 문 정권이 완수한 교육 공약은 누리과정 예산에 대한 국가책임 확대, 아동·청소년 완전 책임돌봄체계 구축, 학교 교육시설 안전 인증제 도입 등 22개(40%)에 불과했다. 이행하지 못한 공약은 1수업 2교사제 등 33개(60%)에 이른다. 1개의 공약은 평가 불가능한 교육이었다. '경제정의실천시민연합(경실련)'이 2016년 2월 집권 4년차 박근혜 정권의 대선공약 이행률을 조사했을 때, 교육 공약 이행률은 전체 77개 중 47개(64%)에 이를 만큼 높았다. 후퇴 이행은 16개(21%), 미이행은 10개(13%), 판단하기 어려운 공약은 2개(2%)였다. 공약 이행률만 놓고 보면 문 정권이 박 정권보다 낮다. 예기치 못했던 코로나19 팬데믹은 중요한 변수지만 공약 평가에는 이를 고려하지 않았다.

이 글에서는 문 정권이 내세운 성과와 사회적으로 지적된 문제들을 역대 정권의 정책과 비교해 되짚어보고자 한다. 교육 정책의 속성상 특정 정권에게만 책임을 묻기 어렵고, 문제가 있다면 지속적으로 혁신되어야 하기 때문이다. 이를 통해 진보와 보수의 당파성을 떠나 학생을 위한 교육, 국가 미래를 위한 교육을 생각해보는 기회로 삼고자 한다.

심혈을 기울였던 교육복지

교육복지는 정권을 막론하고 배려를 아끼지 않는다. 여야 간의 정쟁이 있지만 보편복지와 선별복지를 다투고, 예산의 현실성과 비현실성을 따진다. 최근 정부가 추진했던 대표적인 교육복지로는 누리과정, 고교 무상교육, 반값 등록금이 있다.

누리과정은 문 정권이 자랑했던 대표적인 성과다. 어린이집과 유치원에 다니는 만 3~5세 어린이에게 공평한 보육과 교육 기회를 마련하려는 무상 교육과정이다. 2012년 이명박 정권이 대선을 앞두고 처음 입안했고 박근혜 정권이 실행에 옮겼다. 어린이집은 보건복지부, 유치원은 교육부 소관이므로 누리과정은 두 조직의 협업으로 이뤄져야 한다.

국가와 지자체의 갈등이 발생한 것은 2015년 누리과정을 어린이집으로 확대하면서 모든 예산을 지방교육재정교부금으로 충당하기로 하면서부터다. 교육청은 국고 지원 없이 보건복지부가 맡아야 할 어린이집 누리과정 예산까지 떠안게 됐다. 이를 핑계로 일부 지자체와 교육청이 유치원 누리과정 예산만 편성하는 바람에 누리과정 예산을 지원받지 못한 어린이집이 휴원해야 하는 사태에 이르렀다. 다행스럽게 임시방편을 마련해 심각한 보육대란은 일어나지 않았지만, 박 정권이 공약한 국고 지원은 끝내 이뤄지지 않았다. 문재인 정권은 2018년부터 누리과정 예산을 국고에서 지원하면서 이명박·박근혜 정권이 기획했던 누리과정을 완성했다. 또 사립유치원에 국가관리 회계시스템(에듀파인)을 도입해 재정 투명성을 높였다.

국·공립 고등학교의 무상교육은 문 정권이 성과로 내세우는 또 하나의 교육복지 정책이다. 2019년 3학년부터 시작해 2021년 전 학년으로 확대했다. 입학금·수업료·학교운영지원비·교과서비 등 4가지 학비[2]를 지원했다. 고교 무상교육은 고등학교 취학률이 99.7%에 이른데도 OECD 회원국 중 한국만 유일하게 실시하지 않았던 만큼 여야가 각각 추진하려 했던 보편적 교육복지 정책이다. 박근혜 정권이 18대 대선에서 공약으로 내세웠고, 처음으로 국정과제로 삼았다. 하지만 도서벽지부터 시작해 2017년까지 전국으로 확대하겠다는 약속을 지키지 못하고 폐지했다. 경기 둔화로 국가 재정이 어려웠던 까닭이었다. 문 정권은 박 정권이 지키지 못했던 공약과 국정과제를 계승해 실현했다. 약 2조 원을 투입해 고등학생 1인당 연간 160만 원 정도의 교육비를 줄여줬다.

문 정권의 교육복지 정책 중 논란이 뜨거웠던 것은 반값 등록금이다. 문 정권의 임기 동안 반값 등록금 수혜자는 53.5만 명에서 67.5만 명으로 늘어났다. 입학금은 국공립대학의 경우 14.9만 원에서 0원으로, 사립대학의 경우 77.3만 원에서 22.4만 원으로 낮아졌다. 여기에 학자금 대출금리를 2.5%에서 1.7%로 낮춰졌다. 그러나 문 정권의 반값 등록금은 공약과 달랐다. 원래 공약했던 반값 등록금은 명목 등록금 인하였다. 소득 수준에 따라 일부 학생에게 장학금을 지급해 맞춘 반값 등록금이 아니었다. 모든 대학생에게 혜택을 주는 보편적 교육복지를 약속했지만 일부 학생에게 혜택을 주는 선택적 교육복지를 실행한 것이다. 더구나 추가예산을 확보하지 않고 기존 예산을 재분배했다.

2021년 6월 국회 대정부 질문에서 더불어민주당 유기홍 의원은 유은혜 사회부총리 겸 교육부장관에게 "현행 국가장학금 제도는 수혜 학생이 전체 대학생의 48%인 104만 명에 불과하고, 등록금 절반 이상을 지원받는 학생은 32%"라며, "국가장학금 예산에 2조 8500억 원 정도를 보태면 실제 등록금 고지서상 반값 등록금 실현이 가능하다"라고 지적했다. 반값 등록금이 이뤄지지 않았음을 여당이 스스로 밝힌 것이다.

한 가지 더 짚어야 할 것은 문 정권 기간의 국가장학금 총액과 장학금 수혜 인원은 오히려 줄었다는 점이다. 박 정권 시절인 2016년 국가장학금 총액은 3조 5,861억 원으로 188만 명을 지원한 반면, 문 정권 4년 차인 2020년 국가장학금 총액은 3조 4,405억 원으로 174만 명을 지원했다. 4년 동안 총액이 1,456억 원이 줄고 수혜 인원이 14만 명 준 것이다. 반값 등록금을 받는 학생이 늘고, 장학금을 받는 학생이 준 사실은 많은 학생에게 돌아갈 장학금을 빼서 일부 학생의 반값 등록금에 맞춰줬다는 이야기가 된다. 국민의힘 정경희 의원은 "대학생 반값 등록금을 위한 예산을 전혀 늘리지 않으면서 등록금의 실질적 경감을 위해서 노력했다고 하는 것은 문재인 정부가 대학생들을 기만한 것"이라고 비판했다. 문 정권은 두 정당 의원의 비판을 받아들여 2022년 국가장학금 예산을 6,621억 원 증액해 반값 등록금 혜택을 100만 명 이상으로 늘리겠다는 계획을 발표했다. 2022년 내선을 앞둔 시점에서다.

반값 등록금 정책의 원조는 2006년 5·31 지방선거를 앞두고 한나라당이 제시한 '대학 등록금 부담 반으로 줄이기' 공약이다. 그 배경은 시민과 학생의 등록금 투쟁에 있다. 투쟁은 1989년 노태우 정권의 사립대 등록금 자율화로 대학 등록금이 크게 높아지면서부터 시작됐다. IMF를 맞아 김대중 정권은 5년간 대학 등록금을 동결했으나, 노무현 정권이 대학 사정을 감안해 풀면서 대학 등록금 투쟁이 다시 시작됐다.

지방선거와 대선의 표심을 얻고 싶었던 박근혜 한나라당 대표는 반값 등록금 정책을 꺼내면서 "정부가 강력한 의지를 갖고 장학기금 창설 등을 추진해 나가면 등록금을 반으로 줄일 수 있다"라고 말했다. 그가 말한 반값 등록금은 모든 학생의 부담을 똑같이 반으로 줄이는 것이 아니라, 평균해 반으로 줄이는 계획이었다. 저소득층 대학생 자녀에게 혜택을 주는 장학금 제도를 개선하는 방식이다. 하지만 의도했을지 모르나, 반값 등록금이란 용어는 모든 대학생이 혜택을 볼 수 있다는 오해를 불러일으키기에 충분했다. 아차 싶었던지 여당인 열린우리당에서도 대학 선先무상교육제를 제안했다. 국가가 국채 발행을 통해 등록금을 우선 납부하고, 해당 대학생이 취업한 시점부터 소득 수준에 맞게 등록금을 갚도록 한다는 내용이었다. 여야가 경쟁적으로 대학 등록금 줄이기 대책을 내놓았지만, 한나라당 경선을 이기고 17대 대선의 승리자가 된 이명박 정권은 반값 등록금 정책을 추진하지 않았다. 한나라당에서 반값 등록금을 설계했던 이주호 의원은 이명박 정권에서 교육과학기술부를 만들고 장관 자리에 올랐지만 반값 등록금은 챙기지 않았다.

2012년 18대 대선에서 박근혜 새누리당 후보는 반값 등록금 정책을 다시 공약으로 내세웠고, 당선 후 이를 실현하려고 노력했다. 임기 동안 낮춘 반값 등록금은 대학 내 장학금을 포함해 약 40%의 학생이 혜택을 봤다. 2017년 대선에서 승리한 문 정권은 박 정권의 반값 등록금 정책을 그대로 이어받았다.

2021년 대학 진학율은 71.5%, 재학생 수는 약 320.2만 명이었다. 이 중 반값 등록금 혜택을 본 학생은 67.5만 명으로 21.1% 정도에 불과하다. 차기 정권은 박근혜·문재인 정권이 남긴 숙제를 풀어야 한다. 학생·학부모·시민단체가 말하는 보편적 교육복지로 갈 것인지, 아니면 박근혜·문재인 정권에서 펼쳤던 선택적 교육복지를 유지할 것인지, 또한 반값 등록금에 걸맞게 수혜자를 대학생 절반으로 확대하기 위해 추가예산을 확보할지를 고민해야 한다. 이는 물론 국민이 결정해야 할 문제이기도 하다. 교육복지 예산은 국민이 내는 세금으로 충당하기 때문이다.

대책 없던 사교육비

국가가 교육을 완전히 책임지는 시대를 열겠다고 공약했던 문재인 정권 시절, 사교육비는 크게 증가했다. 2021년 사교육비 총액은 23.4조 원으로, 임기 초인 2017년 18.6조 원보다 25.8% 증가했다. 19조 원에서 18.1조 원으로 줄었던 박근혜 정권 때와 비교된다. 학생 수가 지속적으로 줄고 있는 것을 감안하면 사교육비의 부담은 더욱 커졌다고 볼 수 있다. 전체 학생 1인당 월평균 사교육비를 보면 문 정권 시절 27.2만 원에서 36.7만 원으로 34.9% 늘었다. 23.6만

원에서 25.6만 원으로 8.5% 늘었던 박 정권 때와 비교된다. 박 정권 시절 사교육 참여율은 변화가 없었으나, 문 정권 시절에는 코로나19가 확산된 2020년을 제외하고 증가했다.

특이하게도 문 정권의 교육 정책 중에는 사교육비 경감 대책이 없었다. 대선공약에서 사교육비를 경감하겠다고 밝혔지만, 어떤 이유에서인지 국정과제에 사교육비 경감 대책은 포함되지 않았다. 문 정권은 왜 사교육비 대책을 마련하지 않은 것일까? 공룡이 되어버린 사교육 시장[3]과의 갈등을 피해 가려 했던 것일까? 아니면 사교육 문제는 답이 없다고 생각한 것일까?

여기서 잠시 사교육과의 전쟁을 치러온 역대 정권의 노력을 되돌아볼 필요가 있다. 박정희 정권은 1968년 중학교 입시에 무시험 제도를 도입하고 1974년 고교 평준화 정책을 내놓았다. 전두환 정권은 국가보위비상대책위원회 위원장이었던 1980년 7월, 대학생의 과외교습 및 입시 목적의 재학생 학원 수강 금지를 단행했다. 노태우 정권은 1989년 과외 금지 조치를 일부 풀면서 스타강사를 동원한 TV 교육방송을 강화했다. 김영삼 정권은 1997년 교내 과외교습을 허용하고 위성방송 과외 강의를 시도했다. 김대중 정권은 사교육특별위원회를 만들고 고액과외 특별단속대책반을 편성해 합동 단속했다. 노무현 정권은 EBS 대학수학능력시험(수능) 방송 확대, 방과 후 특기·적성 활동, 수준별 보충학습 실시 등을 내세웠다. 이명박 정권은 '학교 만족 두 배, 사교육비 절반'이라는 캐치프레이즈를 걸고, 학원의 심야 교습과 수강비를 제한하고 학파라치 포상금을 도입했다. 방과후수업을 늘리고, EBS 강의 내용을 수능에 70%까지 반영했다.

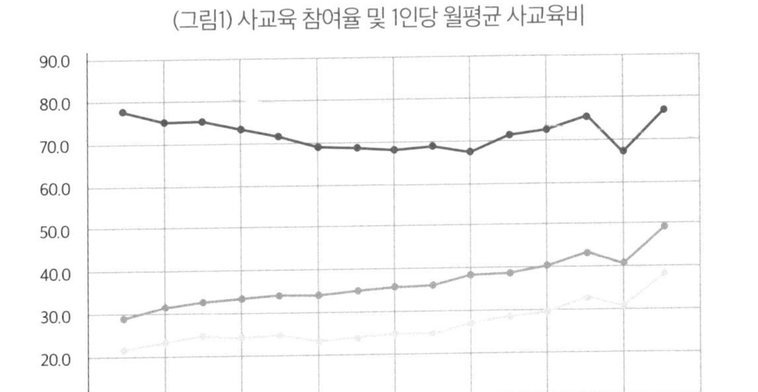

통계청이 2006년 사교육비 통계를 조사한 이래 사교육 참여율은 EBS 수능 방송으로 조금씩 줄다가 문재인 정권 들어서 증가했다. 참여 학생 및 전체 학생 1인당 교육비는 꾸준히 증가하고 있다.

꿈과 끼를 키우는 행복 교육을 내세운 박근혜 정권은 국정과제에 사교육비 경감 방안을 담고, 2014년 사교육 경감 및 공교육 정상화 대책을 수립했다. 사교육을 주도하는 영어 수학 집중 대응, 중·고 교육과정 중심 입학전형, 학원비 인상 억제, 선행교육 근절, 학습자 중심 방과후학교 등이 대책 내용에 담겼다. 그러나 문재인 정권에서는 어떤 대책도 내놓지 않았다. 좋게 말하면 박근혜 정권에 이르기까지 교육부가 해온 일들을 그대로 따라갔다고 할 수 있다. 좋은 정책을 계승하는 것은 바람직하지만, 느슨한 정책 수행은 다른 결과를 낳는다. 문 정권 시절 사교육비가 크게 증가한 이유 중 하나일 것이다.

초·중·고 학생의 75%가 사교육을 받는 현실에서 사교육 대책이 없는 것일까? 한국교육개발원이 2010년 조사 연구한 바에 따르면 사교육의 원인으로는 상급학교 진학 경쟁이 가장 컸고, 학력·학벌주의 사회·문화, 학부모의 교육열, 직업 간 높은 임금 격차가 그 뒤를 따랐다. 남들이 하니까 불안감에 따라갈 수밖에 없고, 학부모와 학생 모두 학교 밖에서 실력을 길러 학교 안 경쟁자를 뛰어넘고 싶은 마음이라는 것이 솔직한 현실일 것이다. 이러한 원인을 보면, 사교육을 없애기란 쉽지 않을 듯하다. 그렇다면 사교육비를 줄이는 방법은 어떤 것이 있을까?

2021년 한국교육개발원이 실시한 교육여론조사에서 국민은 사교육비 경감에 가장 효과적인 정책으로 EBS 수능 연계(25.7%)를 꼽았고, EBS 강의(14.6%), 대입전형 단순화(13.1%), 선행학습 금지 정책(11.8%), 방과후학교(초등돌봄교실 포함) 운영(11.7%) 등의 순으로 효과가 크다고 응답했다. 학부모들의 생각도 비슷했는데, 고교 체제 단순화, 수능시험 절대평가 도입 등이 포함됐다.

EBS 수능 연계는 2004년 노무현 정권이 사교육비 경감 대책으로 만든 것이다. 2010년 이명박 정권은 EBS 연계율을 70%로 높였고, 박근혜 정권도 그 방향을 따랐다. 그러나 문재인 정권은 2019년 '2022학년도 대학수학능력시험 시행 기본계획'을 발표하면서 EBS 교재·강의와 수능의 연계율을 영역·과목별 문항 수를 기준으로 기존 70%에서 50%로 축소한다고 밝혔다. 고교 교육 정상화를 저해한다는 비판을 수용한 것이다. 2019년과 2021년 사교육비 총액, 사교육 참여율, 1인당 평균 사교육비가 증가했는데(2020년은 코로나19로 감소), EBS 수능 연계율이 낮아진 것이 원인을 제공했다는 의심을 받고 있다.

사교육의 문제는 교육비 부담 증가 외에도 학생들의 휴식권을 빼앗고 있다는 점에서 국가가 관여해야 한다. '사교육걱정없는세상'과 같은 시민단체에서 학원일요휴무제와 같은 것을 제안하는 이유다(일요일만이라도 학원을 쉬게 하자는 학원일요휴무제는 조희연 서울시 교육감의 1기, 2기 공약이었으나 지켜지지 않았다. 2019년 171명이 참여한 서울시교육청 공론화추진위원회에서 찬성률은 63%로 나타났다). 2020년 서울시교육청 조사에 따르면, 학원일요휴무제에 대해 학생 73.2%가 찬성(초 81.4%, 중 75.8%, 고 52.9%)한 것으로 나타났다. 그 이유로는 학생의 휴식권 제도적 보장과 자율적인 학습권 침해가 가장 많았다. 학부모의 60.6%가 찬성했다. 반면 학원 운영자는 60% 이상 반대했다. 학원 운영자 및 종사자의 영업 자유 및 직업 자유, 학생의 자율학습 권리를 침해한다는 이유였다. 학원일요휴무제가 온라인 강의와 과외 때문에 실효성 없는 대책이 될 것이라는 주장도 있지만, 공론화를 거칠 필요가 있다. 문재인 정권에서 풀지 못했던 사교육비와 사교육 전반의 문제는 차기 정권이 반드시 개선하려 노력해야 한다.

자사고·외고·국제고 폐지

문 정권에서 가장 요란했던 교육 정책은 자율형사립고(자사고)·외국어고(외고)·국제고 폐지다. 문 정권은 2019년 11월 '고교서열화 해소와 일반고 역량강화 방안'을 발표하고, 2025년부터 자사고·외고·국제고 79개교를 모두 일반고로 전환하겠다고 발표했다.* 반면 이공계 인력을 양성하는 과학고와 영재학교는 일반고 전환 대상에서 뺐다.

먼저 폐지(일반고 전환) 대상이 된 학교들을 살펴보자. 외고는 1986년 서울아시안게임과 1988년 서울올림픽 개최를 앞두고 외국어 인력을 조기에 양성하기 위해 만들었다. 1984년 대원외고와 대일외고가 처음 개교했으나 정식 고등학교가 아닌, 고등학교 학력을 인정하는 일종의 직업학교였다. 외고가 특목고로 지정된 것은 노태우 정권 때인 1992년이다. 이때부터 '이과는 과고, 문과는 외고'로 회자되며 명문고로 급성장했다.

국제고는 국제 전문 인재 양성을 위해 설립됐다. 김영삼 정권이 1995년 5·31 교육개혁**을 통해 고교 평준화의 문제를 해결하기 위해 제안했고, 김대중·노무현 정권에서 고교 체계 다양화와 운영 자율화 정책을 통해 성장했다. 1998년 부산국제고가 개교한 이후 현재 8개교가 있다. 청심국제고를 제외하면 모두 공립고이다. 대구국제고는 국제고 폐지 결정이 이뤄진 후인 2021년 개교했다.

자립형사립고(2010년 자율형사립고로 전환)는 김영삼 정권이 5·31

* 우리나라 고등학교에는 일반고, 특수목적고, 특성화고, 자율고가 있다. 특수목적고에는 과학 인재 양성을 위한 과학고, 외국어에 능숙한 인재 양성을 위한 외국어고, 국제 전문 인재 양성을 위한 국제고, 예술인 양성을 위한 예술고, 체육인 양성을 위한 체육고가 있다. 교육과정을 자율적으로 운영할 수 있는 자율고에는 자율형사립고와 자율형공립고가 있다. 이 밖에 고등학교 학력을 인정하는 영재학교가 있다.

** 김영삼 정권의 5·31 교육개혁은 김대중·노무현·이명박·박근혜 정권으로 이어지며 한국 교육체계의 근간을 이뤘다. 학교 자율화, 교육법 체계 정립, 평생 학습 등 새로운 교육체계를 만들었다. 신자유주의 열풍 속에서 교육의 시장화를 초래했다는 비판이 있었고, 수요자 중심 교육을 위해 교사를 개혁 대상으로 삼으면서 반발을 사기도 했다. 대학을 양산해 구조 조정해야 하는 과제도 남겼다.

교육개혁안을 발표하면서부터 논의되기 시작했다. 학교 운영과 교육과정의 지율성을 확대해 수준 높은 교육을 제공하려는 의도였다. 시장 중심, 수요자 중심의 신자유주의 노선을 따라 등록금 자율책징권과 학생선발권 혜택을 줬다. 귀족학교 논란, 계층 간 위화감 조성 등의 문제점이 예상됐고, 입시 위주의 교육과 사교육을 우려한 전국교직원노동조합(전교조), 시민단체, 한국교원단체총연합회(한국교총)의 비판을 받아 결국 김영삼 정권은 자사고를 설립하지 못했다. 뒤이은 김대중 정권은 2001년 민족사관학교[4] 등 5개의 자사고를 지정하고 2002년 상산고를 추가해 시범 운영하도록 했다. 이들은 정부 지원 없이 독립적인 재정과 교과과정을 운영했다. 자립형사립고는 노무현 정권 때 지방과의 교육 격차를 줄이는 방안으로 더욱 탄력을 받았다. 수도권 신도시와 서울 내 교육여건 낙후지역에 추가로 자사고 설립이 추진됐다. 노 정권은 교육 정책을 부동산 정책의 수단으로 이용한 것이다. 자사고 시범운영은 한국교육개발원의 평가에 따라 2010년으로 연장됐다.

신자유주의적 교육에 가치를 둔 이명박 정권은 2007년 대선에서 고교 다양화 정책으로 전국 자율형사립고 100개 지정을 공약하고 자사고 수를 확대했다.[5] 이때 자립형사립고가 자율형사립고로 전환됐다.[6] 2009년 교육부는 자사고의 법적 근거를 마련하고 자사고의 운영 기간을 5년 이내로, 시·도 교육규칙으로 5년 범위에서 연장할 수 있게 했다. 2011년에는 자사고 운영 내실화를 위한 제도 개선방안을 발표하고, 지정 취소를 할 수 있다는 조항을 추가했다. 자사고는 심사를 받아 운영하는 한시적인 학교임을 명시한 것이다. 박근혜 정권은 자사고의 교과 편성 자율권을 제한하고, 선발방식을 개선했다. 또 전체 고교생의 71.5%가 다니지만, 학생선발권과 자율성 등에서 자사고와 특목고에 비해 불리한 일반고를 지원하는 정책을 폈다.

2017년 대선에서는 외고·국제고·자사고의 폐지 공약이 화두였고, 대세였다. 문재인 더불어민주당 후보, 유승민 바른정당 후보, 심상정 정의당 후보가 정도의 차이는 있지만 외고·국제고·자사고의 폐지를 공약으로 내세웠다. 안철수 국민의당 후보만은 외고·자사고 폐지는 시기상조라며, 선발권을 박탈하고 추첨으로 학생을 뽑도록 하겠다고 밝혔다. 홍준표 자유한국당 후보는 자사고 폐지에 부정적인 입장이었다. 선거 결과 문재인 정권이 들어섰고, 김영삼 정권에서 시작돼 박근혜 정권에 이르기까지 끊임없이 제도 개선 대상이던 자사고는 일반고 전환으로 막을 내릴 운명에 처했다. 교육의 형평성을 강조하는 문 정권은 2017년 자사고의 우선선발권을 폐지하고 2025년 자사고 폐지를 공식화했다.

교육부의 계획대로라면 외고는 33년 만에, 국제고는 27년 만에, 자사고는 24년 만에 역사 속으로 사라지게 된다. 외고와 국제고가 한국의 성장기에 나타나 시대적 소명을 다한 것인지, 자사고가 한 세대에 걸쳐 학생을 대상으로 한 교육 실험이었는지는 훗날 평가될 것이다. 변수는 차기 정권이 문 정권의 결정을 따를지에 달렸다.

또 다른 변수는 법정 소송이다. 문 정권의 자사고 폐지 정책은 법정 소송으로 이어지고 있다. 자사고·국제고 등 24개 학교법인은 교육부가 헌법에서 보장하는 기본권을 침해했다며 헌법소원을 냈다. 학생과 학부모의 학교선택권, 개인의 재능과 능력에 맞는 교육을 받을 권리, 인재가 수준 높은 교육을 받도록 하는 수월성 교육의 권리가 박탈됐다는 이유이다. 결과는 2022년 나올 전망이다. 만약 헌법재판소가 개정된 시행령이 위법하다고 판단하면 자사고를 없애려는 정부 계획은 차질을 빚을 수 있다.

과거에도 교육청의 자사고 지정 취소가 법정으로 간 사례가 있다. 2010년 전북교육청은 익산 남성고와 군산 중앙고의 자사고 지정을 취소했다. 그러나 교육과학기술부가 법률 위반이라며 직권으로 해당 처분을 취소한 바 있다. 전주지방법원 역시 교육감의 지정 취소가 부당하다며 두 자사고의 손을 들어주었다. 2014년 서울시 교육감으로 당선된 조희연은 "자사고는 고교 서열화를 심화하고 교육 불평등을 초래한다"라며 자사고 재지정 평가에서 14개교 중 6개교를 취소했다. 그러나 박근혜 정권하의 교육부는 조 교육감의 결정을 직권 취소했다. 이 사건은 대법원이 교육부 손을 들어주면서 자사고 지정 취소에 제동을 걸었다.

문 정권이 내세운 외고·국제고·자사고의 폐지 이유를 살펴보면 설립 취지와 달리 운영되었고, 명문대 입시 통로가 되면서 사교육을 심화시켰고[7], 학교 간의 서열화를 만들었으며 일반고를 황폐화했다는 것이다. 그러나 일부에서는 보수 정권과 진보 정권의 철학 차이라고 본다. 우수한 인재가 수준 높은 교육을 받을 수 있게 하는 수월성 교육과 모든 학생이 똑같은 교육을 받아야 한다는 형평성 교육을 보수와 진보 진영의 대립으로 해석하는 것이다.* 그렇다면 수월성 교육을 하는 과학고와 영재학교를 폐지 대상에서 제외한 이유는 무엇일까?

수월성 교육과 형평성 교육을 보수와 진보의 가치와 연결해 진영 논리로 해석하는 것은 국가 교육의 방향을 흩뜨리는 것이 아닐 수 없다. 보수 정권이 수월성 교육을 지지하고 진보 정권이 형평성 교육을 지지한다는 논리와 달리, 국제고와 자사고는 진보적인 김대중·노무현 정권에서 제도적으로 마련하고 확대했던 정책이다. 시민단체와 교육단체, 외고·국제고·자사고 내의 교육공동체·학부모·학생을 진보와 보수 진영으로 편을 가르기보다 국가 교육이 나갈 길을 명확히 하는 것이 중요하다. 자사고가 가졌던 자율성과 새로운 교육적 시도를 공교육에서 어떻게 수용할지도 고민해볼 문제다.

자유학년제·고교휴학제·고교학점제

중학교 자유학기제는 문재인 정권이 계승하려 했던 박근혜 정권의 교육 정책이다. 한 학기 동안 국어·영어·수학 중심의 교육에서 벗어나, 동아리 활동, 주제 선택 활동, 예술과 체육, 진로탐색 활동을 하는 파격적인 교육 정책이다. 이 기간에는 시험도 없다. 2013년부터 시

* 정책지지연합 모형 연구에 따르면, 자사고 폐지를 주장하는 정책지지연합은 진보적 가치를 가진 교육감과 시민단체를 중심으로 활동하며 평등주의적 가치와 교육의 보편성을 중시한다. 반면 자사고를 유지하려는 정책지지연합은 자사고 학교장과 학부모, 교총을 중심으로 활동하며, 신자유주의적 가치와 교육의 수월성을 강조한다.

범 운영되다가 2016년 전 학교로 확대됐다.

문 정권은 2017년 11월 '중학교 자유학기제 확대·발전 계획'을 발표하고, 자유학기제를 자유학년제로 확대하고자 했다. 그러나 자유학년제는 희망학교를 접수해 시범 운영하다가 대부분의 중학교로 확대했지만, 2025년 자유학기제로 환원된다. 자유학년제는 무리였음을 인정한 것이다.

문 정권의 교육 공약 중 특이한 것은 중·고교 휴학제였다. 중·고등학생에게 1년가량 진로를 탐색할 시간을 주겠다는 취지에서 마련했다. 매년 2만 명이 넘는 학업 중단자를 위한 정책이기도 하다. 교육부는 중·고 휴학제에 대한 정책연구를 통해 2022년부터 고교휴학제 전면 도입을 목표로 추진했지만, 임기 중 이뤄낼 수 없는 정책이었다.

문 정권이 가장 앞세운 교육 공약 1호는 고교학점제였다. 대학처럼 기본 학력을 바탕으로 진로와 적성에 따라 과목을 선택하고, 누적된 과목 이수 학점에 따라 졸업할 수 있도록 하는 제도다. 2018년부터 연구·선도학교를 운영하고 2020년 마이스터고, 2022년 특성화고 전체와 일부 일반계고에 도입했다.[8] 2025년부터 전국 모든 고등학교에서 시행될 예정인데, 차기 정권이 시행할지는 의문이다.

고교학점제에는 여러 문제점이 보인다. 우선 보편교육을 추구하는 고등학교에서 대학의 전공 학점제와 같이 진로에 따라 선택하는 학점제를 운영하는 것이 바람직한가이다. 대학에서는 전공별로 교육과정이 다르지만, 고등학교에서는 공통적인 교육과정 안에서 진로를 탐색해야 한다. 둘째, 고교학점제가 대입에 절대적인 영향을 미치는 내신과 수능의 상대평가와 어떻게 조화를 이룰지도 고민이다. 입시제도가 바뀌지 않는 한, 학생은 진로보다 대입에 유리한 선택과목을 선택할 것이다. 결국 수능 중심의 과목이 필수과목이 되고 나머지 과목도 따라간다면 고교학점제는 원래의 취지를 살릴 수 없다. 이 밖에 다양한 선택과목을 운영해야 하는 학교와 교사의 역량도 문제이고, 도농 간 격차도 발생할 수 있다. 고교학점제는 학생마다 선택과목이 달라 절대평가를 할 수밖에 없는데, 그렇게 되면 자사고·외고 등이 유리해진다. 고교학점제 때문에 자사고·외고 폐지가 적극 추진됐다는 이야기도 있다.

전교조는 2021년 11월 기자회견을 통해 "매년 연구·선도학교를 확대하는 방식으로 무작정 추진하는 고교학점제는 학교에 재난이 될 수 있다"라며 재검토를 요구했다. 고교학점제가 성공하려면 학생부종합전형(학종)으로 선발하는 수시 모집이 지금보다 훨씬 확대되어야 한다. 그러나 문 정권은 조국 사태 이후 수능 위주의 정시 모집을 늘리겠다고 밝혔다.

정시와 수시, 학종과 수능

대학입시는 학생을 선발하는 과정이지만, 교육 방향과 연계되어 있어 그 평가 방법을 신중하게 선택해야 한다. 현재 제기되는 문제점을 보면 다음과 같다. 학생부종합전형과 수능전형 간의 적정 비율은 얼마인가? 수시와 정시는 통합하는 것이 좋은가, 분리하는 것이 좋은가? 수능은 절대평가가 좋은가, 상대평가가 좋은가? 학생부종합 전형의 공정성을 어떻게 높일 것인가?

2018년 7월 김상곤 부총리 겸 교육부장관은 〈2022학년도 대학입시제도 개편 방안〉을 발표했다. 핵심 내용은 지금까지 줄여왔던 수능 위주 전형 비율을 30% 이상으로 확대한다는 것이었다. 국가교육회의의 권고안, 공론화 조사 결과를 종합적으로 고려한 결정이라는 것이다. 학교 수업을 파행시킨다는 비판이 있었던 수능 EBS 연계율은 현행 70%에서 50%로 축소하고, 학교생활기록부의 신뢰도를 높이기 위해 과도한 경쟁 및 사교육을 유발하는 요소와 항목을 정비하고, 정규교육 과정의 교육활동을 중심으로 기록하도록 개선하겠다는 내용도 담았다.

그러나 문 정권이 발표한 첫 대학입시 정책은 진보적인 교육·시민단체와 전교조, 전국시도교육감협의회의 반대에 부딪혔다. 한쪽은 수능 비율을 높인 것이 교육개혁의 퇴행이라고 주장했고, 다른 한쪽은 수능 비율을 더 높여야 한다고 주장했다. 김상곤 부총리는 사퇴 압력을 받았고, 첫 개각 때 책임을 안고 경질됐다. 그는 문 정권의 교육개혁 설계자로 알려졌고, 경기도 교육감 시절 무상급식과 혁신학교*를 추진했던 교육자이자 정치인이다.

문 정권의 교육개혁에 또 다른 태풍이 불어왔다. 2019년 8월 조국

* 혁신학교는 2009년 김상곤 교육감이 경기도에 처음으로 도입한 공교육 혁신 모델이다. 교사와 학부모가 협력해 입시 위주의 획일적 학교 교육에서 벗어나 학생의 자기 주도적인 학습능력을 높여 공교육을 정상화하자는 취지였다. 문 정권은 혁신학교의 전국적 확대를 국정과제로 삼고, 2019년 17개 모든 시·도교육청으로 확대했다. 2021년 전국 초·중·고의 16%인 1942교가 혁신학교로 지정돼 있다.

사태가 발생한 것이다. 서울대 교수였던 조국은 문 정권의 초대 민정수석비서관으로 임명됐으며, 법무부 장관 후보로 지명될 때 자녀의 입시비리 의혹이 발생했다. 논문 저자 부당 등재 의혹과 자기소개서 허위 경력 의혹이었다.

그해 10월 문재인 대통령이 먼저 진화에 나섰다. 교육개혁 관계장관회의를 주재하며 "입시 당사자인 학생의 역량과 노력보다는 부모의 배경과 능력, 출신 고등학교 같은 외부 요인이 입시 결과에 결정적 영향을 미치고 과정마저 투명하지 않아 깜깜이 전형으로 불릴 정도"라며 학생부종합전형의 문제점을 지적했다. 그는 "정시가 능사는 아닌 줄은 알지만 그래도 지금으로서는 차라리 정시가 수시보다 공정하다는 입시 당사자들과 학부모들의 목소리에 귀를 기울여야 한다"고 강조했다.

조국 사태로 불똥이 떨어진 교육부는 부리나케 학생부종합전형 실태조사에 나섰다. 그 결과 학생부종합전형에서 과거 졸업자 진학실적이나 고교 유형별 평균 등급을 제공함으로써 특정한 고교유형을 우대하는 서류평가 시스템을 확인했다. 이는 내신등급이 불리한 학교의 학생을 뽑기 위한 것이다. 지원자의 평균 내신등급이 일반고>자사고>외고·국제고>과학고 순으로 서열화됐기 때문이다. 또 입학사정관의 재직 경력이 길지 않고 위촉사정관이 많아 전문성이 떨어지는 문제점도 찾아냈다. 하지만 문제가 됐던 부모 찬스나 대학 내 교직원 특혜 등은 발견하지 못했다. 교육부는 13개 주요 대학으로부터 2016~2019학년도까지 총 202만여 건의 전형자료를 제출받아 분석했다고 강조했다. 다만 조사 기간이 2주에 불과해 조국 사

(그림2) 연도별 대입 정시/수시 모집 비율

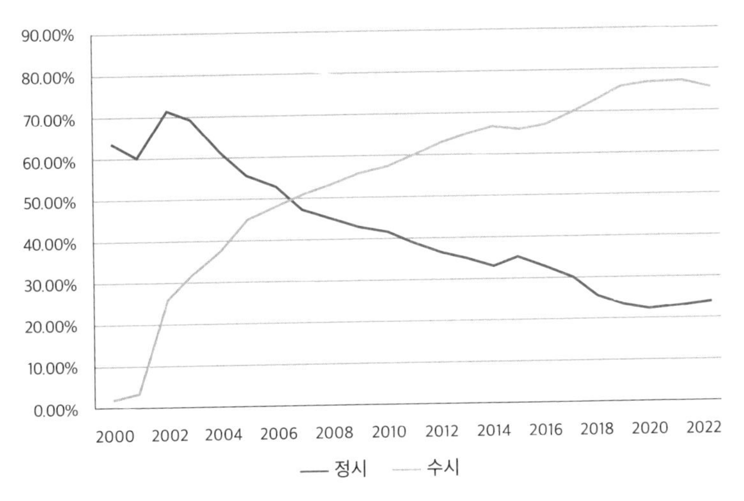

학생부를 바탕으로 하는 수시전형은 제도가 도입된 이후
꾸준히 모집 비율이 증가해 왔지만, 공정성 문제가 제기되면서 줄어들고 있다.

태의 불 끄기에 바빴다는 인상을 줬다.

11월 교육부는 〈대입 공정성 강화 방안〉을 발표했다. 핵심은 학생부종합전형 선발 비율이 높은 서울 소재 16개 대학에 2023학년도까지 정시 수능 위주 전형 비율을 40% 이상으로 늘리라는 권고였다. 이 16개 대학에는 소위 SKY라고 불리는 서울대·고려대·연세대가 포함돼 있어 입시전형에 미치는 영향은 절대적이다. 세부 내용으로는 모든 비교과 활동(수상 경력, 개인 봉사활동 실적, 자율 동아리, 독서 활동 등)과 자기소개서 폐지, 소논문 폐지, 교사 추천서 폐지. 출신고교의 후광효과를 차단하기 위한 블라인드 평가 도입, 공통 고교정보(고교 프로파일) 폐지를 담고 있다. 또 저소득층 학생과 농·어촌 학생 등을 대상으로 하는 전형을 모든 대학이 전체 모집 정원 대비 10% 이상 선발하도록 법으로 의무화하겠다는 내용도 담았다. 학생부종합전형의 투명성·공정성을 강화하고 사회통합 전형으로 흙수저의 사다리를 확대하는 방안이었다.

국민은 수시와 정시로 대변되는 입시제도의 본질을 제대로 봐야 한다. 알려진 바와 달리 보수 쪽인 이명박 정권에서 수시를 강화하고 입학사정관제를 시행했고, 지금은 민간단체와 전교조가 수시 강화를 주장한다. 반면 진보 쪽인 문재인 정권은 정시 강화로 회귀하고 있다. 수시의 문제는 앞서 조국 사태에서 지적했던 대로이고, 정시가 사교육을 조장한다는 말은 진실일까?

2021년 연구 결과에 따르면, 일반대학에 정시와 수시로 입학한 학생들 간의 부모 소득은 거의 유사했다. 그러나 상위권 대학으로 갈수록 부모의 소득수준이 높게 나타났고, 입학전형별로는 정시보다 수시전형 입학생의 월평균 부모 소득이 더 높았다. 이 결과는 학종 중심의 수시전형이 상대적으로 금수저 전형일 가능성이 더 크다는 것을 보여준다. 다시 말해 수시 학종이 학생의 노력보다 부모의 사회적 자본에 의해 결정되는 불공정한 제도일 수 있다. 정시 비중을 높이면 수능 전형을 선호하는 고소득층이 수혜를 누리고 사교육비가 폭증할 것이라는 민간단체의 주장은 이번 연구 결과와 다르다.

또 다른 통계는 수도권에 거주할수록 수능에 유리하다는 결과를 보여준다. 강민정 열린민주당 의원이 공개한 '2021년 서울대 신입생 최종 선발 결과'에 따르면 정시 합격자 가운데 78.4%가 수도권 출신이었다. 반면 학종 전형 합격생 중 비수도권과 수도권 비율은 각각 44.2%와 55.8%였다. 수시에서 비수도권 비율이 다소 높아진 것은 서울대의 경우 수시에만 지역균형전형이 있기 때문이다. 서울대는 앞으로 정시에도 지역균형전형을 도입하겠다고 밝혔다.

수능을 중심으로 하는 정시와 학생부종합전형 중심의 수시는 각각 한계가 있다. 여기서 간과된 것이 사교육 시장이다. 사교육 시장은 보충학습의 이름을 달고, 정시든 수시든 맞춤형 상품을 갖고 있다. 재능과 학력을 만들어내기 위해 교재, 학원, 체험, 컨설팅, 온라인 플랫폼 등 다양한 형태로 성장하고 있다. 사교육 시장이 커지는 이유가 제도 변화 때문인지, 소득 수준 향상에 따른 것인지 따져봐야 하지만, 공교육이 교육의 수요와 욕구를 충족시키지 못한 점도 살펴야 할 것이다. 사교육 시장은 그 틈새를 노리며 성장한다. 또 하나의 이유는 부모의 사회경제적 자본이 교육을 통해 자녀에게 문화자본(교육자본)* 으로 상속되기 때문이다. 특목고, 자사고에 보내겠다는 학부모의 욕심은 특목고와 자사고가 학생의 미래에 훌륭한 문화자본으로 남기 때문이다. 조금이라도 능력이 된다면 사교육 투자를 아끼지 않는 이유이다. 따라서 입시제도를 사교육의 부작용을 막겠다는 방향으로 잡는 것은 실효를 거두기 어렵다.

수시와 정시, 학종과 수능은 서로의 단점을 보완하며 공존하고 있다. 제도의 취지를 살려 교육의 품질을 더 높이고 부작용을 줄이는

* 문화자본cultural capital은 경제적 자본처럼 사회적 재생산이 가능한 자본이다. 프랑스 사회학자 피에르 부르디외는 제도화된 문화자본의 예로 졸업장·학위·자격증 등을 들면서, 학교는 졸업증서와 학위를 수여하는 메커니즘을 통해 기존의 사회질서를 유지하는 중요한 장으로 봤다.

노력을 계속 기울인다면 오히려 남의 나라 제도를 부러워할 일이 아니다. 문 정권이 국가교육회의의 권고안과 공론화 조사 결과를 통해 입시제도를 개선하려 했던 것은 바람직한 의사결정 방법이었다. 차기 정권에서는 국가교육위원회와 공론화 과정을 또 거쳐 더욱 성숙된 입시제도를 만들어가야 할 것이다.

국가교육위원회

정권이 들어설 때마다 새로운 교육 정책을 내세운다. 국가의 미래를 위해 내세운 정책도 있고, 민심을 달래기 위해 만든 정책도 있다. 민심은 통일돼 있지 않고 시대에 따라 변한다. 이에 따라 교육 정책도 흔들리는데, 학생은 그 볼모가 된다. 오래전부터 정치적 중립, 교육 정책의 전문성과 일관성을 이끌 국가교육위원회을 설립해야 한다는 주장이 있었다. 진보와 보수, 정치적 셈법을 떠나 국가 교육이 지속적으로 혁신되고 발전되어야 한다는 바람에서다.

문 정권은 대선공약으로 국가교육위원회의 설립을 내놓았고, 2021년 7월 1일 '국가교육위원회 설치 및 운영에 관한 법률'을 국회 본회의에서 통과시켰다.

국가교육위원회는 한국교총, 전교조 등에서 제안한 바 있고, 명칭은 다르지만 정치권에서도 공약으로 내세운 적이 있다. 2002년 이회창 한나라당 후보는 21세기 교육위원회 설치를, 2007년 정동영 후보는 국가미래전략교육회의를, 2012년 문재인 후보는 국가교육위원회 설치를 공약했다. 2017년 대선에서는 문재인 후보가 국가정책 수립을 담당하는 조직으로서 국가교육위원회를, 안철수 후보가 교사와 학부모, 여야 정치권이 참여하는 국가교육위원회의 설치를 공약했다. 홍준표 후보는 정책기획과 국민여론 수렴 창구로 국가교육위원회를 공약했다. 공통적인 설립 이유는 국민의 불신을 해소하고, 정치권의 셈법과 관료의 행정편의주의에서 벗어나 교육 전문가가 교육 정책을 다뤄야 한다는 내용이다. 시민과 교사의 참여 필요성도 제기됐는데, 사회적 합의를 도출하는 공론의 장으로서 의미를 담고자 한 것이다.

그러나 비판도 있다. 첫 번째 우려되는 것은 교육부와의 마찰이다. 교육부와 중복되지 않는 독자적인 사무가 적고 정부 조직 원리에 부합되지 않는다는 것이다. 또 국가교육위원회는 정책 결정을, 교육부는 집행을 맡아 역할을 분담하는 것은 정치 행정을 일원화하는 현대적인 추세에서 옳지 않다는 것이다. 초정권적인 교육 정책 형성은 민주주의 책임정치 원리에 어긋나고 실현 가능성이 낮다는 주장도 있다.

문 정권이 만든 국가교육위원회는 대통령 직속의 의결기구이자 행정위원회로 21명[9]의 위원으로 구성된다. 교육 비전과 중장기 정책 방향을 정하고, 학제·교원 정책·대학입학 정책 등을 포함한 국가교육 발전계획을 수립한다. 국가 교육과정의 기준과 내용을 고시하고, 교육 정책에 대한 국민 의견을 수렴·조정하는 일도 관장한다.

법률에 따르면 차기 정부는 2022년 7월 국가교육위원회를 출범시켜야 한다. 문제는 차기 정권이 이를 얼마나 잘 수행할 것인가이다.

국가교육위원회를 통해 교육개혁 의제를 논의하고, 교육부의 초·중등교육 관련 기능을 시도교육청으로 대폭 이양함으로써 교육부의 기능을 대폭 축소하려 했던 문 정권의 의지를 얼마나 수용할지가 의문이다. 국가교육위원회법이 국회 교육위원회와 법사위원회에서 통과될 때 당시 야당이었던 국민의힘 소속 의원들은 참석하지 않았다. 본회의에서는 찬성 165표, 반대 91표, 기권 5표로 통과됐는데, 여당 재적의원 수만큼 찬성했다.

문재인 정권이 남긴 것들

문재인 정권은 국가가 책임지는 교육을 내세우며 교육복지만은 확실히 챙겼다. 누리과정 국고 부담, 초등학교 온종일돌봄교실과 마을돌봄교실 확대, 고교 무상교육이 대표적인 성과라고 할 수 있다. 그러나 대학생 반값 등록금은 실현하지 못했고, 보편적 복지와 선택적 복지의 논란만 남겼다. 사교육비 절감 대책도 내놓지 못했다.

고교 공교육의 혁신은 자사고·외고·국제고 폐지, 고교학점제, 자유학년제, 고교휴학제 등을 통해 추진하려 했다. 그러나 자사고·외고·국제고 폐지, 고교학점제, 고교학점제는 논란을 일으켰고, 차기 정권에서 동의해야 가능한 정책이 되고 말았다. 더구나 자사고 폐지는 법정 소송으로 이어져 정책의 성패는 그 결과에 따라 이뤄지게 됐다. 자유학기제를 확대한 자유학년제는 사실상 폐지됐다.

대학입시 정책은 국가교육회의와 공론화 과정을 통해 공교육 강화 방향으로 정책을 수립하고자 했으나 여론의 지지를 받지 못했다. 더욱이 조국 사태가 정권의 치부가 되면서, 여론은 한목소리로 대학 입시의 공정성을 요구했다. 결국 정권 초기에 30%로 높였던 정시의 수능 위주 전형 비율은 정권 말기에 40%로 더 높이겠다고 선언할 수밖에 없었다.

정책의 입안부터 시행에 이르기까지 많은 시간이 필요한 교육 정책의 특성상 시행을 차기 정권으로 넘긴 공약도 있다. 자사고·외고·국제고 폐지와 고교학점제 시행, 다수당인 여당이 일방적으로 근거법을 마련한 국가교육위원회의 운영은 차기 정권의 손으로 넘어갔다. 윤석열 정권은 그동안 반복되어온 전 정권의 색깔 지우기에 나설 것이 아니라, 객관적인 평가와 공론화를 통해 시행 여부를 결정해야 할 것이다.

필자는 문 정권의 교육 공약과 교육 정책을 살피면서 중요성을 간과했던 것이 적지 않다고 본다. 대표적인 것이 코로나19 팬데믹 상황에서 학습중단을 막기 위한 노력이다. 아무도 예상하지 못했던 사태로, 교육 공약에 들어 있지 않다. 세계적으로 모든 나라가 등교 제한 등 방역에만 신경을 쓰는 동안에도 학습중단을 막기 위해 신속하게 초·중·고 온라인 개학을 실시했고, 대학에서는 전면 원격수업을 허용했다. 2020년, 2021년 두 해 동안 코로나19가 창궐한 상황에서 40만 명이 넘는 수험생이 참가하는 수능을 문제없이 치른 점은 문 정권의 성과이다.

신체적·정신적·지적 장애를 가진 학생을 위한 특수교육을 강화하는 것은 선진국이 된 국가의 의무이다. 문 정권은 4년 동안 특수교사를 1천 명 이상 늘렸고, 14교의 특수학교를 신설했다. 특수학급은 10,325학급에서 12,042학급으로 늘렸다.

미래를 대비한 교육은 어떠했을까? 제4차 산업혁명을 맞아 학생들이 받아야 할 교육은 입시경쟁이 아닌 스스로의 행복을 위한 교육이다. 이런 교육 이슈는 언론에서 잘 다루지 않아 묻히기 쉽지만 점점 중요해지고 있다. 여기에 대해선 문 정권의 평가를 보류한다. 꿈과 끼를 살리는 행복 교육을 외쳤던 박근혜 정권에 이어 계속되는 과제이기 때문이다.

미래 교육에 대한 고민은 〈OECD 교육 2030: 미래 교육과 역량〉에 담겨 있다. OECD 29개 회원국이 2015년부터 시작한 교육혁신 프로젝트이다. 2030년에 필요할 것으로 예상되는 미래의 핵심역량을 학교 교육을 통해 만들어보자는 고민에서 시작됐다. 목적은 개인과 사회의 웰빙Individual and collective well-being이다. 빠르게 변화하는 과학 및 산업 기술은 불평등과 사회 분열을 심화시킨다. 개인과 사회의 행복이 교육에서 강조되는 이유다. 2030 프로젝트는 전통적으로 중요하게 여겨 온 학과목 지식, 실행 능력의 중요성을 여전히 인정하지만, 교우관계 형성, 운동과 수면 부족을 일으키는 과부화된 교육과정을 바꾸어야 한다고 본다. 학생이 학습에 적극적으로 참여하는 수준 높은 교육과 모든 학생이 수혜자가 될 수 있게 하는 형평성을 주목했다.

주

1. 정권은 선거를 통해 정부를 장악한 정치 권력 조직이며, 정부를 운영하는 관료 조직과 구별할 필요가 있다.
2. 기숙사비, 특별활동비는 포함되지 않았다. 수업료 등을 별도로 정하지 않는 사립학교는 포함됐으며, 수업료와 그 밖의 납부금을 학교장이 정하는 사립학교(자사고, 사립 특목고)는 제외했다.
3. 2020년 기준으로 학교교과교습학원은 7만 3,865개로, 56.3%가 입시검정 및 보습 학원이다.
4. 민족사관고는 19966년 개교했다. 2001년 자립형사립고 시범학교로 지정됐으며 2010년에 자율형사립고로 전환됐다. 교육 품질을 높이기 위해 석·박사 수준의 교사 채용, 토론 및 논·서술식 수업, 고교학점제, 교과교실제를 시행해 화제가 됐다.
5. 자율고는 2019년 154개교가 있다. 공립고가 112개교, 사립고가 42개교다.
6. 자립형사립고는 전국 단위로 학생을 모집할 수 있었지만, 자율형사립고는 지역 제한제가 적용됐다.
7. 고등학교 유형별 사교육 참여와 지출을 살펴보면 자사고, 과학고·영재학교, 외고·국제고 진학을 희망하는 학생일수록 사교육 참여와 지출이 높다.
8. 2022년 현재 일반계고 기준 1,413개교(83.9%)가 고교학점제 연구 및 선도학교로 지정되어 전면 도입을 준비 중인 상황이다.
9. 교육위원은 국회 추천 9명, 대통령 지명 5명, 교육부차관, 교육감 협의체의 대표자, 대통령령으로 정하는 바에 따른 교원 관련 단체 추천 2명, 대교협 추천 1명, 전문대교협 추천 1명, 시·도지사협의체 추천 1명으로 구성된다. 임기는 3년이다.

참고문헌

- 경실련, (2016. 2. 22) "박근혜 대통령 집권 4년차 대선공약 이행 평가결과", ccej.or.kr
- 교육부 학생부종합전형조사단, (2019. 11. 5) 〈2016-2019학년도 13개 대학 학생부종합전형 실태조사 결과 보고서〉
- 김경회, (2019) 〈국가교육위원회 법률안에 대한 비판적 검토〉, 교육정치학연구, 26(2), 107-129.
- 김은영, (2018) "OECD 교육 2030: 미래 교육과 역량", 2018년 여름호, webzine-serii.re.kr
- 김태완, (2011) "한나라당發 '반값 등록금 정책' 탄생의 비밀", 월간조선, 2011년 7월호
- 김혜숙, (2022. 4. 7) "대통령의 통치행위가 교육에 미치는 영향", 한국교육신문, www.hangyo.com
- 반상진, (2016) 〈박근혜 정부의 반값 등록금 정책에 대한 평가〉, 교육비평, (37), 98-113.
- 송영훈, (2022. 7. 4) "[문재인미터 최종] ⑦교육공약-보육은 성과, 고등·대학교육은 상당수 파기", www.newstof.com
- 양림, (2021) 〈자사고 재지정 과정에서 정책지지연합의 신념체계 분석〉, 한국과 국제사회, 5(6), 59-79.
- 유진성, (2014) "반값 등록금의 영향과 정치경제학", 한국경제연구원
- 이광현, 권용재, (2021) 〈대입제도 쟁점분석: 수시와 정시 입학생들의 소득수준 비교 분석〉, 한국콘텐츠학회논문지, 21(12), 107-118.
- 이덕난, 유지연, (2022. 4. 28) "초·중·고교 사교육비 변화 추이 분석 및 향후 과제", 국회입법조사처 현안분석
- 이청민, 정제영, 이미진, (2021) 〈Mucciaroni의 이익집단 위상변동 모형을 활용한 자율형사립고의 정책 변동 분석〉, 교육혁신연구, 31(1), 157-186.
- 쿠키뉴스, (2021. 10. 13) "예산이 필요 없었던 문재인표 반값 등록금?", www.kukinews.com
- 한국교육개발원, (2010) "사교육 진단 및 대책(Ⅰ): 원인·문제 진단 및 종합 대책"
- 한국교육개발원, (2021) "교육여론조사(KEDI POLL 2021)"

- 황재연, 안관수, (2018) 〈교육과정의 사회적 성격과 문화자본: Bourdieu의 문화재생산론적 관점을 중심으로〉, 한국융합학회논문지, 9(2), 157-164.

김
유
선

서울대 경제학과를 졸업하고 한국노총과 전노협, 민주노총에서 일했다. 1998년 외환 위기 이후 '한국노동사회연구소'에서 일하면서 고려대 대학원에서 경제학을 공부했다. 한국노동사회연구소 소장과 이사장, 청년재단 이사장, 소득주도성장특위 위원장, 민주화운동기념사업회 이사, 정책기획위원회 위원, 한겨레신문 객원논설위원, 고려대 아세아문제연구소 연구교수 등을 지냈고, 지금은 고려대 노동대학원에서 겸임교수를 맡고 있다.

《노동시장 유연화와 비정규직 고용》, 《한국 노동자의 임금실태와 임금정책》, 《한국의 노동》, 《위기의 노동》(공저), 《서비스 사회의 구조변동》(공저), 《한국경제 빈부격차 심화되는가》(공저), 《행복 경제 디자인》(공저), 《일의 가격은 어떻게 결정되는가》(공저), 《민주정부 10년, 무엇을 남겼나》(공저), 《불평등 한국, 복지국가를 꿈꾸다》(공저), 《노동 현실과 희망 찾기》(공저), 《한국 민주주의의 미래와 과제》(공저), 《노조간부라면 알아야 할 한국경제 특강》(공저), 《우리는 복지국가로 간다》(공저), 《다시 촛불이 묻는다》(공저) 등 20여 권의 책을 냈다.

8장

고용노동 정책 :
고용의 양과 질 개선

고용의 양과 질 개선

문재인 정부는 역대 어느 정부보다 고용노동 정책을 중시한 정부였다. 정부 출범 다음 날인 2017년 5월 10일 대통령 1호 지시로 일자리위원회를 설치했고, 이틀 뒤인 5월 12일에는 대통령이 직접 인천국제공항공사를 방문해서 '비정규직 제로' 정책을 선언했다. 7월 15일에는 최저임금위원회에서 2018년 최저임금을 16.4% 인상한 7,530원으로 결정했고, 2018년 2월 28일에는 휴일근로를 연장근로에 포함하고 연장근로시간 상한이 주 12시간임을 명확히 한 근로기준법 개정안이 국회를 통과했다. 2018년 12월 27일에는 산업안전보건법 전부개정안, 2021년 1월 8일에는 중대재해처벌법이 국회를 통과했고, 2월 26일에는 ILO 핵심협약 비준안이 국회를 통과했다.

문재인 정부가 추진한 고용노동 정책은 3가지 범주로 구분할 수 있다. 첫째는 고용의 질을 개선하기 위한 최저임금 인상, 주 52시간 상한제, 공공부문 비정규직의 정규직 전환, 산업안전보건제도 개선,

고용안전망 사각지대 해소 등이다. 둘째는 새로운 일자리를 창출하고 고용의 양을 늘리기 위한 공공부문 81만 개 일자리 창출, 청년·여성·고령자 맞춤형 일자리 창출, 상생형 지역 일자리 창출 등이다. 셋째는 노동기본권을 신장하고 집단적 노사관계를 개선하기 위한 ILO 핵심협약 비준, 노사관계 법제도 개선 등이다.

문재인 정부 고용노동 정책 가운데 특히 고용의 질을 개선하기 위한 정책은 이해관계자들이 첨예하게 대립했다. 여기서 모든 정책을 똑같은 비중으로 살펴보기는 어려울 것 같다. 최저임금 인상, 주 52시간 상한제, 공공부문 비정규직 정규직 전환, 중대재해처벌법 제정, 고용안전망 사각지대 해소, ILO 핵심협약 비준을 살펴본 뒤, 총량적인 고용 및 노사관계 지표를 살펴보도록 한다.

최저임금 인상

2017년 대통령 선거 때는 주요 정당 모두 최저임금 1만 원을 공약했다. 민주당(문재인), 정의당(심상정), 바른정당(유승민)은 2020년 1만 원을 공약했고, 국민의당(안철수), 자유한국당(홍준표)은 2022년 1만 원을 공약했다. 목표 시점에 차이가 있을 뿐 '최저임금 1만 원'은 일종의 사회적 합의라 할 수 있다. 이러한 사회적 분위기를 반영해서 최저임금위원회는 2018년 최저임금을 1,060원(16.4%) 인상했다.

이때부터 사정은 달라지기 시작했다. 야당과 재계, 보수언론은 "최저임금 인상 속도가 너무 빠르다"라며 공세를 펴기 시작했고, 정부와 여당 내에서도 속도조절론이 제기되었다. 최저임금 인상 폭은 2019년 820원(10.9%), 2020년 240원(2.9%), 2021년 130원(1.5%)으로 급속히 감소했고, 2022년에도 440원(5.0%)으로 소폭 증가에 그쳤다. 그 결과 문재인 정부의 최저임금 인상률은 연평균 7.2%로 박근혜 정부 7.4%에 못 미쳤다.

언론에서 워낙 최저임금 인상에 대한 비판적 기사가 많이 등장하다 보니, 이에 대한 국민 여론도 비판적인 것으로 생각하기 쉽다. 그러나 한국갤럽의 조사를 보면 최저임금 인상에 대한 일반 여론은 우호적이었던 것으로 보인다(그림1). 한국갤럽은 매년 7월 최저임금위원회가 다음 해 최저임금을 결정하면, 최저임금 수준의 적정 여부를

(그림1) 최저임금 정기 여론조사 결과

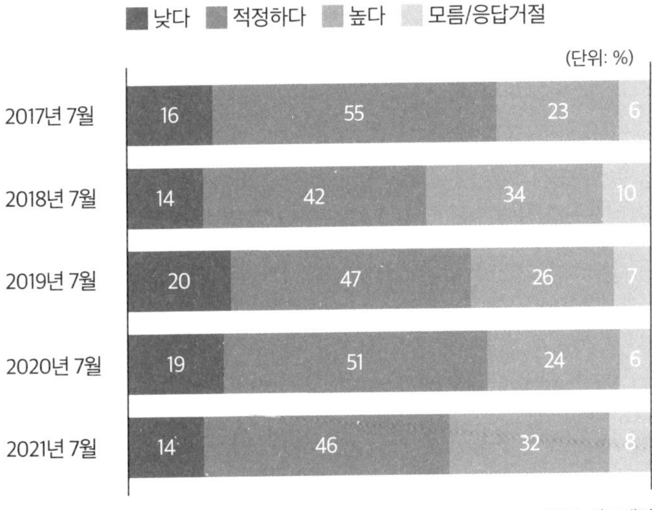

자료: 한국갤럽

묻는 국민여론조사를 실시한다. 지난 5년 동안 최저임금 수준이 '낮다'라고 응답한 사람은 14~20%, '적정하다'는 42~55%, '높다'는 23~34%였다. 최저임금 인상에 우호적인 '낮다+적정하다'라는 응답은 56~71%로, 단 한 해도 거르지 않고 50%가 넘었다. 이는 전체 국민의 절반 이상이 지속적으로 최저임금 인상 정책을 지지하고 있었음을 말해준다.

2018년과 2019년 큰 폭의 최저임금 인상은 저임금 노동자 비중과 임금 불평등을 줄이고 노동소득분배율을 끌어올리는 데 긍정적 영향을 미쳤다. 저임금 노동자 비중은 2016년까지 23~24%대로 높은 수준을 유지하였으나, 2017년 이후 빠른 속도로 감소해 2020년에는 16.0%로 크게 감소했다. 임금 하위 10% 대비 임금 상위 10% 비율인 임금 10분위 배율은 4.3배에서 3.6배로 하락해 임금 불평등이 대폭 축소되었다(그림2). 최저임금 인상 등 저임금 노동자 보호 정책이 강화되면서 노동소득분배율도 2017년 62%에서 2018년 63.5%, 2019년 66.4%, 2020년 68.4%로 크게 개선됐다(그림3).

최저임금 인상이 고용 감소를 불러왔다는 세간의 오해와 달리 취업자는 2018년 10만 명, 2019년 30만 명 증가했다. 취업자 수를 인구수로 나눈 고용률은 2018년 0.1%p 감소했지만 이내 회복해서 2019년에는 60.9%로 사상 최고치를 기록했다. 정부 돈으로 노인 일자리를 늘렸기 때문이라는 비판이 있다. 그러나 65세 이상 노인을 뺀 15~64세 고용률을 보더라도 2017년 66.6%에서 2019년 66.8%로 최고치를 기록했다. 통계청의 일자리 행정통계에서 일자리 수는

(그림2) 저임금계층, 임금 불평등 추이

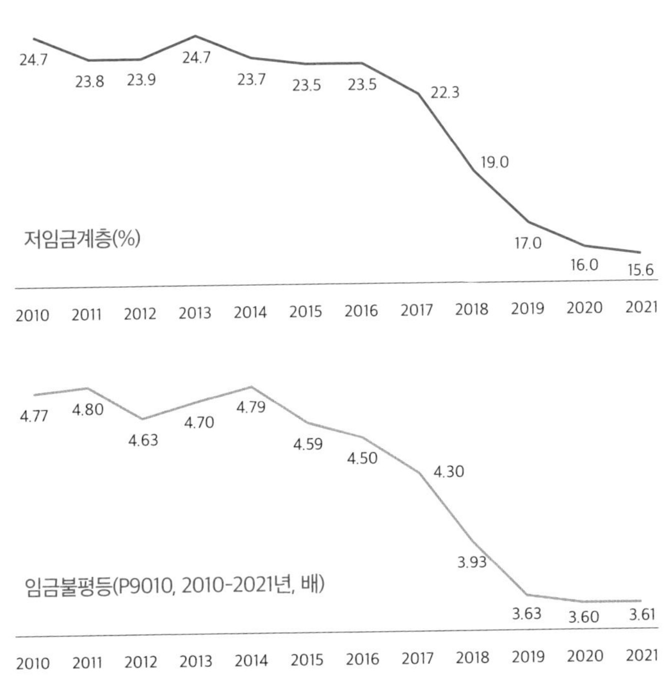

자료: 고용노동부, OECD.stat(2022. 8. 12 추출)

(그림3) 노동소득분배율 추이(%)

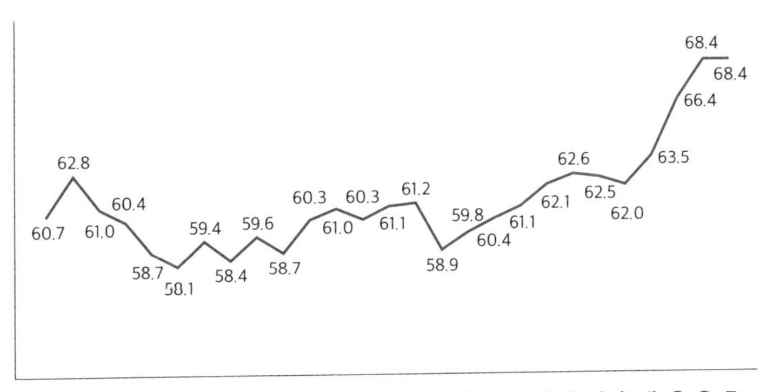

자료: 한국은행 국민계정

2018년 26만 개, 2019년 60만 개 증가했다.

그렇다면 2018~2019년에 최저임금이 큰 폭으로 인상되었음에도 고용이 감소하지 않은 이유는 뭘까? 무엇보다도 사업주들이 다양한 수단을 동원해서 최저임금 인상에 대처했기 때문이다. 조직 효율성을 높이거나 노동시간을 줄이고, 고임금자 임금을 덜 올려 임금 격차를 축소하고, 설비투자를 늘리거나 미숙련자를 숙련자로 대체해 생산성을 높이고, 제품가격을 조금 올리거나 이윤 감소를 감수했다. 최저임금 인상에 따른 이직률 감소로 신규 채용과 훈련비용도 감소했다.

일자리안정자금, 상가임차인 보호 확대, 사회보험료 지원, 카드수수료 인하, 소상공인 버팀목자금 등 정부의 영세자영업자 지원대책도 한몫했다. 최저임금 인상에 따른 임금인상 총액은 2018년 7.2조 원, 2019년 6.8조 원으로 추정되는데, 일자리안정자금으로 2018년 2.5조 원, 2019년 2.9조 원 지원했다.

임대차계약 갱신청구권을 5년에서 10년으로 연장하고, 임대료 인상 상한선을 10%에서 5%로 내렸다. 저소득 가구의 소득을 지원하기 위한 근로·자녀장려금도 2018년(2017년 소득분) 1.8조 원에서 2019년 5.3조 원, 2020년 5.1조 원으로 인상했다.

주 52시간 상한제

문재인 정부 이전에도 근로기준법 제50조는 '1주간의 근로시간은 40시간을 초과할 수 없다', 제53조는 '당사자 간에 합의하면 1주간에 12시간을 한도로 제50조의 근로시간을 연장할 수 있다'라 하고 있다. 이처럼 근로기준법이 주 52시간 상한제를 분명히 하고 있음에도 정부와 재계는 '휴일근로는 연장근로 한도에 포함되지 않는다'라는 노동부의 잘못된 행정해석을 근거로, 주 52시간을 초과하는 장시간 노동을 합리화해왔다.

2017년 대통령 선거에서는 주 52시간 상한제가 주요 쟁점으로 떠올랐다. 당시 문재인 후보는 "근로기준법을 개정해서 근로시간 상한을 명확히 하되, 입법이 어려우면 노동부 행정해석을 변경해서라도 이 문제를 바로 잡겠다"라고 약속했다. 2017년 하반기 정기국회에서는 주 52시간 상한제를 둘러싸고 치열한 논란이 벌어졌다. 시행 시기와 휴일 연장근로수당 중복가산 문제를 둘러싸고 야당이 재계의 입장을 완강하게 대변했기 때문이다.

해를 넘겨 2018년 1월 18일에는 대법원 전원합의체에서 공개변론이 있었다. 대법원의 최종 판결이 임박하자 야당과 재계의 선택지는 좁아졌다. 대법원 판결이나 노동부 행정해석 변경을 통해 주 52시간 상한제가 곧바로 적용되고 휴일 연장근로수당을 중복 지급하는 상황을 맞을 것인지, 아니면 국회 입법을 통해 주 52시간 상한제를 단계적으로 적용하고 중복 가산수당에 대한 정치적 해법을 모색할 것인지의 선택만 남게 되었다.

2018년 2월에는 휴일근로를 연장근로에 포함하고 연장근로시간 상한이 주 12시간임을 명확히 하는 근로기준법 개정안이 국회를 통과했다. 최종적인 타협은 ①1주는 휴일을 포함한 7일임을 법조문으로 분명히 하고, ②52시간 상한제는 사업장 규모에 따라 2018년 7월부터 2021년 7월까지 단계적으로 확대하며, ③중복 가산수당은 지급하지 않는 대신 민간부문에 공휴일을 확대 적용하고, ④특례업종은 5개 업종으로 축소하되 특례유지 업종에는 11시간 연속 휴식시간제를 도입하는 것이었다.

이와 더불어 주 52시간 상한제 보완 대책으로 2021년 1월에는 ⑤탄력적 근로시간제 단위기간을 6개월로 확대하고, 연구개발 업무에 대한 선택적 근로시간제 정산기간을 3개월로 확대하되, 11시간 연속 휴식시간제를 도입하는 후속 입법이 이루어졌다. 특별연장근로 인가사유를 확대하는 방향에서 시행규칙도 변경되었다.

〈근로기준법 개정 주요 내용〉

가. 주 52시간 상한제 (2018. 3. 20. 공포, 2018. 7. 1. 시행)

① '1주'란 휴일을 포함한 7일을 말한다(법 제2조 1항 7호 신설).

② 연장·휴일근로 포함 1주 최대 52시간 실시(기업규모별 단계적 시행, 부칙 제1조)

- (2018. 7. 1) 300인 이상 사업장 및 국가·지자체·공공기관
- (2019. 7. 1) 특례에서 제외된 21개 업종의 300인 이상 사업장
- (2020. 1. 1) 50~300인 미만 사업장
- (2021. 7. 1) 5~50인 미만 사업장

③ 30인 미만 사업장은 8시간 추가 연장근로 한시적 허용(2021. 7. 1.~2022. 12.

31., 법 제53조 3항, 부칙 제2조)

④ 15세 이상 18세 미만 연소근로자 근로시간 단축(법 제69조)

- 1일 7시간, 1주 35시간 초과 금지
- 당사자 합의하면 1일 1시간, 1주 5시간 한도로 연장근로 허용

⑤ 휴일근로 가산수당 할증률 명시(2018. 3. 20. 공포 즉시 시행, 법 제56조 2항)

- 8시간 이내 휴일근로 통상임금의 50%
- 8시간 초과 휴일근로 통상임금의 100%

⑥ 특례업종 축소(2018. 7. 1. 시행) 및 특례유지업종 11시간 이상 연속 휴식시간 보장(2018. 9. 1. 시행)

* 특례유지업종: ①육상운송업(노선여객자동차운송사업 제외) ②수상운송업 ③항공운송업 ④기타 운송관련 서비스업 ⑤보건업

⑦ 관공서의 공휴일을 유급휴일로 보장(기업규모별 단계적 시행, 법 제55조)

- (2020. 1. 1) 300인 이상
- (2021. 1. 1) 30~300인 미만
- (2022. 1. 1) 5~30인 미만

나. 유연근무제 확대(2021. 1. 5. 공포 및 시행)

① 탄력적 근로시간제: 단위기간 3~6개월 제도 신설, 11시간 연속휴식시간제(기업규모별 단계적 시행, 법 제51조의2 및 부칙 제1조)

- (2021. 4. 5) 50인 이상 사업장 및 국가·지자체·공공기관
- (2021. 7. 1) 5~50인 미만 사업장

② 선택적 근로시간제: 연구개발 업무 정산기간 확대(1→3개월), 11시간 연속휴식시간제(기업규모별 단계적 시행, 법 제52조 및 부칙 제1조)

- (2021. 4. 5) 50인 이상 사업장 및 국가·지자체·공공기관
- (2021. 7. 1) 5~50인 미만 사업장

③ 특별연장근로 인가사유 확대(시행규칙 제9조 2020. 1. 31. 신설, 2021. 4. 5. 개정)

- (2020. 1. 31) ①재난발생·예방

- (2021. 4. 5) ②생명보호·안전확보 ③돌발상황 ④업무량 대폭 증가 ⑤소재·부품·장비 연구개발

④ 특별연장근로자 건강보호 조치(건강검진, 휴식시간 등) 의무화(법 제53조 7항 신설, 2021. 4. 5. 시행)

주 52시간 상한제는 2018년 7월부터 2021년 7월 사이 사업장 규모에 따라 단계적으로 확대 시행되었다. 따라서 이러한 법제도 변화가 실제 노동시간에 어떠한 영향을 미쳤는지 살펴볼 필요가 있다.

먼저 근로기준법 적용대상인 노동자 중 주 52시간 초과자는 2017년 300만 명(15.1%)에서 2018년 240만 명(11.9%), 2019년 198만 명(9.7%), 2020년 160만 명(7.9%), 2021년 141만 명(6.8%)으로 빠른 속도로 감소했다. 그러나 2022년 상반기에는 144만 명(6.8%)으로 변함이 없다.

자영업자 등 비임금근로자는 근로기준법 적용대상은 아니지만, 직간접적으로 영향을 받는다. 실제로 비임금근로자 중 주 52시간 초과자는 2017년 232만 명(34.1%)에서 2021년 169만 명(26.0%)으로 빠른 속도로 감소했다. 2022년 상반기에는 169만 명(25.8%)으로 변함이 없다. 취업자 전체로는 2017년 532만 명(19.9%)에서 2021년 311만 명(11.4%)으로 감소했지만, 2022년 상반기에는 313만 명(11.2%)으로 거의 변함이 없다.

다음으로 주 52시간 상한제가 노동시간 단축에 미친 영향을 살펴보자. 취업자는 2017년 42.8시간에서 2021년 38.9시간으로 감소했

(그림4) 주 52시간 초과자와 실노동시간 추이

주 52시간 초과자 비율(%)

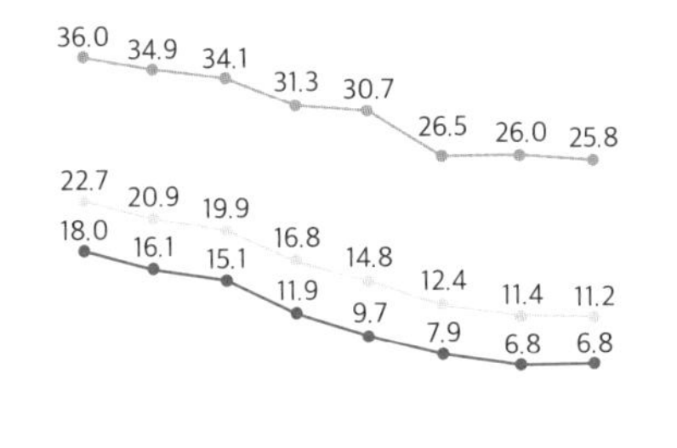

2015 2016 2017 2018 2019 2020 2021 2022상

임금노동자 비임금근로자 취업자

주당 노동시간 추이(시간)

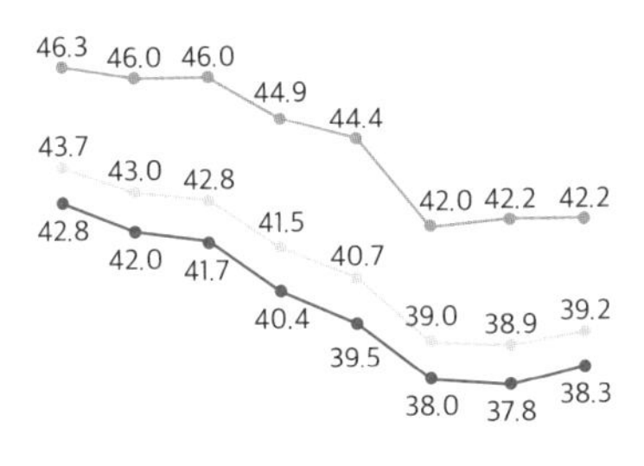

2015 2016 2017 2018 2019 2020 2021 2022상

임금노동자 비임금근로자 취업자

자료: 통계청 경제활동인구조사

고, 노동자는 41.7시간에서 37.8시간, 비임금근로자는 46.0시간에서 42.2시간으로 감소했다. 그러나 2022년 상반기에는 더 이상 감소하지 않고 오히려 증가하고 있다(그림4).

이상의 내용을 살펴보면, 주 52시간 상한제가 장시간 노동을 축소하고 실노동시간을 단축함에 있어 매우 긍정적인 역할을 했지만 2021년을 마지막으로 그 효과가 소진되었으며, 아직도 300만 명 이상이 주 52시간을 초과하는 장시간 노동의 덫에서 벗어나지 못하고 있음을 말해준다.

공공부문 비정규직의 정규직 전환

외환위기 이후 '비정규직 남용과 차별'은 한국 사회가 해결해야 할 주요 현안이었다. 참여정부는 기간제 노동자의 사용기간을 2년으로 제한하는 기간제 보호법을 제정했고, 공공부문 기간제 노동자의 정규직 전환 정책을 추진했다. 이러한 공공부문 정규직 전환 정책은 이명박 정부와 박근혜 정부에서도 계속되었다.

문재인 정부는 기존의 정책에서 한 걸음 더 나아가, 파견이나 용역 등 간접고용 노동자의 정규직 전환 정책을 추진했다. 공공부문이나 대기업에서는 직접고용 기간제보다 파견, 용역, 사내하청 등 간접고용 비정규직을 많이 사용했고, 구의역 김군 사망 사건을 계기로 '상시·지속적 일자리는 정규직 직접고용, 생명 안전 업무는 정규직 직접고용' 여론이 확산되었으며, 이미 변화된 정책을 서울시가 추진하고 있었기 때문에 이러한 정책 변화가 가능했다.

2017년 5월 12일 문재인 대통령은 인천공항공사를 방문해 '비정규직 제로'를 선언했고, 7월 20일 정부는 정규직 전환 가이드라인을 발표했다. 전환방식과 관련해서는 직접고용과 자회사, 사회적 기업 등으로 선택지를 열어두었고, 처우개선과 관련해서는 다음 3가지 기준을 마련했다.

첫째 파견·용역업체의 관리비나 이윤으로 소요되던 간접비를 전환자들의 처우개선에 사용한다. 둘째 기존의 정규직과는 업무가 다르므로 임금은 다르더라도 복리후생에서 차별은 없앤다. 셋째 시설관리, 청소, 경비 등 공통된 직무는 전환과정에서 표준임금체계를 통해 처우와 임금체계의 격차를 해소한다는 것이었다.

2021년 10월 말 공공부문 정규직 전환 규모는 20만 2천 명에 이르러 당초 목표를 달성했다. 새롭게 전환된 비정규직들은 고용이 안정된 무기계약직이 되었다. 2018년 5월 한국노동연구원이 정규직 전환자들을 대상으로 설문조사한 결과에 따르면, 전환 첫해 연간 평균임금이 390만 원(16.3%) 증가했고(2,393만 원→2,783만 원), 고용안정은 물론 복리후생적 금품 등을 차별 없이 지급함으로써 처우개선도 이루어진 것으로 나타났다.

그러나 전환 과정에서는 미처 예상치 못한 문제들도 발생했다. 간접고용 비정규직 규모가 크지 않은 기관에서는 대부분 큰 논란 없이 직접고용으로 전환되었다. 논란이 주로 발생한 곳은 간접고용 비정규직 규모가 커서 자회사 방식으로 전환을 추진한 공기업들이었다. 대표적으로 인천공항공사, 한국도로공사, 국민건강보험공단 등은 전국적인 쟁점으로 부각되었다. 전환 당사자들은 직접고용을 원했지만 많은 기관에서 경영진과 정규직은 자회사 방식을 선호했다. 2021년 10월 말까지 전환이 완료된 20만 2천 명 중 자회사 방식으로 전환된 인원은 5만 1천 명으로 1/4을 조금 넘는다. 이 과정에서 비정규직을 정규직으로 전환하는 것이 불공정하다(?)는 담론이 청년층을 중심으로 확산되기도 했다.

처우개선과 관련해서 정부는 직무급에 기반한 표준임금체계를 도입하려 했고, 노동계는 전환자들도 기존의 정규직과 같은 호봉제를 적용할 것을 주장했다. 이 문제는 지금까지 합의가 안 이루어져 전환자들 인사관리에서 핵심 쟁점이 되고 있다.

중대재해처벌법 제정

2017년 8월 17일 문재인 정부는 관계부처 합동으로 중대산업재해 예방대책을 발표했다. 사고 책임자에 대한 처벌 형량을 1년 이하의 징역, 1천만 원 이하의 벌금에서 1년 이상 7년 이하의 징역, 1억 원 이하의 벌금으로 상향 조정하고, 하청업체에 대한 안전관리 책임 범위를 붕괴, 화재, 폭발, 추락 등 22종 위험 장소에서 모든 장소로 확대한다. 사망사고를 유발한 사업주에 대해서는 1년 이상의 징역 등으로 하한형을 도입하고, 법인에 대한 벌금액은 1억 원 이하에서 10억 원 이하로 확대한다. 대형 산재가 발생하는 건설업 및 조선업에서 불법하도급이 적발되면 원청도 불법하도급을 준 하청과 동일하게 처벌하고, 불법하도급을 묵인한 원청이 안전보건 조치를 이행하지 않아 하청 노동자가 숨질 경우 가중 처벌한다는 것이었다.

정책 발표 후 노동계는 환영했지만, 경영계는 반대 입장을 밝혔다. 이후 정부는 산업안전보건법 전부개정안을 입법예고(2018. 2. 9) 했고, 국무회의 의결(2018. 10. 30)을 거쳐 국회에 제출했다. 하지만 정부 내 법안 확정 과정에서 재계와 야당의 반대에 부딪혀 후퇴하기 시작했고, 국회에서 입법 논의도 지지부진했다.

2018년 12월 10일 태안 화력발전소 하청 노동자 김용균 군이 컨베이어 벨트에 끼여 사망하는 사고가 발생했다. 김용균의 죽음은 국민적 공분을 불러일으켰고, 12월 27일에는 산업안전보건법 전부개정안이 국회를 통과했다. 그러나 국회를 통과한 산업안전보건법은 2017년에 발표한 정책의 골격은 담고 있었지만 처벌 형량에서 사고

책임자에 대한 하한형을 삭제했고, 보호 대상은 전체 특고가 아닌 산재보험법상의 특고로 축소되었으며, 유해위험작업 도급 금지 범위도 축소된 것이었다.

산업안전보건법 전부개정안은 2020년 1월 16일부터 시행에 들어갔지만, 사망재해는 줄지 않았다. 2020년 4월 29일에는 경기도 이천 물류창고에서 38명이 사망하는 화재 참사가 발생했다. 결국 중대재해가 발생했을 때 사업주나 경영책임자가 1년 이상 징역 또는 10억 원 이하 벌금으로 처벌받도록 하는 중대재해처벌법이 2021년 1월 8일 국회를 통과했다. 법인이나 기관에도 50억 원 이하의 벌금형을 부과하도록 하였다. 그러나 경영계의 반대로 이 법에서도 5인 미만 사업장의 사업주나 경영자는 처벌 대상에서 제외되었고, 50인 미만 사업장은 시행을 3년 후로 미루었기 때문에 실효성과 관련된 논란은 여전하다. 그나마 두 법안이 통과될 수 있었던 것은 더 이상 일터에서 다치거나 죽는 사고는 막아야 한다는 국민적 공감대가 있었기 때문이다.

산재보험 적용 사업장은 2017년 251만 개에서 2021년 288만 개로 증가하고, 적용대상 노동자는 1,856만 명에서 1,938만 명으로 증가했다. 사고로 인한 사망자는 2017년 964명에서 2021년 828명으로 136명 감소했지만, 질병으로 인한 사망자는 993명에서 1,180명으로 187명 증가했다. 사망만인율(노동자 1만 명당 산재사망자 수)도 마찬가지다. 사고로 인한 사망만인율은 0.52에서 0.43으로 감소했지만, 질병으로 인한 사망만인율은 증가했고, 전체적으로는 거의 변함이 없다[표1].

[표1] 산업재해 사망자 수와 사망만인율 추이

	산재보험 적용		사망자 수(명)			사망만인율		
	사업장 수 (천 개)	근로자 수 (천 명)	전체	사고	질병	전체	사고	질병
2015	2,367	17,969	1,810	955	855	1.01	0.53	0.48
2016	2,457	18,432	1,777	969	808	0.96	0.53	0.44
2017	2,507	18,560	1,957	964	993	1.05	0.52	0.54
2018	2,654	19,073	2,142	971	1,171	1.12	0.51	0.61
2019	2,681	18,725	2,020	855	1,065	1.08	0.46	0.57
2020	2,719	18,974	2,062	882	1,180	1.09	0.46	0.62
2021	2,877	19,378	2,008	828	1,180	1.04	0.43	0.61

사망만인율=사망자수÷산재보험 적용 근로자 수×10000

자료: 노동부, 고용노동통계

고용안전망 사각지대 해소

고용안전망 사각지대 해소는, 임금노동자를 넘어서서 일하는 사람 모두를 보호할 수 있도록 고용안전망의 보편성을 높이는 데 초점이 맞춰졌다. 이러한 과제는 전국민고용보험제도, 국민취업지원제도, 국민내일배움카드를 통해 추진되었다.

고용보험 적용 범위는 임금노동자를 넘어 예술인, 특고, 프리랜서, 자영업자 등으로 확대해 나갔다. 2020년 5월 예술인에게 고용보험을 확대하는 입법이 국회를 통과했고, 12월 10일부터 시행에 들어갔다. 2020년 12월 특수고용형태 종사자에게 고용보험을 적용하는 법안이 국회를 통과했고, 2021년 7월 1일부터 보험설계사, 택배기사, 신용카드회원 모집인 등 대표적인 14개 직종을 대상으로 시행에 들어갔다. 2022년 1월부터는 배달라이더 등 퀵서비스 기사와 대리운전 기사를 시작으로 플랫폼 종사자에게 고용보험을 적용했고, 2022년 7월부터는 기타 특고와 플랫폼 종사자로 적용 범위가 확대되었다. 자영업자는 사회적 논의를 거쳐 2025년부터 고용보험을 적용할 예정이다. 2016년 말 1,266만 명이던 고용보험 가입자 수는 2022년 4월 1,475만 명으로 늘어났다.

둘째, 고용보험의 사각지대에 있는 저소득 구직자, 미취업 청년, 폐업한 영세자영업자 등 취업 취약계층에게 생계안정을 위한 소득원과 취업지원서비스를 함께 제공하는 '한국형 실업부조'인 국민취업지원제도가 2020년 6월 국회를 통과하여 2021년 1월부터 시행되었다. 코로나19 위기에 대응하여 59만 명(구직촉진수당 지급 대상 40만 명)을 지원하는 1조 3천억 원 규모의 예산이 편성되었고 2021년 12월까지 40만 명 이상에게 지원이 이루어졌다.

셋째, 두루누리 사회보험료 지원제도를 강화하여 저소득층의 사회보험 가입을 높이고, 실업급여 지급기간을 늘리고 지급수준을 높이는 것도 주요 과제로 추진되었다. 고용보험 신규 가입자에 대한 두루누리 지원은 2017년 1월 19만 5천 명에서 2021년 1월 82만 3천 명까지 늘어났다. 2019년 10월부터 실업급여 지급기간은 90~240일에서 120~270일로 30일 연장되고, 급여액은 평균임금의 50%에서 60%로 인상되었다.

넷째, 기존의 직업훈련 지원제도인 '재직자내일배움카드'와 '실업자내일배움카드'를 '국민내일배움카드'로 통합하고, 지원대상을 실업자, 재직자, 자영업자, 특고 등 고용 형태와 무관하게 직업훈련을 필요로 하는 사람 모두로 확대해 2020년 1월부터 시행하고 있다. 지원 수준도 200~300만 원에서 300~500만 원으로 높이고, 유효기간도 1년(실업자) 혹은 3년(재직자)에서 5년으로 확대했다.

다섯째, 코로나19 위기 때 고용위기 대응의 최일선은 고용보험의 고용유지지원제도였다. 사회적 거리두기와 글로벌 경제 충격에 대응하기 위해 여러 차례에 걸쳐 고용유지지원제도의 수급요건을 완화하고 지원수준은 높이고 지원기간을 연장했다. 위기가 심각한 업종은 특별고용지원업종으로 선정해서 지원기간을 계속 연장했다. 그 결과 2019년에 3만 명에게 670억 원을 지급한 고용유지지원금은 2020년에는 77만 명에게 2조 3천억 원, 2021년에는 34만 명에게 1조 3천억 원이 지급됐다. 2019년 144만 명에게 8조 1천억 원 지급된 실업급여는 2020년에는 170만 명에게 11조 9천억 원, 2021년에는 178만 명에게 12조 1천억 원 지급되었다[표2].

[표2] 구직급여와 고용유지지원금 지원

	구직급여		고용유지지원금	
	지원자 수 (천 명)	지원금액 (조 원)	지원자 수 (천 명)	지원금액 (억 원)
2017	1,197	5.0	30	518
2018	1,315	6.5	33	692
2019	1,444	8.1	31	669
2020	1,703	11.9	773	22,778
2021	1,775	12.1	339	12,818

자료: 노동부, 고용노동통계

ILO 핵심협약 비준

한국 정부는 1991년 12월 9일 국제노동기구ILO에 가입했다. ILO는 1998년 기본권 선언을 통해 회원국이 반드시 지켜야 할 핵심협약으로 4개 분야 8개 협약을 정하고 있다[표3]. 한국 정부는 8개 핵심협약 가운데 4개를 비준하고 4개는 남겨두고 있었다. 강제노동 철폐를 규정한 29호(1930), 노사단체에 대한 결사의 자유를 보장한 87호(1948), 노동자 단체교섭권 보장을 위해 사용자의 부당노동행위를 금지한 98호(1949), 반체제 인사와 파업 참가자 처벌 목적의 강제노동을 금지한 105호(1957)가 그것이다. 이들 협약은 2019년 현재 OECD 36개 회원국 중 33~34개국이 비준하고 있다.

협약 87호와 98호를 비준하기 위해서는 해고자와 실업자의 노조가입을 제한하는 노동조합법과 공무원노조법, 교원노조법을 개정해야 한다. 제29호를 비준하기 위해서는 사회복무 요원 및 산업기능요원 등에 대한 복무 제도를 개정하기 위해 병역법을 개정하고, 제105호 비준을 위해서는 국가보안법 등이 규정하는 징역형 등을 개정해야 한다. 기본협약과 충돌하는 국내법을 개정하지 않은 채 협약을 비준하면 협약과 국내법이 충돌하는 상황이 벌어질 수 있기 때문이다.

2019년 10월 4일 정부의 노동관계법 개정안이 국회에 제출되었다. 그러나 20대 국회에서는 법 개정이 이루어지지 못했다. 21대 국회가 개원되자 정부는 다시 노동관계법 개정안을 제출했고, 2020년 12월 9일 노동관계법 개정안은 국회 본회의를 통과했다. 2021년 2

[표3] ILO 핵심협약 비준 현황

기본권 분야	협약 명칭	2019년 OECD 36개 회원국 중 미비준국	한국 비준 여부
결사의 자유 보장	제87호 결사의 자유 협약, 1948	한국, 미국, 뉴질랜드	비준 (2021. 4)
	제98호 단체교섭 협약, 1949	한국, 미국	비준 (2021. 4)
강제노동 금지	제29호 강제노동 협약, 1930	한국, 미국	비준 (2021. 4)
	제105호 사상억압 협약, 1957	한국, 일본	미비준
차별 금지	제100호 동등보수 협약, 1951	미국, 호주, 뉴질랜드	비준 (1997. 12)
	제111호 차별(고용 직업) 협약, 1958	없음	비준 (1998. 12)
아동노동 금지	제138호 최저연령 협약, 1973	미국	비준 (1999. 1)
	제182호 가혹한 아동노동 협약, 1999	미국, 일본	비준 (2001. 3)

월 26일에는 3개의 기본협약(제29호, 제87호, 제98호) 비준안이 국회를 통과했다. 제105호는 분단 상황이라는 특수성을 고려하여 법 개정 및 협약 비준에서 제외되었다. 2021년 4월 20일 정부는 ILO에 핵심협약 비준서를 기탁했고, 마침내 2022년 4월 20일부터 국내법과 동일한 효력을 갖게 되었다.

주요 고용지표

취업자는 2017년 2,673만 명에서 2022년 상반기 2,786만 명으로 113만 명 증가했고, 고용률(취업자/15세 이상 생산가능인구)은 60.8%에서 61.6%로 0.8%p 상승했다. 취업자 수와 고용률 모두 2019년에 이어 2022년에 다시 사상 최대치를 갱신했다. 실업자는 102만 명에서 94만 명으로 9만 명 감소했고, 실업률은 3.7%에서 3.3%로 0.4%p 하락했다[표4].

이처럼 고용의 양적 지표가 양호한 것을 놓고, 노인 일자리 때문이라는 반론이 가능하다. 실제로 60세 이상 노인 취업자는 409만 명에서 565만 명으로 156만 명 증가했고, 고용률은 39.9%에서 43.3%

[표4] 주요 고용지표

	수(천 명)						비율(%)		
	생산가능 인구	경제활동 인구	취업자	실업자	비경제 활동인구	무직자	경제활동 참가율	고용률	실업률
2015	43,239	27,154	26,178	976	16,086	17,062	62.8	60.5	3.6
2016	43,606	27,418	26,409	1,009	16,187	17,197	62.9	60.6	3.7
2017	43,931	27,748	26,725	1,023	16,183	17,206	63.2	60.8	3.7
2018	44,182	27,895	26,822	1,073	16,287	17,360	63.1	60.7	3.8
2019	44,504	28,186	27,123	1,063	16,318	17,381	63.3	60.9	3.8
2020	44,785	28,012	26,904	1,108	16,773	17,881	62.5	60.1	3.9
2021	45,080	28,310	27,273	1,037	16,770	17,807	62.8	60.5	3.7
2022상	45,227	28,794	27,858	935	16,433	17,368	63.7	61.6	3.3

자료: 통계청 경제활동인구조사

[표5] 성별 연령별 취업자와 고용률

	취업자(천 명)					고용률(%)				
	남성	여성	15-64세	15-29세	60세 이상	남성	여성	15-64세	15-29세	60세 이상
2015	15,156	11,022	24,193	3,865	3,625	71.4	50.1	65.9	41.2	39.0
2016	15,241	11,168	24,342	3,908	3,848	71.2	50.3	66.1	41.7	39.4
2017	15,369	11,356	24,559	3,907	4,090	71.2	50.8	66.6	42.1	39.9
2018	15,372	11,450	24,511	3,904	4,324	70.8	50.9	66.6	42.7	40.1
2019	15,463	11,660	24,585	3,945	4,701	70.7	51.5	66.8	43.6	41.4
2020	15,381	11,523	24,130	3,763	5,076	69.8	50.7	65.9	42.2	42.4
2021	15,548	11,725	24,281	3,877	5,406	70.1	51.2	66.5	44.2	42.9
2022상	15,846	12,013	24,739	4,021	5,652	71.2	52.3	68.2	46.6	43.3

자료: 통계청 경제활동인구조사

[표6] 종사상 지위별 구성

	비율(취업자=100%)							
	노동자	상용	임시	일용	비임금	고용주	자영업자	무급가족
2015	74.1	48.6	19.5	6.0	25.9	6.1	15.3	4.4
2016	74.5	49.5	19.4	5.6	25.5	6.0	15.3	4.3
2017	74.6	50.2	18.7	5.7	25.4	6.0	15.2	4.2
2018	74.9	51.3	18.1	5.4	25.1	6.2	14.9	4.1
2019	75.4	52.4	17.7	5.3	24.6	5.7	15.0	4.0
2020	75.6	54.0	16.7	4.9	24.4	5.1	15.5	3.9
2021	76.1	54.6	17.0	4.5	23.9	4.8	15.4	3.7
2022상	76.6	55.9	16.6	4.1	23.4	4.9	15.1	3.4

자료: 통계청 경제활동인구조사

로 3.4%p 증가했다. 그러나 노인을 제외한 핵심 연령층(15~64세)만 보더라도 취업자는 2,456만 명에서 2,474만 명으로 18만 명 증가했고, 고용률은 66.6%에서 68.2%로 1.6%p 증가했다. 청년(15~29세)

취업자도 391만 명에서 402만 명으로 11만 명 증가했고, 고용률은 42.1%에서 46.6%로 4.5%p 증가했다.

성별로 보면 남성 취업자는 1,537만 명에서 1,585만 명으로 48만 명 증가했고, 여성 취업자는 1,136만 명에서 1,201만 명으로 65만 명 증가했다. 남성 고용률은 71.2%로 동일한 데 비해, 여성 고용률은 50.8%에서 52.3%로 1.5%p 증가했다[표5].

전체 취업자를 100이라 할 때 노동자는 2017년 74.6%에서 2022년 상반기 76.6%로 꾸준히 증가하고, 비임금근로자는 25.4%에서 23.4%로 감소했다. 상용직은 50.2%에서 55.9%로 꾸준히 증가하고, 임시직은 18.7%에서 16.6%, 일용직은 5.7%에서 4.1%로 감소했다. 1인 자영업자는 2017년 15.2%, 2022년 상반기 15.1%로 같은 수준을 유지하고, 고용주는 6.0%에서 4.9%, 무급가족종사자는 4.2%에서 3.4%로 감소했다[표6].

비정규직 지표

'노동사회연구소'에 따르면 우리나라 비정규직 규모는 2017년 843만 명(42.4%)에서 2018년 821만 명(40.9%)으로 22만 명(1.5%p) 감소했다. 그러나 2019년에는 856만 명(41.6%)으로 35만 명(0.7%p) 증가했고, 2021년에는 904만 명(43.0%)으로 2020년 850만 명(41.6%)

(그림5) 비정규직 규모 추이

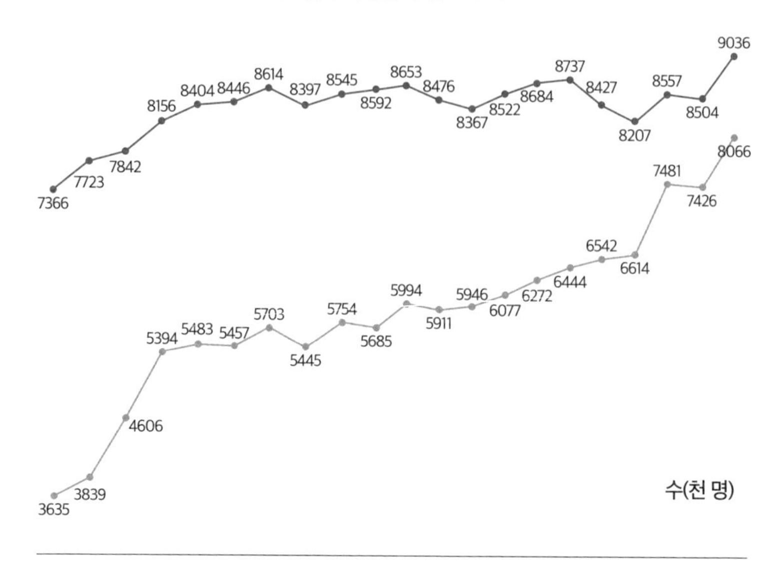

01.8 02.8 03.8 04.8 05.8 06.8 07.8 08.8 09.8 10.8 11.8 12.8 13.8 14.8 15.8 16.8 17.8 18.8 19.8 20.8 21.8

노동사회(비정규직) 정부(비정형근로)

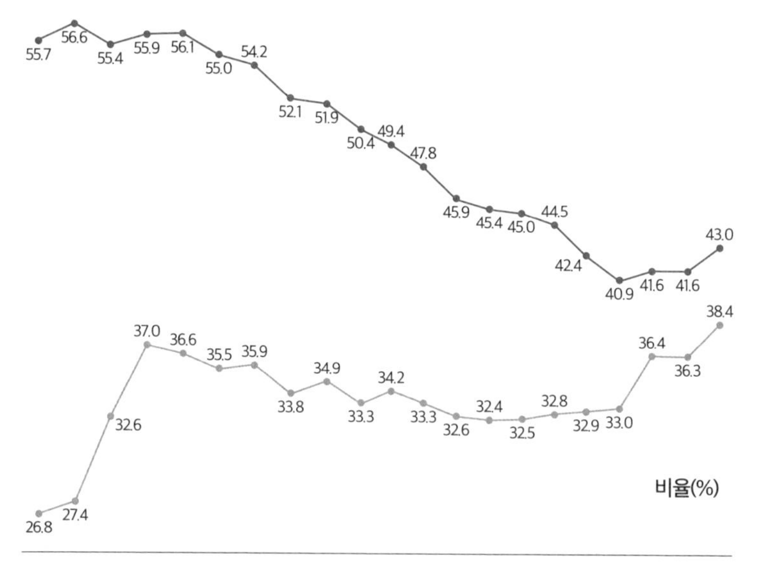

01.8 02.8 03.8 04.8 05.8 06.8 07.8 08.8 09.8 10.8 11.8 12.8 13.8 14.8 15.8 16.8 17.8 18.8 19.8 20.8 21.8

노동사회(비정규직) 정부(비정형근로)

자료: 통계청 경제활동인구조사 부가조사

에서 54만 명(1.4%p) 증가했다(그림5).*

2018년 비정규직 감소는 공공부문 비정규직의 정규직 전환 정책에서 비롯된 측면이 크다. 2019년 비정규직 증가에 대해 통계청은 경제활동인구조사 설문 문항이 바뀌면서 그동안 포착되지 않던 기간제 노동자가 추가된 데서 비롯되었다고 설명한다. 2021년에 비정규직이 다시 증가한 것은 코로나 위기로 증대된 불확실성을, 기업이 비정규직 사용으로 대처하고 있음을 말해준다.

결국 2017~2021년에 비정규직 규모는 61만 명(0.6%p) 증가했다. 이는 문재인 정부가 추진한 공공부문 비정규직 전환 정책이 민간부문으로 확산되지 못했고, 민간부문 비정규직에 직접적인 영향을 미칠 것으로 기대한 기간제 사용사유 제한 입법이 이루어지지 않았으며, 코로나 위기로 증대된 불확실성에 대해 기업이 비정규직 사용으로 대처하고 있는 점 등 여러 요인이 맞물린 결과로 해석된다.

최근 비정규직 증가는 기간제 근로가 주도하고 있다. 2021년 8월 기간제 노동자는 454만 명(21.6%)으로 노동자 다섯 명 중 한 명꼴이며, 시간제도 351만 명(16.7%)에 이른다. 코로나 위기 국면을 거치면서 플랫폼 노동자도 빠른 속도로 증가하고 있다. 고용정보원에 따르면 2021년 9월 플랫폼을 매개로 노무를 제공하는 협의의 종사자는 66만 명(취업자의 2.6%)이고 광의의 종사자는 220만 명에 이른다.

* 정부가 집계한 비정규직 규모는 2017년 654만 명(32.9%)에서 2018년 661만 명(33.0%)으로 비슷한 수준을 유지하다가 2019년 748만 명(36.4%)으로 87만 명(3.4%p) 증가했고, 2020년 743만 명(36.3%)에서 2021년 807만 명(38.4%)으로 다시 64만 명 증가했다. 2017~2021년에 비정규직 규모가 153만 명(5.5%p) 증가했다는 것이다. 동일한 자료를 분석했음에도 규모와 증감 추이에서 차이가 나는 것은, 한국노동사회연구소는 임시직과 일용직을 모두 비정규직으로 분류하는 데 비해, 정부는 임시직과 일용직 중 97만 명을 정규직으로 잘못 분류하기 때문이다.

문재인 정부 5년 동안 성별, 고용형태별, 규모별 임금 격차는 꾸준히 개선되고 있다. 노동부에 따르면 남성 대비 여성 임금은 2017년 65.9%에서 2021년 69.8%로, 정규직 대비 비정규직 임금은 69.3%에서 72.9%로 개선되었으며, 대기업 대비 중소기업 임금은 53.6%에서 57.6%로 개선되었다. 대기업 정규직을 100이라 할 때 대기업 비정규직은 65.1%에서 69.1%, 중소기업 비정규직은 54.3%에서 58.6%, 중소기업 비정규직은 40.3%에서 45.6%로 개선되었다[표7].

비정규직의 사회보험 직장 가입률도 꾸준히 개선되고 있다. 노동부에 따르면 고용보험 가입률은 2017년 68.7%에서 2021년 76.1%로 개선되고, 건강보험은 58.1%에서 66.4%, 국민연금은 54.9%에서 63.0%로 개선되었다. 통계청에 따라도 고용보험 가입률은 2017년

[표7] 성·고용형태·규모별 시간당 임금 격차(단위: %)

	16년	17년	18년	19년	20년	21년
남자	100.0	100.0	100.0	100.0	100.0	100.0
여자	64.6	65.9	67.8	69.4	69.6	69.8
정규직	100.0	100.0	100.0	100.0	100.0	100.0
비정규직	66.3	69.3	68.3	69.7	72.4	72.9
대기업	100.0	100.0	100.0	100.0	100.0	100.0
중소기업	51.7	53.6	55.8	56.2	56.3	57.6
대기업 정규직	100.0	100.0	100.0	100.0	100.0	100.0
대기업 비정규직	62.7	65.1	63.2	64.5	68.9	69.1
중소기업 정규직	52.7	54.3	56.8	57.0	57.3	58.6
중소기업 비정규직	37.4	40.3	41.8	42.7	44.5	45.6

자료: 노동부, 고용형태별근로실태조사(특수고용형태는 제외)

[표8] 비정규직의 사회보험 직장 가입률 (단위: %)

		15년	16년	17년	18년	19년	20년	21년
노동부	고용보험	66.7	72.1	68.7	70.8	74.0	74.4	76.1
	건강보험	55.5	59.4	58.1	59.5	64.2	64.9	66.4
	국민연금	52.7	56.7	54.9	56.5	61.0	61.7	63.0
	산재보험	96.4	97.4	96.8	96.7	97.3	97.5	97.6
통계청	고용보험	37.7	38.9	40.2	40.0	40.2	43.1	50.7
	건강보험	38.0	39.6	40.8	41.9	43.3	45.9	48.0
	국민연금	31.7	31.7	32.5	33.0	33.8	35.5	36.7

자료: 노동부 고용형태별근로실태조사, 통계청 경제활동인구조사부가조사
(노동부 조사는 특수고용형태 제외)

40.2%에서 2021년 50.7%, 건강보험은 40.8%에서 48.0%, 국민연금은 32.5%에서 36.7%로 개선되었다[표8].

노사관계 지표

지난 5년 동안 노동조합 조합원 수와 조직률은 증가했고, 파업발생 건수와 근로손실일수는 안정적이었다. 이는 정치, 사회 환경이 상대적으로 노동조합에 우호적이었던 데서 비롯된 것으로 보인다. 노동부에 따르면 2016년 말 197만 명이던 노동조합 조합원 수가 2020년 말 281만 명으로 늘어났고, 조직률은 10.0%에서 13.8%로 높아졌다(그림6). 파업발생건수는 100여 건, 근로손실일수는 40~50만 일이었다(그림7). 통계청에 따르면 2016년 8월 234만 명이던 노동조합

(그림6) 노조 조합원 수와 조직률(단위: 천 명, %)

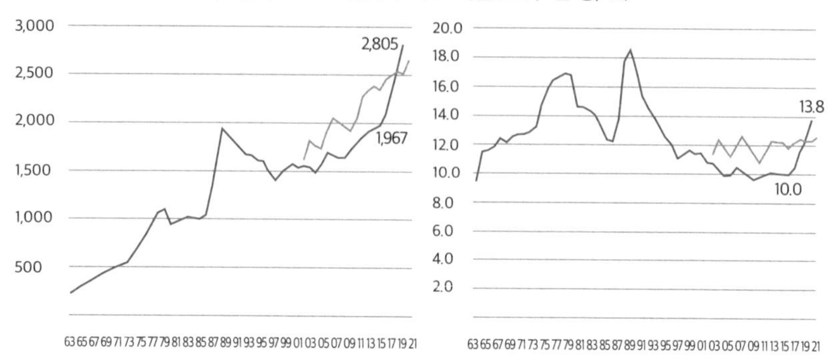

— 노동부 — 통계청

(조직률을 계산할 때 임금노동자 수는 노동부는 12월, 통계청은 8월 자료 사용)

자료: 노동부 노동조합 조직현황, 통계청 경제활동인구조사부가조사

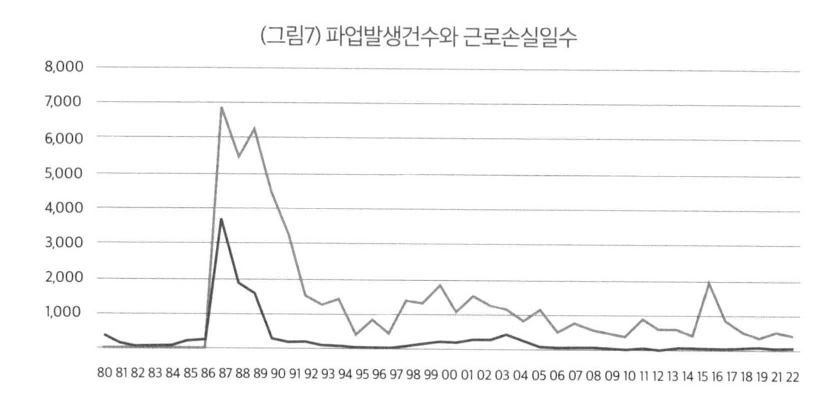

— 파업발생건수(건) — 근로손실일수(천 일)

자료: 노동부 노사분규통계

조합원 수가 2021년 8월 265만 명으로 증가했고, 조직률은 11.9%에서 12.6%로 높아졌다(그림6).

성과와 한계

문재인 정부는 역대 어느 정부보다 고용노동 정책을 중시한 정부였다. 최저임금 인상, 주 52시간 상한제, 공공부문 비정규직 정규직 전환, 중대재해처벌법 제정, ILO 핵심협약 비준 등 문재인 정부가 추진한 고용노동 정책은 노동계 숙원사업이었고, 소득주도성장 정책의 핵심 과제이기도 했다. 문재인 정부 5년 고용노동 정책의 성과와 한계를 요약해보면 다음과 같다.

첫째, 고용률은 2017년 60.8%, 2019년 60.9%, 2022년 상반기 61.6%로 사상 최고치를 경신했다. 노인 일자리를 제외한 핵심연령층(15~64세) 고용률도 66.6%, 66.8%, 68.2%로 최고치를 경신했고, 청년(15~29세) 고용률 역시 42.1%, 43.6%, 46.6%로 최고치를 경신했다. 실업률은 2017년 3.7%에서 2022년 상반기 3,3%로 개선되었다.

둘째, 비정규직 규모는 2017년 843만 명(42.4%)에서 2021년 904만 명(43.0%)으로 61만 명(0.6%p) 증가했다. 특히 기간제가 454만 명(21.6%)이나 되는데, 이는 공공부문 비정규직 전환 정책이 민간부문으로 확산되지 못한 점, 기간제 사용사유 제한 입법이 이루어지지 않은 점, 기간제 사용기간 제한의 예외 조항이 너무 많은 점, 코로나 위기로 증대된 불확실성에 기업이 비정규직 사용으로 대처하고 있는 점 등 여러 요인이 맞물린 것으로 해석된다.

셋째, 집권 초기인 2018년과 2019년 큰 폭의 최저임금 인상은 저임금 노동자 비중과 임금 불평등을 축소하고 노동소득분배율을 끌어올리는 데 긍정적 영향을 미쳤다. 저임금 노동자 비중은 2017년 22.3%에서 2021년 15.6%로 대폭 감소했다. 임금 하위 10% 대비 임금 상위 10% 비율인 임금 10분위 배율은 4.3배에서 3.6배로 하락해 임금 불평등이 크게 축소되었다. 노동소득분배율은 62%에서 68.4%로 개선되었다.

넷째, 주 52시간 상한제로 장시간 노동은 줄어들고 실노동시간은 단축되었다. 취업자 중 주 52시간 초과자는 2017년 532만 명(19.9%)에서 2021년 311만 명(11.4%)으로 감소했고, 실노동시간은 주 42.8시간에서 주 38.9시간으로 단축되었다. 그러나 연간 노동시간은 1,915시간으로 OECD 38개 회원국 중 다섯 번째로 길다.

넷째, 2018년 12월 27일 산업안전보건법 전부개정안, 2021년 1월 8일 중대재해처벌법이 국회를 통과했다. 이들 법안이 통과될 수 있었던 것은 더 이상 일터에서 다치거나 죽는 사고는 막아야 한다는 국민적 공감대가 있었기 때문이다. 그러나 아직 산업재해 사망자 수는 큰 변화가 없다. 사고로 인한 사망자는 2017년 964명에서 2021년 828명으로 감소했지만, 질병으로 인한 사망자는 993명에서 1,180명으로 증가했다.

다섯째, 노동조합 조합원 수와 조직률은 증가하고, 노사분규는 상대적으로 안정적이었다. 지난 30년 동안 노동계 숙원사업이던 ILO 핵심협약(29호와 87호, 98호)을 비준했다. 그러나 특수고용 노동자의 노동기본권 보장, 초기업 수준 단체교섭 촉진, 단체협약 효력확장 등 집단적 노사관계 제도 개선으로까지 나아가지는 못했다.

여섯째, 고용안전망 사각지대를 해소하기 위해 전국민고용보험제도, 국민취업지원제도, 국민내일배움카드를 추진했다. 고용보험 적용대상을 예술인, 특고, 프리랜서로 확대하고, 실업급여 지급기간을 연장하고 급여액을 인상했다. 코로나 위기 때는 실업급여와 고용유지지원금이 고용의 안전판 노릇을 톡톡히 했다. 2020년 한 해 동안 77만 명에게 고용유지지원금을 2조 3천억 원 지급하고, 170만 명에게 실업급여를 11조 9천억 원 지급했다.

참고문헌

- 김유선(2021), "비정규직 규모와 실태(2021. 8)", 한국노동사회연구소 이슈페이퍼 159호
- 문재인 정부(2022) 국정백서 06, 〈일자리 창출과 노동존중사회 실현〉
- 소득주도성장특별위원회 엮음(2022), 《소득주도성장, 끝나지 않은 여정》
- 소득주도성장특별위원회(2021), "문재인 정부 5년, 최저임금 정책 평가와 과제"

김
규
철

● 서강대에서 사학을, 연세대 행정대학원에서 사회복지를 전공했다.
《내일신문》 편집국 정책팀 기자로 활동 중이다.
'한국장애인개발원' 사외이사를 지냈으며 사회복지사이기도 하다.
우리나라 보건의료와 복지서비스가 이용자 국민 중심으로 개선·확대·변화되길 바라며,
주치의제도 도입을 위한 국민운동본부에 참여 중이다.

9장

보건복지 정책 :
국민이 행복한 사회로 전진

국민이 행복한 사회로 전진

문재인 정부는 2017년 9월 18일 치매국가책임제의 추진계획을 발표했다. 이후 정부는 그 추진계획을 실현하기 위해 예산과 정책 지원을 아끼지 않았다. 아마도 보건복지 분야에서 가장 분명한 성과를 냈다고 평가해도 무방할 것이다.

전국 256개 시군구에 치매안심센터가 만들어졌다. 지난해 9월까지 4년간 치매 조기검진 385만 명, 사례관리를 11만 명이 혜택받는 등 치매자 조기 발굴과 지원이 이뤄졌다. 장기요양 비용부담 완화로 31만 명이 혜택을 받았으며 중증치매자 치매 의료비 90%를 건강보험에서 적용받는 등 치매자의 의료비 부담도 줄었다. 국민의 긍정적 평가도 이어 나온다.

하지만 앞으로 3년 후면 초고령사회(인구 5명 중 1명이 65세 이상 노인)로 진입하는 등 노인인구의 증가는 지속될 전망이다. 문재인 정부의 치매국가책임제는 윤석열 정부에서 보다 내실화해 진행형인 치매 문제를 해소해 나가야 할 것이다.

치매국가책임제의 성과와 과제

문재인 정부의 치매국가책임제 진행 상황을 살펴보고 그 성과와 과제를 짚어본다.

치매관리 인프라 인력 확충에 집중

치매는 의학적으로 머리에 외부적 충격이 가해지거나 만성질환 등으로 뇌의 손상이 발생하면서 기억 장애, 인지 상태 이상 등 복합적 증상이 지속해서 나타나는 경우를 말한다. 의식장애가 없이 기억장애를 포함한 다양한 인지기능의 장애가 나타나 일상생활과 사회적, 직업적 기능의 저하를 초래한다. 중앙치매센터는 국내 치매 유병률을 국내 노인인구의 약 10% 정도로 본다.

하지만 세계적으로 치매를 치유할 만한 치료제가 없다. 이 때문에 치매 당사자와 동거 가족들은 온전한 일상생활이 어려워진다. 그 결과 당사자와 가족이 스스로 감당하기 버거운 지경에 이르면 치매자를 살해하거나 살해 후 자살하거나 부양가족 간 다툼 사례가 빈발하는 등 사회적으로 심각한 사안이 됐다. 문 정부의 치매국가책임제는 이런 배경에서 추진됐다.

2017년 9월 발표된 치매국가제 추진 계획은 조기검진부터 거주지 방문간호와 입원 단기 집중치료까지 종합지원체계를 갖춘다는 내용을 담았다.

지역단위로 치매안심센터를 설치해 치매노인과 가족들이 1:1 맞춤형 상담 검진 관리 서비스를 제공한다는 것이다. 예를 들면 60세 이상 노인이 상담과 조기검진을 통해 치매자로 확인되면 등록하고, 인지저하인 경우에는 가정 돌봄이나 사회복지관을 이용하며, 경증 치매면 주야간보호시설이나 입소시설을, 중증치매면 요양병원이나 입소시설을 안내받게 된다.

정부는 먼저 전국 256개 시군구에 치매안심센터를 설치하고 센터에서 일할 인력을 배치하기 시작해, 2019년 말에 이르러 전국에 인프라를 갖췄다. 또 신체기능이 양호해도 치매자는 모두 장기요양서비스를 받아 증상 악화 방지를 위해 '인지활동서비스'를 이용할 수 있게 했다. 치매서비스를 특화해 제공하는 치매안심형 요양시설-입소시설도 늘리고 치매안심병원을 당시 34개에서 79개로 늘린다고 밝혔다.

치매자의 의료비 경감을 위해서는 2019년 10월부터 치매 의료비 부담을 20~60%에서 10%로, 치매환자용 MRI 검사에도 건강보험을 적용하기로 했다.

치매자 지원 환경을 조성하기 위해 전국 350여 개 노인복지관에 치매 예방 프로그램을 제공하고 치매검사 주기도 66세부터 2년마다 당겨 받도록 했다. 이 밖에도 치매가족 휴가제, 치매환자 실종예방 사업, 치매노인 공공후견제도, 치매안심마을과 치매파트너즈 양성 사업을 확대하도록 했다.

치매서비스 만족도의 상승

이렇게 치매국가책임제가 시행된 지 4년이 지나면서 속속 효과들이 나타났다.

[사례1] 저소득 조손가구 B씨(70대)의 손자는 B씨의 달라진 생활 모습을 보고 걱정했지만 병원비가 걱정돼 치매검진을 받지 못했다. 그러나 치매안심센터의 안내를 받고 검사비 14만 원을 지원받아 병원에서 치매진단을 받을 수 있었다. 이후 치매치료 관리비(월 3만 원)와 방문요양서비스 본인 부담금 경감 등의 지원을 받아 비용부담을 덜 수 있게 됐다.

[사례2] 남편과 단둘이 사는 C씨(70대)는 치매환자인 남편을 돕고 싶어도 자리에 누워만 있으려는 무기력한 남편을 돌보며 하루하루 지쳐갔다. 주민센터를 통해 치매안심센터의 힐링프로그램을 안내받은 C씨는 산림치유, 원예활동 등에 남편과 함께 참여해 남편의 치매도 관리하고 돌봄 스트레스도 줄일 수 있게 됐다.(보건복지 치매국가책임제 지원 사례. 2021년 9월 16일자 자료)

2021년 5월 말 기준 치매안심센터는 256개, 공립치매전담형 노인요양기관 115개, 치매전문병동 50개, 치매안심병원 5개 등이 확충됐다. 치매안심센터 누적 이용자는 393만 명, 맞춤형 사례 대상자 수는 11만 497명으로 집계됐다. 중앙치매센터의 분석(6000여 명 대상) 결과, 치매안심센터 이용 환자의 인지기능과 기억 우울 개선에 효과가 있었다. 인지기능은 19.15→20.5점으로 좋아졌고 주관적 기억감퇴는 7.62→6.42점으로 낮아졌으며 우울척도도 6.55→5.05점으로 낮췄다. 이용자 만족도는 2018년 이후 조사 연도마다 88점 이상이었다.

중증치매환자의 치매 의료비는 2017년 10월에서 2021년 8월 사이 1인당 본인부담금이 평균 72만 원 감소했다. 2018년 1월에서 2020년 12월 사이, 35만 명의 신경인지검사와 MRI 건강보험 적용으로 1인당 본인부담금은 평균 17만 원 줄었다.

집처럼 편안한 거주공간으로의 전환

문 정부의 치매국가책임제는 분명한 성과를 냈다. 하지만 치매당사자와 가족의 삶의 질을 높이기 위해서는 더 내실을 다져야 한다는 지적들이 있다.

박지현 평택대 사회복지학과 교수는 "전국적인 인프라 구축 등 제도화가 안착됐지만 거주 주택에서 안전하게 돌봄이 이뤄지고 활동 지원을 충분히 받을 수 있어야 하며 요양원 등 시설들이 생활 거주공간으로 질적 전환할 필요가 있다"라고 강조했다.[1]

우리나라보다 고령사회로 진입이 빨랐던 유럽, 일본 등에서는 치매자 개인의 생활 영역을 존중하는 거주공간 마련의 중요성을 경험하고 개선책을 추진했다.

독일의 경우 기존 입소시설의 대안으로 주거 형태 도입과 지역사회에서 지속적으로 거주할 수 있도록 지원하는 방안들이 진행 중이다. 주거공동체를 시험하면서 요양시설의 1인실화도 추진하고 있다. 주택 개보수비용을 국가가 지원한다.

일본은 안전한 주거생활이 가능하도록 주거환경 개선, 노인이 이용 가능한 임대주택 확보, 시설에서 생활하더라도 개인의 존엄한 생활 유지를 보장하는 유니트케어의 보편적 적용이 이뤄지고 있다.*

김현주 연희시니어스너싱홈 원장(간호학 박사)은 "치매 당사자가 개인의 사생활을 중시하는 경향이 생기면서 그 욕구에 맞는 다양한 서비스 체계가 구축돼야 한다. 개인의 취향, 경제적 여건, 건강 유지에 도움되는 치매 돌봄서비스를 다양화할 필요가 있다"라면서 "국가는 획일적이지 않으면서도 민간의 치매서비스 질을 높이기 위해 차별화, 세분화된 활동을 적극 지원해야 한다"고 말했다.[2]

경도 인지 개선, 중증화 방지 강화

치매의 특성상 치매 경증자의 중증화 예방은 무엇보다 중요하다. 중증 상태가 되면 돌이킬 수 있는 지경에 이르고 이로 인해 개인, 가족, 사회의 부담은 매우 커진다. 앞으로 치매국가책임제의 내실화에서도 중차대한 과제가 될 것이다.

건강보험심사평가원에 따르면 2019년 경도인지장애로 진료받은 사람은 27만 6045명이다. 최근 10년간 19배 늘었다. 매년 노인인구의 1~2%가 치매로 진행하는 데 비해 경도인지장애 노인은 5~10%가 치매로 진행하는 것으로 알려져 있다. 적절한 관리를 하면 25~30% 정도는 회복이 가능해 치매자로 진행되는 경우를 줄일 수 있다.

보건복지부와 농업진흥청은 '치유농업 활동이 치매 이전 단계인 경도인지장애 노인의 객관적, 주관적 인지기능을 향상시키고 우

* 유니트케어 시설환경은 시설중심의 생활단위를 최소화하고 간호돌봄을 보장하면서도 집처럼 안락하고 편안한 환경을 갖추는 등 거주 노인에게 제공하는 돌봄과 삶의 질을 함께 높인다.

울감 개선 등에 긍정적인 효과가 있음'을 확인했다. 보건복지부는 2021년 이후 인지중재형 치유농업프로그램을 적용한 '어르신 인지 건강특화 치유농장'을 육성하고 효과를 검증한 후 전국에 확산하고 있다. 선정된 농장들은 화훼-알로에-허브-식용꽃 등을 이용한 원예 치유프로그램을 주요활동으로 진행한다.

2022년 5월 정부가 교체되면서, 국가가 치매를 책임지는 정책의 추진이 타격을 입을까 우려하는 분위기가 없지 않다. 윤석열 정부의 국정과제를 보면 치매관리에 대한 특별한 언급이 없다.

다만 보건복지부는 2021년 9월 치매국가책임제 4주년 평가를 하면서, 치매환자가 지역사회에서 생활을 지속하며 통합적인 돌봄서비스를 받을 수 있도록 수요자 중심의 정책을 강화하겠다고 밝혔다. 치매전담형 장기요양기관이나 치매안심병원 같은 치매 인프라를 지속해서 확충해 나가는 한편, 치매정책발전협의체를 통해 치매안심센터의 사례 관리와 지역 자원 조정·연계 역할을 강화하고 치매 친화적 지역사회 조성을 위한 다양한 방안도 모색할 계획이다.

앞으로 노인인구가 계속 늘어나면서 치매자 또한 계속 발생할 것임은 자명하다. 보건복지부와 중앙치매센터는 2030년 치매자가 136만 명이 넘을 것으로 전망했다. 국가는 치매자와 그 가족을 책임지는 정책의 추진을 문재인 정부보다 더 강화해야 할 것이다.

문재인케어,
국민 의료부담 감소에 기여

2017년 7월 문재인 정부는 '병원비 걱정 없는 든든한 사회'를 목표로 '건강보험보장성 강화정책'을 발표했다. 언론에서는 이를 '문재인케어'라고 불렀다.

그러나 문재인 정부 내내, 그리고 정권이 바뀐 이후에도 문재인케어는 수정해야 하고 국민에게 부담만 지워 준, 실패한 정책이라는 부정적 평가가 다수를 이룬다. 그 대부분이 국민의힘 등 야당 소속 의원들의 발표나 대한의사협회 쪽 주장을 고스란히 전하는 것으로 이뤄졌다.

그런데 과연 실제로 그러한가.

국민의 건강 보장성 강화는 국가의 기본 임무

우리나라는 많은 의료비를 개인·가계가 부담한다. 경제협력개발기구OECD 회원국의 국민 의료비를 비교해보면 2020년 국내 총생산GDP 대비 8.4%로 OECD 평균 9.7%보다 낮다. 하지만 1인당 연간 의료비는 2020년 3582.2(미국 달러 구매력 수준)로 지난 10년간 연평균 6.9%씩 증가해 OECD 평균 3.3%보다 높은 증가율을 보였다. 특히 우리나라 국민 1인당 의약품 판매액은 760.9(미국 달러 구매력 수준)로 OECD 평균 547.2보다 213.7 높았다. 우리 국민이 약 구매에 큰 비용을 지출하고 있다는 얘기다.

이런 가운데 지난 2010년부터 2017년까지 건강보험보장률은

62.0%~62.7%에 머물렀다. 공적으로 63% 정도 보장하고 나머지는 국민 스스로 부담해서 진료를 받는 상황인 셈이다.

국민건강보험의 보장률을 높여 국민의 의료비 부담을 줄이자는 목표는 국민의 기본 요구이기도 하고 어느 진영의 정부가 들어서더라도 '건강보험 보장성 높이기'는 당연한 국가의 임무다. 국민의 안전과 행복한 삶을 보장하기 위해 소득과 신분에 상관없이 아프면 걱정 없이 진료받을 수 있는 사회환경을 갖추는 것이 현대 복지국가의 기본임무인 셈이다.

지난 박근혜 정부도 건강보험보장률을 높이기 위해 암, 뇌혈관질환, 심장질환, 희귀·중증난치질환 등 '4대 중증질환'에 대한 보장률을 대폭 올리는 정책을 폈다. 그 결과 이들 질환에 대한 보장성은 2017년 81.7%로 같은 해 전체 보장률 62.7%보다 훨씬 높다.

이어 문재인 정부는 임기 중 전체 건강보험보장률을 70% 목표로 건강보험 보장성 강화 정책을 발표했다.

건강보험 보장성 강화 정책의 추진

문재인 정부의 조치로 2017년 10월부터 중증치매자의 본인부담률을 20~60%에서 10%로 낮추는 것을 시작으로 보장성 대책을 시행했다. 그 결과 2022년 6월까지 약 4477만 명이 21조 2616억 원의 의료비 경감 혜택을 받은 것으로 나타났다. 특히 난임시술(40만 명, 평균 227만 원), 아동 충치 치료(182만 명, 평균 18만 원), 중증치매(9만 명, 평균 94만 원) 등에서 체감도가 높은 의료비 지원이 이루어진 것으로 평가됐다(건강보험공단 통계자료).

세부적으로 들여다보면, 그간 의료비 부담의 주원인으로 불렸던 '선택진료비 상급병실료 간병비' 문제를 일부 해소했다. 또한 의료비가 보장되지 않았던 비급여항목들을 급여화했다.

초음파와 자기공명영상장치MRI 검사 등 치료에 필요한 비급여항목에도 건강보험이 적용됐다. 아동, 노인, 장애인, 여성 등 의료취약계층의 본인 부담을 줄였다. 15세 이하 입원진료비 본인부담률이 10~20%에서 5%로 인하됐다. 틀니·임플란트도 건보 적용으로 50%에서 30%로 부담이 줄었다. 난임시술 적용기준도 확대됐다. 그 결과 5세 이하 보장률은 2017년 66.8%에서 2019년 69.4%, 65세 이상 보장률은 68.8%에서 70.7%로 상승했다.

국민건강보험공단의 관리 사례를 보면, 월경과다로 병원에 방문한 A모 씨는 자궁내막용종이 의심돼 여성생식기-일반 초음파 검사를 했다. 원래 의료비 11만 5600원 가운데 환자부담은 10만 6200원이었는데 건강보험 적용 이후에는 4만 6100원만 부담하게 됐다.

또 유방에서 이상 소견을 발견한 B모 씨는 여성전문병원을 방문해 유방·액와부 흉부 초음파 검사를 했다. 애초 10만 2600원의 의료비 중 9만 3200원을 부담했으나 건보 적용 이후 4만 3500원만 부담하면 됐다.

한편 저소득층을 위한 일정액 이상의 본인부담을 전액 건강보험에서 책임지는 '본인부담상한제'는 본인 연소득의 10% 수준으로 낮췄다. 또 소득수준에 비해 과도한 의료비 지출로 가계 파탄의 위험이 있는 국민을 도와주는 '재난적 의료비 지원사업'은 그 대상이 기존 4대 중증질환에서 전체 질환으로 늘어났다. 지원 한도액은 최대 3000만 원으로 1000만 원이 늘었다.

전체적으로 보면 2017년 건보 보장률 62.7%에서 2020년 65.3%로 높아졌다. 이렇듯 문재인 정부 시기 건강보험 보장성 강화 정책을 통해 국민이 의료비 경감 혜택을 본 것은 사실이다.

다만 지속적인 건강 보장성 강화를 위해서는 안정적인 재정 확보와 더불어 비급여가 늘어나는 것을 차단하는 정책이 병행되어야 효과를 높일 수 있다. 재정은 2021년 말 기준 2조 8000억 원 당기 흑자와 20조 2000억 원의 적립금이 쌓여 있는 등 안정적으로 유지 관리했다. 재정은 큰 문제가 아니다. 문제는 비급여 감소와 관리에 있다.

비급여의 급여화, 실패한 정책인가

문재인 정부는 의료와 치료에 필요한 비급여 부문을 조사 검증해서 급여로 바꾸는 조치를 시행했다. 일명 '비급여의 급여화'이다.

형식적으로 비급여의 급여화 정책을 계속 추진하면 비급여 부문이 계속 줄어들고 결과적으로 급여비율이 높아져 건강보험보장률이 높아질 것으로 생각되지만, 현실은 그렇지 않다. 병·의원과 의사들이 수익 창출을 위해 비급여 진료 부분을 계속 만들어내기 때문이다.

문재인 정부는 현장의 비급여 실태를 파악하고 합리적으로 가격이 책정될 수 있도록 '비급여 진료비 공제제도를 도입'하는 등 조치를 했다. 하지만 의료계의 비협조로 쉽지 않다.

2022년 8월 1일 국회 보건복지위원회 이종성(국민의힘) 의원이 공개한 보건복지부·국민건강보험공단·건강보험심사평가원 등으로부터 제출받은 비급여 현황 자료에 따르면, 문재인 정부는 보장성 강화 정책으로 1296개(기준비급여 152개, 등재비급여 1144개)의 비급여(올해 6월 기준)를 급여화했다. 하지만 비급여도 늘었다. 2017년 6월 기준 3498개였던 등재비급여는 올해 6월 기준 3705개로 나타났다.

이를 두고 이 의원은 "모든 의학적 비급여를 급여로 전환하겠다는 문재인 정부의 보장성 강화 정책은 사실상 실패한 것"이라며 "무조건적인 급여 전환보다는 국민이 꼭 필요로 하는 질환 중심으로 급여 전환이 이뤄져야 한다"라고 강조했다. 이를 반론하는 측은 비급여의 급여화는 시간이 걸리는 사안으로 단기간 결과를 놓고 제도 추진 자체가 잘못됐다고 단정하는 것은 근시안적이라고 지적한다.

비급여 통제 장치가 시급하다

이종성 의원 등의 '문재인케어 실패론' 주장처럼 문재인케어가 '실패했다'고 하더라도 폐기할 사안인가라는 반론이 나온다. 내용을 들여다보면 문재인케어는 문재인 정부 시기 진행된 '건강보험 보장성 강화 정책'이다. 문재인 정부만의 정책이 아닌 것이다. 실제로 많은 국민이 4년간 의료비 경감 혜택을 받았다. 보장성 강화 정책의 성과로 인정할 부분이다.

다만 비급여 부분을 강력히 잡지 못한 것은 반성할 지점이다. 이 부분은 어느 정부도 속 시원하게 처리하지 못했다. 그런데 문재인케어를 신랄하게 비판하는 윤석열 정부는 막상 비급여 관리 대책을 내놓지 않고 있다. 앞선 박근혜 정부, 문재인 정부는 이를 해결하려는 움직임과 다소의 노력은 했는데 말이다.

문재인케어가 시행 된 직후 2017년 8월 17일 《내일신문》에 전문가 기고문이 하나 게재됐다.

정형준 무상의료운동본부 정책위원장(의사)은 기고문에서 "비급여의 급여화를 아무리 해도 비급여가 늘어나는 풍선효과를 차단하지 못하면 국민들은 의료비 절감을 체감하지 못할 것"이라고 지적했다. 그러면서 "일본처럼 비급여와 급여로 동시에 진료할 수 없도록 '혼합진료금지'제도를 도입할 필요가 있다"라고 제안했다.

이어서 OECD 국가들은 어떻게 높은 의료보장을 유지할까? 왜 OECD 국가에서는 비보험이 늘어나지 않을까를 질문하면서 "유럽 국가들은 병원 대부분이 공공병원인 점도 있지만 입원에 대해서는 총액계약제나 포괄수가제를 적용해 병원이나 의사들이 추가 치료 행위를 하더라도 병원이 돈을 벌지 못하게 막고 있다. 가까운 대만도 병원에 대해 총액계약제를 실시한다"라고 설명했다.

그리고 "만성질환부터라도 의원을 정해 놓는 '주치의제'가 필요하다"라고 주장했다. 주치의는 급여 위주로 진료 처방할 가능성이 높기 때문이다.

비급여 증가를 잡는 장치로 혼합진료금지, 포괄수가제, 주치의제 등이 제기된다. 국민의 의료비 부담 경감을 위해 비급여를 차단하는 대책의 방안으로 검토하고 논의할 필요가 있다.

한편 보건복지부는 8월 19일 대통령 업무보고에서 '과감한 건강보험 지출개혁을 통한 필수의료 보장 확대' 방안을 포함했다. 복지부는 "과잉 의료 이용을 초래하는 초음파·MRI 등 급여화 항목을 철저히 재평가하겠다. 외국인 피부양자 기준을 개선하고 건보 자격 도용을 방지하겠다"고 밝혔다. 이어 '필수의료 확충을 위한 건강보험 재정개혁추진단'을 발족하고 8월 23일 첫 회의를 열었다. 응급-고위험 수술, 분만 같은 필수의료분야는 '두텁게' 보장하고 기존 급여 항목 중에 과다 이용(재정 지출이 급증하는 항목)을 확인해 '합리적이고 적정한 이용을 유도하겠다'는 관리 방향을 제시했다.

지역사회통합돌봄(커뮤니티케어) 체계 구축

건강 취약계층인 노인, 장애인, 정신질환자는 여느 사람들처럼 지역사회(시·군·구)에 거주하면서 사람들과 함께 일상생활을 하며 온전히 살아가기를 바란다. 이런 요구를 반영해 문재인 정부가 추진한 정책이 '지역사회통합돌봄 체계 구축'사업이다. 일명 커뮤니티케어Community Care로 불린다. 지역공동체 서비스 자원의 상호 연계 속에서 개인 맞춤형 돌봄지원을 하겠다는 취지가 담겨 있다. 국가·지자체 보건복지 서비스가 지역에서 실현되는 맞춤형 종합세트라 보면 된다.

'커뮤니티케어'는 세계 사회복지 정책의 화두이기도 하다. 경제·복지 선진국들에서는 인구 고령화로 인해 늘어나는 의료·복지 비용부담이 심각한 사회문제가 되고 국민국가의 지속가능성을 위협하는 수준에 이르렀다. 이에 등장한 대안이 커뮤니티케어다. 중복되거나 낭비되는 국가-지자체 예산이 들어가는 서비스를 줄이고 사각지대도 해소하면서 실제 노인, 장애인, 정신질환자에게 도움이 되는 서비스를 통합적으로 제공하게끔 설계해 추진한다.

우리나라는 문재인 정부가 이 정책을 도입 추진했다. 문 정부는 2018년 11월 '지역사회통합돌봄 기본계획(1단계: 노인 커뮤니티케어)'을 발표했다.

당시 문 정부는 2026년 초고령사회(전체 인구의 20%가 노인인구) 진입이 예견된다며 2026년 노인인구 1111만 명, 2024년 치매환자만 100만 명을 넘어설 것이라고, 노인인구 증가의 사회적 심각성을 알렸다. 건강보험 노인진료비는 2016년 25조 원(전체의 38.7%)에서 2025년 58조 원(50.8%)으로 증가, 의료급여 노인진료비는 같은 기간 3조 1000억 원(46.3%)에서 5조 7000억 원(51.5%)으로 증가, 치매 관리비용은 2016년 13조 6000억 원에서 2030년 34조 3000억 원으로 증가하는 등 사회적 비용부담이 급격히 늘어나는 것으로 제시했다.

이런 사회적 부담이 증가한 배경에는 노인에게 제공되는 의료·복지·요양서비스가 개인의 욕구나 필요에 따라 알맞게 통합적으로 제공되는 것이 아니라, 병원, 복지관, 주민센터, 보건소, 요양시설, 재가서비스 등 각각의 서비스가 분절적·중복적으로 제공되는 것이 큰 요인으로 작용한다.

커뮤니티케어 도입 추진

당시 문 정부는 2025년까지 커뮤니티케어 제공 기반을 구축하겠다고 목표를 제시했다. 주거지원 인프라 확충, 방문건강 및 방문의료 운영, 재가 돌봄 및 장기요양 신규 서비스 확대, 서비스 연계를 위한 지역 자율형 서비스 전달체계를 갖추기 등이 중심 과제로 발표됐다.

구체적인 일정표를 보면, 1단계로 2018년부터 2022년까지 선도사업을 진행해 커뮤니티케어 모델을 개발한다. 케어안심주택, 주민건강센터를 지역별로 만들고 도시재생뉴딜을 추진한다. (가칭)지역사회통합돌봄 기본법을 제정하고 관련된 개별법과 복지사업 지침을 정비하기로 했다.

2단계로 2023년부터 2025년까지 커뮤니티케어 제공기반을 구축한다. 장기요양 등 재가서비스를 대대적으로 확충한다. 관련 인력을 양성하고 케어매니지먼트 시스템 구축과 재정 전략 등을 마련한다.

3단계로 2026년 이후 커뮤니티케어를 전국적으로 실시한다. 지역사회 중심으로 자율적으로 실행하는 것으로 제시됐다.

문 정부는 이런 설계를 실현하기 위해 2019년 선도사업을 추진했다. 노인 선도사업에는 13개 지자체, 장애인 선도사업은 2개 지자체, 정신질환자 선도사업에는 1개 지자체가 참여했다. 이들 지자체에는 노인, 장애인, 정신질환자를 대상으로 지역의 해당 돌봄서비스를 제공하면서 통합적 연계 모델을 만들어가는 과제가 주어졌다. 이를 통해 정부는 전국적으로 확산 가능한 커뮤니티케어 유형을 연구하고 공유하는 작업을 이어갔다.

보건복지부는 2021년 6월 기준으로 정책 추진 성과를 발표했다. 먼저 선도사업 추진을 위해 16개 지자체는 지자체에 전담부서를 설치했다. 지자체별 평균 25개 통합돌봄창구를 만들어 통합돌봄서비스 정보를 제공하고 상담, 욕구 사정을 담당했다. 해당 지자체는 관련 조례도 만들었다. 16개 지자체는 806개 민간기관과 협약을 맺고 담당 공무원과 서비스 제공자에게 교육과 홍보를 시행했다.

2019년 6월부터 2021년 6월까지, 16개 지자체는 2만 1570명에게 초기 상담을 하고 통합돌봄이 필요하다고 판단된 1만 9958명에 욕구 사정을 실시해 통합돌봄계획을 수립하고 연계 서비스를 제공했다. 지자체별로는 평균 29개 선도사업 프로그램을 연계 또는 직접 제공했다. 또 국민건강보험공단의 빅데이터를 이용해 건강 위험군을 찾고 건강 등 통합돌봄관리를 시행했다.

문 정부는 '2019년 6월부터 선도사업을 실시하고 서비스 제공모형을 개발하고 있으며 지역사회통합돌봄기본법 제정을 추진 중'이라면서 '다양한 방문형 서비스와 제공 인프라를 확충해 지역이 주민의 요구와 특성에 맞는 통합돌봄서비스를 제공해 나가도록 지원할 계획'이라고 자체 평가했다.

정부가 추진한 2년간의 선도사업에 대해 전문가들은 대체로 "충분한 서비스 제공이 필요하고 통합연계가 여전히 부족하다"라고 평가한다.

노인 통합돌봄

노인은 기존에 살던 곳에서 생활하기를 원하지만 안정적인 거주공간이 없어 요양시설이나 병원 등에 머무는 사례들이 있다. 그런가 하면 지역에 머물지만 홀로 불행한 생을 연명하는 경우도 많다. 이런 노인들을 위해 통합돌봄 선도사업이 진행됐다.

하지만 중앙정부의 장기요양제도·노인맞춤돌봄서비스, 지자체의 노인돌봄사업과 보건소의 노인건강사업, 정신건강센터의 지원사업

등이 각각 작동되면서, 노인에게 필요한 서비스를 맞춤형으로 제공되지 못하는 분절적인 문제는 아직 해결하지 못한 것으로 평가된다.

강혜규 한국보건사회연구원 선임연구위원은 올해 5월 11일 《내일신문》과의 인터뷰에서 "지역통합돌봄에서 서비스의 충분성이 담보돼야 하는데, 지난 선도사업에서 서비스 확충을 병행하는 것이 부진했다"고 말했다. 4월 29일 열린 2022년 제1차 통합돌봄 정책포럼에서 강 선임연구위원은 지역사회에서 계속 거주하는데 방해되는 현 제도의 문제점을 지적했다.

우선 돌봄이 충분하지 않다. 재가장기요양서비스 이용 현황을 보면 등급별 서비스 욕구가 다른데 실제 서비스 이용시간은 유사하다. 1~2등급 와상 또는 치매로 인한 문제행동이 있는 경우, 3~4시간보다 더 많은 서비스 시간이 필요하다. 추가로 간병인을 고용하거나 시설로 가는 경우가 발생한다. 장기요양 급여 이용 시간 외 도움 제공자 중 유급 도우미 이용은 평균 8.9%인데 1등급은 20.5%로 많다.

가족 등 일차적 돌봄 제공자의 공백이 생길 때 도움을 줄 수 있는 단기보호기관은 2016년 269개에서 2020년 148개로 줄었다.

의료 이용이 충족되지 않는 것도 과제다. 등급인정을 받았으나 병원에의 입원은 30.1%, 요양병원 선호가 10.0%로 나타났다. 3개월 이내를 원했지만 의료 이용을 못한 경우도 13.1%로 나타났다.

석재은 한림대 사회복지학과 교수는 같은 포럼에서 "지역사회통합돌봄법을 제정하고 창발적인 돌봄을 위한 기금을 조성하며 돌봄코디네이터 등 전문인력과 생활권별 거점 종합통합돌봄센터를 구축해야 한다"고 제안했다.

방문형 의료서비스를 확충해야 한다는 지적도 나온다. 장숙랑 중앙대 적십자간호대 교수는 올해 5월 12일 《내일신문》과 인터뷰에서 "현재 방문간호, 방문재활, 방문구강관리, 방문약료서비스 등이 팀 접근으로 구조화되지 못하고 있다. 민간 보건의료복지 자원들이 움직일 수 있도록 근거를 마련해야 한다"고 말했다.

장애인 통합돌봄

문 정부가 진행한 장애인에 대한 커뮤니티케어 선도사업에 대해서는 "서비스의 양이 불충분하고 제도 연계 조정도 이뤄지지 않아 기존서비스를 각각 진행하는 등 분절적인 서비스 제공 형태가 여전하다"라는 평가가 나온다.

이한나 한국보건사회연구원 사회서비스연구센터 부연구위원은 올해 5월 18일 《내일신문》과 인터뷰에서 "장애인 활동지원서비스의 공급량 확충이 통합돌봄의 우선 과제"라고 말했다. 현재 기능 제한 수준이 가장 높은 장애인의 일평균 서비스 제공은 16시간이다. 이 부연구위원에 따르면 지자체 추가급여로 받는 활동지원 급여 24시간 이용자가 국고보조로 이용할 수 있게 하고 야간순회방문서비스, 응급안전안심서비스 이용자는 필요에 따라 24시간을 지원하는 방안이 필요하다.

이 부연구위원은 윤석열 정부가 '개인예산제 도입'을 국정과제로 정했는데 이를 위해 '개인별 지원계획 수립을 제도화'해야 한다고 강조했다. 개인의 기능-가구상황-욕구를 고려해 일정 수준 이상의 집중적인 지원이 필요한 중증장애인을 우선 대상으로 개인별 지원계획을 제도화하고 점진적으로 대상을 확대해야 한다는 주장이다.

한편 장애인의 지역사회통합돌봄을 실현하기 위해서는 탈시설화 정책도 잘 진행되어야 한다. 그런데 문 정부는 탈시설화 사업을 2025년으로 미뤘다.

오욱찬 보사연 장애인정책연구센터 연구위원은 같은 날 "탈시설 정책 시행에 앞서 주거지원을 선제적으로 확대해야 한다"고 말했다. 2025년부터 연간 200호 이상 공동생활가정과 700호 이상의 지원주택이 필요하다. 단숨에 그 주택을 공급하기란 현실적으로 어렵기도 하고 시설 입소 수요가 쌓이고 있어 현 상황을 고려해 공동생활가정 확대 시기를 최대한 앞당길 필요가 있다는 지적이다.

정신질환자 통합돌봄

노인, 장애인과 달리 정신질환자를 위한 통합돌봄서비스 구축 작업은 상대적으로 진척이 더디다. 통합돌봄서비스를 제공하기 위한 서비스 표준과 적정수준에 대한 기준도 마련돼 있지 않을뿐더러 서비스를 제공할 기관 시설도 부족하다. 통합돌봄 대상이 되는 정신질환자는 최대 5만 5000명 정도로 알려졌다.

황운성 한울정신건강복지재단 대표는 올해 5월 25일 《내일신문》과의 인터뷰에서 "이를 해결하기 위해 탈병원, 탈시설화 정책과 함께 정신장애인 서비스 전달체계가 마련돼야 한다"라며 "이를 위한 인력과 예산을 준비해야 한다"고 밝혔다.

전진아 보사연 사회정신건강연구센터장은 〈중장기 지역사회통합돌봄 추진 전략수립 지원 연구 보고서〉에서 '정신질환자를 대상으로

복지서비스를 제공하는 정신재활시설의 확충이 우선 필요하다'고 강조했다. 전 센터장은 입소 정신재활시설은 최대 495개가 더 필요하고 이용 정신재활시설은 871개가 더 필요하다고 제안했다. 또 시군구별로 주간재활시설 1개 이상, 위기쉼터 역할을 할 '지역사회전환시설'은 광역시도 단위에 1개 이상 필요하다고 전문가들은 봤다.

지난 5월 들어선 윤석열 정부의 국정과제에는 '지역사회통합돌봄', '커뮤니티케어'라는 단어는 보이지 않는다. 국정과제를 면면히 들여다보면 노인, 장애인, 정신질환자들이 지역사회에서 생을 누릴 수 있는 정책들이 녹아 있기는 하다.

다만 문 정부가 고민했던, 노인인구 증가에 따른 사회적 부담을 줄이기 위한 대책은 이어나가야 할 과제다. 정부가 바뀌었다고 사회문제가 사라진 게 아니기 때문이다. 문 정부가 연 통합돌봄정책을 보완하고 더욱 확장해 정책 동력이 떨어지지 않도록 해야 한다는 의견이 많다. 각각의 보건의료-복지-요양-주거 정책을 다른 부처-부서에서 따로따로 진행하다가는 5년 이전으로 돌아가게 될 것이다.

포용국가 아동 정책
'아동이 행복한 나라'

드라마는 끝났음에도 국내외 인기를 여전히 누린 〈이상한 변호사 우영우〉의 한 편에 어린이해방군 총사령관이 등장했다. 그는 학원에

가는 아이들을 산으로 데려가 같이 놀면서 아이들과 구호를 외쳤다. "아이들은 당장 놀아야 한다" "아이들은 당장 행복해야 한다" 등등. 이 구호는 세간에 적잖은 파장을 줬다. 그리고 어린이해방군 총사령관은 구속돼 재판을 받았다. 그는 죄인일까.

문재인 정부는 2019년 5월 23일, 어린이해방군 사령관의 외침과 비슷한 선언과 과제를 발표했다. '아동이 행복한 나라'라는 비전 아래 놀이와 건강, 인권과 참여, 보호 등 4대 영역에서 '아동이 맘껏 뛰어놀 수 있는 지역사회' 등의 10대 핵심과제를 제시했다.

민법상 부모의 자녀 징계권을 삭제하는 등 제도적 성과를 보였지만 임기 5년 동안 많은 과제를 달성하지 못했고 아이들은 '낮은 행복감과 높은 자살률'이라는 틀에서 벗어나지 못했다.

현재 대한민국 아동의 삶은…

문 정부는 우리나라 아동의 삶을 다음과 같이 진단했다. 2018년 아동의 삶의 만족도는 6.57점으로 2013년 6.10점 대비 상승했으나 여전히 OECD 국가 중 최하위 수준이다.

해마다 학대당하고 버려지며 부모의 이혼과 빈곤 등으로 가족과 분리되는 아동이 4000~5000명이나 된다. 공공에서 보호하는 분리 아동은 연간 약 4만 4000명에 이른다. 보호가 필요한 아동의 다수는 부모가 있음에도 40%가 시설에서 보호했고 보호가 끝난 아동의 기초생활수급 경험률은 40.7%에 이르렀다.

2017년 한 해 베이비박스 등으로 버려진(유기) 아동은 261명, 베이비박스 아동의 16%(2016년)가 병원 외 출산, 13.5%(2016년)가 별도 기록 정보 없이 버려졌다.

하루 평균 50명의 아동이 학대 판정을 받았으며 매월 2.6명의 아동이 학대로 사망했다. 2017년 아동학대 가해자의 10명 중 7.7명은 부모이고 재학대 사례의 95%도 부모에 의해 발생했다.

아동의 일상생활 속 삶의 질도 낮았다. 보건복지부에 따르면 OECD 국가 중 아동의 신체 건강은 가장 좋은 수준이다. 하지만 비만율은 2008년 11.2%에서 2017년 17.3%로 지속해서 늘었다. 2018년 기준 1주일에 하루 이상 운동(30분 이상)하는 아동은 36.9%로 적었다.

우울감, 스트레스 등 정서장애 위험도 증가했다. 스트레스 인지율은 40.4%, 우울감 경험률은 27.1%로 나타났다. 인터넷 스마트폰 등 과몰입 연령은 낮아지는 추세를 보였고, 9~17세 아동의 3.6%가 심각하게 자살을 생각한 적이 있다고 했다.

물질적 결핍은 낮은 수준이지만 여가생활, 친구·가족과의 활동 등 관계적 결핍은 높았다. 아동이 부모와 함께 보내는 시간은 하루 48분으로 OECD 회원국(평균 2시간 30분) 가운데 가장 낮았다.

삶의 수준 개선을 위한 공적 책임 강화

문 정부는 이런 아동의 삶의 질을 개선하기 위해 △보호가 필요한 아동에 대한 공적 책임 강화 △아동 권리보장과 안전한 돌봄 강화 △생애 초기부터 촘촘하게 돌보는 아동 건강 △창의성·사회성 개발을 위한 놀이 혁신 등의 정책을 추진한다고 밝혔다.

'보호대상 아동 발생을 예방'하기 위해 의료기관에서 출생하는 모든 아동을 누락 없이 국가기관에 통보하고, 미혼모 등이 의료기관에서 출산을 회피할 경우의 부작용을 막기 위해 익명 출산도 가능하게 한다.

2019년 10월부터 연 1회 만 3세 유아 대상 관계부처와 지자체가 전수조사를 시행한다. 2019년 2015년생 2만 9084명의 소재 안전 전수조사 결과, 185명에게 생필품 제공, 의료비 지원, 복지급여 신청, 드림스타트 연계 작업을 했다.

보호가 필요한 아동의 보호, 결정, 관리, 원가정 복귀 여부 판단 등 전 과정을 지자체 책임하에 시행했으며, 원가정 보호가 어려운 경우 최대한 가정형 보호로 접근하도록 했다.

아동에 대한 체벌을 금지하도록 노력해 친권자의 징계권 범위에서 체벌을 제외하도록 했다.

또 '촘촘한 돌봄체계 구축'을 위해 시간제 보육을 2018년 443개 반에서 2022년 603개 반으로 확대하고, 공동육아나눔터 확대, 기관보육 12시간 운영 원칙을 유지하면서 2020년 3월부터 연장보육 전담교사를 배치, 국공립어린이집과 유치원을 조기 확충해 국공립 이용률을 2019년 4월 28%에서 40%로 올리기, 2019년 9월부터 신규 500세대 이상 아파트단지 내 국공립어린이집을 의무화, 초등돌봄을 2022년 53만 명으로 20만 명을 늘리기 등을 추진하기로 했다.

2019년 12월 놀이혁신위원회를 설치하고 지자체 주도의 아동 친화적 도시환경을 구축하는 등 놀이혁신을 확산하기로 했다. 자연 속 놀이터와 체험 프로그램을 확산하고 유아 누리과정에 바깥놀이와 자유놀이 1일 1시간 이상 확보, 방과후 놀이유치원을 2018년 51개에서 2019년 500개로 확대, 초등 저학년에게 놀이시간 운영, 놀이

프로그램을 개발해 보급한다고 했다. 또한 학교 실내에 놀이실 마련, 운동장과 체육관을 개선하고 1학생 1스포츠 활동 등을 추진하기로 했다.

어린이에게는 다양한 성장 기회가 주어져야 한다

문 정부의 노력으로 많은 진척이 있었다. 대표적으로 2021년 1월 26일 민법 제915조가 삭제됐다. "내 자식 잘되라고 내가 때리는데 무슨 문제냐"라는 부모의 징계권은 민법상의 권리에서 사라졌다. 공직선거법 개정 공포로 선거권과 선거운동 가능 연령이 2020년 1월 14일 만 19세 이상에서 만 18세 이상으로 하향했다. 전국 각지에서 다양한 놀이터와 놀이 프로그램들이 공유 전파됐다.

하지만 성과를 보지 못한 것들도 있다. 대표적으로 모든 아동의 출생 등록을 보장하기 위한 '출생통보제'는 올해 3월 2일 통과됐지만 국회 통과가 이뤄지진 않았다. 또 문 정부는 2월 외국인 아동 인권보호를 위해 특별법 제정을 심의했지만 성과가 없었다.

그리고 아동의 행복만족도가 낮은 사회를 개선시키는 획기적인 진전은 이뤄지지 않았다.

2019년 5월 3일 보건복지부에 따르면, 유엔아동권리위원회는 우리나라의 높은 아동 자살률과 경쟁을 부추기는 교육 환경 등에 매우 우려를 표했다.

정익중 이화여대 사회복지학과 교수는 올해 7월 13일 《내일신문》과의 인터뷰에서 "전 세계 아동 중에 가난한 아이들이 불행하다는 것은 공통점이다. 그런데 우리나라는 가난하지 않지만 불행한 아이들이 많다는 점이 다른 나라와 비교해서 독특하다"라며 "일상의 불행을 해결해야 한다. 공부도 하나의 역량인데 하지 못하는 아이들에게 또 다른 다채로운 기회를 제공해야 한다. 부모의 의식 전환이 필요하다"고 말했다.

윤석열 정부의 국정과제에 나타난 아동정책을 보면, 아동이 일상의 행복을 누려야 한다는 정책적 배려는 뚜렷하게 보이지 않는다. '아이들은 당장 잠을 자야 한다', '아이들은 당장 놀아야 한다', '아이들은 당장 행복해야 한다'라는 구호를 실현하기 위한 노력이 향후 5년간 어떻게 진행될지 주목할 필요가 있다.

'공공의료 강화' 정책 실속은 적고 더뎠다

'공공의료를 강화해야 한다'는 요구는 오래됐다.* 하지만 그동안 구호로만 현실에서 요란했다. 선거 시기나 메르스 등 감염병 사태가 발생할 때 유행처럼 떠올랐다 사라지곤 했다.

문재인 정부 시기에는 어땠을까? 결론부터 말하면 앞선 정부 때와 달리 여러 번 공공의료강화 발표를 했지만 결과적으로 실속은 적고

* 의료는 사회 공공재다. 2020년 8월 말에서 9월 초, 파업에 참여했던 의사 중에는 의료가 공공재라고 거론되는 것 자체를 부정한 경우도 있었지만 엄연히 국방, 교육, 환경 등과 더불어 국민의 안전과 사회 지속가능성을 유지하기 위해 국가와 지방자치단체 등 공적영역이 개입 혹은 관리한다. '공공의료'는 국민건강보험, 의료급여, 산업재해보험 등 공적 자금이 투입되고 공공의료기관이 제공하는 의료서비스를 말한다. 2012년 이명박 정부는 민간의료기관도 공공보건의료 제공자에 포함시켰다(2012년 공공보건의료에 관한 법률 개정).

개선은 더뎠다고 평가할 수 있겠다.

의료계는 우리나라의 의료기술이 세계적으로 높다고 자랑하지만, 공공의료서비스는 매우 취약하다. 2017년 보건복지부 공공보건의료 통계자료에 따르면 우리나라 공공의료기관 수는 전체 의료기관의 5.5%에 불과하다. OECD 회원국 평균 53.5%보다 9.2배 낮다. 전체 병상 수 대비 10.5%로 OECD 평균 74.6%보다 7.1배 낮다. 터무니없는 상황이라 볼 수 있다.

병상의 90% 정도가 민간의료기관의 수익 활동을 위해 운영되고 있는 셈이다. 이런 1:9의 치우친 병상 상태에서 국가의 공공의료 정책 추진(응급-외상-분만-감염병 대응 등 필수 의료영역 확대)은 민간의료기관의 협력을 구하기 위해 많은 에너지(자금)를 투입해야 하고 감염병 사태 같은 재난 시기에도 눈치를 봐야 하는 상황에 내몰린다.

입원진료 취약인구 680만 명

우리나라 공공의료의 허약성은 국민이 누려야 할 양질의 의료서비스를 적정하게 받지 못하는 결과로 이어진다.

국민건강보험공단이 2016년 12월에 밝힌 '건강보험 의료 이용 지도' 연구 결과에 따르면 입원진료 취약지에서 입원환자 사망률은 1.3배 높았다. 암, 뇌졸중, 급성심근경색 등 중증질환자의 사망률은 1.88배, 고관절 치환술, 슬관절 치환술, 폐암 수술, 중증화상 등 주요 수술의 사망률은 1.44배, 그 외 일반수술의 사망률은 1.29배 더 높았다.

민간의료기관은 수익을 우선으로 병원을 운영하기 때문에 수도권 등 광역시도 단위 대도시로 집중돼 설치됐다. 대도시 대형병원과 지리적으로 멀고 시간이 걸리는, 접근이 쉽지 않은 지역에서 그 사망률이 높았다.

연구 책임자였던 김윤 서울대 의대 의료관리학교실 교수는 "입원진료 취약지에 거주하는 지역주민은 680만 명이나 된다. 국민 13%가 넘는 인원이 거주지 탓에 의료 불평등 대우를 받는 셈"이라며 "500병상 이상을 갖춘 종합병원을 입원진료 취약지역에 마련해야 한다"라고 강조했다.[3]

또한 김 교수에 따르면 전국 16개 권역외상센터로 30분 안에 이송이 가능한 지역은 89%에 이르는데, 실제 권역별 외상센터의 중증외상환자 수용률은 28%에 머물렀다. 중증외상센터로 가서 적정한 진료를 받아야 하는데, 가깝다는 이유로 환자 72%가 다른 병원으로 직행한 것으로 나타났다.

이는 사망자를 늘리는 원인 중 하나로 지목된다. 우리나라 응급환자의 전원율은 약 10~15%로 미국(4~8%)보다 약 2배 높다. 이렇게 다른 병원으로 이송된 환자는 최종 치료병원으로 직접 내원한 환자보다 사망률이 약 3배 높다. 골든타임 1시간을 훌쩍 넘겨 이송되기 때문이다. 더욱이 중증외상환자의 다른 병원 이송률은 30%에 이른다.

김 교수는 "권역외상센터는 중증응급환자의 최종 치료기관임에도 많은 환자를 다른 병원으로 이송하고 있다"며 "극히 예외적인 경우를 제외하고 다른 병원으로 이송하지 못하도록 시스템을 갖춰야 한다"고 주장했다.

지역사회의 보건의료 안전망을 구축하기 위해 전국적인 공공의료 연계체계를 만들어야 한다는 전문가들의 대안 제시가 있었다. 그동안 서울지역 대형병원으로 전국 환자가 쏠리는 현상은 지역별 의료 불평등의 상징으로 개선 대상으로 여겨져 왔다. 참여정부 때부터 보건의료 정책 전문가들은 '국립중앙의료원(중앙)-국립대병원(광역거점)-지방의료원(지역거점)-보건소' 연계와 역할 분담을 제시했다. 정부도 이 구상에 동의해 정책을 추진했지만 그 연계성이 약하고 공공의료 수행력은 여전히 미숙했다. 그 원인으로 국립대병원이 광역거점 병원으로 중심을 잡지 못한 탓이라는 지적이 많았다.[4]

나아가 10% 정도의 병상을 운영하면서 공공의료기관만이라도 연계한 컨트롤타워가 없다. 메르스 사태 이후 보건시민단체나 감염병 전문가들이 "공공병원 확충과 통합관리가 필요하다"고 주장했지만 공공병원의 컨트롤타워 장치는 마련되지 않았다.

민간자원을 동원해 문제를 풀다

문재인 정부는 공공의료 부실로 인한 환자와 국민의 피해를 해소하겠다며 2018년 10월 1일 '공공보건의료 발전 종합대책'을 내놓았다.

먼저 중증응급환자의 발병 후 응급의료센터 도착 시간을 평균 240분에서 180분 안으로 단축하고 시도-소방청-권역외상센터의 협업을 강화해 지역별 이송지침과 환자 이송 지도를 마련해 지자체 중심의 전원조정 총괄기능을 강화하기로 했다. 소아전문응급의료센터를 3개에서 2022년 13개로 확대한다고 밝혔다.

중앙-권역-지역 심뇌혈관센터 체계를 갖추고 산모 신생아를 위해 중앙-권역-지역모자의료센터와 출산연계지원센터로 이어지는 전달 체계를 구축하기로 했다. 어린이 공공전문진료센터 7개를 지정 확대하고 전문인력을 확보하며 장애인 검진 진료 재활과 임신 출산을 지원하는 시도별 지역장애인보건의료지원센터를 3곳에서 2022년 19개로 확대한다고 밝혔다.

또 보건복지부는 2022년 3월 개교를 목표로 국립공공의료대학원을 설립 추진키로 했다. 시도별로 학생을 일정 비율로 배분해 미래 공공의료 인재를 육성하겠다는 것이다. 이와 관련해 김윤 서울대 의대 교수는 "공공보건의료 발전 종합대책의 가장 큰 문제는 구체적인 재정투자계획이 없고 시설인력 확충에 대한 숫자가 구체적으로 제시되지 않았다"고 비판했다.

정형준 보건의료단체연합 정책국장은 "정부가 문제점을 잘 파악하고 있으면서도 그 대안을 공공병원과 공공체계가 아니라 민간자원을 동원하는 방식을 취하고 있다"며 "공공의료가 제대로 작동할지 의문"이라고 지적했다.[5]

공공병원 20개 지을 비용이 민간병원 참여비로

2020년 1월 국내 코로나19 확진자가 발생하고 2월 말 대구·경북 지역에서 대규모 환자가 발생한 이후, 확진자가 전국으로 확산되면서 긴장감이 높아갈 때 많은 문제를 해결한 것은 공공병원이었다. 대구·경북 지역 환자 77%가량이 공공병원에 입원했다. 2020년 8월 초 경기도의 경우 코로나19 환자의 95.5%를 공공병원이 감당했다.

전체 5%에 불과한 공공병원이 재난상황이 발생하자 문제 해결에 앞장섰고 현장 의료진들의 헌신적 노력에 국민의 지지가 이어졌다. 이후 공공의료 강화는 시대의 화두가 됐다.

그런데 정부와 국회는 공공병원과 의료진 확충 대책보다 뜬금없이 10년 후에나 도움이 될 '의대 정원 확대' 방안을 내놓았다. 10년간 의대 정원을 매년 400명씩 늘리겠다는 발표였다. 매년 50명은 화장품 기기업체 등 산업체에 종사할 의사로 양성한다는 계획도 들어갔다.

정형준 보건의료단체연합 정책위원장은 《내일신문》 기고문에서 "의대 증원이 무슨 지역의료 강화일까? 지역 의무복무기간에 수련과정도 포함돼, 인턴 레지던트 팰로우 7년을 제외하면 지방에서 3년만 근무하면 된다"라며 "지방 사립대병원은 부족해진 레지던트를 지역 의무복무로 확대할 수 있으니 '꿩 먹고 알 먹고'라 할 만하다"고 비판했다. 공공의료 강화 발표인데 결국 민간의료 강화라고 지적했다.[6]

정부는 또 2020년 12월 13일 공공병원 20개 신증축 등 공공의료 강화안을 발표했다. "상시적인 감염병 위기에 효과적으로 대응하고 지역별 의료격차를 해소하기 위해 2025년까지 지역에 400병상 규모의 공공병원을 약 20곳을 신증축하고 병상 5000여 개를 확충하겠다"고 밝혔다.

이에 대해 정형준 보건의료단체연합 정책위원장은 "인력 부분에서 대안을 내놓지 않았다. 새로 만들고 증축되는 공공의료기관에서 일할 인력 문제를 세워야 한다"고 지적했다.[7]

정부는 공공병원 확충을 계획하면서 신설이나 공공인수 방식이 아닌 대부분 민간병원을 지정하는 방식으로 해결하려 한다. 우석균

보건의료단체연합 공동대표는 "코로나19 국내 발생 이후 사립병원 동원에 든(즉, 국가가 지불한) 비용 3조 원이면 공공병원 20개를 지을 수 있다"면서 "최소 현재 공공병원이 없는 27개 중진료권에 공공병원(지방의료원)을 신설하는 등 공공병원을 체계적으로 확충해 공공의료 핵심 역량을 갖춰야 한다"라고 말했다.[8]

문재인 정부의 공공의료 정책 추진은 이렇게 마무리됐다. 이전 이명박 정부와 박근혜 정부 시기보다 훨씬 많은 강화방안을 내놓았지만, 시기성이나 실효성이 약한 것들이 대부분이었다라는 평가가 나온다. 앞의 우석균 대표의 말이 와닿는다. 공공병원 20개를 지을 비용을 코로나19 대응에 참여한 민간의료기관에 지불해버리고 국회와 정부는 다시 공공병원 확충을 고심해야 하는 행정 착오를 반복한다.

윤석열 정부는 국정과제에서 '감염병, 응급, 중증 외상, 분만 등 필수공공의료 인력과 인프라 강화를 통해 지역완결적 의료체계 구축' 목표를 내세웠다. 150일 지난 지금까지도 그 세부 계획안은 나오지 않았다. 윤 정부는 공공의료를 어떻게 강화할지 지켜볼 일이다.

코로나 대유행 대응,
K-방역의 명암

2019년 12월 중국 우한지역에서 새로운 코로나바이러스가 등장해 지역주민을 감염시킨 후 세계로 확산하기 시작한 코로나19 세계대

유행(팬데믹)은 2022년 11월 현재 오미크론 변이의 유행으로 이어지는 등 그 유행의 끝이 보이지 않는다. 우리나라도 2020년 1월 20일 국내 첫 확진자가 발생한 이후 재난 시기를 보내고 있다.

팬데믹이 끝나지 않은 시점에서 문재인 정부의 방역 대응 잘잘못을 따지는 것은 무리일 수도 있다. 다만 2년 4개월 동안 코로나19 유행상황에 따라 이뤄진 문재인 정부의 여러 조치들을 들여다보고 따짐으로써, 향후 윤석열 정부가 잘못된 방역 대응을 반복하지 않기를 바라며 'K-방역의 명암'을 공유한다.

K-방역 성과, 세계가 반기다

문재인 정부는 2020년 1월 초 중국에서 정체불명의 바이러스에 의한 감염사례가 늘어남이 분명해지자 국내 감염병 대응체계를 가동했다. 당시 보건복지부 질병관리본부는 국외 감염병 유행상황을 주시하면서 신종바이러스 분석과 검사법 개발에 착수하고 바이러스 유전정보를 공개, 지역사회 감염병 대응체계 등을 준비했다. 씨젠의 진단키트는 2월 12일 식품의약품안전처의 허가를 받았다. K-방역은 그렇게 조용히 준비됐다.

코로나19로 전 국민을 긴장으로 몰아넣은 것은 2020년 2월 말 발생한 '대구·경북 지역'의 대규모 감염사태였다. 방역-감염병 전문가와 방역공무원들이 대구·경북 지역으로 집결했다. 2월 중 나온 진단키트로 신속한 진단검사가 이뤄지고 역학조사가 뒤따랐다. 시민들에게 제공될 마스크는 군용트럭으로 배송됐다. 부족한 병상을 확보하기 위해 인근 시·도 공공병원으로 코로나19 환자들이 이송됐다.

군의관-간호장교들이 투입되고 전국에서 자원한 의료진이 모여들었다. 시민들은 당국의 방역수칙 준수에 적극적으로 참여했다.

그 결과 2월 말 909명 확진자[9]가 발생한 이후 4월 들어 두 자릿수에서 한 자릿수로 줄어들었다. 국내 1차 유행은 그렇게 끝났다.

우리나라의 1차 유행 극복 과정을 지켜본 것은 우리 국민만이 아니었다. 팬데믹 상황에서 날로 상황이 악화하던 이탈리아, 독일 등 EU 국가와 미국, 캐나다, 호주 등이 '코로나 확산 차단에 성공한 극복 사례'로 한국을 주목했다. K-방역은 신화는 이렇게 시작됐다.

당시 '봉쇄'조치로 일관한 중국의 사례를 받아들일 수 없던 선진 민주국가들은 한국의 사례를 '놀라운 긍정적 시선'으로 연일 보도하면서 대한민국의 국가적 위상은 급상승했다.*

정부는 그사이 질병본부와 전국 지자체가 발굴한 방역사례 등을 정리해 '신속 확진검사-역학추적조사-격리치료' 단계별 방역조치들을 세계 방역표준모델로 만드는 작업도 6월 시작했다.

방역 인력, 병상 부족 문제의 해결은

하지만 코로나19 유행이 장기화되고 잦은 집단감염 발생으로 '적은 방역 인력'과 '병상 부족' 상태로는 성공적인 방역을 이끌기 힘들게 됐다. 빠른 진단과 철저한 역학조사는 점점 어려워지기 시작했다.

* 한국무역협회는 2020년 4월 '코로나19 글로벌 브릿지' 프로젝트를 통해 한국산 진단키트와 의료용품, 위생용품, 수술기업 홍보에 나섰다. 기획재정부도 개발도상국의 보건사업에 4억 달러 이상의 대외경제협력기금 자금을 연내 지급하고 26개 저소득국에 1억 1000만 달러 채무상환을 유예했다. 코이카는 5월 K-방역을 개도국과 공유하기 위해 '코로나19 정보 허브'를 개설해 해외 방역당국들과의 소통에 노력했다.

193명 확진자가 나온 부산 장구교실 감염사례와 81명의 서초구 사우나 감염사례, 그리고 구치소 등 대규모 집단감염은 모두 역학조사에 구멍이 뚫린 결과로 지적됐다.

김윤 서울대의대 의료관리학교실 교수는 "정부는 K-방역의 성공에 취해 올겨울 코로나19 재유행에 제대로 대비하지 않았다. 많은 전문가가 방역 인력과 중환자 병상을 확충하고 취약시설의 감염관리를 강화해야 한다고 지적했지만 달라진 것은 별로 없었다"라고 밝혔다.[10]

또 정부가 겨울철 코로나19 유행에 대비해 병상을 미리 확보하지 않은 탓에, 제대로 치료받지 못하고 사망한 환자도 적지 않았다는 지적이 나온다.

김 교수는 "정부는 작년(2020년) 12월 18일부터 요양병원에서 사망한 환자는 입원을 대기하다 사망한 환자로 분류하지 않고 있다. 불평등한 K-방역의 문제를 감추기 위해 요양병원을 코로나19 중환자를 진료할 능력이 있는 의료기관으로 둔갑시킨 것"이라며 "지난 한 달간 코로나19 사망자 수는 모두 568명으로, 그 이전 거의 1년 동안 사망한 환자 수에 버금간다"고 비판했다.[11] 또 사회적 거리두기로 피해를 본 소상공인-자영업자를 사실상 지원하지 않는 정부와 국회를 질타했다.

노인, 장애인 등의 돌봄 공백도 심각했다. 정부는 코로나19 감염 위험을 최소화하면서 노인과 장애인을 돌볼 수 있는 방법을 찾기보다는 돌봄을 중단하는 손쉬운 방법을 선택했다. 돌봄서비스를 제공하는 기관들도 굳이 코로나19의 위험을 무릅쓰고 적극적으로 서비스를 제공하려 하지 않았다. 그 결과 노인과 장애인의 일상 활동 저하에 따른 우울, 고독감 등 정서 불안감이 높아졌다. 기존 돌봄을 받았던 노인, 장애인의 삶은 질적으로 크게 저하됐다.

국민 70% 이상 접종 완료, 일상회복의 시행

감염병 대응 전략에는 '개인 방역수칙 준수, 신속한 검사와 역학조사-치료 대응, 사회적 거리두기, 봉쇄, 감염을 예방하고 중증화와 사망률을 낮추는 백신, 그리고 치료제'가 주요 수단으로 사용된다. 백신과 치료제가 없는 상황에서는 국민의 방역 준수와 거리두기 참여, 그리고 당국의 방역 대응이 주요 수단이 됐다. 1년이 넘도록 국민-기업-정부-지자체 등의 합심으로 잘 버텨냈다.

2021년 2월 26일부터 코로나19 백신 접종이 시작된 이후, 국민의 높은 접종 참여가 이뤄졌고 방역 대응의 전환이 가능한 환경이 조성됐다. 10월 25일 12시 기준 접종 완료(2차 접종)자가 3615만 명(국민의 70.4%)으로 집계됐다. 이는 국민의 70% 이상이 코로나19에 항체력을 갖게 됐다는 의미다.

정부는 11월 1일부터 단계적 일상회복 조치를 시행했다. 기존의 확진자 억제 정책에서 '위중증 환자 관리'와 '일상회복'으로 간다는 방향을 제시했다. 이후 일상회복 방법론에 대한 논란들이 생겨났다. 하지만 해외에서 코로나19의 델타 변이를 대체한 오미크론 변이가 국내에 유행 확산하기 시작하면서 모든 논란을 잠재웠다. 이전에 경험하지 못했던 일일 확진자 수십만 명의 발생에, 국민은 그저 멍한 눈으로 지켜볼 수밖에 없었다. 오미크론 대유행으로 1만 5000여 명의 사망자가 더 발생했다. 이를 두고 방역당국은 해외국가처럼 확진자 수와 비교해 사망자가 적다며 브리핑했다.

올해 3월 16일 일일 확진자 62만 명이 발생한 이후 확진자는 지속적으로 감소해 5월 10일 누적사망자 2만 3462명, 누적 확진자 1761만 4895명, 치명률 0.13%라는 최종 방역지표를 남기고 문 정부는 윤석열 정부에게 방역 임무를 넘겼다.

조용균 가천대길병원 내과 교수는 "K-방역의 중간성적표는 '최우수'"라고 평가했다.[12] 조 교수에 따르면 지난 3월 세계 3대 보건의료 저널 중 하나인 《랜싯Lancet》에 2년간 인류를 위협한 코로나19 대응 중간성적표가 나왔다. 인구 100만 명 미만이거나 중국, 북한과 같이 전면 봉쇄정책을 유지한 국가를 제외하고 한국보다 코로나 직접 사망률과 초과사망률이 낮은 나라는 뉴질랜드, 호주, 대만밖에 없었다. 우리나라를 포함한 이들 4개국은 세계적으로 유행을 일으킨 알파, 델타 감염까지는 사회적 방역자원을 최대한 동원해 감염자 수를 최소화했다는 공통점이 있다. 하지만 사회적 방역이 끼친 경제적 악영향을 기준으로 볼 때 한국의 GDP 감소폭은 뉴질랜드와 호주에 비해 낮아서 대만을 제외하고 최고의 실적을 나타냈다.

뉴질랜드와 호주, 대만은 유행 초기부터 세계에서 가장 강력한 봉쇄정책과 선제적 국경통제를 시행한 반면, 우리나라는 이런 조치 없이 현재의 성적표를 받았다.

해외에서의 이런 긍정적 평가와 달리 윤석열 정부는 문 정부의 방역 대책 성과를 '실패'로 규정했다. 정치방역이었으므로 앞으로는 과학방역을 하겠다고 강조했다. 윤 정부가 출범한 지 150일이 지났고, 10만 명대 확진자와 매일 50명 이상의 사망자가 다시 발생했다. 전문가와 일반 시민들은 "과학방역이 무엇이냐"며 무엇이 달라졌는지 모르겠다고 의문을 제기한다.

조 교수는 "국내 상황을 보면 60세 이상 고연령의 코로나19 감염자는 전체의 20%이지만 사망자의 98% 이상을 차지한다. 또한 대규모 집단발병의 70% 이상이 요양시설에서 발생했다. 윤 정부는 코로나19와의 전쟁에서 가장 희생이 큰 요양보호시설 이용자에 대한 돌봄시스템을 전반적으로 검토하고 개선을 고민해야 한다"고 강조했다.[13]

장애인 탈시설화 로드맵 제시 대장정의 시작

장애인이 시설이라는 제한된 거주공간에서 벗어나 지역사회에서 살아가기 위해서는 '탈시설화'가 이뤄져야 한다. 이는 장애계의 오랜 숙원이다. 제한된 공간에서 수십 년간 산다는 것은 누구도 견디기 어려운 비참한 상황이며 허용되지 말아야 하는 사안이다.

장애인의 탈시설화는 유럽, 미국 등지에서는 이미 1960년대부터 그 필요성이 강하게 제기돼 논의가 시작되었고 30년 이상을 거쳐 진행됐다. 우리나라는 그동안 장애계가 시설 거주 장애인의 인간다운 삶을 보장하기 위해 탈시설화 필요성을 제기했다. 하지만 장애인이 탈시설한 이후 지역사회에서 살아갈 수 있는 환경을 조성하는 것에 대한 국가의 정책 추진 의지와 노력이 부족했다. 그렇다 보니 시설 거주 장애인의 가족은 탈시설화로 인한 부담을 온전히 가족이 떠안게 된다며 탈시설화 정책을 반대했다.

이런 가운데 문재인 정부는 2021년 8월 '장애인 탈시설화 로드맵'을 발표했다. 임기 말 정책 추진 동력이 떨어지는 시점에 나온 발표지만 장애인 탈시설화를 위한 대장정을 시작했다는 점에서 의미가 있다. 그 로드맵 안을 살펴보고 대안을 찾아본다.

향후 20년간 장애인의 지역사회 자립을 지원

문 정부는 2021년 8월 2일 '탈시설 장애인 지역사회 자립지원 로드맵'을 심의하고 확정했다.

로드맵 확정 배경에는 장애인의 부모와 당사자의 노령화로 인해 사회적 돌봄이 필요한 장애인 수가 점차 증가할 것이라는 예상이 있다. 2020년 장애인실태조사 결과에 따르면 장애인 가운데 65세 이상인 경우가 49.9%로 절반에 이르고 1인 가구가 27.2%나 된다.

하지만 장애인 거주시설은 경직된 운영으로 장애인 개개인의 서비스 요구를 적극적으로 수용하기 어렵고, 지역사회와의 단절로 인한 인권침해 문제, 코로나19 등의 집단감염이 초래한 위험요소에 취약하다는 한계가 있다. 2020년 기준 장애인 거주시설은 1539개이고 2만 9000여 명이 거주한다. 평균 거주기간은 18.9년, 평균 연령은 만 39.4세다.

로드맵에 따르면 정부는 앞으로 20년간 단계적으로 보호가 필요한 장애인에 대해 시설이 아닌 지역사회에서의 자립생활을 지원해 나갈 계획이다. 스웨덴, 캐나다 등 서구 유럽은 30~40여 년의 기간에 거쳐 대규모 수용시설을 폐쇄하고 장애인 대상 서비스를 확대하고 법제도를 정비하는 등 탈시설 정책을 지속 추진 중이다.

탈시설 정책이 본격 시작되는 2025년부터 매년 740여 명 장애인의 지역사회 정착을 지원할 경우, 지역사회로의 전환은 2041년에 마무리될 전망이다. 이를 위해 시설장애인 대상으로 자립지원 조사(연 1회)를 의무화한다. 체험홈을 운영하고 자립지원 시범사업을 2022년부터 시행하는 등 사전 준비 단계에서 초기 정착 지원까지 자립경로를 갖출 계획이다.

장애인의 편의시설이 설치된 공공임대주택 공급을 전체 공급량의 5%를 장애인에게 2022년부터 우선 공급한다. 주거유지서비스를 개발한다. 임대계약, 주택-금전관리 등의 일상생활을 지원하고 다양한 서비스를 연계하는 등 지역 거주생활이 가능하도록 종합적인 지원을 한다. 무연고나 중증장애인은 후견지원과 일자리 확충 등을 통해 독립생활을 위한 사회적 지원을 확대한다.

시설 입소를 제한하기 위해 신규 설치를 금지하고 현 거주시설은 '주거서비스 제공기관'으로 변경해 24시간 지원이 필요한 장애인 대상 전문서비스 제공으로 기능을 바꿔 나갈 계획이다. 시설에 지급되는 생계급여를 본인에게 직접 지급하는 등 장애인 당사자가 금전을 관리하는 방안을 검토한다. 시설 인원 설비 기준을 1인 1실 형태로 독립 생활공간 단위로 마련해 사생활이 보장되는 건물 공간을 갖추도록 한다.

특히 장애아동은 집단거주시설이 아닌 가정형 돌봄을 우선하고, 시설 장애아동이 성년이 되면 탈시설과 지역사회 자립을 우선 지원한다.

이런 정책 추진을 뒷받침하기 위해 장애인 권리보장법 제정과 장애인복지법 전면개정을 추진한다. 장애인의 주거 결정권을 명시하고 시설 장애인의 지역사회 거주 전환과 자립에 국가와 지방자치단체의 정책 수립과 지원 책임을 명문화할 계획이다.

실효성을 위해 구체적인 세부 추진안이 필요

문 정부의 장애인 탈시설 로드맵 제시에 장애계 등은 탈시설화 의지 표명은 환영하면서도 구체적인 전략 등이 제시되지 않아 실효성에 의구심을 드러냈다.

김동호 한국장애인단체총연맹 정책위원장은 "정부가 탈시설화 의지를 표명하고 구체적인 목표를 제시한 것은 바람직하다"면서도 "장애 유형이나 정도, 특성을 고려한, 다양하고도 세밀한 지원전략이 제시되지 않아 실현 가능성이 우려된다"고 지적했다.

임종한 인하대의대학장은 "장애인들의 탈시설 자립은 주거지원과 일자리 창출, 돌봄 의료서비스 지원 등이 통합지원 되어야 비로소 가능하고 지자체의 세밀한 지원도 필요하다"고 말했다.[14]

또한 이 로드맵에서 밝힌 시행기간이 이미 국회에 발의된 장애인 탈시설화 법안보다 2배가량 늘어난 점도 지적된다. 국회 보건복지위원회 최혜영 의원(더불어민주당·비례)이 대표 발의한 '징애인·탈시설 지원법'에 따르면 10년 내 거주지설 폐쇄조항이 담겨 있다. 장애인의 탈시설을 위한 적극적인 국가의 책임과 조치를 명시한 점은 정부 계획안과 대비된다.

장애인이 지역사회에서 온전히 살아가기 위해서는 중증장애인의 탈병원화도 병행돼야 한다는 지적이 나온다. 거동이 어려운 중증장애인은 병원에서 평균 2년 5개월이나 머무는 것으로 나타났다. 2~3개월 입원하는 미국, 영국의 상황과는 매우 거리가 멀다.

한국장애인개발원 서원선 부연구위원·서욱영 연구원은 공동 연구하고 발표한 〈커뮤니티케어를 통한 중증장애인의 탈병원 연구〉에서 '중증장애인의 장기간 병원 입원을 줄이고 올바른 사회복귀를 위해 중증장애인의 탈병원을 지원하고 바람직한 탈병원 모형과 절차를 제시할 필요가 있다'고 밝히고 있다.[15]

서 부연구위원은 △병원에서 사회복귀에 대한 직업상담과 가족상담을 포함한 정보 제공을 강화 △재활치료수가를 현실화해 병원 참여 유도 △휠체어 사용, 트랜스퍼 등 중증장애인에 적합한 작업치료 환경 수가를 마련 △장애단체의 사회복귀프로그램을 활용 △개별 맞춤형 보조기기 지원과 차량개조서비스 제공, 그리고 장애인 특성에 맞는 직업재활서비스 개선 등을 제안했다.

2022년 1월 24일, 보건복지부는 '탈시설 장애인 자립지원 시범사업'을 올해부터 2024년까지 시행해 지원모형을 마련하고 2025년부터 본격적인 탈시설 지원사업을 진행한다고 밝혔다.

지난 5월 정권교체가 이뤄지고 윤석열 정부가 들어서면서 장애계는 탈시설화 정책이 중단없이 적극적으로 추진돼야 한다고 입을 모았다.

윤 정부는 국정과제에 구체적인 탈시설화를 언급하지 않았다. 다만 '시설거주 장애인의 지역사회 자립을 위한 주택 및 거주 서비스 지원 강화를 추진'한다는 내용을 담았다.

보건복지부에 따르면 2021년 등록장애인은 264만 5000명이다. 8만 7000명이 새로 등록했다. 특히 서비스 지원이 절실한 심한 장애인은 2만 8315명이 새로 등록해 98만 5000명이 됐다.

김동호 한국장애인단체총연맹 정책위원장은 "장애인들이 온전히 지역사회에서 살아가기 위해서는 장애유형에 맞는 통합서비스가 제공돼야 한다"며 "새 정부는 장애인의 맞춤형 통합서비스 이용이 가능한 환경 구축에 총력을 기울여야 한다"고 말했다.[16]

황운성 한울정신건강복지재단 대표는 "심한 장애인도 지역사회에서 일상을 보내기 위해서는 이동에 제한이 있어서는 안 되며 위기대응 서비스도 뒷받침돼야 한다"며 "국가와 지자체는 장애인 활동의 지지기반을 연계하고 자원을 확충하는 데 지원을 아끼지 말아야 한다"고 말했다.[17]

주

1. 《내일신문》, 2021년 6월 25일, '내실 다지는 치매국가책임제' 기사
2. 《내일신문》, 2021년 6월 25일, '내실 다지는 치매국가책임제' 기사
3. 《내일신문》, 2017년 2월 20일, '공공의료 바로 세우기 기사'
4. 《내일신문》, 2017년 2월 15일, '공공의료 바로 세우기' 기사
5. 《내일신문》, 2018년 10월 1일, '공공보건의료 발전 종합대책 발표' 기사
6. 《내일신문》, 2020년 8월 5일, '공공의료 강화와 의사 충원' 기고문
7. 《내일신문》, 2020년 12월 14일, '정부 공공의료 강화안 들여다보니' 기사
8. 《내일신문》, 2022년 1월 7일, '국민지킴이 공공의료' 기사
9. 당시 일일 확진자 수가 900명까지 집계되자 놀란 국민은 우리도 중국 우한처럼 되지 않을까 우려했다.
10. 《내일신문》, 2020년 12월 8일, 'K-방역 신화는 어떻게 무너지는가' 기고문
11. 《내일신문》, 2021년 1월 13일, 'K-방역에 노인은 없었다' 기고문
12. 《내일신문》, 2022년 5월 27일, 'K-방역 중간성적표는 최우수' 기고문
13. 《내일신문》, 2022년 5월 27일, 'K-방역 중간 성적표는 최우수' 기고문
14. 《내일신문》, 2021년 8월 3일, '정부 장애인 탈시설화 계획 발표 … 실효성은 글쎄' 기사
15. 《내일신문》, 2019년 12월 26일, '중증장애인 평균 2년 5개월 입원' 기사
16. 《내일신문》, 2022년 4월 20일, '심한 장애인 99만 명 … 활동지원 기반 확충 요구' 기사
17. 《내일신문》, 2022년 4월 20일, '심한 장애인 99만 명 … 활동지원 기반 확충 요구' 기사

10장

지방균형발전 정책 : 지역은 고르게 발전했나

안정배

지역은 고르게 발전했나

2017년 7월 문재인 정부 국정기획자문위원회는 〈국정 운영 5개년 계획〉을 수립했다. 5대 국정목표 중 네 번째 목표인 '고르게 발전하는 지역'[1] 부분을 보면 지방 균형발전 전략으로 '풀뿌리 민주주의를 실현하는 자치분권, 골고루 잘사는 균형발전, 사람이 돌아오는 농산어촌'[2]을 들고 있다.

문 정부는 2017년 7월 19일 '새 정부 100대 국정과제 보고대회'를 개최했는데, 100대 국정과제 중 '고르게 발전하는 지역' 국정목표 관련은 11개를 차지했다.

풀뿌리 민주주의를 실현하는 자치분권

문 정부는 개인의 삶의 근거지인 지역이 충분한 권한과 역량을 가질 때 민주주의는 풀뿌리 차원에서 튼튼하게 성숙할 수 있다고 봤다. 그 핵심은 지치분권으로 제2국무회의로 상징(2022년 1월 '중앙지방협력회의' 출범)되는 과감한 권한과 기능의 지방 이전을 추진하고 각 지역의 교육자치도 강화하는 목표를 제시했다.

이를 위해 〈획기적인 자치분권 추진과 주민참여의 실질화(행자부), 지방재정 자립을 위한 강력한 재정분권(행자부·기재부), 교육 민주주의 회복 및 교육자치 강화(교육부), 세종특별자치시 및 제주특별자치도 분권모델의 완성(행자부)〉을 국정과제로 삼았다.

골고루 잘사는 균형발전

수도권으로 자원이 집중되는 상황에서 지역이 가진 잠재력을 극대화하여 자립적 성장기반을 마련하고, 골고루 잘사는 전국을 만들기 위해 균형발전 전략을 추진하기로 했다.

혁신도시·세종시·산업단지·새만금 등 지역 성장 거점을 활성화하고, 도시 활력 제고를 위해 구도심과 노후 주거지 등을 도시재생뉴딜 사업대상으로 선정하여 도시재생과 연계한 공공임대주택 공급 등 공공중심의 지원을 집중적으로 수행한다는 목표를 세웠다. 국내 조선·해운 산업의 친환경 고효율 선박 확보, 한국 해운 재건프로그램으로 지역의 핵심 산업을 재건하는 내용도 담았다.

국정과제로는 〈전 지역이 고르게 잘사는 국가균형발전(산업부·국토부·행자부), 도시경쟁력 강화 및 삶의 질 개선을 위한 도시재생뉴딜 추진(국토부), 해운·조선 상생을 통한 해운강국 건설(해수부)〉을 제시했다.

사람이 돌아오는 농산어촌

고령화·인구감소를 겪는 농산어촌에 젊은이들이 돌아와 지역사회에

활기를 불어넣고 지역의 발전을 선도할 수 있도록, 농림어업의 체질을 강화하고 농림어업인 소득 안정과 복지서비스 향상을 통해 누구나 살고 싶은 농산어촌을 조성하는 청사진을 제시했다.

재해보험 확대, 공익형 직접지불제 도입 등 농림어업인의 소득 및 경영안정 지원을 강화하기로 했다. 우리 바다 되살리기로 어촌의 활력을 제고하고 100원 택시 확대 등 농산어촌의 교통·의료·주거 여건도 개선하기로 했다. 청년 농업인 영농정착지원금 지급, 환경친화형 농수산업으로 전환, 첨단 스마트팜·양식장 조성 확대 등으로 농산어촌 젊은 후계인력을 양성하고 첨단기술 융복합 지원과 농산어촌 체질개선을 내세웠다. 국정과제로는 〈누구나 살고 싶은 복지 농어산촌 조성(농식품부), 농어업인 소득안전망의 촘촘한 확충(농식품부), 지속가능한 농식품 산업기반 조성(농식품부), 깨끗한 바다, 풍요로운 어장(해수부)〉을 설정했다.

문 정부 국정백서를 통해 살펴보는 '고르게 발전하는 지역' 성과

문재인 정부 국정백서 총론 제1권 75쪽을 보면 '지역균형뉴딜을 통하여 대한민국 전 지역의 도약을 지원'했다고 밝히고 있다. 지역균형뉴딜 중점사업을 지역별로 안배하여 선정했다(그림1).[3]

(그림1) 전국 17개 시도 지역균형뉴딜 중점사업

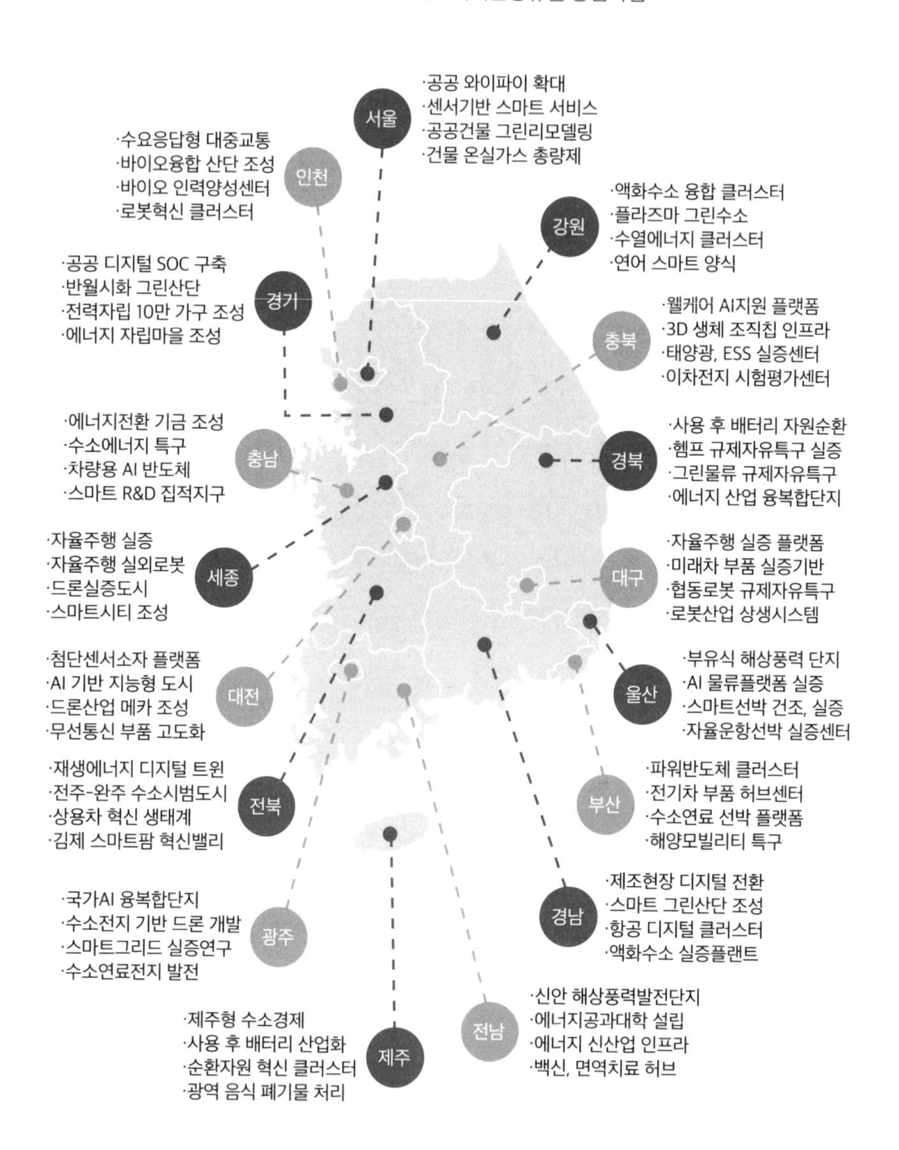

출처: 문재인 정부 국정백서 총론 제1권 75쪽

국정백서 제5권 〈활력 있는 농산어촌, 세계 속의 농어업〉에서 밝힌 성과

농가소득 4500만 원, 어가소득 5000만 원 시대를 열었고, 2020년 기준 귀농어·귀촌 가구는 35만 9000호로 통계조사 이래 역대 최고치를 달성했다.[4] 구체적 성과를 살펴보면 다음과 같다.

농업에 이어 수산업·임업·산림에도 공익직불제 도입. 선제적 쌀 수급관리로 쌀값 회복 안정화. 수산혁신 비전2030으로 수산업 체질개선 추진. 어장생태계 개선 연근해어업 생산성 향상.
생활SOC 확충. 농촌형 교통모델 도입. 어촌뉴딜300사업. 청년창업농 육성. 농수산식품 수출액 사상 최대. 식량원조 공여국. 스마트팜·스마트양식 클러스터 구축. 국가식량계획 수립. 농어가 재해안전망 확충. 로컬푸드 직매장 확산. 먹거리 자급 노력. 농어업 재해대책비 현실화. 농어업재해보험 개선. 농어업인안전보험 지원. 농지 관련 3법 개정.

국정백서 제11권 〈국가균형발전과 자치분권의 패러다임〉에서 설명한 성과

'지역주도 자립적 성장기반 마련'을 목표로 사람·공간·산업의 3대 분야 전략을 수립해 과감한 투자. 국가균형발전위원회 복원. 도시재생뉴딜. 국회 세종의사당 건립 확정. 기존 혁신도시 내실화. 32년 만에 지방자치법을 전면 개정하여 주민참여 확대. 지방의회 역량 강화. 중앙지방협력회의 신설. 특례시 설치. 자치경찰제 전면 시행. 지방이양일괄법 제정. 지방소비세율 인상. 인구감소지역 지정·고시. 지방소멸대응기금·고향사랑기부제 도입. 광역 시·도가 초광역 생활·경제 공동체 구성 도모.
〈제4차 국가균형발전 5개년 계획〉은 지역이 주도하는 균형발전으로 정책 전환. 균형발전 비전과 전략 선포(2018. 2. 1). 17개 지역혁신협의회 운영. 메가시티 범부처 TF 운영. 초광역협력 지원전략 수립. 생활SOC 3개년 계획 수립, 문화·체육·복지시설 등 총 33조 원 투자. 국비 투자를 확대하여 지역균형뉴딜 가속화. 국가균형발전 프로젝트로 총 23개 사업 예타 면제(241조 원). 지역전략산업 육성. 동해선 전철화, 서남해안 관광도로 등 착공. 상생형 일자리사업 모델을 제시하여 광주·밀양·횡성 등 총 6개 사업 선정, 첫 양산차량인 캐스퍼 출시, 약 23조 원 투자 4000여 명 일자리 창출. 도시재생뉴딜 488곳. 혁신도시 시즌 2. 지자체·대학 협력기반 지역혁신체계(4개 권역 1710억 원). 100원 택시 등 농촌형 교통모델 확대.

- 국가균형발전 프로젝트를 통해 지역 숙원사업을 신속히 추진하였다(그림2).
- 혁신도시 시즌 2(2018~2030)는 지방정부가 추진 주체가 돼 지역발전 거점으로 내실화하여 정주인구 수가 2017년 17.5만 명에서 21년 12월 23.2만 명으로 늘고, 입주기업 수는 2017년 412개 사에서 2047개 사로 증가했다. 지역인재 채용률도 2017년 13.9%에서 21년 12월 34.2%로 높아졌다. 〈혁신도시 조성 및 발전에 관한 특별법〉도 마련했다.[5]
- 상생형 지역일자리 모델을 도입하여 확산시켰다. 전북 군산, 충남 논산, 강원 횡성, 전북 익산, 경북 구미, 전북 전주, 대구1, 광주, 대구2, 전남, 부산, 경남 밀양 등 상생형 지역일자리 협약체결 지역에서 직접 고용 1만 1천 명, 투자 51조 6천억 원을 기대한다.
- 국민 누구나 어디에서나 품격 있는 삶을 누리도록 도서관 등 공공시설을 확충하는 생활SOC를 도입했다.
- 주거정비사업 다양화, 콤팩트 네트워크 도시, 수요자 및 현장 중심, 도시재생 범부처 통합지원으로 도시재생뉴딜체계를 구축

(그림2) 시·도별 지역주력산업 현황(2017.10~2020.11)

지역	지역주력산업	지역	지역주력산업
강원	웰니스식품, 세라믹복합신소재, 레저휴양지식서비스	대구	의료헬스케어, 첨단소재부품, 분산형에너지
충북	바이오헬스, 스마트IT부품, 수송기계소재부품	울산	친환경자동차부품, 조선해양, 첨단화학신소재, 친환경에너지
충남	바이오식품, 친환경자동차부품, 차세대디스플레이	부산	바이오메디컬, 지능형기계부품, 지능정보서비스, 클린에너지
세종	정밀의료, 첨단수송기기부품	광주	디지털생체의료, 스마트가전, 광융합, 복합금형
대전	바이오기능성소재, 로봇지능화, 무선통신융합	전북	농생명소재식품, 지능형기계부품, 해양설비기자재, 탄소복합소재
경북	바이오뷰티, 기능성섬유, 지능형디지털기기, 하이테크성형가공	전남	바이오헬스케어소재, 첨단운송기기부품, 에너지신산업, 청색청정환경
경남	항노화바이오, 지능형기계, 나노융합부품, 항공	제주	청정헬스푸드, 지능형관광콘텐츠, 스마트그리드

출처: 문재인 정부 국정백서 11권 242쪽

했다.

- 인구감소 지역 89곳을 최초로 고시하여 지역소멸에 대응했다.
- '대전·세종·충북·충남 충청권 메가시티, 통합 대구·경북, 광주·전남 메가시티, 부산·울산·경남 메가시티'의 권역별 초광역 협력을 국가균형발전의 새 정책으로 선언했다.
- 제4차 철도망 계획에 비수도권 광역철도를 대폭 포함시켰고 권역별로 5개 선도사업을 선정했다.
- 고속도로 접근 가능 면적을 대폭 확대했다.
- 알뜰교통카드 도입으로 국민 교통비 부담을 절감했다.
- 자치단체의 실질적 자치권과 주민자치를 확대했다.

- 〈중앙지방협력회의법〉 제정 시행으로 중앙과 지방, 지방과 지방의 협력이 강화됐다.
- 강력한 재정 분권으로 지방재정자립도를 높였다.
- 고향사랑 기부자에게 세액공제 혜택의 법적 근거를 마련했다.
- 지역사랑상품권 발행 규모를 확대하여 지역경제 활성화에 기여했다.

아울러 매년 1월 29일을 '국가균형발전의 날'로 지정하여, 2022년 1월 25일에는 세종특별자치청에서 제1회 국가균형발전의 날 기념식을 개최하는 등 국가균형발전에 대한 국가와 국민 관심을 고조시켰다.

문 정부 동안 세계조선업 침체로 울산 동구와 경남 일원(거제, 통영, 고성, 창원시 진해구) 등 조선업 밀집지역은 급격한 경제적 위축을 겪었다. 대불산업단지 가동률 급감에 따라 인근 전남지역(목포, 영암, 해남)과 경남지역 경제도 심각했다. 전북 군산은 현대중공업 군산조선소 가동 중단(2017년 7월)과 한국GM 군산공장 폐쇄로 지역경제가 타격을 받았다. 이에 따라 중앙정부 차원의 상시적 위기대응체계의 필요성이 대두되었다. 2020년 8월 〈지역 산업위기 대응 및 지역경제 회복을 위한 특별법〉을 제정하여 2022년 2월부터 시행했다.

지역경제 활성화를 위한 지역중소기업의 역할이 중요해짐에 따라 중앙정부와 지자체의 체계적 지원을 위해 〈지역중소기업의 육성 및 혁신촉진 등에 관한 법률〉이 2021년 7월에 제정되었다.

국가균형발전을 위한 정책 시행 요약[6]

2017년 ▷7월 4일 도시재생사업기획단 발표 ▷10월 26일 '자치분권 로드맵' 발표 ▷11월 24일 범정부 재정분권TF 구성 및 논의(~2018. 2)

2018년 ▷2월 1일 '국가균형발전 비전과 전략' 선포식 ▷2월 27일 혁신도시발전추진단 출범 ▷3월 27일 '도시재생 뉴딜 로드맵' 발표 ▷7월 20일 주민자치형 공공서비스 선도자치단체 27개 시·군·구 선정 및 시범사업 실시 ▷9월 11일 '자치분권 종합계획' 발표 ▷10월 25일 '혁신도시 종합발전계획' 수립 ▷12월 20일 '자영업 성장·혁신 종합대책(2019년 지역사랑상품권 2조 원 발행 지원 등 포함)' 발표 ▷12월 31일 〈지방세법〉, 〈부가가치세법〉 개정(지방소비세율 11%→15%)

2019년 ▷1월 29일 균형발전 프로젝트 국무회의 의결 ▷3월 19일 대도시광역교통위원회 공식 출범 ▷4월 15일 '생활SOC 3개년 계획' 수립 발표 ▷8월 23일 〈지방분권법〉 개정에 따라, 주민자치회를 주민으로 구성된 조직으로 규정한 참고 자치법규 개정 ▷9월 6일 2단계 재정분권 범정부TF 구성 및 논의(~2020. 7) ▷12월 31일 〈지방세법〉, 〈부가가치세법〉 등 재정분권 관계법률 개정(지방소비세율 15%→21% 등)

2020년 ▷10월 13일 '지역과 함께 하는 지역균형뉴딜 추진방안' 발표(제2차 한국판 뉴딜 전략회의) ▷10월 29일 대전·충남 혁신도시 지정 고시 ▷11월 26일 '지역균형뉴딜 촉진을 위한 지역혁신 중소기업 육성방안' 발표 ▷12월 8일 〈국가균형발전 특별법〉 개정(인구감소지역 정의, 지원시책 등 규정)

2021년 ▷1월 12일 〈지방자치법〉 전부개정(주민 중심의 지방자치 구현, 지방자치단체 기관구성 다양화 및 중앙지방협력회의 설치 근거 마련 등) ▷1월 25일 '지역균형뉴딜 세부지원방안' 발표 ▷2월 25일 '동남권 메가시티 구축전략' 보고(부산) ▷3월 19일 '충남 에너지 전환, 그린뉴딜 추진전략' 발표(충남 보령시) ▷4월 20일 '지역특화발전특구 활력 제고방안' 발표 ▷5월 1일 〈지역사랑상품권 이용 활성화에 관한 법률〉 제정 ▷5월 6일 '울산 부유식 해상풍력 전략' 보고(울산 남구) ▷7월 13일 〈중앙·지방협력회의의 구성 및 운영에 관한 법률〉 제정 ▷7월 27일 제1차 특례시 지원협의회 회의 개최(이후 수시 개최) ▷7월 28일 '2단계 재정분권 추진방향' 발표 ▷7월 29일 부울경 특별지방자치단체 합동추진단 개소 ▷8월 17일 '제4차 국가철도망 계획(2021~2030)' 마련 ▷10월 8일 〈지방공무원법〉 개정(지방의회 사무기구 인력 운영의 자율성 제고) ▷10월 14일 '균형발전 성과와 초광역협력 지원전략' 보고(세종시) ▷10월 19일 〈주민조례 발안에 관한 법률〉 〈고향사랑 기부금에 관한 법률〉 제정. 인구감소지역 지정·고시(89개 지역) ▷11월 11일 〈지방세법〉 등 관계 법률 개정(지방소비세율 21%→25.3% 등) ▷12월 2일 〈부가가치세법〉 개정(지방소비세율 21%→25.3%) ▷12월 2일 〈국가균형발전 특별법〉 개정(지역균형뉴딜의 지속적 추진근거 마련) ▷12월 7일 〈지방자치단체 기금관리기본법〉 개정(지방소멸대응기금 설치 등)

2022년 ▷1월 13일 〈지방자치법〉 전부개정법률 시행. 문재인 대통령은 제1회 중앙지방협력회의를 주재하고 "오늘 지방자치의 새로운 시작과 함께 제1회 중앙지방협력회의가 개최됐다. 그동안 시·도지사 간담회가 운영돼왔지만 법률로 규정되고 구속력을 갖춘 제도로서 '제2국무회의'의 성격을 갖는 중앙지방협력회의가 공식 출범한 것은 매우 역사적인 일"이라며 "지역이 살아야 대한민국이 살아난다는 마음으로 회의에 임해주시길 당부한다"라고 밝혔다. ▷2월 9일 지방소멸대응기금 배분 등에 관한 기준 고시(배분 계획, 평가단 구성 등)

이상에서 보는 바와 같이 문재인 정부의 국가균형발전을 위한 정책적 노력은 임기 후반기로 갈수록 강화되었다. 2022년에 '제2국무회의' 성격의 '중앙지방협력회의'가 공식 출범한 것은 국가균형발전과 국토균형이용 국정운영에 획기적인 사건이라 할 수 있다.

그러나 이러한 노력에도 불구하고, 국가균형발전과 국토균형이용 상황을 나타내주는 객관적인 통계수치에는 실제 성과가 잘 안 보인다. 오히려 문 정부 5년간 지방인구 감소와 함께 서울수도권(서울, 인천, 경기도) 인구·경제 집중 현상이 강화되었다[표1, 표5].

서울수도권 인구 집중 심화와 지방인구 감소 현상

2017년 5월부터 문재인 정부 5년간의 전국 지역별 인구(주민등록인구) 수의 변화를 국가통계포털 인구통계 자료를 바탕으로 살펴본다[표1].

2017년 5월부터 2022년 4월까지 대한민국 전체 인구는 13만 9926명이 줄었다.

문 정부 5년간 서울경기인천 수도권 인구의 비율은 대한민국 전체 인구 중 49.56%에서 50.46%로 늘어 서울수도권 인구 집중이 심화되었다. 서울은 아파트값·집값 폭등 등의 영향으로 41만 8536명이 줄었고, 경기도는 80만 2633명이 늘어났다.

서울경기인천 수도권 전체 인구는 39만 1087명이 늘었다. 문 정부 5년 만에 세종시 전체 인구(38만 명)보다 더 많은 사람들이 서울수도권으로 더 몰려들어 살게 된 것이다.

그 사이 한국의 전체 인구는 줄었지만 지역 인구가 늘어난 곳은 경기도, 인천광역시, 세종특별자치시, 충청북도, 충청남도, 제주특별자치도다. 수도권과 접한 충북·충남의 인구가 증가한 것은 서울수도권 경제집중 영향으로 보인다. 5년간 세종특별자치시 인구는 11만 9천 명이 늘었고 인접한 대전광역시는 6만 명이 감소했다. 세종시 유입 인구 중 매년 절반 정도가 대전시로부터 들어오기 때문이다.

문 정부 5년간 부산광역시(14만 8천 명 감소)와 대구광역시(10만 3천 명 감소) 인구는 크게 줄었다. 전북·전남·경북·경남 영호남 4개 도의 인구도 각각 7만여 명씩 줄었다. 울산광역시도 재래산업 침체 영향으로 5만 명 감소했다.

서울수도권 인구 집중 심화에 따른 지방인구 감소가 증명된다.

문 정부 기간 서울수도권 아파트값·집값 폭등의 구조적 원인 중 상당 부분은 서울수도권에 일자리와 인구가 집중된 것에 있다.

[표1] 문 정부 2017년 5월~2022년 5월 광역시도별 인구 증감

행정구역 (시군구)별	2017년 5월		2017년 12월		2018년 12월	
	인구수	전국 인구 대비 비율	인구수	전국 인구 대비 비율	인구수	전국 인구 대비 비율
전국	51,732,586	100.00%	51,778,544	100.00%	51,826,059	100.00%
서울경기인천 수도권 합계	**25,640,461**	**49.56%**	**25,679,863**	**49.60%**	**25,797,418**	**49.78%**
서울특별시	9,919,016	19.17%	9,857,426	19.04%	9,765,623	18.84%
경기도	12,775,175	24.69%	12,873,895	24.86%	13,077,153	25.23%
인천광역시	2,946,270	5.70%	2,948,542	5.69%	2,954,642	5.70%
비수도권 합계	**26,092,125**	**50.44%**	**26,098,681**	**50.40%**	**26,028,641**	**50.22%**
부산광역시	3,489,212	6.74%	3,470,653	6.70%	3,441,453	6.64%
대구광역시	2,482,476	4.80%	2,475,231	4.78%	2,461,769	4.75%
광주광역시	1,466,741	2.84%	1,463,770	2.83%	1,459,336	2.82%
대전광역시	1,509,587	2.92%	1,502,227	2.90%	1,489,936	2.87%
울산광역시	1,167,960	2.26%	1,165,132	2.25%	1,155,623	2.23%
세종특별자치시	259,157	0.50%	280,100	0.54%	314,126	0.61%
강원도	1,547,453	2.99%	1,550,142	2.99%	1,543,052	2.98%
충청북도	1,592,573	3.08%	1,594,432	3.08%	1,599,252	3.09%
충청남도	2,105,959	4.07%	2,116,770	4.09%	2,126,282	4.10%
전라북도	1,858,927	3.59%	1,854,607	3.58%	1,836,832	3.54%
전라남도	1,899,088	3.67%	1,896,424	3.66%	1,882,970	3.63%
경상북도	2,692,859	5.21%	2,691,706	5.20%	2,676,831	5.17%
경상남도	3,372,586	6.52%	3,380,404	6.53%	3,373,988	6.51%
제주특별자치도	647,547	1.25%	657,083	1.27%	667,191	1.29%

[표1] 문 정부 2017년 5월~2022년 5월 광역시도별 인구 증감

행정구역 (시군구)별	2019년 12월		2020년 12월		2021년 12월	
	인구수	전국 인구 대비 비율	인구수	전국 인구 대비 비율	인구수	전국 인구 대비 비율
전국	51,849,861	100.00%	51,829,023	100.00%	51,638,809	100.00%
서울경기인천 수도권 합계	25,925,799	50.00%	26,038,307	50.2%	26,023,283	50.39%
서울특별시	9,729,107	18.76%	9,668,465	18.7%	9,509,458	18.42%
경기도	13,239,666	25.53%	13,427,014	25.9%	13,565,450	26.27%
인천광역시	2,957,026	5.70%	2,942,828	5.7%	2,948,375	5.71%
비수도권 합계	25,924,062	50.00%	25,790,716	49.8%	25,615,526	49.61%
부산광역시	3,413,841	6.58%	3,391,946	6.5%	3,350,380	6.49%
대구광역시	2,438,031	4.70%	2,418,346	4.7%	2,385,412	4.62%
광주광역시	1,456,468	2.81%	1,450,062	2.8%	1,441,611	2.79%
대전광역시	1,474,870	2.84%	1,463,882	2.8%	1,452,251	2.81%
울산광역시	1,148,019	2.21%	1,136,017	2.2%	1,121,592	2.17%
세종특별자치시	340,575	0.66%	355,831	0.7%	371,895	0.72%
강원도	1,541,502	2.97%	1,542,840	3.0%	1,538,492	2.98%
충청북도	1,600,007	3.09%	1,600,837	3.1%	1,597,427	3.09%
충청남도	2,123,709	4.10%	2,121,029	4.1%	2,119,257	4.10%
전라북도	1,818,917	3.51%	1,804,104	3.5%	1,786,855	3.46%
전라남도	1,868,745	3.60%	1,851,549	3.6%	1,832,803	3.55%
경상북도	2,665,836	5.14%	2,639,422	5.1%	2,626,609	5.09%
경상남도	3,362,553	6.49%	3,340,216	6.4%	3,314,183	6.42%
제주특별자치도	670,989	1.29%	674,635	1.3%	676,759	1.31%

[자료 기준] 주민등록인구, 매월 말일, 외국인 제외(통계청 인구센서스 통계와는 조사방법이 다름)

[표1] 문 정부 2017년 5월~2022년 5월 광역시도별 인구 증감

행정구역 (시군구)별	2022년 4월		
	인구수	전국 인구 대비 비율	17년 5월 대비 증감 인구수
전국	51,592,660	100.00%	-139,926
서울경기인천 수도권 합계	26,031,548	50.46%	391,087
서울특별시	9,500,480	18.41%	-418,536
경기도	13,577,808	26.32%	802,633
인천광역시	2,953,260	5.72%	6,990
비수도권 합계	25,561,112	49.54%	-531,013
부산광역시	3,340,214	6.47%	-148,998
대구광역시	2,378,573	4.61%	-103,903
광주광역시	1,436,916	2.79%	-29,825
대전광역시	1,449,360	2.81%	-60,227
울산광역시	1,117,204	2.17%	-50,756
세종특별자치시	378,196	0.73%	119,039
강원도	1,539,038	2.98%	-8,415
충청북도	1,597,284	3.10%	4,711
충청남도	2,119,296	4.11%	13,337
전라북도	1,780,824	3.45%	-78,103
전라남도	1,828,550	3.54%	-70,538
경상북도	2,617,552	5.07%	-75,307
경상남도	3,300,692	6.40%	-71,894
제주특별자치도	677,413	1.31%	29,866

출처: 국가통계포털 KOSIS

2021년 합계출산율[7]은 세계 최저인 0.81명이다. 저출산 원인 중 으뜸은 서울수도권·대도시의 아파트값·집값 폭등에 따른 미래세대의 주거불안과 자녀 양육에 드는 교육비 부담에 있다. 제대로 된 일자리는 서울수도권에 몰려 있다. 서울수도권에 있는 대학을 나와야 서울수도권 직장 취업에 도움이 된다. 서울수도권 거주 수요만큼 집값·아파트값도 비싸니 저출산으로 이어진다. 문 정부 기간 합계출산율은 계속 낮아졌다[표2]. 총인구 감소도 시작됐다.

한국 경제의 수도권 집중도는 주요 선진국 대비 가장 높은 수준이다. 2015년~2018년 한국의 수도권 집중도를 GDP와 일자리 기준으로 분석한 자료[8]를 보면 [표3, 표4]와 같다.

국회 박광온 의원이 국회 입법조사처에 의뢰해 조사한 '2020년 국정감사 보도자료'에 따르면 2018년 한국 GDP의 51.8%가 서울수도권에 집중되어 30-50클럽 국가(일본, 프랑스, 영국 이탈리아, 독일, 미국, 한국)[9] 중 압도적 1위이며, 일자리 역시 49.7%가 서울수도권에 집중된 것으로 나타났다. 이 부분은 2위 수준인 일본보다도 높다[표3, 표4].

통계청 국가통계포털 KOSIS 최신자료로 검색한 2016~2020년 지역내총생산GRDP [10] 통계자료에 의하면[표5], 서울수도권의 지역내총생산액이 전국 총생산액에서 차지하는 비중이 2016년 50.46%에서 문 정부 기간인 2017년 51.14%, 2018년 51.92%, 2019년 52%, 2020년 52.55%로 계속 확대되었다.

문 정부에서 인구뿐만 아니라 경제의 서울수도권 집중도 심화된

[표2] 2017~2021년 합계출산율·출생아 수

기본항목별	2017	2018	2019	2020	2021
출생아 수(명)	357,771	326,822	302,676	272,337	260,500
자연증가건수(명)	72,237	28,002	7,566	-32,611	-57,300
조출생률(천 명당)	7.0	6.4	5.9	5.3	5.1
자연증가율(천 명당)	1.4	0.5	0.1	-0.6	-1.1
합계출산율(명)	1.052	0.977	0.918	0.837	0.810
출생 성비(명)	106.3	105.4	105.5	104.8	105.2

출처: 국가통계포털 KOSIS, 〈인구동향조사〉, 통계청

[표3] 30-50클럽 국가의 수도권 집중도 현황(2018년)

수도권 집중도	GDP	일자리
한국	51.8%	49.7%
일본	33.1%	30.8%
프랑스	31.2%	22.8%
영국	23.6%	17.0%
이탈리아	11.2%	10.6%
독일	4.4%	4.5%
미국	0.7%	0.5%

[표4] 한국의 수도권 집중도

	2015년	2016년	2017년	2018년
GDP	48.1%	48.4%	49.1%	51.8%
일자리	49.8%	49.9%	50.0%	49.7%

[표3] [표4] 출처: 박광온 의원실, 국회 입법조사처

것이다. 산업연구원 김현우 전문연구원이 2022년 8월 4일 발표한 리포트 〈수도권과의 발전격차 해결, 비수도권의 지역 생산성 확대부터〉에 따르면, 2021년 서울수도권의 인구는 전국인구 중 50.3%에 취업자 수는 50.5%를 차지하고 있다. 즉 주민등록인구 비중에 비해 서울수도권의 취업자 수 비중이 0.2%p 더 높다. 매출액 기준 1000대 기업(2020년)의 소재지 분포를 보면 서울수도권이 86.9%으로 압도적이다. 급여수준이 높은 대기업이 서울수도권에 대거 몰려 있다(그림3).

신용카드 개인 사용액(2021년) 비중은 서울수도권이 75.6%를 차지하고, 비수도권은 24.4%에 불과하다. 경제 전반의 서울수도권 집중이 심각함을 웅변해준다.

[표6]을 보면 2002~2007년 서울수도권 인구가 총인구수에서 차지하는 비율은 47.2%에서 48.9%로 1.7%p가 늘었다. 2007년~2012년은 48.9%에서 49.6%로 0.7%p 증가했고, 2012~2017년 5년간은 49.6%에서 49.6%로 변동이 없다.

2007~2017년 10년간은 서울수도권 인구 비중이 0.7%p만 늘었다. 이는 공공기관의 혁신도시 이전 등 지방균형발전 정책의 효과가 나타난 것이다.

그에 비해 문 정부 5년간은 0.9%p가 늘어[표1], 서울수도권의 인구 집중 속도가 10년간의 추이보다 빨라졌다.

서울수도권 인구·경제 집중의 폐해를 극복하려고 지방균형발전 정책을 펴기 시작한 것은 노무현 정부부터다. 2004년 〈국가균형발

[표5] 2016~2020년 지역내총생산(GRDP) 서울수도권 비중

2016~2020년 지역내총생산(GRDP 시장가격) 추이 (단위 백만원)					
시도별	2016	2017	2018	2019	2020
	실질	실질	실질	실질	실질
전국	1,709,742,565	1,762,932,983	1,814,075,680	1,854,370,144	1,838,944,093
서울특별시	380,679,274	389,584,629	403,605,888	414,092,568	413,669,812
인천광역시	82,257,112	85,791,563	86,426,825	87,963,593	85,404,479
경기도	399,827,962	426,172,886	451,914,662	462,288,338	467,281,507
서울수도권 합계	862,764,348	901,549,078	941,947,375	964,344,499	966,355,798
서울수도권 비중	50.46%	51.14%	51.92%	52.00%	52.55%

출처: 국가통계포털 KOSIS

(그림3) 주요 지표별 수도권 및 비수도권 비중

항목	수도권	비수도권	항목	수도권	비수도권
면적(2021년)	12.1%	87.9%	1,000대 기업 수 (2020년)	86.9%	13.1%
인구(2021년)	50.3%	49.7%	GRDP(2020년)	52.5%	47.5%
청년(20-39세) 인구(2021년)	55.0%	45.0%	1인당 GRDP (2020년)	37.1백만원	34.1백만원
취업자 수(2021년)	50.5%	49.5%	신용카드 개인 사용액 (2021년)	75.6%	24.4%
사업체 수(2021년)	47.0%	53.0%			

· 전체 인구의 50.3%, 청년층의 55.0%가 수도권에 거주(2021년 기준)
· 취업자의 50.5%(2021년), 사업체 수의 47.0%(2019년)가 수도권 분포
· 매출액 기준 1,000대 기업 분포의 경우 86.9%가 수도권에 위치

인구·경제·사회 관련 지표에서 수도권 집중 정도가 절반 이상을 차지한다.

자료: 통계청 KOSIS, 한국은행 경제통계시스템, 한국부동산원
출처: 산업연구원 김현우 전문연구원 리포트

[표6] 1999~2017년 서울수도권 인구수·총인구 중 비율

구분		수도권 계		직전연도 대비증감 (%p)
		값 (㎢,천명)	비율 (%)	
1999	면적	11,754	11.8	
	인구	21,827	45.9	
2002	인구	22,877	47.2	1.3
2003	인구	23,240	47.6	0.4
2004	인구	23,528	48.0	0.4
2005	인구	23,782	48.3	0.3
2006	인구	24,127	48.6	0.3
2007	인구	24,472	48.9	0.3
2008	인구	24,746	49.1	0.2
2009	인구	24,950	49.3	0.2
2010	인구	25,425	49.4	0.1
2011	인구	25,620	49.5	0.1
2012	인구	25,721	49.6	0.1
2013	인구	25,258	49.4	-0.2
2014	인구	25,364	49.4	0.0
2015	인구	25,471	49.4	0.0
2016	인구	25,590	49.5	0.1
2017	인구	25,680	49.6	0.1
	면적	11,856	11.8	

· 수도권: 서울특별시, 인천광역시, 경기도
· 수도권 비율은 전국 면적 및 인구 대비 수도권이 차지하는 비율

출처: e-나라지표(단위:㎢, 천명)

전특별법〉을 만들어 법적 근거를 마련하고, 세종 행정중심복합도시와 함께 지방 10곳에 혁신도시 건설을 추진했다. 2005년 발표된 '공공기관 지방 이전 계획'은 2014년부터 본격적으로 시행되어 2019년에 153개가 1차로 이전 완료했다.

2020년 10월에는 '대전충남 혁신도시'가 추가 지정됐다.

이명박 정부는 노무현 정부에서 결정된 공공기관 1차 지방 이전은 계획대로 시행하면서 국제경쟁력을 갖는 지역경제권역에 관심을 보였다. 박근혜 정부는 '지역행복생활권 정책'을 내세웠다. 이것은 2013년 7월 박근혜 정부가 지역발전 정책의 하나로 주민의 삶의 질 향상, 상생협력 지역발전 모델, 지자체 중심의 지역발전 정책의 가치를 담은 '지역희망프로젝트(국민에게 행복을, 지역에 희망을)'를 발표하면서 시행됐다. 이후 각 시·도, 시·군 간 생활권 구성을 자체적으로 추진했다. 정부 주도의 시행이 아닌 지자체가 직접 사업을 발굴-제안하는 상향식 정책으로 주민복지향상에 중점을 둔 지역 정책이었다.

이명박·박근혜 정부 동안에는 수도권 경쟁력 강화를 명분으로 수도권 개발 규제를 완화하여 서울수도권 집중을 다시 심화시키는 방향으로 흘러갔다(그림4).

2017년 문재인 정부가 출범하면서 공공기관 지방 이전에 다시 관심을 갖기 시작했다. 문 정부는 '도시재생뉴딜사업'과 '지역균형발전 뉴딜 정책'을 내세우며 '혁신도시 시즌 2' 추진에 나섰다. 2018년 9월 4일 민주당 이해찬 대표가 국회 교섭단체 대표연설에서 "그동안 중앙집권 압축성장으로 서울과 수도권은 과밀화로 몸살을 앓고 지방은 소멸론 위기 속에 정체돼 있다"라며, 수도권 공공기관 122개를 2차 지방 이전 대상으로 거론했다. 그러나 공공기관 2차 이전은 흐지부지되고 초광역협력사업 예타 면제 정도로 균형발전 정책의 명맥을 이어갔다.

(그림4) 이명박 정부 기간 수도권 규제 완화 조치

2008년	7월 21일	'5+2 광역경제권 정책' 발표. 수도권에 다른 지방과 동등하게 기업 입지제도 완화와 인센티브 부여
	9월 25일	'국가균형발전특별법'을 전면 개정하는'지역발전특별법' 입법 예고
	10월 30일	'국토이용 효율화 방안'(수도권 규제 완화 대책) 발표 대기업의 수도권 산업단지 내 공장 신·증설 허용 서울에 첨단산업단지 개발 허용
2009년	3월 27일	수도권의 보전지역 내 기존 공장 증설 허용 산업단지 활성화 등 '2년간 한시적 규제 유예 제도' 도입 발표
	5월 8일	'2020년 수도권 광역도시 계획' 변경 2020년까지 수도권 그린벨트 141㎢ 해제
	9월8일	한나라당 차명진 의원, 수도권 규제를 해제하는 수도권 계획·관리법안 발의
2010년	1월 11일	정운찬 총리, 행정부처(9부2처2청) 이전 백지화 등 '세종시 수정안' 발표
2011년	1월 18일	'수도권 과밀억제'를 '수도권 경쟁력 강화 및 계획적 성장 관리'로 수정한 '제4차 국토종합계획 수정 계획(2011~2020년)' 국무회의 통과
	1월 24일	이명박 대통령, 대기업 총수 간담회에서 "기업의 R&D 센터 서울·수도권에 설립할 수 있도록 지원"

출처: 경향신문 2011. 1. 25. 〈수도권 규제완화 '가속'…지방 '반발' 거센 후폭풍〉 기사

세종시 건설 과정은 우여곡절을 겪었다. 노무현 정부 초기인 2003년 12월에 〈신행정수도특별조치법〉이 여야 합의로 국회본회의를 통과했으나 2004년 10월 헌법재판소는 수도이전은 헌법 개정을 통해야 한다며 위헌결정을 내렸다. 2006년에는 행정중심복합도시건설청이 설립되어 그해 12월에 행정중심복합도시 명칭을 '세종'으로 확정했다.

2009년에 세종시 건설의 재검토를 밝혔던 이명박 대통령은 2010년 1월에 '경제도시'로 전환한 '세종시 수정안'을 발표했다. 야당인

민주당과 한나라당 친박계 및 충청계 의원들은 수정안에 반발했고 2010년 6월 2일 제5회 지방선거에서 한나라당은 충청지역에서 참패했다(대전시장 자유선진당, 충북·충남지사 민주당 당선).

'세종시 수정안'은 2010년 6월 29일 국회에서 부결됐고, 2012년 7월 1일에는 세종 행정중심복합도시가 출범했다.

세종시 건설과 공공기관의 1차 지방 이전(2014~2019년)의 효과는 2013년 무렵부터 본격적으로 나타났다. [표6]에서 보는 바와 같이 2008~2012년 기간 직전 연도 대비 서울수도권의 인구 비중은 0.2%p~0.1%p씩 증가하는 데 머물다 2013년에는 2012년보다 0.2%p 낮아지기까지 했다. 2013~2015년은 49.4%에 고정되었고 2016~2017년은 매년 0.1%p 증가하는 데 그쳤다.

2017년 5월 말~2022년 4월 말까지 만 5년간 서울수도권 인구가 총인구에서 차지하는 비율은 49.56%에서 50.46%로 0.9%p가 늘어났다. [표1]에 의하면 2018년 12월~2019년 12월은 0.22%p, 2020년 1년은 0.2%p, 2021년 1년은 0.19%p씩 증가하여 문 정부 기간 서울수도권 인구 집중 속도가 빨라졌다.

문 정부 들어 서울수도권 인구 집중이 다시 속도를 내기 시작한 것은 '이명박근혜' 정부가 수도권 개발 규제를 완화하여 사실상 균형발전 정책이 중단된 효과가 반영된 것이다. 특히 이명박 정부는 2008년 10월 30일 대기업의 수도권 산업단지 내 공장 신·증설과 서울에 첨단산업단지 개발을 허용하는 내용의 '국토이용 효율화 방안(수도권 규제 완화 대책)'을 발표했다. 2009년 3월 27일 수도권의 보전지역 내 기존 공장 증설을 허용했고, 2011년 1월 18일에는 '수도권 과밀

억제'를 '수도권 경쟁력 강화 및 계획적 성장 관리'로 수정한 〈제4차 국토종합계획 수정계획(2011~2020년)〉이 국무회의에서 통과됐다.

153개 공공기관, 혁신도시로 이전 완료

공공기관의 지방 이전의 경제적 효과와 관련, 국토연구원은 "약 180개 기관의 약 3만 2천 명이 이전할 경우, 지방에 약 13만 3천 개의 일자리(연관산업 일자리 포함) 증대가 예상되고 생산 유발효과는 연간 약 9조 3천억 원, 부가가치 유발효과는 연간 약 4조 원으로 추산"[11] 한 바 있다.

노무현 정부의 지방균형발전 정책 성과물 중의 하나인 혁신도시 건설과 공공기관 이전은 ▷2004년 4월 국가균형발전특별법에 '공공기관 지방 이전' 법적 근거 마련 ▷2005년 5월 27일 정부와 12개 시도지사 간 '기본협약' 체결 ▷2005년 6월 24일 국무회의 심의를 거쳐 '공공기관 지방 이전 계획' 수립·발표 ▷2005년 12월 23일 10개 혁신도시 입지선정 완료(시도별 입지선정위원회) ▷2007년 1월 11일 〈혁신도시특별법〉 제정(2. 12 시행) ▷2007년 4월 16일 10개 혁신도시 지구 지정 완료 ▷2007년 7월 10일부터 용지보상 착수(2009년 10월 말 99.2% 보상 완료) ▷2009년 6월 1일 혁신도시 발전방안 수립으로 진행됐다.

혁신도시 10곳은 부산(영도구, 해운대구, 남구) 혁신도시, 대구(동구) 혁신도시, 광주·전남 혁신도시(나주시), 울산(중구) 혁신도시, 강원 혁신도시(원주시), 충북 혁신도시(진천군, 음성군), 전북 혁신도시(전주시, 완주군), 경북 혁신도시(김천시), 경남 혁신도시(진주시), 제주 혁신도시(서귀포시)이며, 2019년 12월 153개의 공공기관이 혁신도시로 이주[12]를 완료했다.

문 정부 기간 혁신도시 사업 추진 경과

▷2017년 12월 〈혁신도시 조성 및 발전에 관한 특별법〉 개정(2018. 3. 27 시행) ▷2018년 2월 이전 대상 공공기관 총 153개 중 148개 이전 완료(96.7%) ▷2018년 3월 '혁신도시발전추진단' 출범(기존 공공기관지방 이전추진단) ▷2018년 7월 이전 대상 공공기관 총 153개 중 150개 이전 완료 ▷2019년 1월 151개 이전 완료 ▷2019년 2월 152개 이전 완료 ▷2019년 12월 이전 대상 공공기관 총 153개 중 153개 이전 완료 ▷2020년 10월 대전·충남 혁신도시 추가지정

문 정부는 2018년에 수도권 공공기관 122개를 2차 지방 이전 대상으로 거론했으나, 공공기관 2차 이전은 구체적 성과 없이 임기가 끝났다. 문 정부 기간 '혁신도시 시즌 2(2018~2030년)'는 기존 혁신도시 내실화와 행정중심복합도시·혁신도시 정책을 완성하는 정도에 그치고, 차기 정부의 과제로 넘어갔다. 노무현 정부와 비교하면 공공기관의 추가 이전이 없어 미흡했다.

국토균형이용과 서울수도권 인구·일자리·경제 집중완화 측면에서

문 정부가 새롭게 한 일은 ▷매년 1월 29일을 '국가균형발전의 날'로 지정 ▷2022년 1월 13일에 제1회 '중앙지방협력회의'를 열어 공식 출범 ▷2020년 1월 〈지방이양일괄법〉(16개 부처 소관 46개 법률의 400개 사무를 지방에 이양)의 국회 통과와 2021년 1월 시행 등을 꼽을 수 있다.

공공기관 이전 등 전국 10곳의 지방 혁신도시의 안착과 성과를 '전국 혁신도시 지정 지역 2015~2121년 인구 증감 추이'로 살펴본다[표7].

지방 혁신도시의 성과를 해당 지역의 인구 증가로 판단하면 나주시, 전주 덕진구, 충북 진천군, 제주 서귀포시, 강원 원주시 총 5곳이 비교적 성공한 것으로 보인다. 이 5곳의 2021년 인구는 2015년보다 최고 28.99%(진천군)~7.97%(원주시)가 늘었다. 전국의 총인구가 2021년부터 감소(2020년보다 19만 명 감소)하기 시작하고, 대부분의 지방이[표1 참조] 더 크게 줄어든 것과 비교하면 혁신도시와 공공기관의 이전 효과임이 확실해 보인다.

김천시와 진주시는 2015년보다 인구가 0.31~1% 수준 증가했다. 충북 음성군은 2016년과 2018년 인구가 전년도보다 2.56%, 0.99% 늘었고, 나머지 혁신도시는 인구가 증가하지 않았다. 대구 동구 혁신도시는 대구광역시 전체보다 인구 감소율이 다소 낮았을 뿐이다.

[표7] 전국 혁신도시 지정 지역 2015~2021년 인구 증감 추이

행정구역별	2015	2016	2017	2018	2019	2020	2021	
	총인구(명) / 전년비 증감률						총인구(명) /15년 대비 증감률	
	원데이터	전년비 증감률	전년비 증감률	전년비 증감률	전년비 증감률	전년비 증감률	원데이터	15년 대비 증감률
부산광역시	3,448,737	-0.24%	-0.68%	-0.63%	-0.67%	-0.70%	3,324,335	-3.61%
부산 영도구	129,515	-2.22%	-2.45%	-2.27%	-2.30%	-4.01%	112,834	-12.88%
부산 남구	283,741	-1.39%	-1.38%	2.43%	-1.34%	-3.49%	264,756	-6.69%
해운대구	409,037	-0.24%	-2.13%	-0.76%	-0.87%	-0.84%	386,064	-5.62%
대구광역시	2,466,052	-0.20%	-0.32%	-0.35%	-0.59%	-0.79%	2,387,911	-3.17%
대구 동구	339,608	0.58%	-0.35%	0.59%	-1.45%	-1.23%	332,637	-2.05%
울산광역시	1,166,615	-0.05%	-0.77%	-0.60%	-0.56%	-0.72%	1,120,753	-3.93%
울산 중구	236,988	-0.01%	-1.52%	-2.70%	-3.36%	-2.41%	209,555	-11.58%
원주시	330,854	2.00%	1.14%	0.83%	1.50%	0.89%	357,224	7.97%
진천군	71,152	4.31%	6.69%	5.97%	4.30%	2.27%	91,779	28.99%
음성군	102,023	2.56%	-0.12%	0.99%	-0.68%	-1.05%	100,866	-1.13%
전주 완산구	367,243	-0.54%	-0.86%	-3.87%	-2.01%	0.52%	342,394	-6.77%
전주 덕진구	290,929	0.54%	0.79%	5.42%	3.27%	0.83%	328,017	12.75%
나주시	92,582	6.09%	7.49%	4.06%	2.04%	1.06%	115,138	24.36%
김천시	137,540	1.58%	0.76%	-0.62%	0.01%	-0.54%	137,962	0.31%
진주시	349,788	0.86%	0.11%	-0.25%	0.52%	-0.50%	353,389	1.03%
서귀포시	153,861	4.67%	5.16%	3.54%	1.15%	0.67%	179,238	16.49%

출처: 국가통계포털 KOSIS 〈인구총조사〉 통계청(총인구: 외국인 포함)

서울수도권 일자리·인구·경제 집중 완화의 중요성

지난 40여 년간 한국은 수도권 1극 중심의 불균형발전 전략으로 압축성장을 해왔고 사람들은 직장을 따라 이동했다. 그 결과 '수도권 과밀과 지방의 침체'라는 국토의 양극화 현상이 진행됐다. 1970~1980년대에는 철강 자동차 조선 석유화학 등 전통 중화학공업산업이 국내 최대 항구인 부산 인근의 부울경(부산, 울산, 경남)에 집중 입지하게 되면서 일자리를 따라 해당 지역의 인구가 늘어났다.

2010년대 무렵부터는 반도체 등 첨단산업과 4차 산업혁명 분야의 신성장산업 기업들이 전문 인재 확보가 쉬운 서울수도권으로 몰리기 시작했다. 신성장산업은 연봉도 높다. 일자리를 찾는 젊은 층도 신성장산업 일자리가 많은 서울수도권으로 다시 몰려들어 일자리·인구 집중이 가속됐다.

서울수도권의 면적은 전 국토(남한) 면적의 11.82%인데, 2022년 4월 현재 전국 주민등록인구의 50.46%가 서울수도권에 거주하고 있다[표1, 표8 참조].

OECD 30-50클럽 국가 중 한국 다음으로 수도권 인구 집중도가 높은 일본은 도쿄수도권 〈간토[13] 지방〉에 2021년 기준 일본 전체 인구의 34.7%가 살고 있다[표8]. 수도권 면적으로 비교하면 한국은 서울·경기·인천 면적이 11,868㎢이고, 일본 도쿄간토수도권 면적은 32,423㎢이다. 일본 도쿄간토수도권 면적이 한국 서울수도권 면적의 2.73배(서울수도권 면적은 도쿄간토수도권 면적의 36.6%)로 면적 대비 서울수도권의 인구쏠림이 일본보다 심하다. 인구밀도로 보면 서울수도권은 1㎢당 2,193명으로 일본 도쿄간토수도권 1,343명보다 훨씬 높고, 서울시의 인구밀도는 1㎢당 15,696명에 달한다. 서울은 북한산, 관악산, 도봉산, 수락산, 남산, 안산 등 산이 많아 거주 가능 면적을 감안하면 실제 인구밀도는 더 높아진다.

물론 서울수도권 인구·경제 집중에 따른 장점도 있다. 신성장산업이 서울수도권에 몰리는 것은 인재확보가 쉬운 점 외에도 부품공급·협력업체 등 연관 업종이 인근에 함께 있어 자원집적 효율로 시너지 효과가 크기 때문이다. 그러나 산업적 효율만 중시하다 보면 서울

[표8] 한국·일본 수도권 인구 집중도 비교

<table>
<tr><th>면적 인구
인구밀도</th><th>면적(㎢)</th><th>기준
연도</th><th>인구(명)</th><th>기준
연도</th><th>인구밀도
명/㎢</th></tr>
<tr><td>서울경기인천
수도권 합계</td><td>11,868.44</td><td rowspan="6">2021년</td><td>26,031,548</td><td rowspan="6">2022년
4월</td><td>2,193.34</td></tr>
<tr><td>서울</td><td>605.24</td><td>9,500,480</td><td>15,696.94</td></tr>
<tr><td>인천</td><td>1066.46</td><td>2,953,260</td><td>2,769.20</td></tr>
<tr><td>경기도</td><td>10196.73</td><td>13,577,808</td><td>1,331.58</td></tr>
<tr><td>한국 전국</td><td>100,431.84</td><td>51,592,660</td><td>513.71</td></tr>
<tr><td>서울수도권 비중</td><td>11.82%</td><td>50.46%</td><td></td></tr>
<tr><td>일본 도쿄간토
수도권 합계</td><td>32,423.9</td><td rowspan="2"></td><td>43,548,677</td><td rowspan="2">2021년
10월</td><td>1,343.10</td></tr>
<tr><td>일본 전국</td><td>377,973.89</td><td>125,502,290</td><td>332.04</td></tr>
<tr><td>도쿄간토
수도권 비중</td><td>8.58%</td><td></td><td>34.70%</td><td></td><td></td></tr>
</table>

일본수도권: 도쿄도, 가나가와현, 사이타마현, 지바현, 이바라키현, 도치기현, 군마현 등 간토지방

출처: 한국: 국가통계포털 KOSIS 인구면적 / 일본: 日本 위키백과, 나무위키

수도권에 인구 집중이 가속화되고 그에 따른 주거비용·교통 등 각종 체증도 함께 커진다. 인구쏠림으로 인한 국가·사회적 부작용의 확산으로 산업적 효율도 다시 급감할 수 있다.

서울수도권 아파트·집값 폭등에 이어 세계 최저 합계출산율이란 심각한 저출산을 초래했고 2021년부터 총인구 감소도 시작됐다. 지방 재래산업이 활기를 잃고 지방소멸 경고가 이어진다. 이미 서울수도권 집중의 효율성은 임계점을 넘어 그 부작용과 폐해가 국가 전체로, 젊은 세대의 고통으로, 미래 국가경쟁력 약화요인으로 전이되고 있다.

국토면적이 중국·미국의 1개 '성·주'보다 작은 대한민국은 세계 최고 수준의 서울수도권 일자리·인구·경제의 과도한 쏠림을 더 이상 방치해서는 위험하다. 집값·주거안정과 저출산 극복을 위해서도 서울수도권 집중 가속화를 차단해야 한다. 국가안보 차원에서도 서울수도권에 모든 것이 몰려 있는 것은 바람직하지 않다.

한국은 3면이 바다이며 도로·항만·공항·전력 등 사회간접자본 투자를 꾸준히 해와서 부울경이든 전북 새만금권·전남 여수목포권이든 충청권이든, 훌륭한 항만과 지방공항을 갖추고 있다.

반도체나 4차 산업혁명, 신성장산업이 꼭 서울수도권에 입지해야 가동되는 것은 아니다. 지방으로 이전하는 기업에게 법인세·상속세 감면 등 세제지원을 확대 강화하고, 지방대학 육성을 통해 신성장산업 인재의 현지 확보를 원활하게 하면 민간기업의 지방거점이 확충될 수 있다.

일자리가 생기면 인구가 따라간다. 지방에도 좋은 일자리가 생겨 지역균형발전이 성과를 내면 서울수도권 인구 집중은 저절로 완화되고 인구가 지방으로 분산되고 지방이 살아난다. 앞에서 살펴본 나주시, 전주 덕진구, 충북 진천군, 제주 서귀포시, 강원 원주시 등 총 5곳의 혁신도시는 공공기관 이전과 관련 산업의 활기로 인구가 크게 늘고, 혁신도시를 통한 지방 균형발전의 성공모델이 되고 있다.

첨단산업이 입지하면 일자리를 따라 인구가 몰려든다. 지방에 신규공장과 기업이 입주하여 인구가 급증하고 자족도시로 성장하고 있는 사례는 충남 아산시·천안시에서 찾을 수 있다.

아산시에는 삼성디스플레이 탕정캠퍼스 대단지와 현대자동차 아산공장 등 대기업과 협력업체 공장이 많다. 천안에도 삼성디스플레이 천안캠퍼스 등 대기업과 중견기업이 많다. [표9]를 보면 2021년 말 아산시 인구는 2010년보다 22.39%가 늘었고, 천안시 인구도 같은 기간 18%가 늘어나 충청남도 인구가 다른 지방처럼 감소하지 않고 오히려 2.11% 증가하는 데 기여했음을 알 수 있다.

서울수도권 대규모 기업투자에 따른 주요도시 지역내총생산 비교

서울 송파구의 123층 롯데월드타워가 2010년 착공해 2016년 12월에 완공됐다. 서울공항 활주로 각도까지 조정하면서 한반도에 가장

[표9] 아산시·천안시 인구 증가

2010~2021년 아산시·천안시 인구			
시점	충청남도	천안시	아산시
	인구(명)	인구(명)	인구(명)
2010	2,075,514	557,673	265,191
2011	2,101,284	571,377	274,523
2012	2,028,777	581,988	280,490
2013	2,047,631	591,089	287,073
2014	2,062,273	598,346	293,954
2015	2,077,649	605,776	297,737
2016	2,096,727	617,955	302,929
2017	2,116,770	631,531	311,453
2018	2,126,282	646,075	312,822
2019	2,123,709	652,258	314,395
2020	2,121,029	658,808	316,129
2021	2,119,257	658,486	324,580
10년간 인구증가	2.11%	18.08%	22.39%

연말기준, 주민등록에 의한 집계, 외국인 제외

출처: 국가통계포털 KOSIS / 〈주민등록인구 현황〉, 행정안전부

높은 마천루를 세우는 데 들인 총사업비는 4조 2천억 원[14]에 달한다.

문 정부 기간에도 경기도 평택, 용인, 판교 등 서울수도권에는 기업들의 대규모 신규투자가 이어졌다. '이명박근혜' 정부 때 본격 추진된 판교테크노밸리는 2009년 12월31일 택지개발사업 준공, 2011년 5월 31일 용지분양이 완료되어 기업입주가 시작됐다. 판교테크노밸리 택지 66만㎡에는 2021년 현재 총 1697개 기업이 입주했다. 입주기업의 64.6%가 IT(정보통신기술)기업이고, BT(생명과학기

술)기업과 CT(문화콘텐츠기술)기업이 각각 13%씩이다. 판교테크노밸리 입주기업의 매출액은 2021년 109.9조 원이고 입주기업의 임직원은 총 7.2만 명[15]이다. 경기도는 2021년 6월 7일 전체면적 58만 3000㎡ 규모의 '제3판교테크노밸리(성남금토 공공주택지구)' 부지조성사업을 기공했고 2024년 준공 예정이다.

삼성전자 '나노시티 평택캠퍼스'는 세계 최대 규모의 차세대 반도체 전초기지로 부지면적이 국제규격 축구장 400개를 합친 규모인 289만㎡(약 87만 평)에 달한다. 평택1라인(P1)은 2017년에, 2라인(P2)은 2020년에 가동했다. 삼성전자는 평택 외에 수원·화성·기흥에도 반도체 생산라인이 있다.

경기도 남부권 전역에 반도체 등 신성장산업 대규모 단지가 몰리고 있다. 경기도 용인시에는 414만 7499㎡ 면적의 반도체클러스터가 2021년 3월 5일 수도권정비위원회 심의를 완료하고 3월 29일에 산업단지계획이 승인, 고시되었다. 반도체클러스터 유치가 확정되자 경기도는 용인시, SK하이닉스, SK건설과 함께 '용인반도체클러스터 조성을 위한 양해각서MOU'를 체결했다.

'용인반도체클러스터'는 2024년까지 개발을 완료할 계획[16]이다. 용인시 처인구 원삼면 일원에 SK하이닉스와 국내외 50개 이상의 반도체 장비·소재·부품업체가 함께 입주한다. 초대형 반도체클러스터를 조성하는 데 122조 원이 투입된다.

SK하이닉스는 단일공장으로 세계 최대 규모 반도체 생산라인을 용인반도체클러스터에 만들겠다고 공언했다. 이 생산라인에는 SK하이닉스 인력 1만 5천여 명, 협력업체 8천여 명 등 반도체 전문인력 2만 3천여 명이 근무할 것으로 예측된다.[17] SK하이닉스는 2021년 12월 1일 경기도 이천캠퍼스에 M16 팹 반도체공장도 준공했다. M16공장은 건축면적만 5만 7000㎡로 축구장 8개 규모이며 3조 5천억 원이 투입됐다.[18]

'광명시흥테크노밸리'에는 광명시 가학동, 시흥시 논곡동·무지내동 일원 244만 9000㎡에 사업비 2조 4000억여 원을 투입해 일반산업·유통·첨단산업·주거 단지를 2024~2026년까지 순차적으로 준공할 예정이다. 경기도는 2016년 10월 광명시·시흥시·한국토지주택공사LH·경기주택도시공사GH와 '광명시흥테크노밸리 공동구축 업무협약'을 체결했고, 2018년 산업단지계획이 승인되면서 일반산업단지와 유통단지는 2021년 6~7월에 공사를 시작했다.

경기도 등 서울수도권에 대규모 첨단산업 공장이 들어서면 새로운 일자리가 생기고 지역경제가 당연히 발전한다. 하지만 그만큼 서울수도권 인구밀집 가속화 요인으로 작용하고 지방의 경제동력은 상대적으로 약화될 수밖에 없다.

서울시는 2022년 7월에 용산정비창 일대 49만 3000㎡ 부지에 법정 상한용적률 1500%를 대폭 뛰어넘는 것이 가능하도록 '입지규제 최소구역'을 지정해서, 롯데월드타워보다 높은 초고층 건물을 짓는 등 총사업비 12조 원 규모의 〈용산국제업무지구 개발구상〉을 발표했다. SH공사와 코레일이 약 5조 원의 공공재원을 투자해 부지조성과 인프라 구축을 선시행할 계획이다.[19] 오세훈 시장은 '세운재정비촉진지구'도 고밀도·초고층 복합시설로 개발하겠다는 구상도 밝혔다.

한국전력공사가 나주 혁신도시로 이전한 뒤 2014년 강남 삼성동 한전 부지(7만 9342㎡)를 현대자동차에게 팔았다. 현대차그룹이 경쟁입찰로 10조 5500억 원에 매입했을 당시에는 감정가(3조 3346억 원)의 3배 금액이라 비싸게 샀다고 했지만, 2021년 현재 시가는 11조 원~22조 원으로 추산된다.[20] 현대차그룹은 2022년 8월 현재 이곳에 '글로벌비즈니스센터GBC'를 105층 1개 동 또는 70층 2개 동이나 50층 3개 동으로 건설하는 방안의 최종결정을 앞두고 있다. 2026년 12월 준공 목표다.[21] 지방 균형발전을 위해 지방 혁신도시로 이전한 한전의 삼성동 사옥부지가 123층 롯데월드타워처럼 서울수도권 인구·일자리·경제 집중을 높일 대규모 오피스빌딩으로 탄생하는 것이다. 토요타나 폭스바겐 본사는 일본·독일 수도에 있지 않다.

1982년 12월 31일 제정된 〈수도권정비계획법〉 시행 이래 40년간 서울수도권에 공장을 신설하려는 기업들과 국토균형발전을 위해 수도권 규제를 강화해야 한다는 지방자치단체·지방 주민 간의 팽팽한 대립은 계속되어왔다.

수도권정비계획법 제1조(목적)를 보면 '이 법은 수도권 정비에 관한 종합적인 계획의 수립과 시행에 필요한 사항을 정함으로써 수도권에 과도하게 집중된 인구와 산업을 적정하게 배치하도록 유도하여 수도권을 질서 있게 정비하고 균형 있게 발전시키는 것을 목적으로 한다'라고 규정했다.

이미 40년 전부터 수도권 인구·산업의 과도한 집중 문제가 국가정책과제가 되어왔음을 알 수 있다.

2006년 7월 26일 당시 건설교통부가 발표한 〈제3차 수도권정비계획(2006~2020년)〉은 '행정중심복합도시 건설, 공공기관 지방 이전 등의 국가균형발전 시책과 연계하여 지역 특성에 맞는 적절한 역할 분담으로 지방과 상생 발전하는 수도권 구현'을 목표로 제시했다. 또한 '2004년 현재 전국 인구의 47.9%에 달하는 수도권 인구 비중을 2020년까지 47.5% 수준으로 안정화'[22]하는 것을 목표로 했으나, 2019년 12월 서울수도권 인구 비중은 50%를 돌파하고 2022년 4월에는 50.46%에 달해 이미 실패했다.

문재인 정부 2017~2019년 전국 주요도시의 지역내총생산GRDP 변화를 국가통계포털 KOSIS 통계자료를 근거로 살펴본다. [표10]은 전국 주요도시 중 2017~2019년 사이 연간 지역내총생산액이 10조 원 수준을 넘는 도시 목록이다. 광역시 5곳(대구, 인천, 광주, 대전, 울산)과 전국 총 30개 일반 도시(경기도 14곳, 충북 1곳, 충남 4곳, 전북 1곳, 전남 2곳, 경북 3곳, 경남 4곳, 제주 1곳)의 GRDP이다. 강원도에는 연간 GRDP가 10조 원이 넘는 도시가 없다. 수도권과 접한 충남이 4곳이다.

2019년 서울시 GRDP는 414조 원, 부산광역시는 89조 원으로 당연히 연간 GRDP가 10조 원을 넘었고, 인천·울산·대구·대전·광주광역시와 전국 30개 일반 도시가 연간 지역 총생산액 10조 원 수준을 넘었다. 서울시와 6개 광역시, 일반 도시 30곳 총 37개 시市가 연간 지역 총생산액 10조 원을 넘었다. 30개 일반 도시는 산업생산 기반을 겸비한 '자족도시'라고 할 수 있다. 그중 경기도가 14곳인 사실은

[표10] 2017~2019년 지역내총생산 1년 10조 원 이상 도시의 GRDP

행정구역별		2015	2017	2019	2017년 대비 2019년 증가액
		2015년 기준년 가격 기준 (단위 백만원)			
대구광역시	소계	51,822,013	52,721,214	54,762,237	2,041,023
인천광역시	소계	80,137,506	85,791,563	87,963,593	2,172,030
광주광역시	소계	34,845,589	36,384,616	39,624,032	3,239,416
대전광역시	소계	37,162,614	38,772,485	40,684,092	1,911,607
울산광역시	소계	72,854,409	72,968,962	72,024,599	-944,363
경기도 14곳	수원시	30,963,276	32,072,803	34,484,604	2,411,801
	성남시	37,687,633	38,988,602	41,967,488	2,978,886
	안양시	15,525,029	16,520,904	18,211,619	1,690,715
	부천시	15,833,160	16,284,267	16,875,601	591,334
	평택시	24,535,672	28,695,467	31,405,505	2,710,038
	안산시	23,708,345	25,054,490	24,829,367	-225,123
	고양시	17,085,215	19,340,144	20,488,451	1,148,307
	남양주시	8,400,958	9,767,455	10,765,280	997,825
	시흥시	13,915,814	15,256,767	15,259,529	2,762
	용인시	28,667,356	31,216,401	28,708,354	-2,508,047
	파주시	17,980,185	19,577,758	20,674,549	1,096,791
	이천시	14,418,388	16,394,228	21,657,367	5,263,139
	김포시	10,288,273	11,834,498	13,065,223	1,230,725
	화성시	47,545,964	62,518,646	76,110,441	13,591,795
강원도	소계	40,867,985	43,761,362	46,064,137	2,302,775
충청북도	통합청주시	26,988,712	30,805,353	34,128,905	3,323,552
충청남도 4곳	천안시	22,348,506	24,867,371	23,210,826	-1,656,545
	아산시	23,656,597	28,277,481	30,249,211	1,971,730
	서산시	15,509,556	16,755,897	17,525,650	769,753
	당진시	11,675,103	11,456,653	11,472,335	15,682
전라북도	전주시	13,251,346	14,036,355	14,824,559	788,204
전라남도 2곳	여수시	23,847,547	24,769,918	25,010,450	240,532
	광양시	9,431,290	9,583,184	10,146,399	563,215
경상북도 3곳	포항시	16,587,811	17,630,564	18,279,625	649,061
	경주시	9,960,756	10,228,853	10,073,244	-155,609
	구미시	34,732,664	32,744,028	30,100,695	-2,643,333
경상남도 4곳	통합창원시	36,565,204	36,378,429	37,788,894	1,410,465
	김해시	15,064,592	15,227,001	15,235,242	8,241
	거제시	10,996,802	9,842,254	9,075,712	-766,542
	양산시	9,807,353	10,024,521	10,381,450	356,929
제주도	제주시	12,178,463	13,496,031	14,134,135	638,104

출처: 국가통계포털 KOSIS

서울수도권 경제 집중 현상을 보여준다.

문 정부가 출범한 2017년 대비 2019년에 지역 총생산액이 줄어든 도시는 울산광역시와 경기도 안산시, 용인시, 충남 천안시, 경북 경주시, 구미시, 경남 거제시 총 7곳으로 나타났다. 조선업종 등 재래산업 불황을 겪은 울산광역시, 거제시가 포함됐다. 문 정부는 조선산업 불황 등에 따라, 2021년 8월 17일 〈지역 산업위기 대응 및 지역경제 회복을 위한 특별법〉을 제정하여 2022년 2월 18일부터 시행했다.

문 정부 기간에 진행된 삼성전자 '나노시티 평택캠퍼스' 대규모 신규 투자와 2022년 8월 현재도 진행 중인 '용인반도체클러스터', '광명시흥테크노밸리', 서울의 용산정비창·세운재정비촉진지구 초고밀도 개발, 삼성동 '글로벌비즈니스센터GBC' 신축 등 서울수도권의 대규모 개발이 완성되면 서울수도권의 인구·일자리·경제 집중은 어떻게 될까?

윤석열 정부 출범 두 달여 만인 2022년 7월 산자부는 폐수 배출이 없는 공장의 자연보전권역 내 신·증설 면적 확대 등에 관한 〈산업집적활성화 및 공장설립에 관한 법률〉 시행령·시행규칙 개정안을 마련했다. 개정안은 인천·경기 등 수도권 경제자유구역에서 국내 유턴기업의 공장 신·증설도 허용해 국내 복귀를 독려한다. 그동안은 수도권 경자구역 내 외국인투자기업에만 공장의 신·증설을 허용했는데, 수도권 규제 완화 추진을 공식화한 것이다.

2022년 2월 3일 제정된 〈국가첨단전략산업 경쟁력 강화 및 보호에 관한 특별조치법〉(약칭 국가첨단산업법)도 2022년 8월 4일부터 시행됐다. 산업통산자원부는 22년 10월까지 1차 국가첨단전략기술을 지정하기로 했다.

89개 자치단체 '인구감소지역' 지정
지방소멸대응기금 지원 결정

문재인 정부는 지방의 인구감소 문제가 심각해짐에 따라, 2020년 말에 〈국가균형발전 특별법〉 개정과 2021년 6월 동법 시행령을 개정하여 인구감소지역을 지정하고 지원할 법적 근거를 마련했다. 문 정부 시절 행정안전부는 전문 연구기관과 협력하여 각계 전문가의 의견수렴, 관계부처 협의 과정 등을 통해 '인구감소지수'를 개발했다.

행정안전부는 ▷법적 고려사항과의 부합성 ▷통계자료의 객관성 ▷인구감소 현상을 설명하는 대표성 등을 검토한 후 인구증감률, 고령화비율, 조출생률 등 8개 지표[23]를 최종 선정하고, 통계기법으로 지표별 가중치를 부여하여, 이를 종합한 '인구감소지수'를 최종적으로 산정했다.[24]

2021년 10월 18일 행안부는 지자체·관계부처 등과의 협의, 국가균형발선위원회의 심의를 거쳐 총 89개 자치단체를 '인구감소지역'으로 지정했다. 인구감소지역 선정에는 〈국가균형발전특별법〉에 따라 서울특별시를 제외하였고, 수도권에서도 인구감소가 비교적 심각하게 진행되는 일부 경기·인천지역과 도심 공동화로 인구감소 어려움을 겪고 있는 광역시 내 자치구가 일부 포함되었다.

전국 229개 기초지자체 가운데 '인구감소지역'으로 지정된 89개 곳은 ▷부산(3) 동구, 서구, 영도구 ▷대구(2) 남구, 서구 ▷인천(2) 강화군, 옹진군 ▷경기(2) 가평군, 연천군 ▷강원(12) 고성군, 삼척시, 양구군, 양양군, 영월군, 정선군, 철원군, 태백시, 평창군, 홍천군, 화천군, 횡성군 ▷충북(6) 괴산군, 단양군, 보은군, 영동군, 옥천군, 제천시 ▷충남(9) 공주시, 금산군, 논산시, 보령시, 부여군, 서천군, 예산군 청양군 태안군 ▷전북(10) 고창군, 김제시, 남원시, 무주군, 부안군, 순창군, 임실군, 장수군, 정읍시, 진안군 ▷전남(16) 강진군, 고흥군, 곡성군, 구례군, 담양군, 보성군, 신안군, 영광군, 영암군, 완도군, 장성군, 장흥군, 진도군, 함평군, 해남군, 화순군 ▷경북(16) 고령군, 군위군, 문경시, 봉화군, 상주시, 성주군, 안동시, 영덕군, 영양군, 영주시, 영천시, 울릉군, 울진군, 의성군, 청도군, 청송군 ▷경남(11) 거창군, 고성군, 남해군, 밀양시, 산청군, 의령군, 창녕군, 하동군, 함안군, 함양군, 합천군이다.

행안부는 지정된 인구감소지역에 대해 지역 주도의 상향식 인구활력계획을 수립하여 맞춤형 정책이 시행될 수 있도록 하고, 지방소멸대응기금을 매년 1조 원씩 10년간 지원하며, 국고보조금 등 재원을 패키지 형태로 투입해 지역의 인구감소 대응사업을 지원하기로 했다. 지방소멸대응기금은 〈지방자치단체 기금관리기본법〉 및 동법 시행령 개정('22. 1. 1. 시행)으로 도입되었다.

2022년 8월 11일 윤석열 정부 행정안전부는 지방세발전위원회를 개최해, 인구감소지역에서 창업하거나 사업을 이전하는 기업에 대해 5년간 취득세·재산세를 100% 감면하는 지방세입 관계법률 개정안을 발표했다.

부·울·경 등 지방 메가시티 육성 정책 구체화

문 정부의 지방균형발전 정책 중 의미 있는 것은 초광역 메가시티 육성을 국가균형발전의 핵심정책으로 선언한 것이다. 공공기관 혁신도시 이전 '시즌 2'는 시작을 못했지만, 중앙정부 차원의 초광역 메가시티 육성정책은 관련 법규를 개정하고 '범부처 TF'를 구성하는 등 큰 진전을 보였다.

문재인 대통령은 2022년 1월 13일 제1회 중앙·지방협력회의에서 "초광역협력은 주민의 삶을 획기적으로 바꿀 국가균형발전의 핵심정책입니다. 우리는 초광역협력을 반드시 성공시켜 국가균형발전의 실효성 있는 대안임을 증명해야 합니다. 이를 통하여 지역 발전의 새로운 모델이 전국으로 확산되도록 해야 할 것입니다"라며 '초광역협력'을 국가균형발전의 핵심정책으로 천명했다.

국제연합UN의 〈세계 도시화 전망〉 보고서에서 메가시티는 인구 1000만 명 이상의 거대도시를 가리킨다. 메가시티는 일반적으로 핵심도시 및 핵심도시와 생활, 경제, 문화 등이 기능적으로 연결되어 일일생활권이 이루어지는 주변 도시를 포함한다.

노무현 정부는 국가균형발전과 국가경쟁력 극대화를 위해 2006

년 '4대 초광역경제권'을 시작으로 2007년 '5대 초광역경제권' 구상을 발표했다. 이명박 정부는 글로벌 금융위기에 대응하고, 국제경쟁력 강화를 위해 '5+2 광역경제권'을 구상, 광역경제권별로 선도사업을 지정·육성했다.[25] 또 광역권별로 '광역경제발전위원회'를 설치하여 광역경제권 개발계획을 수립했다. 박근혜 정부에서는 '광역경제권발전위원회'를 폐지하고, 중추도시생활권·도농 연계생활권·농어촌생활권·수도권시범생활권 등 총 63개 지역행복생활권 중심으로 정책을 추진하는 등, 이전 정부의 초광역권 개념과 차이를 보였다.

문재인 정부가 들어서면서 수도권 중심의 경제성장과 비수도권 중소도시의 지방 소멸위기론이 심각하게 대두되었다. 이어 4차 산업혁명·포스트 코로나 등으로 인한 사회·경제적 변화가 비수도권 지역의 위기로 이어지면서 행정구역 중심의 균형발전 정책 패러다임은 변화 요구에 직면했다.[26]

2020년 국가균형발전위원회는 '초광역협력 프로젝트' 기획지원사업을 시작했다. 2021년 10월 14일에는 '초광역협력 지원전략'을 마련, 충청권(대전·세종·충북·충남), 광주·전남권, 대구·경북권, 동남권(부산·울산·경남) 등 4개 초광역권과 강소권 3개 지역(전북, 강원, 제주) 등 총 7개 권역의 초광역협력사업을 지원한다.

문 정부는 기획재정부·행안부·산업통상자원부·국토교통부가 참여하는 '메가시티 지원 범부처TF'를 신설하여 총 8차례의 TF전체회의와 2차례 실무점검회의[27]를 거치는 등 종합대책 마련에 힘썼다. 2022년 1월 11일에는 〈국가균형발전 특별법〉과 〈국토기본법〉을 개정하여 '초광역권' 개념을 신설하고 '초광역권발전계획' 수립 및 초광역협력사업 추진 근거도 확보했다. '국토종합계획'에 공간구조발전 전략 등 초광역권 계획을 도입하여 2022년 7월까지 시행령을 마련하기로 했다. 또한 〈지방자치법〉 개정을 통해 '특별지방자치단체'의 설립 근거를 마련했다.

3·9 대선의 핵심 이슈, 지방균형발전 정책

지방소멸위기와 지역균형발전 과제는 2022년 3·9 대선에서도 핵심 쟁점 중 하나로 떠올랐다. 윤석열, 이재명 후보 모두 초광역 메가시티 구축 등 지역균형발전[28]을 강조했다.

윤석열 후보는 "지역불균형 문제는 일자리 주거 교육 그리고 생활 편의적 여건(의료, 교통, 문화적 여건 등)이 충족되지 않고서는 해결되기 어렵다고 보고 이 문제를 총체적으로 해결하는 데 주안점을 두겠다. 농촌뉴타운 조성 등 비수도권 주거대책을 강화하고 의료취약지에는 지역 국립대학병원, 상급 종합병원의 공공성을 강화해 지역 간 의료 불균형을 해소하겠다. 또한 지방대학 및 지역균형인재 육성을 위한 전문분야 특화교육을 강화하는 등 교육인프라 확대 추진과 함께, 취약한 교통인프라 확충 사업을 지속적으로 추진하여 교통사각지대를 없앨 계획이다. 이를 위해 대표적 정책과제로 '권역별 특화 첨단미래산업 육성', '중부권에 신산업벨트 구축', '각 지역 신공항의 조기건설 및 연계 교통망 확충', '해양산업 육성 및 글로벌항만 육성', '영호남의 동서연결 교통망 구축', '수도권 광역교통망의 확대 및 정주여건의 개선'과 같은 지역 생존기반 관련 정책을 주로 구성했다. 이를 기반으로 '권역별 초광역 메가시티'를 구축하여 보다 많은 권한과 자원을 배분하고 발전시켜 지역 권역별 자생력을 강화하고 전 지역이 골고루 발전하는 원동력으로 삼겠다.

지방소멸 문제는 지역균형발전 문제와 궤를 같이한다. 해당지역 자체만의 전략으로는 어렵고 지역균형문제 시각에서 다차원적으로 수행되어야 해결될 수 있다. 즉, 중앙정부, 지방정부뿐만 아니라 인근에 있는 대학, 기업들도 참여해야 하고, 금전지원뿐만 아니라 세제혜택, 인프라 지원도 병행되어야 한다. 인구소멸지역을 집중 지원할 수 있도록 특별법 제정이 필요하다. 재정보전 장치(교부세, 보조금 등을 배분할 시 취약 지자체에 가중치 두는 등)를 통해 소멸위험 지역에 있는 자치단체들을 재정적으로 보전함과 동시에 장기적으로 자생력을 키울 수 있도록 맞춤형 지원을 하겠다. 교육, 의료, 교통 등 주민 생활에 필요한 인프라 강화는 물론, 소멸위험에 처한 자치단체들이 지역 자원 및 여건을 활용하여 특화발전을 할 수 있도록 지원하겠다"라고 밝혔다.

이재명 후보는 특히 초광역 메가시티 구축을 강조하면서 "저의 국가균형발전 전략은 수도권 1극체제를 해소하고, 전 국토의 균형발전을 이루고자 하는 것이다. 그 핵심전략은 '5극 3특' 초광역 메가시티 구상이다. 즉, 다섯 개의 수도와 3개의 특별자치도로 전 국토의 균형발전을 도모하고, 세종시에 대통령 제2집무실과 국회 분원(세종의사당) 설치, 행정부 추가 이전으로 행정수도를 완성하겠다. 또한 국민여론을 수렴하여 국가균형발전위원회 차원에서 제2차 공공기관 지방 이전 계획을 조속히 확정하고 과감하게 추진해갈 것이다. 법인세 및 가업 상속세의 지역별 차등화, 국가균형발전펀드의 신설, 기본주택 제공 등을 통해 이전 민간기업과 종사자들에게 강력한 인센티브를 제공할 예정이다. 이로써 민간기업의 지방 이전을 촉진하고 좋은 일자리를 지방으로 분산할 것이다.

지방 교육여건을 개선하겠다. 지방혁신과 산학연 협력의 거점으로서 지방대학을 육성하고 지역화폐와 연계한 기본소득 지급으로 지역경제 활성화를 도모하겠다. 그 밖에도 사회기반시설의 확충, 공공의료시설 확충, '자치분권' 강화 등을 위해 노력할 것"이라며 "문재인 정부에서 제정된 〈지방이양일괄법〉을 추진하겠다. 중앙정부부처의 이전 가능한 소관업무의 지방 이양이 원활히 추진될 수 있도록 하여 중앙집권구조에서 지방분권구조로 이행해 나갈 것"이라고 밝혔다.

2022년 대선의 1위~2위 후보 모두 '권역별 초광역 메가시티' 육성 공약을 강조한 것은 지방 균형발전과 국토 균형이용 정책 측면에서 의미 있는 일이다.

한국과 마찬가지로 인구·경제 등 국가자원의 도쿄수도권 집중도가 높은 일본에서 〈마스다 보고서〉가 경고한 '지방소멸론'은 한국에서도 큰 반향을 일으켰다. 2014년 마스다 히로야增田寬也 전 총무상이 이끄는 일본창성회의가 낸 일명 〈마스다 보고서〉는 "현재의 인구감소 추세대로라면 2040년까지 일본의 절반, 896개 지방자치단체가 소멸할 가능성이 높은 '소멸가능성 도시'"라며 '지방소멸론'을 제기했다. 그는 "인구가 도쿄권에만 집중되는 '극점사회'가 일본 전역의 지방을 소멸시켜 갈 것"이라며, 지방소멸을 막기 위한 최후의 보루로서 도쿄권에 맞설 수 있는 '광역블록 단위의 지방중핵도시권'을 구축해야 한다는 대안을 제시했다.

물론 인구가 감소한다고 해서 지방자치단체나 지방이 소멸하지는 않는다. 〈마스다 보고서〉는 아베 정권의 신자유주의적 지역정책(로컬 아베노믹스)을 뒷받침하기 위해 '지방소멸'이란 일종의 충격요법을 사용한 것이란 비판도 따랐다. 하지만 '광역블록 단위의 지방중핵도시권' 구축 대안은 한국에서도 의미가 있다.

마강래 교수는 지방도시 재생모델로 흩어져 있는 인구를 모으고 공공시설과 서비스를 집중하는 '압축도시'를 제시한다. 중소도시 단위에서 '분산과 팽창'이 아니라 '집중과 압축'하는 쪽으로 방향을 바꾸는 전략이다. 마강래 교수는 "지방과 모든 도시들이 수도권만큼 성장해야 한다는 강박관념을 버려야 한다"라며, "지방 중소도시들은 줄어든 인구가 어떻게 함께 모여서 행복하게 살 수 있을지를 고민해야 한다"고 강조한다.[29]

한국의 '권역별 초광역 메가시티' 육성은 서울수도권으로 인구·일자리·경제 전반이 과도하게 집중된 1극 체제의 폐해를 줄일 수 있는 훌륭한 정책대안이 될 수 있다.

첨단반도체 등 4차 산업혁명 신성장산업의 생산기지가 부산·대구·광주·울산·대전광역시 등 지방 '핵심 대도시권역'에도 적극 진출해서 제대로 된 신규 일자리가 생기고, 인근의 소규모 지방도시들도 '지방 중핵도시' '압축도시'로 발전하면 초광역권 지역주민들도 '핵심 지방대도시'와 생활·경제·문화 등이 기능적으로 연결되어 서울수도권 못지않은 편리한 생활을 누릴 수 있을 것이다.

문 정부가 다듬은 충청권(대전·세종·충북·충남), 광주·전남권, 대구·경북권, 동남권(부산·울산·경남) 등 4개 초광역권과 강소권 3개 지역(전북, 강원, 제주) 등 총 7개 권역의 초광역협력 프로젝트가 성공하여 7개 권역이 2022년 7월 말 주민등록인구보다 10%씩만 늘어난다면 어떻게 될까?

2022년 7월 말보다 거주인구가 10%씩 늘어나 동남권(부산 울산 경남)에 인구 850만 명, 대구·경북권에 550만 명, 대전·세종·충북·충남권에 610만 명, 광주·전남권에 360만 명, 전북권 200만 명, 강원권 170만 명, 제주권 80만 명 선이 거주하는 '권역별 초광역 메가시티'가 육성돼 거주인구와 함께 '제대로 된 일자리'가 갖춰진다면 국토균형이용으로 서울수도권 인구·일자리·경제 집중 폐해는 사라질 수 있을 것이다. 이렇게 되면 서울수도권 인구는 10%가 줄어드는 셈이다[표11].

[표11] 7개 권역의 초광역협력 프로젝트 성공 경우 가상 인구

행정구역별 주민등록인구				
행정구역별	2022.07			메가시티 인구 10% 증가 경우
	총인구수 (명)			
전국	51,574,446	전국	51,574,446	
서울특별시	9,493,211	서울 수도권	26,043,153	수도권은 인구 10% 감소 경우
인천광역시	2,960,580			
경기도	13,589,362			
부산광역시	3,334,595	부울경 동남권	7,743,057	8,517,363
울산광역시	1,114,753			
경상남도	3,293,709			
대구광역시	2,374,120	대구 경북권	4,986,136	5,484,750
경상북도	2,612,016			
대전광역시	1,448,182	대전세종 충청권	5,547,245	6,101,970
세종특별자치시	380,889			
충청남도	2,121,011			
충청북도	1,597,163			
광주광역시	1,434,703	광주 전남권	3,260,237	3,586,261
전라남도	1,825,534			
전라북도	1,776,949	강소 전북권	1,776,949	1,954,644
강원도	1,539,178	강소 강원권	1,539,178	1,693,096
제주특별자치도	678,491	강소 제주권	678,491	746,340

주민등록법에 의거 주민등록표에 기재된 인구로 거주자,
거주불명자 및 재외국민(단, 외국인은 제외) 숫자

출처: 국가통계포털 KOSIS, 월말 기준 보고통계

노무현 정부의 세종시·혁신도시 건설이 없었다면?

2022년 7월 말 기준 전국 주민등록인구는 5157만 4446명으로 2017년(연말 기준)보다 20만 4098명이 줄었다[표12].

서울경기인천 수도권 주민등록인구가 전국 총인구 중에서 차지하는 비중은 2017년 말 49.596%에서 2022년 7월말 50.496%로 0.9%p가 늘어 사상 최고 수준이다. 같은 기간 서울특별시 주민등록인구는 36만 4215명이 줄었고, 경기도는 71만 5467명이 늘었다. 인천은 1만 2038명이 늘었다.

세종특별자치시는 같은 기간 10만 789명이 늘어 38만 889명이

[표12] 2017년 말 대비 2022년 7월 말 서울경기인천 인구

22년 7월 말 현재 서울경기인천 수도권 주민등록인구 비중			
행정구역별	2022.07 (7월말 기준)	2017 (연말 기준)	2017년 대비 22년 7월말 인구 증감
	총인구수(명)	총인구수(명)	
전국	51,574,446	51,778,544	-204,098
서울특별시	9,493,211	9,857,426	-364,215
인천광역시	2,960,580	2,948,542	12,038
경기도	13,589,362	12,873,895	715,467
서울경기인천 합계	26,043,153	25,679,863	363,290
서울수도권 인구비율	50.496%	49.596%	
비수도권 인구합계	25,531,293	26,098,681	-567,388
세종특별자치시	380,889	280,100	100,789

통계수치는 국가통계포털 KOSIS 〈행정구역별 인구수〉로 검색했으며, 주민등록법에 의거 주민등록표에 기재된 인구로 거주자, 거주불명자 및 재외국민(단, 외국인은 제외) 숫자이다.

주민등록인구이다. 비수도권 주민등록인구는 총 56만 7388명이 줄었다. 비수도권인 세종시 인구가 10만여 명 는 것을 감안하면 세종시를 제외한 비수도권 인구는 66만 8177명이 줄었다.

서울시 주민등록인구가 줄어든 가장 큰 이유는 문 정부 기간 서울 소재 아파트값·집값 폭등 때문에 서울에서 경기도로 이주한 사례가 많은 탓으로 보인다.

노무현 정부가 본격 추진했던 세종시와 지방 혁신도시 건설, 공공기관 혁신도시 이전 등 국토균형이용 노력이 없었다면, 서울인천경기 수도권의 인구 집중도는 훨씬 더 높아졌을 것이 분명하다.

지방에 주민등록을 놔둔 채 서울수도권 소재 대학에 재학 중인 재학생 및 서울수도권 직장에 다니는 취업자, 외국인 등 서울수도권에 주민등록을 안 한 상태로 활동하는 인구까지 합치면 서울인천경기 수도권 인구는 전체 인구의 51%를 훨씬 넘어선다.

윤석열 정부는 2022년 8월 16일 부동산 관계 장관 회의를 열고 2027년까지 서울 50만 호를 포함해 서울수도권에 총 158만 호(인허가 기준 물량, 아파트·빌라·연립 등 포함) 공급을 골자로 하는 〈국민 주거안정실현방안〉을 발표했다.

서울수도권 158만 호라 하면, 1호당 가족 수 2명으로 단순 계산할 경우 316만 명이고, 3명으로 계산하면 474만 명이다. 물론 158만 호 신규공급 기간 중 재건축·재개발 등으로 멸실되는 서울수도권 소재 노후주택 수도 상당할 것이지만, 서울수도권 인구 집중을 심화시키는 요인이 될 수도 있다.

과거 구파발·판교·삼송원흥·김포 등 서울수도권 일원에 그린벨트를 푸는 등 대규모 택지개발로 아파트숲을 만들어 서울수도권 아파트·주택 신규공급은 늘어났지만, 그와 함께 서울수도권 인구 집중도 가속됐다.

국토의 균형발전에 가장 관심을 보였던 고 노무현 대통령의 사후 자서전《운명이다》중 '신행정수도 건설' 부분은 이렇게 서술돼 있다.

> 서울과 수도권이 돈과 자원과 인재를 블랙홀처럼 빨아들이는 상황이 계속되면 헌법이 명한 국토의 균형 있는 발전을 기대하기 어렵다고 생각하게 되었다. 서울은 서울대로 인구 과밀화, 환경 악화, 혼잡비용 증가, 부동산 가격 폭등 때문에 경쟁력을 가지기 어렵게 되고, 지방은 지방대로 발전의 동력을 상실하고 말라죽을 것이라는 우려에는 충분한 근거가 있었다. 박정희 대통령은 1970년대에 벌써 이런 문제를 인식하고 충청권에 새로운 수도를 건설하는 계획을 세웠다.

노무현 정부를 계승했다는 자부심으로 출발한 문재인 정부 5년간, 사람·돈·문화·경제자원·일자리 등 모든 분야의 서울수도권 집중은 완화되었을까? 심화되었을까?

문재인 대통령의 대선공약 중 "지방분권·농어촌 분야 공약은 102개 가운데 78개가 완료됐다"는 후한 평가[30]도 있지만, 국토균형이용과 지방균형발전 정책의 결과물이라 할 수 있는 '서울수도권 쏠림 부작용'과 '지방지역의 전반적 쇠퇴 극복'은 윤석열 대통령 새 정부의 과제로 넘어갔다.

주

1. 문재인 정부 〈국정운영 5개년 계획(2017년 7월 국정기획자문위원회 편)〉 114쪽
2. 문재인 정부 〈국정운영 5개년 계획(2017년 7월 국정기획자문위원회 편)〉 114~123쪽
3. 문재인 정부 국정백서 총론 제1권 75쪽
4. 문재인 정부 국정백서 제5권《활력 있는 농산어촌, 세계 속의 농어업》25쪽
5. 문재인 정부 국정백서 제11권《국가균형발전과 자치분권의 패러다임》37쪽
6. 문재인 정부 국정백서 제11권《국가균형발전과 자치분권의 패러다임》530쪽~532쪽
7. 합계출산율TFR(Total Fertility Rate): 여성 1명이 가임기간(15~49세)에 낳을 것으로 예상되는 평균 출생아 수를 나타낸 지표. 연령별 출산율ASFR의 총합이며, 출산력 수준을 나타내는 대표적 지표다.
8. 박광온 의원(민주당)이 국회 입법조사처에 의뢰해 조사한 '30-50클럽 국가의 수도권 집중도 현황'
9. 30-50클럽: 1인당 국민소득 3만 달러 이상, 인구 5000만 명 이상의 조건을 만족하는 국가를 가리키는 용어. 현재 30-50클럽 국가는 일본(1992), 미국(1996), 영국(2004), 독일(2004), 프랑스(2004), 이탈리아(2005), 한국(2019) 등 7개국이다.
10. 지역내총생산GRDP(Gross Regional Domestic Product): 일정 기간 동안 일정 지역 내에서 새로 창출된 최종생산물 가치의 합계액. 즉 각 시·도 내에서 경제활동별로 얼마큼의 부가가치가 발생했는지를 나타내는 경제지표로 시도별 GDP라고 할 수 있다.
11. 국토교통부 혁신도시발전추진단, 혁신도시 시즌 2
    http://innocity.molit.go.kr 홈페이지
12. 국토교통부 혁신도시발전추진단, 혁신도시 시즌 2
    http://innocity.molit.go.kr 홈페이지
13. 위키백과(https://ko.wikipedia.org) 중 수도권(일본): 일본의 〈수도권정비법〉에서는 도쿄도, 가나가와현, 사이타마현, 지바현, 이바라키현, 도치기현, 군마현 등 간토지방과 함께 야마나시현이 수도권에 포함된다고 정의하고 있으나, 통상적으로 야마나시현을 제외한 간토지방을 수도권으로 본다.

14. MonyS 2020. 1. 18. 〈롯데월드타워 오픈 3년 ①국내 최고층, 세계5위 빌딩의 손익현황은?〉

15. 판교테크노밸리 홈페이지 https://www.pangyotechnovalley.org, 〈2021년 판교테크노밸리 실태조사 결과〉

16. 용인특례시 홈페이지 자료

17. 《매일경제신문》 2019. 9. 20. 〈SK하이닉스 122조 투자…용인에 세계 최대 반도체 생산라인〉

18. 《한국경제신문》 2021. 2. 1. 〈SK하이닉스, 이천에 차세대D램 공장 준공…EUV 첫 도입〉

19. 서울시 2022. 7. 26. 〈서울시 10년째 방치 '용산정비창' 매래 신중심지 국제업무지구로 재탄생〉 보도자료

20. 《한국경제신문》 2021. 6. 13. 〈'10조 고가매입 논란' 현대차 GBC부지…땅값 22조로 올랐다〉 기사

21. 이데일리 2022. 8. 11. 〈"105층? 50층?" GBC 터파기 앞둔 현대차…설계변경 '주목'〉

22. 건설교통부 2006. 7. 25. 발표 〈제3차 수도권정비계획(2006~2020년〉 4~5쪽

23. 인구감소지수를 구성하는 8개 지표: 연평균인구증감률, 인구밀도, 청년순이동률, 주간인구, 고령화비율, 유소년비율, 조출생률, 재정자립도

24. 행정안전부 2021. 10. 18. 〈89개 지역을 인구감소지역으로 지정, 행정·재정적 지원 추진〉 보도자료

25. 문재인 정부 국정백서 제11권 《국가균형발전과 자치분권의 패러다임》 419쪽

26. 문재인 정부 국정백서 제11권 《국가균형발전과 자치분권의 패러다임》 420쪽

27. 문재인 정부 국정백서 제11권 《국가균형발전과 자치분권의 패러다임》 421쪽

28. 영남일보 2022. 2. 28. 〈대한민국지방신문협의회, 제20대 대통령선거 공동기획 "후보에게 지역을 묻는다"〉

29. 마강래 지음 《지방도시 살생부, '압축도시'만이 살길이다》, 도서출판 개마고원, 2017년, 216~217쪽

30. NEWSTOF(newstof.com) 2022. 7. 4. 〈[문재인미터 최종] ⑤지방분권·농어촌 공약이행률 높지만 지역·농어민 삶 나아졌나〉

국제 공인 선진국, 문재인 정부의 국가지표

2021년 7월 유엔무역개발회의UNCTAD는 한국을 선진국으로 공인했다. 문 정부 기간 중 한국과 한국인이 이룬 쾌거다. 1964년 설립된 이 기관이 개발도상국을 선진국으로 올린 사례는 한국이 유일하다.

문재인 대통령은 2022년 5월 9일 퇴임연설에서도 "우리나라는 2차 세계대전 후 지난 70년간 세계에서 가장 성공한 나라, 2차 세계대전 후 개발도상국에서 선진국으로 진입한 유일한 나라가 됐습니다. 누구도 부정 못할 빛나는 대한민국의 업적이며 자부심"이라고 강조했다. 집권기간 중 가장 자랑하고 싶은 성과 중 하나로 손꼽는 자부심이 묻어난다.

국가 산업과 경제가 고도로 발전하고 정치·경제·문화의 발달이 앞선 나라를 선진국으로 칭한다. 대한민국은 6.25 전쟁의 잿더미에서 60여 년 만에 선진국이 되었다. 제2차 세계대전 이후 독립한 국가 중 민주화와 산업화·선진화를 동시에 이룬 국가는 한국이 유일하다. 한국은 2010년 개발원조위원회DAC에 가입하면서 원조를 받는 나라에서 주는 나라가 됐다.

세계 곳곳에 K팝POP, K영화, K드라마 등 K문화Culture 한류열풍이다. 경제선진국에 더해 백범 김구 선생도 소원했던 '높은 문화의 힘'을 가진 '문화강국'이 되었다.

구매력 기준 1인당 국내총생산GDP은 이미 2017년 4만 1천 달러로 일본의 4만 827달러를 앞질렀다. 아시아 1위다. 한국이 일본을 앞지르는 선진국이 될 수도 있다는 자신감을 안겨줬다. 특히 문 정부 기간 중 일본의 부당한 수출규제를 극복한 것은 그 의미가 크다. 일본 수출규제 3대 품목(불화수소, EUV 레지스트, 불화폴리이미드)의 수급차질은 발생하지 않았으며 100대 핵심품목 등 소부장[1] 전체 품목의 대일본 의존도도 크게 감소했다. 100대 핵심품목의 대일의존도(HS코드 기준)는 2019년 30.9%에서 2021년 24.9%로 약 6%p 감소했고, 소부장 전체의 대일의존도 또한 2019년 17.1%에서 2021년 역대 최저 수준인 15.9%로 낮아졌다.[2]

문 정부 기간 중 주요 국가지표를 통계청 '국가지표체계' 자료로 살펴보면[표1] 경제성장률은 코로나19 영향으로 2020년 마이너스 0.7%였고, 21년은 4.1%로 회복됐다. GDP 대비 국가채무비율과 대외채무비율은 높아졌다. 비정규직 근로자비율도 커졌다. 부패인식지수로 본 정부 등 공공기관의 청렴도가 향상됐다. 1인당 실질국민총소득은 2017년 3,493만 원에서 21년 3,656만 원으로 늘었다.

'선진국 대한민국'의 저력을 주요 국제지표를 기준으로 살펴보면 [표2], 2021년 수출액은 세계 7위이고, 무역액 규모도 세계 8위였다. 한국의 수출액과 무역액은 사상 최고의 실적을 냈다. 중계무역기지 성격의 네덜란드와 홍콩을 제외하면 수출 강국 한국의 저력이 증명됐다.

한국을 선진국으로 보는 주요 국제지표는 유엔무역개발회의 선진 회원국 32개국(그룹B) 포함뿐만이 아니다. 한국은 OECD 회원국(38개국)이며, IMF가 분류하는 선진경제권Advanced economies 39개국에도 포함됐다. UN 인간개발지수HDI로 보면 2020년 기준 한국은 세계 23위다. 글로벌혁신지수 세계 5위, 국제특허출원 세계 4위, 군사력 세계 6위, 명목 GDP 세계 10위이다. 인구 5천만 명 이상이며 1인당 국민소득 3만 달러 이상인 30~50클럽의 세계 7개 국가에도 한국은 2019년에 이름을 올렸다.

1997년 IMF 외환위기를 극복하고 선진국 대열에 진입한 것은 자랑스러운 일이다. 일제식민지에서 해방돼 6.25 참화를 겪고 이승만·박정희·전두환 독재를 극복하고 민주화를 이룬 현대 한국정치사처럼 '역동적인 대한민국'의 쾌거다.

한국은 일본의 경험 등 선진국을 배우고 따라하면서 현재에 이르렀다. 1990년 일본의 1인당 GDP는 2만 5896달러로 세계 8위, 한국은 6610달러로 42위였다. 일본은 2000년 1인당 GDP 3만 9173달러로 세계 2위까지 상승[3]했다가 '잃어버린 20~30년'이 계속되고 있다.

우리 경제가 완벽한 선진국이 되기 위해서는 고부가 과학신기술 개발, 기업혁신, 정부 조정능력 제고 등 사회전반에 혁신과 개혁이 지속되어야 한다. 지금까지의 선진국 모방을 뛰어넘어 국가, 사회, 모든 분야가 확고한 선진국으로 정착할 수 있도록 도전과 혁신이 이어져야 한다.

2022년 한국의 1인당 GDP는 달러화 강세로 21년 수준을 밑돌고, 일본 엔화의 약세와 대만의 '반도체 굴기'로 한국 일본 대만 간의 선두다툼 경쟁이 치열할 것으로 보인다. 특히 대만의 1인당 GDP가 2022년에 한국을 앞지를 것이란 예측이 많다.

수출로 일어선 선진 대한민국의 경제는 세계경제 파고에 취약해질 수 있는 구조다. 2022년 들어 러시아·우크라이나 전쟁 등의 여파로 에너지 수입액이 증가하고 수출 주력품인 반도체 수출이 저조해지면서 4월부터 8월까지 5개월 연속 무역적자를 기록하고 있다. 22년 8월 무역수지 적자는 94억 7천만 달러로 1956년 무역통계를 작성한 이후 66년 만에 최대 액수다.

그럼, '선진국 대한민국'의 미흡한 부분은 어떤 것이 있을까[표3].

저출산과 노령화, 총인구 감소로 선진 한국의 경제성장률 전망은 밝지만은 않다. '잃어버린 30년' 일본의 전철을 밟을 가능성도 있다.

세계 198개 국가 중 꼴찌인 저출산으로 인구감소가 2021년 시작됐다. 청년실업, 서울수도권과 지방 간 불균형 발전, 생산인구 감소, 자산·소득 빈부격차, 집값 폭등, 높은 비정규직 비율과 정규직과의 임금격차, OECD 국가 중 자살률 1위로 비롯된 '자살 공화국'이라는 오명, 여러 분야의 양극화 심화와 젠더갈등 등 공정성 위기, 선진국에 비해 높은 산재사망률, 노인빈곤율 등 선진국 속 '헬hell 조선'이 혼재되어 있다.

무엇보다도 심각한 것은 저출산과 고령화로 초래된 생산인구 감소다. 지난 10여 년간 출산율을 높이려던 정부의 노력은 실패했다.

고령화와 인구감소로 국민연금의 기금 소진 시기는 앞당겨지고 있다. 각종 연금 개혁도 언젠가는 해결해야 할 숙제다.

비정규직 근로자 비중과 관련된 OECD의 2021년 기준 최신 통계를 기준으로 살펴보면 한국은 28.3%로 매우 높다(그림 1, 2). 2021년 통계청의 자료로도 한국의 비정규직근로자 비율은 38.4%에 달한다. 비정규직을 줄이겠다던 문 정부 기간 비정규직근로자 비율이 오히려 증가했다[표1, 표3 참조].

높은 비정규직 비중뿐 아니라 정규직과 비정규직 간의 과도한 임금격차도 해소되지 않았다. 대기업과 중소기업 간의 임금격차도 코로나19 이후 다시 커지고 있다. 300인 이상 대기업 대비 300인 미만 중소기업의 임금 수준은 2021년 61.72%로 2020년의 63.29%에 비해 떨어졌다.[4] 남녀임금격차도 OECD 국가 중 1위이며 경단녀의 육아 후 재취업난도 심각하다.

후진국에서 개발도상국을 지나 선진국에 이르기까지는 일본 등의 성장과정을 모방해왔다면, 이제부터는 모방이 아닌 확고한 선진국으로 도약하는 '초혁신기술 창조' 경제로 나아가야 한다.

2020년 기준 세계 수출시장 1위 품목은 중국이 1798개로 세계 1위인 데 비해, 한국은 77개로 세계 10위다.[5] 반도체 등 첨단산업분야에도 중국의 추격은 매섭다. '초격차' 기술의 지속적인 창조로 중국의 추격을 따돌려야 한다.

'경제선진국 대한민국'을 확고하게 굳히고, 삶의 질을 높여 국민이 행복한 나라로 가야 한다. 경제선진국 국민만이 꼭 행복한 것은 아니다. 영국의 신경제재단NEF은 2010년 부탄국민의 97%가 "나는 행복하다"라고 응답하여 세계행복지수 1위를 차지했다고 발표했다.

한국의 근로시간은 OECD 회원국 중 멕시코 다음으로 길다. 한국의 미세먼지농도(2019년)도 세계보건기구WHO의 가이드라인보다 2배가량 높다. OECD에 따르면 2017년 한국의 연평균 초미세먼지 농도는 m^3당 25.1μg(마이크로그램·1μg은 100만분의 1g)으로 OECD

회원국 가운데 가장 높았다. 가장 공기가 깨끗한 회원국은 핀란드(5.9μg)이고 한국은 캄보디아(25.5μg), 케냐(28.3μg) 등과 비슷했다. 매일 24시간 숨 쉬는 한국의 대기 질은 저개발국가 수준이다.

유엔의 〈2022년 세계행복보고서World Happiness Report〉에서 한국의 국가행복지수는 146개국 중 59위를 기록했다. 〈2013년 세계행복보고서〉에서는 156개 국가 중 41위였다.

세계적인 현상이지만 인플레도 심각하다. 한국의 2022년 6월 소비자물가 상승률[6]은 2021년 동월 대비 6.0% 상승했다. 7월에는 6.3%가 올랐다. 2개월 연속 6%대 상승률이다. IMF 외환위기 시절인 1998년 11월 6.3% 상승 이후 23년 만에 최대 상승폭이다.

2022년 한국의 식료품 가격이 세계 4위라는 통계도 있다. 일본이나 미국을 여행해보면 식료품 등의 물가수준이 한국보다 저렴한 부문이 적잖다.

한국경제연구원은 '선진국 대한민국'의 사회지표가 G7 평균의 70%에도 미달한다는 분석을 내놓았다. 현대경제연구원의 보고서 내용은 정리·요약된 표로 확인할 수 있다[표4].

현대경제연구원은 22년 7월 13일 보고서 〈사회지표 개선이 시급한 한국-G7 비교로 본 한국의 경제·사회 위상과 시사점〉에서 '선진국 대한민국'의 위상을 공고히 하려면 잠재성장률 하락과 저출산 문제를 해결하고 소득불평등 해소대책을 수립해 양극화 심화 가능성을 극복해야 한다고 강조했다. 선진국에 진입했다고 자만하거나 머뭇거리면 일본의 '잃어버린 30년' 경험까지 따르게 될지도 모른다.

첨단반도체는 물론 인공지능 등 4차 산업혁명 산업분야에서도 세계 최고 수준의 첨단기술 개발에 도전하여 한국인의 미래 먹거리인 신성장산업을 개척해야 한다. 선진국의 과실이 '고소득 부유층·대기업 직원·자산가·정규직'뿐만 아니라 '경제사회적 소외계층·비정규직·영세자영업·소상공인·서민'에게까지 갈 수 있도록 지혜를 짜낼 일이다.

G7 선진국 대기업들의 눈높이에 미달하는 부분도 적잖은 국내 재벌기업들의 지속적인 개혁도 필요하다. 그런 한편으로, 수출증대에 앞장서온 삼성·현대·SK·LG 등 재벌대기업들이 경영혁신을 통해 연구개발투자 확대와 국내 일자리 창출에 기여할 수 있도록 불필요·불합리한 규제 축소와 세제 지원 등 정부의 '친기업 정책'도 강화되어야 한다.

중소·중견기업이 기술창조를 통해 세계시장에 진출하는 '강소기업'이 되도록 뒷받침할 국가정책도 중요하다. 첨단반도체·인공지능·4차 산업혁명 분야의 인재를 키울 수 있는 교육혁신도 과제다.

국토가 좁고 자원도 빈약한 한국이 선진국이 된 원동력은 높은 교육열이 뒷받침된 국민 개개인의 우수한 자질이다. 경제개발 시작~

중진국 도약~선진국 한국에 이르기까지, 한국의 최대자원은 국민이다. 한국인 특유의 "하면 된다"라는 도전·개척 정신과 근면성실함을 극대화하는 국민·정부·기업의 '민관업民官業' 합심 노력이 필요한 때다.

안정배

[표1] 문재인 정부 기간 주요 국가지표

지표 항목/연도	2016년	2017년	2018년	2019년	2020년	2021년
경제성장률	2.9%	3.2%	2.9%	2.2%	-0.7%	4.1%
1인당 실질국민총소득(만 원)	3,391	3,493	3,532	3,532	3,530	3,656
GDP 대비 국가채무비율	36.0%	36.0%	35.9%	37.6%	43.8%	47.0%
GDP 대비 대외채무비율	25.5%	25.4%	25.6%	28.5%	33.5%	34.9%
비정규직근로자비율(전체 연령)	32.8%	32.9%	33.0%	36.4%	36.3%	38.4%
비정규직근로자비율(20~29세)	32.2%	33.1%	32.3%	38.3%	37.7%	40.0%
산재 사망률(만 명당)[7]	0.96명	1.05명	1.12명	1.08명	1.09명	1.07명
노인부양인구비[8]	18.0%	18.8%	19.6%	20.4%	21.8%	23.1%
인구 1000명당 주택 수(전국)[9]	387.7호	395.0호	403.2호	411.6호	418.2호	
부패인식지수[10] ★높을수록 청렴	5.3점	5.4점	5.7점	5.9점	6.1점	6.2점
자살률(인구 십만 명당)[11]	25.6명	24.3명	26.6명	26.9명	25.7명	

출처: 통계청 e-나라지표 '국가지표체계' 중 '국가발전지표, 국민 삶의 질 지표'

[표2] '선진국 대한민국'의 주요 국제지표

항목	한국	연도	비고
1인당 국민총소득GNI [12]	3만 5373달러 4048만 원	2021년	한국은행 22년 6월8일 발표 '2021년 국민계정(잠정) 통계'.
명목 국내총생산GDP	1조8238억 달러 세계 10위	2021년	한국, 명목GDP기준 세계 10위 (국제통화기금 자료 기준)
	2071조 6580억 원	2021년	통계청 국가통계포털 KOSIS 명목국내총생산
세계 국방비 순위	10위	2021년	스톡홀름국제평화연구소SIPRI 자료 1위 미국, 2위 중국, 일본 9위
종합 군사력 (재래식 전력 중심)	세계 6위	2022년	미국의 군사력 평가기관인 글로벌파이어파워GFP 분석. 1위 미국, 3위 중국, 일본 5위
글로벌혁신지수[13]	세계 5위 아시아 1위	2021년	한국은 2019년 11위, 2020년 10위에서 2021년 5위로 상승 한국은 문화·창의서비스 수출과 상표, 세계 브랜드 가치 등의 세부지표가 개선 1위 스위스, 2위 스웨덴, 3위 미국, 중국 12위, 일본 13위
국제특허PCT 출원	세계 4위	2020년 2021년	세계지식재산기구WIPO 국제특허출원 건수
인간개발지수HDI [14]	23위	2020년	1위 노르웨이, 2위 아일랜드·스위스, 16위 캐나다, 17위 미국, 19위 일본
수출액 규모 세계 7위	6445억 달러	2021년	한국 사상 최고. 한국 세계 7위 일본은 7562억 달러로 세계 5위
무역액 규모 세계 8위	1조 2596억 달러	2021년	한국 사상 최고. 한국 세계 8위 무역강국. 중계무역 기지인 네덜란드(4위)와 홍콩(6위)을 제외하면 사실상 무역 순위는 중국, 미국, 독일, 일본, 프랑스에 이어 대한민국이 6위
무역수지	294억 달러 흑자	2021년	한국 13년 연속 흑자[15]
언론자유지수	43위	2022년	국경없는기자회RSF '2022 세계언론자유지수' 발표에서 한국 72.11점으로 "양호"수준

(그림 1) OECD 통계 비정규직근로자 비중 국가별 비교

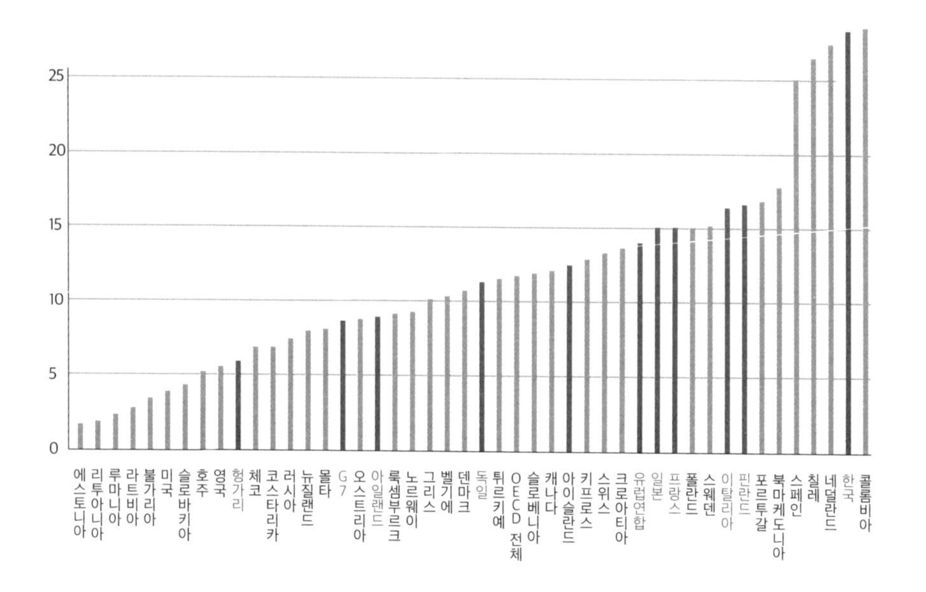

(그림 2) OECD 통계 비정규직근로자 비중 국가별 비교

국가	비정규직근로자 비중(%)
유럽 연합(27개국)	14.04
핀란드	16.64
프랑스	15.09
G7	8.67
독일	11.37
그리스	10.14
헝가리	5.93
아이슬란드	12.52
아일랜드	8.96
이탈리아	16.44
일본	15.04
한국	28.30

출처: https://data.oecd.org/emp/temporary-employment.htm

[표3] '선진국 대한민국'에 어울리지 않는 미흡한 지표

항목	수치	연도	주요 선진국과의 비교 및 미흡 사항
합계출산율[16]	0.808명	2021년	OECD 38개 회원국 중 꼴찌. 세계 198개 국가 중 3년째 꼴찌. 국내 지역별로는 서울이 0.63명(21년)으로 17개 시도 중 최저 수준
	0.75명	22.2분기	
고령화 (21년 16.8%)	고령사회	2018년	총인구 중 65세 이상 고령인구가 차지하는 비율[17] 2021년 16.8%. 14~19%면 고령사회, 20% 이상이면 초고령사회. 통계청은 2040년 65세 이상 고령인구비중 35.3%로 전망
	초고령 사회	2025년 예상	
노인부양비율	23.1%	2021년	15~64세 생산연령인구 100명당 65세 이상 고령인구비율
상대적 노인빈곤율[18]	38.9%	2020년	OECD 평균 13.5%(2019년). OECD 회원국 중 한국이 가장 높음. 특히 노인층 내의 소득·자산 불평등이 심화
더 나은 삶 지수	29위	2017년	더 나은 삶 지수는 OECD에서 웰빙의 정도를 평가한 지수. 1위 노르웨이, 미국 8위, 일본 23위
국가행복지수[19]	세계 59위	2019~21년[20]	OECD 회원국 중 35위. 한국 10점 만점에 5.935점. 1위 핀란드, 2위 덴마크. 한국은 146개국 중 59위. 대만 26위, 일본 54위, 필리핀 60위, 태국 61위, 중국 72위
자살률(10만 명당)	25.7명	2020년	OECD 평균 10.9명. 2004년 이후 OECD 국가 중 한국 1위
연간 근로시간	1967시간	2019년	한국 1967시간으로 OECD 회원국 중 2번째로 많음. OECD 평균 1726시간, 독일 1386시간, 일본 1644시간 [OECD통계]
식료품물가지수	세계 4위	2022년[21]	아시아 1위. 과일·고기·채소·쌀 등 19개 식료품가격을 기준. 2021년 엥겔계수 12.86%로 2000년 이후 가장 높은 수준.
생활비지수	세계 20위	2022년	중간가격 식당외식비 서울이 도쿄보다 비싸[넘베오집계]
비정규직 비율	38.4%	2021년	통계청 e-나라지표 '국가지표체계'
	28.3%	2021년	OECD 통계: 영국 5.6%. G7 평균 8.7%. 독일 11.4%, 캐나다 12.1%, 일본 15%, 프랑스 15.1%, 이탈리아 16.4%, 스페인 25.1%
시간당 노동생산성[22]	41.7달러	2020년	2020년 기준으로 미국, 프랑스, 독일 등의 시간당 노동생산성은 약 68달러[출처: 통계청 국가지표체계]
GDP 대비 국가채무비율[23]	47%	2021년	독일, 영국, 프랑스 등의 GDP 대비 일반정부부채 비율은 60~90% 수준. 미국 100%, 일본 200% 수준 [출처: 통계청 국가지표체계]
GDP 대비 대외채무비율	34.9%	2021년	WORLD BANK 자료에 따르면, 2021년 기준 한국의 대외채무비율(34.9%)은 중국(15.5%)보다는 높지만 프랑스(246.9%), 독일(164.5%), 스웨덴(164.5%), 미국(101.6%) 등 선진국들에 비하면 낮음 [출처: 통계청 국가지표체계]
인구 1000명당 주택 수	418.2호	2020년	미국(425호, 2019년), 영국(434호, 2019년), 일본(494호, 2018년) [출처: 통계청 국가지표체계]
세계 500대 기업	15개	2021년	1위 중국 135개, 2위 미국 122개, 일본 53개 [《포춘》 발표]

[표4] G7 선진국과 비교한 한국의 경제·사회 지표(현대경제연구원 보고서 정리·요약)

<table>
<tr><th colspan="5">G7 국가 평균을 1.0p로 볼 때 한국과의 경제·사회 비교지표
(G7국가: 미국, 일본, 영국, 프랑스, 독일, 이탈리아, 캐나다)</th></tr>
<tr><th></th><th>한국</th><th colspan="3">G7 평균1p 대비(경제지표 2019년 기준, 사회지표 최신연도)</th></tr>
<tr><td>경제·사회지표 종합</td><td>0.88P</td><td>낮음</td><td colspan="2">일본 제외한 다른 G7 6개국 보다 낮음</td></tr>
<tr><td>경제지표 종합</td><td>1.09P</td><td>양호</td><td colspan="2">미국(1.78P), 독일(1.15P) 다음으로 우수</td></tr>
<tr><td>사회지표 종합</td><td>0.67P</td><td>크게 부진</td><td colspan="2">G7국가 중 가장 낮음. 미국 0.84p,
일본 0.88p보다도 큰 격차.
1위는 프랑스 1.20p</td></tr>
<tr><td>경제성장률</td><td>1.75P</td><td>높음</td><td colspan="2">미국 1.78p 이어 2위. 일본은 -0.19p로 최저</td></tr>
<tr><td>명목GDP</td><td>0.29P</td><td>가장 낮음</td><td colspan="2">미국 3.76p, 일본 0.90p. 미국을 제외한
G7 국가의 명목GDP 규모 부문은 0.54p</td></tr>
<tr><td>1인당GDP</td><td>0.71P</td><td>가장 낮음</td><td colspan="2">미국 1.44p, 독일 1.04p, 캐나다 1.03p</td></tr>
<tr><td>GDP대비 교역규모</td><td>1.32P</td><td>높음</td><td colspan="2">G7 중 한국보다 교역규모가 큰 국가 독일 1.53p</td></tr>
<tr><td>실업률</td><td>1.41P</td><td>양호</td><td colspan="2">일본 2.20p, 독일 1.68p, 미국 1.44p 다음으로 양호</td></tr>
<tr><td>합계출산율</td><td>0.55p</td><td>가장 낮음</td><td colspan="2">인구문제에 있어 G7 국가에 비해 크게 미흡</td></tr>
<tr><td>자살률</td><td>0.43p</td><td>크게 미흡</td><td colspan="2">G7 평균대비 자살률 가장 높아 사회건강성 우려</td></tr>
<tr><td>상대적 빈곤율</td><td>0.84P</td><td>낮음</td><td colspan="2">한국보다 부진한 국가는 미국 0.72p, 일본 0.82p</td></tr>
<tr><td>지니계수</td><td>1.00p</td><td>비슷함</td><td colspan="2">미국 0.83p, 영국 0.9p, 일본 0.95p 다음으로
소득분배 불평등</td></tr>
<tr><td>복지예산 비중</td><td>0.52p</td><td>가장 낮음</td><td colspan="2">G7 대비 국민 삶의 수준 행복증진 기반 취약</td></tr>
<tr><td>IMD 국가경쟁력[24]</td><td colspan="2">63개국 중 27위</td><td colspan="2">덴마크 1위, 싱가포르 3위, 대만 7위, 미국 10위,
프랑스 28위, 일본 34위, 이탈리아 41위</td></tr>
<tr><td>IMD 경제성과 부문</td><td colspan="2">63개국 중 22위</td><td>G7은 평균 17위</td><td rowspan="2">2022년 발표
(2021년 지표 기준)</td></tr>
<tr><td>IMD 사회여건 부문</td><td colspan="2">63개국 중 35위</td><td>G7은 평균 25위</td></tr>
</table>

출처: 현대경제연구원 22. 7. 13. 보고서
〈사회지표 개선이 시급한 한국-G7 비교로 본 한국의 경제·사회 위상과 시사점〉
IMD 부분은 기획재정부 2022. 6. 15. 〈2022년 IMD 국제경쟁력 평가결과〉 보도자료 포함

주

1. 소부장 기업: 부품·소재·장비 등 기술자립도가 중시되는 업종. 전기차 배터리, 반도체 소재와 자동차 부품, 제조를 위한 제조장비 등 산업의 중심인 제조업의 뿌리가 되는 산업을 말한다.
2. 대한민국 정책브리핑 2022. 2. 28. 정책포커스 산업통상자원부 '일 수출규제 관련 정부 대응'
3. 《한국경제신문》, 2022. 6. 7. 〈"우린 이제 후진국" 일본의 한탄… 국민소득 2위→28위 추락〉'정영효의 인사이드 재팬' 기사
4. 대한상공회의소, 2022. 8. 30. 〈코로나19 이후 임금 격차 진단과 개선방안 연구〉 보고서
5. 한국무역협회 국제무역통상연구원 22. 3. 14. 발표 〈세계 수출시장 1위 품목으로 본 우리 수출의 경쟁력 현황〉
6. 통계청 발표 월별 '소비자물가동향'
7. 산재사망률: 산재 적용대상 근로자 1만 명당 산재 사망자 수
8. 노인부양인구비=[65세 이상 인구÷(15~64세 인구)]×100. 생산가능인구에 대한 노인인구의 비율
9. 인구 1000명당 주택 수=(총주택 수÷총인구)×1,000
10. 부패인식지수: 0~10점으로 측정되며, 점수가 높을수록 부패 수준이 낮음. 정부를 포함한 공공부문 부패수준에 대한 인식지수임. 국제투명성기구TI(Transparency International)가 1995년부터 세계은행World Bank 등 13개 국제기관의 국가분석 전문가들을 대상으로 각국의 공공부문 부패수준에 대해 어떻게 인식하는지를 조사하여 매년 작성한다. 2021년 한국은 180개 조사대상국 중 청렴도 32위.
11. 자살률: 인구 10만 명당 자살 사망자 수. 통계청 '사망원인통계'로 집계.
12. 1인당 GNI: 국민이 국내외에서 벌어들인 총소득을 인구로 나눈 통계. 국민의 생활수준을 파악하는 지표로 사용된다.

    국민총소득GNI(Gross national Income): 한 나라의 국민이 일정기간 동안 벌어들인 임금, 이자, 배당 등의 소득을 모두 합친 것

13. 세계혁신지수Global Innovation Index: 세계지식재산기구WIPO가 2007년부터 매년 각 국가의 혁신 역량을 평가해 발표하는 지표로, 조사 대상국의 제도, 인적자본과 연구, 인프라, 시장성숙도 등을 평가해 순위를 매긴다.
14. 인간개발지수Human Development Index: 유엔 산하기구인 유엔개발계획UNDP이 매년 발표하는 〈인간개발보고서Human Development Report〉 중의 한 항목으로 문자 해득률, 평균수명, 1인당 실질국민소득 등 인간의 발전 정도를 토대로 평가한다. 각 나라의 선진화 정도를 평가하는 수치. 빈곤과 불평등 문제 연구로 유명한 노벨경제학상 수상자 아마르티아 센과 파키스탄의 마흐붑 울하크 교수가 개발했다.
15. 산업통상자원부 2022. 1. 1. 보도자료 〈2021년 수출입 동향〉 중 수출규모, 무역규모, 무역수지
16. 합계출산율TFR: 가임여성(15~49세) 1명이 평생 동안 낳을 것으로 예상되는 평균 출생아 수
17. 통계청 발표 '2021년 인구주택총조사 인구 부문 집계 결과'
18. E나라지표 노인빈곤율 설명: ▷2020년 65세 이상 노인인구의 처분가능소득 기준 상대적 빈곤율(중위소득 50% 기준)은 38.9%로, 이는 65세 이상 노인인구 중 38.9%가 전체 인구 중위소득의 절반 이하에 해당하는 균등화 소득을 얻었음을 의미. ▷상대적 빈곤율은 소득을 기준으로 측정한 지표이므로, 은퇴 이후 소득은 발생하지 않지만 자산을 많이 보유한 경우 빈곤층으로 분류되는 한계가 있다.
19. 국가행복지수: UN 산하 자문기구인 지속가능발전해법네트워크SDSN가 2012년부터 국가별 GDP와 건강기대수명, 사회적지지, 삶의 선택자유, 관대함, 부정부패에 대한 인식, 긍정적·부정적 영향 등을 바탕으로 집계한다.
20. 유엔 지속가능발전해법네트워크 〈2022 세계 행복보고서World Happiness Report〉
21. 세계 국가·도시 비교 통계사이트 넘베오Numbeo가 139개 국가를 분석한 '2022년 식료품 물가지수'
22. 노동생산성: GDP를 총노동시간으로 나눈 것
23. 국가채무=(국채잔고+차입금잔고+국고채부담행위+지방정부채무) - 지방정부의 대중앙정부채무

24. IMD 국가경쟁력 평가: 스위스 로잔 소재 국제경영개발대학원IMD은 OECD 국가 및 신흥국 총 63개국을 대상으로 매년 6월 《세계경쟁력연감World Competitiveness Yearbook》을 발표한다. 2022년 발표에 의하면 한국은 63개국 중 27위 기록하여 전년대비 4단계 하락했다. [출처] 기획재정부 2022. 6. 15. 〈2022년 IMD 국제경쟁력 평가결과〉 보도자료

문재인의 약속

초판 1쇄 발행일 2022년 12월 26일

지은이 김규철, 김유선, 김진호, 안정배, 이명재, 이필재, 홍대길
펴낸이 김현관
펴낸곳 율리시즈

책임편집 김미성
표지디자인 송승숙 디자인
본문디자인 진혜리
종이 세종페이퍼
인쇄 및 제본 올인피앤비

주소 서울시 양천구 목동중앙서로7길 16-12 102호
전화 (02) 2655-0166/0167
팩스 (02) 6499-0230
E-mail ulyssesbook@naver.com
ISBN 979-11-978949-4-7 03340

등록 2010년 8월 23일 제2010-000046호

ⓒ 김규철, 김유선, 김진호, 안정배, 이명재, 이필재, 홍대길

책값은 뒤표지에 있습니다.